翔安年鉴

2022

中共厦门市翔安区委党史和地方志研究室 编

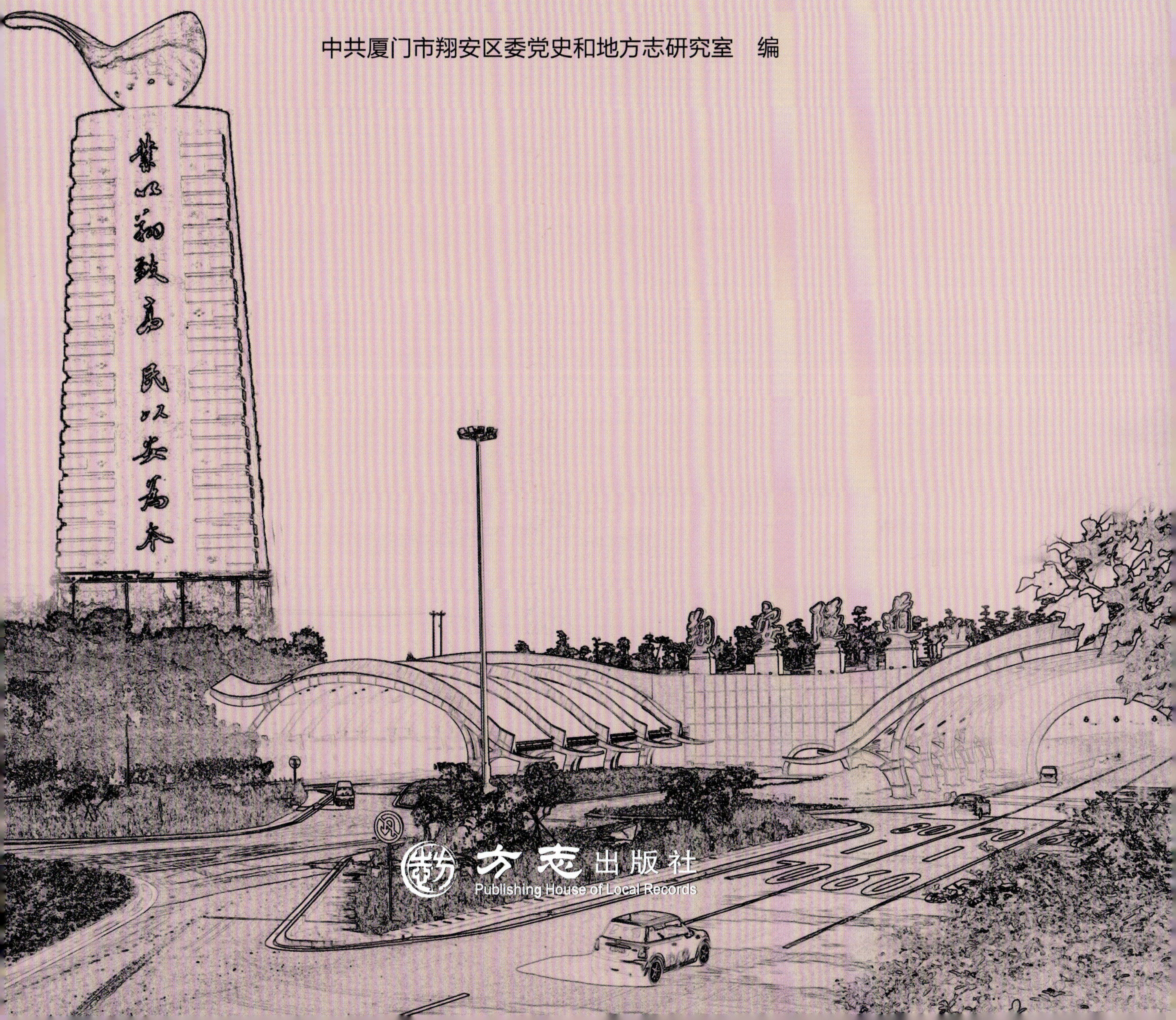

方志出版社
Publishing House of Local Records

图书在版编目（CIP）数据

翔安年鉴．2022/中共厦门市翔安区委党史和地方志研究室编．—北京：方志出版社，2022．11

ISBN 978-7-5144-5520-5

Ⅰ．①翔…　Ⅱ．①中…　Ⅲ．①区（城市）—厦门—2022—年鉴　Ⅳ．①Z526．53

中国版本图书馆 CIP 数据核字（2022）第 252504 号

责任编辑：陈菁
责任校对：刘玉霞
责任印制：梅中英
出 版 者：方志出版社
地　　址：北京市朝阳区潘家园东里 9 号（国家方志馆 4 层）
邮　　编：100021
网　　址：http：//www．zgfzcb．cn
发　　行：方志出版社图书营销中心（010-67110500）
印　　刷：福州力人彩印有限公司
开　　本：889 毫米 × 1194 毫米　1/16
印　　张：16．75　插页印张：1．75　地图：1 幅
字　　数：662 千字
版　　次：2022 年 11 月第 1 版
印　　次：2022 年 11 月第 1 次印刷
定　　价：280．00 元

《翔安年鉴》编纂委员会

主　　任　黄鹤麟　李　毅

副 主 任　温普华

委　　员　连海根　李木林　吴明昊

《翔安年鉴（2022）》编辑人员

主　　编　陈海靖

执行主编　许晨光

编　　辑　陈炳南　郭小慧

编辑说明

一、《翔安年鉴（2022）》以马克思列宁主义、毛泽东思想、邓小平理论、“三个代表”重要思想、科学发展观、习近平新时代中国特色社会主义思想为指导，坚持辩证唯物主义和历史唯物主义立场、观点和方法，记载2021年1月1日至12月31日期间翔安区自然、政治、经济、文化、社会、生态各方面的基本情况。

二、《翔安年鉴》是由中共厦门市翔安区委员会、厦门市翔安区人民政府主办，中共厦门市翔安区委党史和地方志研究室编的综合性年度资料，一年一卷，以出版年号为卷次，国内外公开发行。首卷编纂于2014年，2022年卷为第九卷。

三、《翔安年鉴（2022）》采用分类编辑法，主体部分设立类目、分目、条目三个层次，部分分目下设二级分目。以条目为基本单位，全书条目统一用黑体加【 】标志，少数包含多方面资料的条目则在文内用楷体标题标明各段资料的主题。条目的文本以记述体为主，兼具体说明。

四、《翔安年鉴（2022）》卷首设特载、大事记，主体部分设区情概览、中共厦门市翔安区委员会、厦门市翔安区人民代表大会、厦门市翔安区人民政府、政协厦门市翔安区委员会、纪检监察、民主党派 工商联、群众团体、法治、军事、外事 侨务 台港澳事务、综合经济管理、市场监督管理、财政 税务 金融、农业 农村、工业 商贸服务业、园区 示范区、交通 邮政、城乡建设、生态环境、教育、科技和信息化、文化、旅游、卫生健康 体育、社会生活、应急管理、镇街、人物 荣誉榜，卷末设附录、索引。全书共设33个类目，186个分目，1196个条目。

五、《翔安年鉴（2022）》所采用的资料主要来自全区机关、群众团体、企事业单位，部分内容由编辑人员采编于公开出版的报纸杂志。采用的数据以区统计局提供的统计资料为准，不属于区统计局范围的数据，以各供稿单位提供的数据为准。

六、数字用法、标点符号用法分别采用国家标准《出版物上数字用法》（GB/T 15835—2011）、《标点符号用法》（GB/T 15834—2011），计量单位采用国家技术监督局1993年12月发布的《量和单位》系列国家标准。

七、为了方便查阅，《翔安年鉴（2022）》前有目录，后有索引。索引按主题音序排列。

数读翔安 2021

户籍总人口：407139 人

地区生产总值：7817893 万元

第一产业增加值：96867 万元

第二产业增加值：5338888 万元

第三产业增加值：2382138 万元

人均生产总值（按常住人口计算）：128162 元

规模以上工业总产值：1532.42 亿元

农业总产值（当年价）：217694.42 万元

固定资产投资总额（不含农户）：770.81 亿元

社会消费品零售总额：129.82 亿元

财政总收入：934589 万元

财政支出：590780 万元

全体居民人均可支配收入：40062 元，全体居民人均消费支出：26774 元

城镇居民人均可支配收入：47730 元，城镇居民人均消费支出：30138 元

农村居民人均可支配收入：27045 元，农村居民人均消费支出：21643 元

重要会议

2021 年 10 月 13 日，中国共产党厦门市翔安区第五次代表大会开幕 （林木阳　摄）

2021 年 12 月 25 日，中国人民政治协商会议第五届厦门市翔安区委员会第一次会议开幕（林木阳　摄）

2021 年 12 月 26 日，厦门市翔安区第五届人民代表大会第一次会议开幕（林木阳　摄）

城市基础建设

2021 年 6 月 3 日，翔安区文化馆（新馆）揭牌。图为翔安区文化馆外观

（朱毅力　摄）

2021 年，翔安区推进东部体育会展新城建设。图为 2021 年 11 月 25 日拍摄的施工现场全景

2021 年，翔安区推进公交硬件配套设施建设，对马巷公交枢纽站进行提升改造。图为改建后的马巷公交枢纽站

（李毓琳　2021 年 3 月 10 日摄）

2021 年 6 月 2 日，翔安首个爱心献血屋启用（李毓琳　摄）

2021 年 5 月 13 日，厦门新会展中心钢结构工程开吊仪式举行

（林木阳　摄）

（王火炎　摄）

南港海特大桥，跨过海域，连接翔安新店和大嶝，打通翔安新机场的快速路。图为 2021 年 12 月 16 日拍摄的大桥全景

翔安新城从曾经的农村城镇转变为高素质高颜值国际化现代化城区。图为 2021 年 12 月 27 日拍摄的翔安新城洋塘

（王协云　摄）

（魏克丰　摄）

2021 年 5 月 27 日，翔城中学和翔城小学揭牌，并于 9 月投入使用。翔城中学是翔安第一所拥有标准游泳馆的中学。图为 4 月 15 日拍摄的翔城中学外景　　（李毓琳　摄）

2021 年，翔安区完成马巷古镇历史文化风貌修缮。图为 6 月 8 日拍摄的修缮后街景　　（朱毅力　摄）

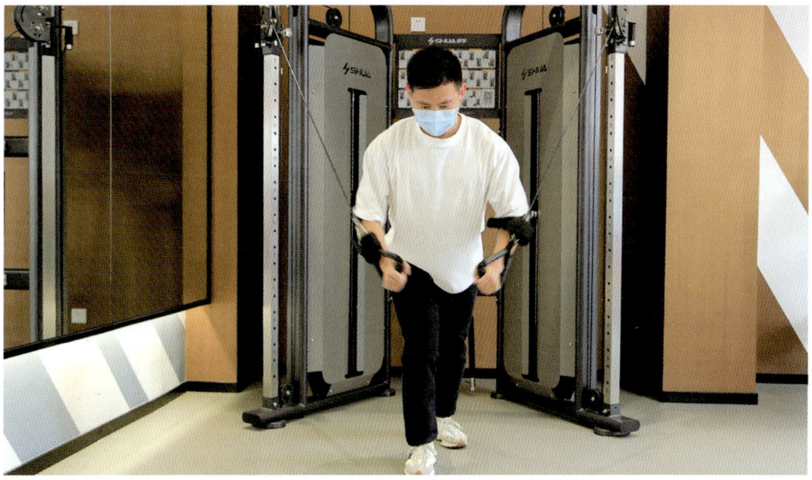

2021 年 12 月 16 日，厦门体育智慧健身房（翔安祥美站）揭牌，成为翔安首家以体育公益金打造的智慧健身房，实现智能设备全覆盖。图为厦门体育智慧健身房（翔安祥美站）现场

（李毓琳　摄）

2021 年，翔安四座新城强势崛起，营商环境优化升级。图为翔安南部新城林前片区及翔安大道东侧全景

（李建　摄于 2021 年 12 月 8 日）

科技创新

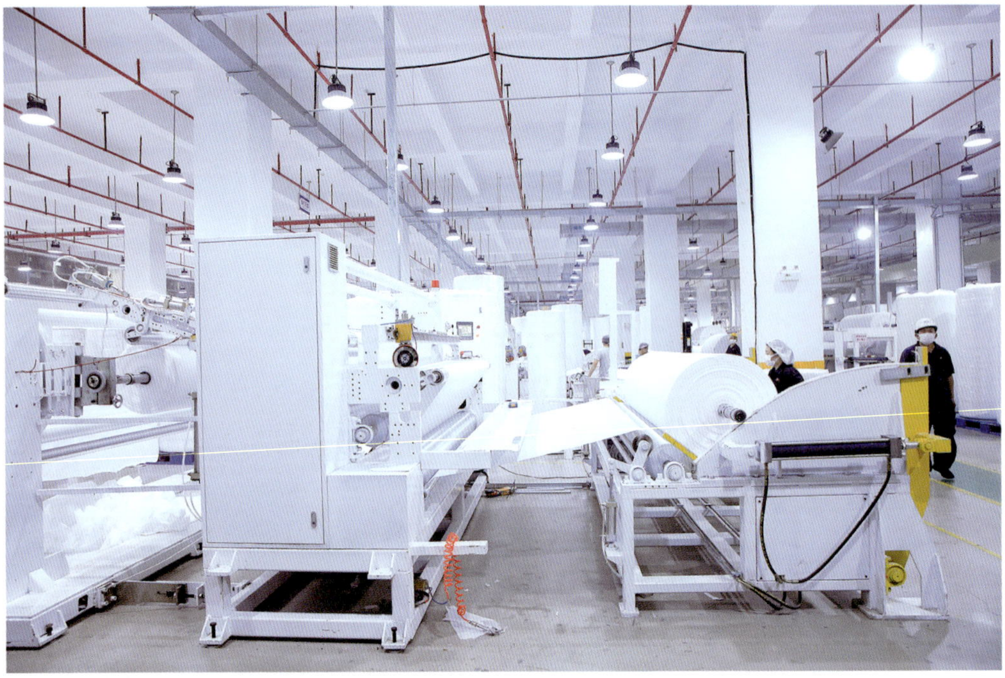

2021 年 1 月 26 日，厦门延江新材料股份有限公司 3D 打印无纺布生产线投入使用。图为生产线现场　　　　（李毓琳　摄）

2021 年 2 月 5 日，翔安区马巷镇闽篮里购物中心三楼的厦门博纳院线影城·闽篮里店开幕迎客。图为博纳院线影城大厅　　　　（朱毅力　摄）

2021 年 4 月 23 日，厦门大学附属第一医院临床医学研究院举行揭牌仪式　（林木阳　摄）

2021 年 5 月 15 日，“厦门亭洋智慧医院高质量发展”论坛在翔安数字经济产业园召开

（李毓琳　摄）

2021 年 5 月 16 日，澳头 VISION 公共艺术与海洋经济发展论坛暨海洋文旅产业推介会在澳头超旷美术馆启幕

（李毓琳　摄）

2021 年 7 月 30 日，“扬帆起航、创赢未莱”——厦门首创奥莱招商发布会召开

（李毓琳　摄）

2021 年 9 月 4 日，翔安数字经济产业园三周年暨营商环境恳谈会在党群活动中心举行　　（李毓琳　摄）

2021 年 9 月 8 日，第二十一届中国国际投资贸易洽谈会翔安区级签约大会在翔安悦华酒店举行。现场签约项目 19 个　　（朱毅力　摄）

2021 年 9 月 10 日，“金砖赋能 群英领翔——厦门产业与人才融合发展创新论坛”在翔安悦华酒店华庭厅举行　（李毓琳　摄）

2021 年 9 月 10 日，厦门市科技服务行业协会翔安联络站成立仪式在翔安悦华酒店举行　（李毓琳　摄）

2021 年，翔安区创新驱动战略，构建现代化产业体系，友达光电成为厦门重要的先进制造业产业基地，全省最大的光电产业基地。图为友达光电（厦门）有限公司 基地全景　　（魏克丰　摄）

生态发展

2021 年，翔安区香山花海种植的 3.3 万平方米油菜花盛开，吸引众多民众前来观赏。图为 1 月 21 日拍摄的香山花海一隅　　　　（林木阳　摄）

2021 年春节期间，厦门首个以红树林为主题的湿地公园——下潭尾红树林湿地公园南岸栈道向市民开放　　（朱毅力　摄于 2021 年 2 月 22 日）

2021 年 3 月 22 日，“翔安区中国水周”宣传活动在新圩镇面前埔村三五丘“七彩田园”休闲农场举行 （林木阳 摄）

2021 年 3 月 16 日，厦门市四套班子领导带队到东部体育会展新城片区开展 2021 年义务植树活动 （朱毅力 摄）

2021 年，翔安区推动社会治理现代化实现新跃升，建设山清水秀的生态翔安。图为南港海特大桥地下的海域 （王协云 2021 年 11 月 28 日摄）

翔安区坚持生态优先、绿色发展。图为全省最大的人工重构红树林——下潭尾红树林公园

（黄嵘　摄于 2021 年 12 月 9 日）

文化体育

2021 年 5 月 11 日，2021 火炬（翔安）产业园 上若检测“邻里杯”篮球联赛开赛。图为开幕的武术表演（李毓琳　摄）

2021 年 5 月 12 日，童心向党 百年礼赞——2021 年翔安区中小学生歌咏展演在马巷中心小学体育馆举行（朱毅力　摄）

2021 年 5 月 30 日，翔安澳头“小螺号”合唱团开团仪式在超旷美术馆举行。图为开团仪式上师生合影（林木阳　摄）

2021 年 6 月 30 日，“翔安红 · 心向党”庆祝中国共产党成立 100 周年文艺晚会在翔安人民体育场举行

（朱毅力　摄）

2021 年 7 月 11 日，2021 年翔安区武术、宋江阵暑假公益培训班在内厝镇莲塘村开班。图为开班式上的舞龙表演

（林木阳　摄）

2021 年 7 月 11 日，后村社区第五届夏令营在后村小学开启。图为夏令营开营式

（林木阳　摄）

2021 年 7 月 30 日，“翔安红色记忆”系列连环画（四）首发仪式暨澳头海防文化馆揭牌仪式活动在澳头超旷美术馆举行　　（朱毅力　摄）

2021 年，翔安区全民健身运动会村居气排球赛在翔骏羽综合体育馆开赛。图为比赛现场　　（李毓琳　摄）

2021 年 11 月 12 日，2021 闽南（翔安）好声音歌手大赛在翔安区文化馆举行　　（李毓琳　摄）

抗击疫情

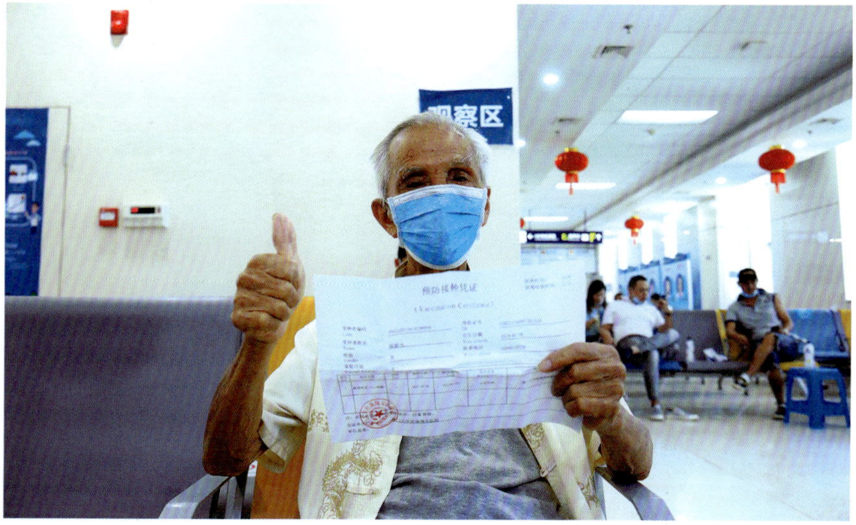

2021 年，翔安区全面开展 60 岁以上人群的新冠疫苗接种工作。图为新店街道溪尾社区 92 岁的“五老”人员陈丽水在厦门大学附属翔安医院完成新冠疫苗接种

（李毓琳　2021 年 7 月 26 日摄）

2021 年 8 月 25 日，翔安区欧厝渔港疫情防控专项演练观摩会在欧厝渔港举行　　（李毓琳　摄）

2021 年 9 月 16 日，交警在翔安高速出入口执行新型冠状病毒肺炎疫情防控工作

（李毓琳　摄）

翔安区启动区域全员核酸，图为 2021 年 9 月 18 日法治广场采样点　　（李毓琳　摄）

2021 年 9 月 22 日，翔安医护人员及各镇街党员义工队驰援同安核酸检测
（朱毅力　摄）

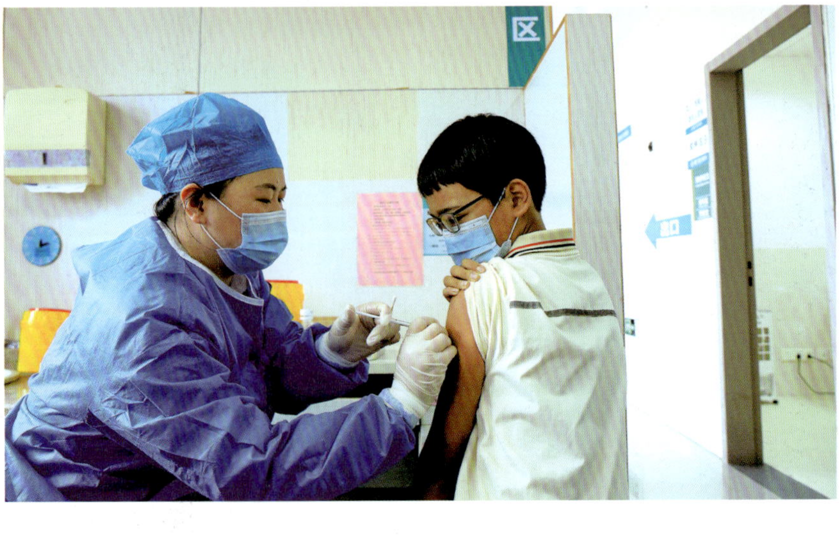

2021 年 11 月 3 日，翔安区分别在厦门市第五医院和厦门莲花医院莲河总院设置 3～11 岁儿童新冠疫苗接种专场。图为莲花医院接种现场
（李毓琳　摄）

目 录

特 载

大事记

区情概览

中共厦门市翔安区委员会

厦门市翔安区人民代表大会

厦门市翔安区人民政府

政协厦门市翔安区委员会

纪检监察

民主党派　工商联

群众团体

法　治

军　事

外事　侨务　台港澳事务

综合经济管理

市场监督管理

财政　税务　金融

农业　农村

工业　商贸服务业

园区　示范区

交通　邮政

城乡建设

生态环境

教　育

科技和信息化

文　化

旅　游

卫生健康　体育

社会生活

应急管理

镇　街

人物　荣誉榜

附　　录

索　　引

十八年跨越发展，厦门翔安正青春！

2021 年 10 月 21 日，人民网·福建频道

10 月 19 日，厦门市翔安区正式迎来 18 周岁“成人礼”。这个厦门市最年轻的行政区正在用猛追猛冲的翔安速度，加快绘就新时代厦门东部最美“扇面”。

翔安的历史从名字开始

翔安行政建制开始于晋太康三年，原属同安县翔风里和民安里，至今已 1720 多年，是名闻遐迩的东南望郡、历史名邑。

2003 年 10 月 19 日，翔安区正式挂牌成立。从此，这个叫做“翔安”的地方插上了腾飞的翅膀，乘着跨岛发展的历史机遇，发展成为了厦门市最年轻、最具活力和发展潜力的行政区。

千里之行始于足下

“变则通，通则达”。

十八年前，翔安还只有一个红绿灯，年生产总值也仅有 22.44 亿元，占全厦门市不足 3%。

2004 年 9 月 8 日，翔安大道一期全线贯通。翔安终于有了一条贯通南北的经济大动脉。

2010 年 4 月 26 日，中国大陆第一条海底隧道——翔安隧道通车。将岛内与翔安的通行时间瞬间拉近到仅需 9 分钟。

2021 年 6 月 25 日，厦门地铁 3 号线开通，翔安正式迎来了地铁时代。

十八年后，翔安大桥、厦门新机场也将相继迎来开通运营，一个拥有“海、陆、空”立体交通网络的区域将进一步凸显优势。翔安，从距离厦门岛最远的区域，一跃成为进出岛的重要门户。

是城市也是城势，更是乘势

千年翔安，古韵悠远。

新时代翔安，厚积薄发，乘势而上。

老一辈人说，十八年前的翔安是“风头水尾”的偏僻农村。

如今他们说，十八年后的翔安是“龙头凤尾”的活力新区。

翔安这方宜居宜业的热土，总能“让近者悦，远者来”。如今区域常住人口接近 60 万，城镇化率提高到 61.9%。

GDP 从建区之初到如今翻了 31.5 倍，规上工业产值则翻了近 60 倍，后发优势显著。

数据与文字背后是一个个生动的实例，一个个幸福的故事。

十八年跨越发展，翔安夯实产业基础

产业发展是奠定翔安高质量发展的坚固基石。

2005 年 8 月 4 日，礼炮齐鸣，厦门火炬高新区（翔安）产业区通用厂房开工，拉开了翔安区开始以发展低污染、低能耗、高附加值的轻工、电子、汽车、机械加工等产品产业为主的产业升级。

十八年过去了，厦门海洋高新产业园规划落地，全省首个数字经济产业园开园运营，天马六代、中航锂电等重大产业项目相继引进，电气硝子、联芯集成电路、ABB 工业中心等投产扩产……

如今，翔安区进一步明确了以“5+6+N”现代产业体系为方向，继续做强以先进制造业为代表的主导产业，前瞻谋划数字经济、海洋经济以及临空经济等独具特色的新兴产业，加快发展现代服务业，使全区空间和产业布局进一步优化升级。

十八年创新发展，翔安展示开放形象

一流的营商环境，无限的发展潜力。

2021 年 9 月 8 日，在第二十一届中国国际投资贸易洽谈会上，翔安区捷报频传，共完成 20 个项目的现场签约，签约成果达 517.8 亿元。

十八年来，国内外知名好项目纷至沓来，招商引资硕果累累，延江新材料、首创奥特莱斯、铂爵旅拍等项目签约落地。

翔安的营商环境持续优化，目前已建立常态化联系帮扶企业机制，开展省级相对集中行政许可权审批试点。

十八年加快发展，翔安提升城乡品质

城是新城，更是“心”城。

是近 60 万新老翔安人衷心希望越来越好的地方。

厦门新机场、新体育中心、新会展中心全面动建，“四座新城”建设全面铺开。

东山片区启动开发，南部新城功能配套更加健全。

22 个乡村振兴试点示范村、4 条动线高标准建设，马塘村入选新中国 70 周年“富强之路”十大典型村庄。

目前，5 万亩海域退养全面完成，困扰多年的“环境顽疾”得到有效解决，近岸海域水质达到一类标准，空气质量、流域水环境明显改善。

农村人居环境整治“一革命四行动”深入推进，生活垃圾分类模式创出特色，农房整治经验被省住建厅作为范本推广，农村生活污水治理提升成为全市“样板”。

今天的翔安，已是绿水青山扑面来，乡村振兴谱赞歌。

十八年砥砺发展，翔安创造美好生活

名校跨岛而来，好校拔地而起。

2017 年 9 月，翔安区成立全省首个区属普惠性教育集团，创新一系列举措为了翔安孩子在家门口就能上好学。

2018 年 9 月 10 日，科技中学翔安校区正式启用。

2021 年 9 月，实验小学、双十中学翔安校区建成开学，翔城小学、翔城中学也正式开学了。

不仅如此，翔安医疗保障水平显著提升，厦门市第五医院加快发展、厦门大学附属翔安医院建成运营。

翔安区健全低保“渐退 + 激励”机制，全面构建城乡社会救助体系，实现城乡居民养老保险、政府购买居家养老服务基本全覆盖。

今天，18 岁的翔安，正青春！

作为厦门“跨岛发展”的主阵地、主战场，翔安区正展现新气象、启航新征程、肩负新使命、迈向新目标。

未来，翔安将瞄准高素质标杆、高颜值典范、现代化前沿、国际化枢纽的战略定位持续奋斗，大力实施“155”发展战略，即围绕“加快绘就新时代厦门东部最美‘扇面’”这一核心任务，推动实现新型城镇化进程、产业高质量发展、区域综合竞争力、人民高品质生活、社会治理现代化“五个新跃升”，奋力建设“五个翔安”。

（由翔安区融媒体中心提供）

翔安十问

2021年11月20日，翔安区委党校“三校合一”校区的教室里讲台之上，翔安区委书记黄鹤麟围绕“回答时代之问，走好新赶考路”，正在为翔安区委党校中青年干部培训班党员代表讲授一堂专题党课。

“使命之问”

立足新起点、接过“接力棒”，我们如何乘势而上、担当作为，开启更高水平建设“两高两化”城区新征程？

当前翔安面临着“风劲帆满”的发展态势，在厦门各区中发展速度最快、开发强度最大，机遇千载难逢、态势催人奋进，但也处于“滚石上山、攻坚克难”的关键期，我们一定要按照市委书记崔永辉来翔安调研时提出的要求，树立决战决胜的信心、增强改革创新的勇气、提升群众工作的水平、形成团结战斗的合力，知责于心、担责于身、履责于行，努力交出无愧于时代、无愧于人民的优异答卷。

“格局之问”

如何跳出翔安看翔安、跳出翔安谋发展，充分发挥后发优势，为全市大局作出更大贡献？

翔安的建设发展，关系到厦门甚至全省。作为翔安的党员干部特别是领导干部，要自觉把翔安工作放到全市、全省乃至全国的大格局中去思考去谋划，努力当好厦门跨岛发展的“主阵地、主战场、主力军”，当好福建改革开放的重要窗口和门户枢纽，当好两岸融合发展的“桥头堡”，为全市、全省发展大局作出更大贡献。

“产业之问”

如何依托发展平台，大招商、招大商，推动产业高质量发展实现新跃升？

推动产业高质量发展实现新跃升，翔安要以产业、招商引资和营商环境为抓手，加快补短板、强弱项，解决产业较为单一、结构不够优化、龙头不够突出等问题。坚决按照构建“5+6+N”现代产业体系这一蓝图，抓好谋划和推动；高效精准招商引资，深入细致做好产业链条梳理，制定招商图谱，加强专业化招商团队，充分运用基金招商等方式，引进大项目好项目，加快补链延链强链；做到“服务最优、政策最好、兑现最快”，致力打造全国乃至国际一流的市场化法治化的营商环境。

“创新之问”

如何深入实施创新驱动战略，进一步激发高质量发展的内生动力？

建设生机勃发的创新翔安，让创新成为翔安高质量发展的最强引擎，就必须建强创新平台载体，激发人才创新活力，营造良好创新生态。翔安要紧抓厦门国家自主创新示范区、金砖创新基地、厦门科学城建设的机遇，围绕重点发展产业，吸引一批人才、落地一批项目、催生一批成果，促进创新要素集聚，打造各类创新主体协同互动、创新要素顺畅流动、创新资源高效配置的良好创新生态。同时，要采取针对性的措施更好地吸引人才、留住人才、用好人才。

“新城之问”

如何用好新城片区指挥部机制，加强市、区协同联动，推进新城建设提速提质提效？

重大片区特别是新城的开发建设，是在更高起点上纵深推进“跨岛发展”的重要平台和抓手，是支撑市区两级更高水平建设“两高两化”的重要增长极。推动“四座新城”建设，翔安不仅要做好征拆工作，还要主动参与片区规划、项目引进、公共配套建设等。这就要求翔安要加强市区协同联动，健全和细化“全权指挥”的决策体系和“征拆兜底”的管辖责任，做到信息互通、建设共推、成果共享。要继续用好重点项目联合攻坚、征收释明制度、“三度”征拆模式等好机制好做法，加强项目要素保障。同时，要加强片区整体谋划，积极创新片区开发、项目投融资、发展用地建设等模式，科学布局产业项目、公共基础设施项目、民生社会事业项目，实现“规划＋建设＋运营”三位一体融合发展。

“民生之问”

如何在统筹城乡发展，加快新型城镇化进程中，推动实现共同富裕，让翔安百姓过上更加幸福的生活？

建设“和谐安康的幸福翔安”，让群众的幸福更有“质感”，一要全面推进乡村振兴。乡村振兴要紧抓产业振兴这个关键点，同时补齐农村基础设施和公共服务配套等短板。二要突出抓好就业增收，要继续开拓思路、创新机制、提升成效，多措并举促进他们就业增收，用心用情做好民生保障。三要持续优化公共服务，大力提升教育、医疗等公共服务的品质，让发展成果更好地惠及翔安人民。

“生态之问”

如何更好践行绿色发展理念，守护好绿水青山，争创全国生态文明建设示范区？

近年来，翔安在生态文明建设方面取得了明显成效。接下来，翔安将继续加大力度深化生态文明建设，在高效防污治污上拿出“硬招实招”，在践行绿色低碳上彰显“翔安担当”，在生活污水治理上争当“全国样板”。

“治理之问”

如何充分汲取疫情防控经验，用制度机制固化优势，加快提升社会治理现代化水平？

在本轮疫情防控中，翔安成为全市唯一“零病例”“零感染”的区，离不开党建在基层治理中的引领作用。更好充分调动全社会的积极性、主动性、创造性，就要进一步构建共建共治共享的社会治理格局。要以“近邻党建”引领基层治理，以村居换届为契机，总结疫情防控临时党组织工作经验，以党建带群建，把党建优势转化为治理效能；要以“网格管理”优化治理机制，以小区、楼栋、村小组为基本单元，以适度的人口规模建立网格，做到社会事务“一个格服务、一张网治理”；要以“群众主体”激活治理活力，扩大群众参与的方式和渠道，不断激发居民群众参与社会治理的积极性、主动性、创造性，真正做到共建共治共享。

“风险之问”

如何统筹好发展和安全，有效防范信访等各种风险挑战，为经济社会发展营造良好环境？

要绷紧疫情防控这根弦，常态化落实好防控措施，建好平战结合的疫情防控指挥体系，既要守好不反弹的底线，也要减少对生产生活的影响。要盯住矛盾纠纷隐患点，针对当前商办类地产、宅基地审批、征地拆迁、教育划片、村居换届等信访热点问题，坚持稳控和化解齐抓。要落实安全生产责任线，坚决遏制重特大事故发生。

“党建之问”

如何大力弘扬伟大建党精神，切实加强党的建设，以昂扬之姿走好新时代赶考之路？

大力弘扬伟大建党精神，全面贯彻落实新时代党的建设总要求，充分发挥党组织战斗堡垒和党员先锋模范作用，为“两高两化”建设奠定坚强的政治保障和组织保障，翔安区党员干部要重点增强“四个度”：一要增强理论学习的“高度”，不断提高用科学理论指导实践、推动工作的能力；二要增强基层基础的“牢度”，抓实基层党组织建设，常态化整顿提升软弱涣散基层党组织，推动各领域党组织全面进步、全面过硬；三要增强干部作风的“硬度”，把纪律和规矩挺在前，注重在服务群众一线、项目建设战线、社会治理前线培养锻炼干部；四要增强党建品牌的“亮度”，发挥翔安红色资源丰富的优势，推广重点片区联合党组织、疫情防控中的临时党支部等模式，探索创新党建新模式、新经验。

（出自《回答时代之问，走好新赶考路　勇当厦门“两高两化”建设“新发展极”》节选，区委书记　黄鹤麟）

大事记

1月

6日，福建省人民政府发布《关于厦门市翔安区新店镇马巷镇行政区划调整的批复》，同意撤销厦门市翔安区新店镇、马巷镇，设立翔安区新店街道、马巷街道。

12日，最高人民法院就2020年全国法院司法大数据专题研究工作发出通报，翔安区人民法院获评全国法院“数助决策”系统及专题研究示范应用一等奖，连续两年获该荣誉。

17日，厦门地铁3号线翔安机场站（站后折返段）项目开工仪式在厦门新机场核心区举行。

18日，翔安区政府对外发布公告，同意设立大嶝街道嶝湾社区、新店街道滨港社区等8个居民委员会。新增的8个居民委员会，分别隶属于大嶝、新店和新圩3个镇（街）。翔安区调整新店街道洪琳湖社区等11个居民委员会的管辖范围。

21日，翔安区马巷中心小学及辖区11所完全小学开始启用家校社合育平台，成为福建省内首批项目学校。

22日，厦门市第五医院与厦门市特房大帽山境旅游服务有限公司共同设立的“厦门市第五医院云诊所”在大帽山境揭牌，是厦门市首家“互联网云诊所”。

28日，翔安区在澳头古厝闽侨文史馆举办省级“侨胞之家”示范点授牌仪式。

2月

4日，中共福建省委常委、厦门市委书记赵龙到翔安区调研，实地查看翔安新机场片区、东部体育会展新城片区及联芯集成电路制造（厦门）有限公司、马塘村等地。

9日，厦门新机场片区阳塘安居小区全面封顶，项目总用地面积约44万平方米，总建筑面积约71万平方米，建设安置房3232套及配套商业、物业用房，4909个车位。

23日，福建省发改委、省财政厅联合下发《关于加快推进农村公共基础设施管护体制改革的实施方案》。翔安区被列为管护体制改革试点县（区）之一。

3月

1日，翔安区行政审批局会同区市场监管局、税务局梳理“企业注销一件事办事指南”，在全市首创企业注销专窗，实现企业注销跨部门联动办理。

3日，中共福建省委常委、厦门市委书记赵龙一行到翔安区调研推进乡村振兴工作，实地查看新店街道大宅社区火龙果三产融合基地、特色民宿运营情况，听取大宅社区乡村治理、基层党建和农村人居环境提升情况汇报。

8日，翔安区新店街道新兴社区“厦门市人大常委会基层立法联系点”挂牌。

11日，马巷第三中心幼儿园揭牌启用。该幼儿园是翔安区黎安居住区保障性安居工程配套幼儿园，也是区直属公办幼儿园。

16日，中共福建省委常委、厦门市委书记赵龙率陈家东、魏克良、陈秋雄等市领导及市直机关干部、驻厦门部队官兵、青年志愿者，到东部体育会展新城参加义务植树活动，为新城“一廊一带”景观工程再添新绿。胡盛、连坤明等区领导参加。

16日，中共福建省委常委、厦门市委书记赵龙率黄强、黄文辉等市领导到翔安区调研，实地查看刘五店码头、下潭尾湿地公园、东坑湾等片区。

16日，翔安区教师进修学校教师郭建源参与的“守正创新：翔安民间绘画主题美育课程实践研究”和黄碧慧参与的“小学英语‘3E循环’读写教学模式的实践与应用”，获2020年福建省基础教育教学成果一等奖。

22日，翔安区阳光城幼儿园入选第二批全国足球特色幼儿园示范园试点名单。

22日，厦门地铁3号线（厦门火车站至翔安蔡厝站段）工程通过单位工程验收。

30日，厦门市翔安区人力资源协会成立，该协会有40家会员单位和40余家战略合作单位。

4月

2日，翔安区法院司法警察大队获评2020年度厦门市“五一先锋号”优胜集体，是厦门市法院系统唯一获奖集体。

6日，马达加斯加华商总会一行13人到翔安参访，翔安区委常委、统战部部长洪国平出席接待。

7日，翔安区新店街道新兴社区被列入厦门市人大常委会首批3个基层立法联系点之一。

8日，翔安区第四届人大常委会召开第二十五次会议，决定设立区人大常委会新店街道工作委员会、凤翔街道工作委员会、金海街道工作委员会、香山街道工作委员会、马巷街道工作委员会、民安街道工作委员会。

10日，厦门影视文化产业协会创作基地和江小鱼导演工作室举行揭牌仪式，落户金海街道澳头社区。

24日，翔安区举行凤翔、金海、香山、民安4个新街道成立授牌仪式。区划调整后，翔安区辖7街2镇（大嶝、新店、凤翔、金海、香山、马巷、民安7个街道和内厝、新圩2个镇）。

5月

11日，厦门市农村生活污水治理提升现场会在翔安区大帽山社区举行。中共福建省委常委、厦门市委书记赵龙率陈秋雄、黄文辉等市领导，实地察看大帽山社区山仔头自然村分散式污水处理站及农村生活污水治理工作情况。省生态环境厅党组成员、总工程师郑彧到会指导。翔安区领导胡盛、连坤明、陈佳锻、王婴水等参加活动。

19日，翔安区在第十六届全省党员教育电视片观摩交流活动中，选送的《半个世纪的守护》获文艺片一等奖，《山上的家》获纪录片三等奖，《我的爸爸》获文艺片二等奖，《初心·坚守》获典型事迹片三等奖。

21日，翔安区财政局与区行政审批局签署行政审批服务事项划转移交备忘录，将区财政局承担的20项审批服务事项划转到区行政审批局，标志着“一枚印章管审批”模式在翔安区推开。

22日，民进翔安区总支部换届大会在翔安区行政中心举行，陈珍胜当选第二届民进翔安区总支主委。

23日，民盟翔安区基层委换届大会在翔安区行政中心召开。林琳当选为第二届民盟翔安区基层委主委。

25日，厦门市2021年度防汛防台风应急演练暨市级主要应急救援力量授旗仪式在翔安区举行。厦门市副市长黄燕添、翔安区副区长林生海，各区、市直等32个单位300余人参加演练。

28日，翔安区新增市级以上合作社示范社28家（国家级1家、市级3家、区级24家），区级以上家庭农场示范场9家（省级1家、市级4家、区级4家）。

6月

1日，翔安区法院举行少年法庭揭牌仪式。

是日，翔安区检察院全省首家集党史、传统文化、法治教育于一体的新时代文明法治教育“田间学校”——翔安区青少年法治教育基地开馆，设毒品认识与吸毒危害、网络安全与电信诈骗、预防性侵触感认知、粒子特效与法治格言等13个展区。

3日，翔安区文化馆新馆揭牌。新馆位于马巷街道印斗山南路，建筑面积13138.11平方米，设有室外文化广场和室内场馆，主场馆共3层，设置500座剧场、书画展厅、非遗展示厅、培训教室等群众文化活动功能室。

8日，生态环境部土壤生态环境司司长苏克敬一行到翔安检查厦门市农村污水提升治理工作。

17日，最高人民法院发布《人民法院司法改革案例选编（十一）》，翔安区法院《构建全区在线纠纷化解网络　打造诉非联动解纷新模式》改革案例入选，系全省唯一入选法院。

25日，厦门地铁3号线（厦门火车站—翔安蔡厝站）开通运营，标志着翔安开启地铁时代。地铁3号线全长26.5千米，设车站21座，与地铁1、2号线共同形成连接集美、海沧、翔安三向出岛的轨道交通线网。

27日，翔安区香山街道大宅社区获评2020年度福建省农业科技推广示范村，成为厦门市获评的2个村庄之一。

28日，厦门新机场片区航站

区桩基工程开始进场施工，大嶝岛西侧护岸和环嶝路工程、厦门新机场蔡厝片区金泉路工程、福建厦门迎宾220千伏输变电工程3个项目开工建设。

7月

6日，翔安区保障房九溪小区挂牌成立中共九溪小区党支部，成为厦门市保障房社区建立的第一个“兼合式”党组织。

11日，双十中学翔安校区初中部举行开班仪式。

10—13日，翔安区巷西中学射击队在莆田市举行的2021年福建省青少年射击锦标赛中，获金牌3枚、银牌4枚、铜牌7枚。其中，2名运动员获得“国家一级运动员”称号。

14日，翔安区在福建省国际投资促进会上，与北京每日优鲜电子商务有限公司签署项目投资框架协议。该公司将在翔安区投建东南区域运营总部和智能化冷链供应基地。

15日，中共福建省委常委、省纪委书记、省监委主任李仰哲带领省直有关部门负责人到翔安区查看天马第6代柔性AMOLED生产线、新体育会展中心、澳头渔村乡村风貌整治和厦门海洋高新产业园区等。中共福建省委常委，厦门市委书记赵龙、市长黄文辉参加调研。

24日，翔安区青年教育促进会揭牌成立。王凌峰当选促进会第一届会长。

25日，福建康佰家医药集团有限公司大嶝连锁药店设立多功能民生驿站，标志着厦门首家海岛“便民药事服务站”落户翔安大嶝。

25日，厦门技师学院综合提升工程奠基。

26日，厦门市第五医院获评“2021公立医院高质量发展优秀案例之一”，是厦门市唯一一家获奖的医院。

30日，“翔安红色记忆”系列连环画（四）首发仪式暨澳头海防文化馆揭牌仪式活动在澳头超旷美术馆举行。

8月

7日，福厦高铁全线最长桥梁——翔安西溪特大桥主线架梁任务全部完成。

9日，厦门翔安建设发展有限公司代建的滨海小学二期扩建工程通过竣工验收。

20日，翔安区新建的2座口袋公园——宋坂街心公园、祥吴街心公园竣工验收，总投资约135万元。

26日，翔安区2021年镇（街）新提任领导干部培训班在翔安区委党校开班，9个镇（街）18名提任领导干部参加为期2天的党的理论教育、党性教育和素质能力培训。

29日，厦门实验小学翔安校区举行开办仪式。翔安区委副书记、区长连坤明，厦门市教育局局长郭献文，翔安区政府副区长程明等出席仪式。

9月

6日，翔安区第六实验小学新校区揭牌投用。该校区占地面积2.2万余平方米。

8日，翔安区在第21届中国国际投资贸易洽谈会上，完成20个项目的现场签约，签约金额517.8亿元。

13日，翔安区检察院拍摄的微电影《音乐盒》在2020年度全省检察机关新闻宣传工作“百优”评选活动中获评“优秀微电影、微动漫、短视频作品”。

10月

13—14日，中国共产党厦门市翔安区第五次代表大会召开。大会选举产生新一届翔安区委员。黄鹤麟当选翔安区区委书记，李毅、温普华当选翔安区区委副书记。

19日，翔安区香山街道大宅社区大宅自然村入选2021年福建省金牌旅游村。

21日，翔安区原创高甲现代小戏《送枪》获第三届华东六省一市现代小戏大赛金奖，是福建省唯一获奖作品。

25日，翔安区市场监督管理局知识产权维权工作站翔安工业园区分站挂牌成立。

26日，翔安工业园区巷北片区四期项目开工现场，第三批13个重大项目集中开工，总投资107亿元。

27日，翔安区在福建省2021年第三季度“五个一批”项目正向激励综合考评较好的设区市和县（市、区）通报中，位列全省第五、全市第一，是全市唯一一年内两次进入全省前十的区。

11月

3日，中共厦门市委书记崔永

辉到翔安调研部分重点企业、重点项目，实地查看天马微电子第6代生产线、联芯智能化生产线、国际健康驿站、双十中学翔安校区高中部项目等地。市领导黄晓舟、张志红参加调研。

3日，翔安区税务局第一税务所获评第20届全国青年文明号。

4日，福建省人民政府新闻办公室召开“福建省乡村振兴热度指数评价”新闻发布会，翔安区入围“宣传度”排名前十的县（市、区）。

9日，中铁十六局集团翔安机场高速公路2标项目巷东隧道右洞贯通。

11日，中交二航局和长安大学共同研发的技术成果《BIM技术赋能厦门第二东通道项目施工智慧化管理》，获2021年第四届“优路杯”全国BIM技术大赛公共基础设施施工金奖。这是厦门第二东通道（翔安大桥）项目BIM成果年内第三次获得国家级奖项。

12日，翔安区与国家开发银行厦门市分行签订“十四五”开发性金融合作备忘录。

15日，翔安区与厦门象屿集团签署全面战略合作协议，开展全方位多元化深度合作，构建优势互补、资源共享的政企合作新格局。

15日，厦门大学与菜鸟智慧物流项目发布会暨无人车启动仪式在厦门大学翔安校区举行。厦门第一辆物流无人车投入运营。

15日，翔安区与宁夏回族自治区固原市彭阳县举行东西部协作结对帮扶协议线上签约仪式。两地12个镇（街）、12个村（社区）、3家国企、5家社会组织签订结对帮扶协议。

16日，省、市重点项目滨海东大道（翔安东路—莲河段）一标段完成路面工程全部施工，该标段在全线率先完成主体工程。

23日，翔安区大嶝街道小嶝社区、新圩镇金柄村入选2010—2017年中国美丽休闲乡村监测合格名单。

26日，翔安区9个镇（街）综合执法队挂牌成立。

29日，翔安区市头中学建设项目主体结构全面封顶。

12月

1日，厦门海洋职业技术学院乡村振兴学院揭牌。

3日，翔安区举行“天马第6代柔性AMOLED生产线项目总包四标段工程封顶仪式”，标志着天马项目主体工程全部完工。

6日，同翔大道全线通车运营。

是日，翔安教育集团获“2021年省委省政府为民办实事省级普惠托育试点单位”称号。

8日，新店中学在2021年厦门市中小学中职学生田径锦标赛中，蝉联初中组、高中组团体总分冠军，破2项纪录，1人达到国家一级运动员标准，9人达到国家二级运动员标准。

16日，民革厦门市翔安区总支部第一支部被民革中央授予“民革示范支部”（第二批）称号。

19日，为庆祝厦门经济特区建设40周年，翔安区举行重大项目集中开竣工活动，集中开工4个项目，总投资255.3亿元；集中竣工4个项目，总投资67.2亿元。

21日，翔安区检察院联合区卫健局、翔安公安分局、区妇联设立的未成年人“一站式”询问救助中心，在翔安区妇幼保健院揭牌。

23日，翔安区地理标志证明商标——“古宅大蒜”换标成功，是厦门市首枚换标成功的地理标志专用标志。

25日，福建省生物制品科学与技术创新实验室（翔安创新实验室）奠基仪式在翔安区举行。

25日，在翔安区第五届政协委员会第一次全体会议上，大会选举吴旗荣为第五届翔安区政协主席，选举蔡清发、陈炜彪、冯波、陈可芳为第五届翔安区政协委员会副主席。

28日，在翔安区第五届人民代表大会第一次会议举行第四次全体会议上，杜刚当选为翔安区第五届人大常委会主任，李毅当选为翔安区人民政府区长。吴鲤鹏当选为翔安区监察委员会主任，刘友国当选为翔安区人民法院院长，柯振敏当选为翔安区人民检察院检察长。在选举中，翔安区还投票选举产生新一届人大常委会副主任和区人民政府副区长。

30日，中共翔安区委召开五届二次全体会议暨区委经济工作会，审议通过《中共翔安区委关于深刻领悟党的百年奋斗重大成就和历史经验为厦门努力率先实现社会主义现代化贡献翔安力量的决定》。

31日，中国共产主义青年团厦门市翔安区第六次代表大会召开，选举产生新一届团区委书记、副书记、委员会及常务委员会成员。

区情概览

自然地理

【地理位置】 翔安区位于台湾海峡西岸中部、福建省厦门市东北部，东经118°10′～118°27′、北纬24°32′～24°50′，地处厦（门）、漳（州）、泉（州）闽南“金三角”中心地带，为闽南的交通枢纽和闽台的重要门户。东北面与泉州市交界，西面与同安区接壤，南面与厦门岛、金门岛隔海相望，有中国大陆第一条海底公路隧道——翔安海底隧道直通厦门本岛。距福建省会福州市231.5千米，距厦门市政府27.6千米。区政府驻新店镇祥福路2005号。陆地东西端跨度最长约17千米，南北端跨度最长约33千米。全区陆域总面积415.57平方千米；海域总面积133.84平方千米，占厦门市海域总面积34.32%；陆地海岸线长7.5千米，占厦门市海岸线总长32.05%，自然岸线保有率7.26%。

【地质地貌】 翔安地势由东北向东南倾斜，呈梯级下降。大致可分为2个区：东—东北低山高丘区（包括新圩镇东部、内厝镇东北部）与南—东南岗台区（包括内厝、大嶝、新店、凤翔、金海、香山、马巷、民安8个镇街）。翔安区土地面积4.16万公顷，其中，湿地5062.78公顷，耕地7186.94公顷，林地9496.72公顷，工矿用地2907.13公顷，住宅用地4184.61公顷。地貌分为山地、丘陵、台地、平原、滩涂、海岸和岛礁等类型。山地的中山陡坡分布于新圩镇，低山陡坡分布于新圩镇和内厝镇。高丘陵分布于山地边缘、河谷两侧，低丘陵分布于高丘陵外缘的山间盆谷周围和沿海的内厝、马巷、香山地区。台地分布广，面积大。新圩镇山前地带以洪积台地为主，内厝、马巷、民安、新店、凤翔、金海、大嶝等镇（街）以剥蚀台地为主。平原分冲积平原和海积平原。冲积平原仅在境内河流下游两岸呈条带状分布；海积平原多分布于南部和东南部沿海的香山、金海、凤翔等地区。滩涂主要分布在香山、金海、凤翔一带，以泥、泥沙为主。海岸线东起香山街道，西至民安街道，还有大嶝、角屿、小嶝和鳄鱼岛等岛屿，主要类型为港湾泥质海岸、红土阶地侵蚀海岸和人工海岸。海岛主要有大嶝岛、小嶝岛、角屿、鳄鱼屿。礁石主要分布在大嶝、香山、金海、凤翔4个街道海域。

【山峰河流】 翔安区境内主要山峰有21座，其中，海拔500米以上的中低山6座，200～500米的丘陵15座。800米以上中山，新圩镇境内有高仑头山（946.1米）1座。500～800米低山，新圩镇境内有加张山（590.6米）、大帽山（564.9米）2座；内厝镇境内有鸿渐山（516米）、妙高山（515米）2座；大帽山社区境内有东西尖山（704米）1座。200～500米丘陵，新圩镇境内有观音山（403.5米）、虎头山（356.2米）、大埔山（300米）、白云飞山（465.8米）、金排寨山（295.4米）、蜂腰山（400.2米）6座；内厝境内有乌营寨山（493.4米）1座；新店镇境内有鹊乌髻山（230米）1座；大帽山境内有寨仔山（447.2米）、鹅头楼山（442.8米）、红格寨山（431.8米）、柏峰岭山（357.9米）、大寨山（431.8米）、寮山（327.1米）、大尖山（453米）7座。

翔安区境内主要河流有九溪、内田溪、大盈溪、西林溪、古宅溪、曾溪等，水系源流均比较短，其中九溪最长。九溪全流域都在翔安境内，发源于内厝乌营寨山，自成水系，直接入海，流域面积101平方千米，河长20.55千米，河道平均坡降4.15‰。由干流，一级支流沙溪、新垵溪、上塘溪、后方溪、莲溪，二级支流内头溪、店头溪，三级支流美山溪共9条干支流组成。九溪为常年性河流，河床浅，汛期水量丰富，骤涨骤落，旱季则易干。河水含沙量除局部地区外，一般不大，多年平均年侵蚀模数为250吨/平方千米。上游莲溪段（集雨面积44平方千米，长10.2千米）发源于内厝乌营寨山，流经内厝下沙溪、官塘、后房、蔡塘、溪边后等村，在马巷镇朱坑村与汇入的内田溪合流，再经新店西林、溪尾、吕塘、董水前等村至蔡厝码头出海。内田溪发源于内厝白云山和乌营寨，流经新圩后辽、桂林、美山，在马巷内田324国道交会处与汇入的店头溪合流，至朱坑与莲溪段汇合成九溪下游合流段（长7.65千米）。九溪以内田溪作为主干流。内田溪内田以上流域面积25.6平方千米，河段枯季径流量130万平方米，河道中平均过流量0.08米^3/秒。内田溪流域面积69.7平方千米。大盈溪在翔安区西北部，发源于铁顶山，通过南安市境内流入深沪湾，在境内流域面积32.4平方千米。西林溪由蔡塘支流和内田支流在马巷镇的朱坑村汇合而成，于新店镇吕塘社区董水口出海，总流域面积80.6平方千米，干流长2.5千米。其支流有发源于鸿渐山的蔡塘溪，长10.5千米，流域面积43.6平方千米，由沙溪和后房溪两条小溪组成，沙溪发源于内厝镇锄山村的乌营寨，流经下沙溪、顶沙溪、官塘，在后房汇入后房溪；后房溪发源于内厝镇黄厝村东烧尾的两头山，流经黄厝、许厝至后房与沙溪汇合后称蔡塘溪。古宅溪是东溪支流，发源于新圩镇境内的加张山，流经古宅水库，在翔安境内流域面积25.2平方千米。曾溪发源于大帽山农场的蜂腰山，流经曾溪水库，于曾坝洋汇入古宅溪，再流经面前埔、店仔、布塘、上峰，经垵炉、竹坝溪，汇入同安区东溪，在翔安境内流域面积20.1平方千米。

【海域】 翔安区海域总面积133.84平方千米，划分为大嶝海域、香山海域、金海海域和凤翔海域。海岸线东起香山，西至凤翔，还有大嶝、角屿、小嶝和鳄鱼岛等岛屿，全长75千米，其中深水岸线达4.8千米。主要类型为港湾泥质海岸、红土阶地侵蚀海岸和人工海岸；滩涂总面积5597.93公顷，占全区土地总面积的13.46%，主要分布在新店一带，以泥、泥沙为主。主要岛屿有大嶝岛、小嶝岛、角屿、鳄鱼岛，面积14.75平方千米，占全区土地总面积的3.55%。另外，还分布着58个礁石。其中，香山、金海、凤翔3个街道海域有21个，分别为屿头礁、虎头孔礁、屿尾礁、牛心礁、涵口礁、奢罾礁、西礁头、大石部、小马礁、大马礁、石帽礁、土地公礁、土中礁、和尚礁、尾坝顶礁、欧厝礁仔、路边礁、鲎尾礁、七星礁、鲨鱼礁、长礁；大嶝海域有37个，分别为三礁石、笼床礁、魁礁、沙螺礁、大石、荔枝礁、杀狗礁、黑石堡礁、虎头寨礁、观音礁、毒礁、港心礁、华礁、虎背礁、大礁、白礁、前礁、白哈礁、螺头礁、掌形礁、卡仔礁、小掌形礁、倒牛礁、小嶝东礁、南屿西礁、琴尾礁、户头礁、东礁、内灶礁、外灶礁、家婆髻石、大屿头礁、小屿头礁、大冇头礁、白头礁、堀仔礁、南鲨鱼礁。

【土壤】 翔安区土地主要有砖红壤性红壤、红壤、冲积土、盐土和水稻土五大土类、8个亚类、21个土属、39个土种。1985年同安县第二次土壤普查，翔安境内土壤肥力居中等偏下，土壤有机质含量属中等水平。其中有机质含量丰富的（2%～3%）仅香山、金海、凤翔3个街道（2.1%），其余2个镇、4个街道均在1.31%～1.62%的一般含量范围内，而潜育型土壤有机质含量最丰富（平均2.12%）。含氮量大都低于三级（0.1%～0.15%），含氮缺乏的耕地（小于0.1%）占全区总耕地面积的75.4%，含氮丰富的耕地土壤仅香山、金海、凤翔3个街道。境内耕地土壤速效磷含量极缺（<5毫克/千克）和缺乏（5～8毫克/千克）的分别占总耕地面积的5.98%与35.63%，含量丰富（>15毫克/千克）的占总耕地面积的56.49%。境内土壤速效钾含量极缺（<50毫克/千克）与缺乏（50～80毫克/千克）分别占耕地总面积的69.68%与13.34%，含量丰富（>100毫克/千克）的仅占耕地总面积的5.3%。土壤中酸碱性测定，强酸性（pH<4.5）和酸性（pH4.5～5.5）分别占耕地总面积的0.39%与12.35%。中性土壤（pH6.5～7.5）占41.76%，其余45.5%面积为弱酸（pH5.5～6.5）、弱碱性（pH7.5～8.5）土壤。耕地土壤的微量元素（主要为铜、锰、锌、铁、钼、硼）中的活性铁、锰含量丰富，含有效锌在临界营养值1.5毫克/千克以上，但缺乏有效钼和铜，严重缺乏硼。

【植被】 翔安区位于南亚热带海洋性季风气候区，植物成分组成复杂，植物类型较多。原生植被因长期受人为活动影响早已绝迹，现有植被均为次生植被和人工植被。典型植被以马尾松、相思树、杉木、桉树、木荷、木麻黄、火力楠等为主。据1980年林业区划资料以及以后的调查，主要树种有66科、181属、385种。2021年，全区林业用地面积1.07万公顷，约占土地面积的25.72%，森林覆盖率30.41%。境内森林植被类型主要有常绿阔叶林、常绿针叶林、针阔混交林、灌丛草坡、竹林、人工经济林、防护林等。

【资源】 翔安区共有地表水资源334.03平方千米，保证率总和6.3亿立方米。境内主要溪流有九溪、内田溪、大盈溪、西林溪、古宅溪、曾溪和下房溪等，流域总面积312.43平方千米。境内有小（1）型水库4座：曾溪水库、古宅水库、张埭桥水库、西岩水库，总集雨面积51.03平方千米，灌溉总面积1209公顷。小（2）型水库32座，总集雨面积29.13平方千米。境内有池塘200多个。全区水资源时空分布不平衡。西北高、东南低的地形，使溪流水由山区经平原泄入海里。历代农民在平原地区开挖池塘，积蓄雨水。池塘是农田灌溉的主要水源。境内浅海水质肥沃，据1983年测定，海区磷酸盐含量0.26～12.10毫克/米^3，平均值4.9毫克/米^3；硝酸盐含量20.72～129.92毫克/米^3，平均值86.15毫克/米^3；亚硝酸盐含量1.19～18.34毫克/米^3。pH值，鳄鱼屿海区为6.5～9.0，大嶝海区为7.3～8.8。盐度一般在26.79‰～31.7‰，大嶝海区比重高于内陆海区。海水表层水温有季节差异，变化范围为14℃～30℃。境内地下水资源分布不均，地下水资源保证率为0.83亿立方米。马巷街道、新圩镇和内厝镇的东南部属富水区，大部分为基岩裂隙水，深埋2米左右，以降水补给为主，地下径流通畅，单位涌水量40吨/日·米，矿化度0.2～0.5克/升，属淡水。香山、金海、凤翔街道沿海，大部分是冲积层潜水和海积层潜水，属弱水区，深埋2～5米，单位涌水量20吨/日·米，矿化度0.05～0.2克/升，属淡水。大嶝街沿海属海积层潜水，矿化度1～3克/升，属微咸水。新圩、内厝镇的西北部属风化裂隙水，涌水量一般小于10吨/日·米，地下水源天然补给量每年0.97亿立方米。列入国家一级保护的陆生野生动物有穿山甲；列入国家二级保护的有蟒蛇、水獭、猫头鹰。其他森林野生动物有欧亚野猪、野兔、眼镜蛇、喜鹊、画眉鸟、啄木鸟、鹧鸪、麻雀和斑鸠等。全区有挂牌保护的古树名木209株、古树群5个，主要树种有樟树、马尾松、榕树、黄连木、相思树和铁树，其中2株古樟树龄最长，已超过1300年。

【气候】 翔安区气候属南亚热带海洋性季风气候，气候温暖，雨量充沛，热量充足。气候要素随季节转换有明显差异，春夏秋冬气候特点显著不同。除海拔较高的山区外，平原和沿海地区四季气候特点是：冬冷但无严寒，夏热而无酷暑，秋高气爽宜人，春暖晴雨多变。年平均气温21℃，最冷月1月平均气温12.6℃，最热月7月平均气温28℃。年平均降水量1315.2毫米，年平均日照时数2031.6小时，年平均蒸发量1668.1毫米。综合考虑气温、降水量等气候特点，可将翔安气候季节划分为，12月至次年2月为冬季；3—4月为春季或春雨季；5—9月为夏季，其中5—6月为初夏或梅雨季节，7—9月为盛夏或台风季节；10—11月为秋季。3—9月为春夏多雨湿润季节，10月至次年2月为秋冬少雨干燥季节。

翔安区自然灾害主要有旱灾、水灾和风灾。2021年，翔安区出现3次暴雨过程、7次局地强对流过程、1次冰雹过程、15个高温日，受到2次台风影响。

（高　翔）

人文地理

【建置沿革】 翔安区境，秦属闽中郡，东汉属闽侯官县，三国时属建安郡东安县。西晋太康三年（282），析东安县置同安县，今翔安区境域隶属之。南朝宋泰始四年（468），改晋安郡为晋平郡，泰始七年（471）复为晋安郡。南朝梁天监元年（502），析晋安郡置南安郡，今翔安区境域隶属之。隋开皇九年（589），改南安郡为南安县，今翔安区境域仍属之。唐贞元十九年（803），今翔安区境域划为绥德乡翔风（含金门）、民安2个里，隶大同场辖。五代后唐长兴四年（933），闽王王审知次子延钧在福州称帝，升大同场为同安县，今翔安区境域隶属之。宋、元、明，今翔安区境域分别属平海军同安县辖、泉州路同安辖、泉州府同安县辖。清乾隆四十年（1775），置马巷厅始，直至清末，今翔安区境域隶属泉州府马巷厅。民国元年（1912），裁马巷厅，今翔安区境域复归同安县。民国3年（1914），析翔风里之大嶝岛、小嶝岛、大金门、小金门，置金门县，今翔安区境域隶于厦门道。民国17年（1928），今翔安区境域直隶于福建省同安县。民国22年（1933）11月至民国23年（1934）1月，福建事变时改隶中华共和国人民革命政府兴泉省同安县；1月后，隶于福建省第五督察区同安县。次年，改隶于福建省第四专员公署同安县，直至1949年9月。

民国24年（1935），今翔安区境域（不含大嶝、小嶝）区划为同安县第二区（驻马巷），辖10～17个办事处、14联保、166保，隶属同安县管辖，大嶝、小嶝隶属金门县辖。民国 26 年（1937）10 月 25 日，日军占领金门，金门县政府迁往大嶝设立办事处，大嶝、小嶝仍隶金门县辖。民国 32 年（1943），撤区建乡设保，今翔安区境域（不含大嶝、小嶝）置一镇五乡（马巷镇、民石、仁风、振南、侯牧、公安乡），次年，区划调整，今翔安区境域（不含大嶝、小嶝）置一镇三乡（马巷镇、民安、翔风、公安乡），隶属同安县管辖，大嶝、小嶝隶属金门县管辖。

1949 年 9 月，今翔安区境域内（不含大嶝、小嶝）解放，仍暂沿旧制，隶属同安县管辖，上隶于华东军政委员会福建省第五行政督察专员公署。1950 年 7 月，改上隶于泉州行署（后改称晋江专区）。

1949 年 10 月，大嶝岛、小嶝岛解放；1950 年 4 月，大嶝岛设立区公所，属金门县；1951 年，由南安县代管。

1950—1951 年，今翔安区境域（不含大嶝、小嶝）置马巷镇、第五区（驻马巷）、第六区（驻曾厝），隶属同安县管辖。之后，境内区划多次调整变更，上隶晋江专区同安县管辖不变。1958 年 10 月，境内隶属厦门市同安县管辖。同年，境内置大帽山国营农场，下辖 18 个自然村，隶属厦门市农业局直辖。

1970 年 8 月，今翔安区境域（不含大嶝、小嶝、大帽山国营农场）复隶于晋江专区同安县管辖。1971 年 3 月，南安县析出大嶝公社及石井公社莲河、霞浯 2 个大队（今属翔安区大嶝街道和香山街道）划入同安县。1973 年 9 月，今翔安区境域（不含大帽山国营农场）又划归厦门市同安县管辖。

1997 年 4 月，同安撤县设区，今翔安区境域（不含大帽山国营农场）隶属厦门市同安区管辖。

2003 年 4 月 26 日，国务院批准设立厦门市翔安区，直隶厦门市辖，下辖原同安区东部的 5 镇（大嶝、新店、马巷、内厝、新圩），共 6 个居委会、103 个村委会；10 月 19 日，翔安区挂牌成立；12 月 18 日，大帽山农场划归翔安区管辖，为翔安区直属全民所有制企业。2005 年 9 月 28 日，省政府批准撤销大嶝镇建制，设立大嶝街道办事处。

2020 年年底，翔安区直隶厦门市管辖，下辖 1 个街道（大嶝）、4 个镇（新店、马巷、内厝、新圩），有 90 个社区居委会、30 个村委会。

【行政区划】 2021 年 1 月，福建省政府、厦门市政府分别下文批准撤销新店镇、马巷镇，设立新店街道、马巷街道办事处。3 月 1 日，厦门市政府批准新店、马巷 2 个街道析置为新店、凤翔、金海、香山、马巷和民安 6 个街道。4 月 24 日，新店、凤翔、金海、香山、马巷和民安 6 个街道挂牌成立。至 2021 年年底，翔安区下辖 7 个街道、2 个镇，有 22 个城市社区居委会、76 个村改居社区居委会、30 个村委会。

表 1　2021 年翔安区镇（街）社区（村委会）情况一览表

镇、街道	社区居委会、村委会		社区（个）	村委会（个）
大嶝街道	城市社区	嶝湾社区	1	
	村改居社区	小嶝社区、双沪社区、阳塘社区、山头社区、北门社区、蟳窟社区、东埕社区、嶝崎社区、田墘社区	9	
新店街道	城市社区	曾坂社区、新兴社区、洪琳湖社区、东兴社区、祥美社区	5	
	村改居社区	祥吴社区、新店社区、洪前社区、陈塘社区、溪尾社区、蔡厝社区	6	
凤翔街道	城市社区	钟秀社区	1	
	村改居社区	湖头社区、东坑社区、洪厝社区、下许社区、下后滨社区、垵山社区、炉前社区、刘五店社区、东界社区、钟宅社区、琼头社区、陈新社区、井头社区、城场社区、窗东社区、蔡浦社区	16	
金海街道	城市社区	鼓岩社区、浦西社区、洪钟社区、滨港社区、鼓翔社区、浦滨社区	6	
	村改居社区	澳头社区、西滨社区、欧厝社区、彭厝社区、前浯社区、浦边社区、后村社区、鼓锣社区、浦园社区	9	
香山街道	城市社区	大学社区	1	
	村改居社区	吕塘社区、茂林社区、大宅社区、沙美社区、东园社区、珩厝社区、霞浯社区、霄垄社区、莲河社区	9	

续表 1

镇、街道	社区居委会、村委会		社区（个）	村委会（个）
马巷街道	城市社区	五美社区、友民社区、三乡社区、后亭社区、舫星社区、滨安社区	6	
	村改居社区	桐梓社区、后滨社区、曾林社区、后许社区、沈井社区、黎安社区、舫阳社区、郑坂社区、西坂社区、市头社区、朱坑社区、五星社区	12	
民安街道	村改居社区	山亭社区、亭洋社区、后莲社区、内垵社区、垵边社区、前庵社区、内官社区、何厝社区、洪溪社区、同美社区、西炉社区、赵厝社区	12	
内厝镇	村改居社区	上塘社区	1	
	村委会	后垵村、前垵村、鸿山村、新垵村、黄厝村、许厝村、后田村、赵岗村、霞美村、莲前村、曾厝村、美山村、官路村、莲塘村、琼坑村、锄山村		16
新圩镇	城市社区	大帽山社区、同和社区	2	
	村改居社区	新圩社区、东寮社区	2	
	村委会	古宅村、后埔村、后亭村、金柄村、凤路村、村尾村、乌山村、云头村、面前埔村、上宅村、马塘村、诗坂村、桂林村、庄垵村		14
合计			98	30

【人口】 2021年年末，翔安区有户籍人口407139人，暂住人口317704人。户籍人口中，男性202219人，女性204920人。全年出生人口5248人，出生人口性别比115.19（以女性为100）；全年死亡人口1655人。大嶝街道年末户籍人口27890人，其中，男性13380人，女性14510人；暂住人口7048人。新店街道年末户籍人口53324人，其中，男性25370人，女性27954人；暂住人口82025人。凤翔街道年末户籍人口50149人，其中，男性24997人，女性25152人；暂住人口11296人。金海街道年末户籍人口40942人，其中，男性19972人，女性20970人；暂住人口19115人。香山街道年末户籍人口32088人，其中，男性15820人，女性16268人；暂住人口11493人。马巷街道年末户籍人口65002人，其中，男性32203人，女性32799人；民安街道年末户籍人口35045人，其中，男性17707人，女性17338人；马巷街道和民安街道暂住人口158878人。内厝镇年末户籍人口48935人，其中，男性24867人，女性24068人；暂住人口21276人。新圩镇年末户籍人口53764人，其中，男性27903人，女性25861人；暂住人口6573人。

【语言】 翔安区行政上隶属于厦门市，但就语言而言，作为闽南话代表方言的厦门话是在翔安话的基础上发展起来的。翔安话与同安话一样，是厦门话的共同母语。翔安区通行普通话与闽南话，公务活动使用普通话，人际交流因人而异，本地人之间说闽南话，与外地人说普通话，民间交流则大都用闽南话。翔安话共有13个声母、89个韵母、7个声调。

【民俗】 饮食习俗。20世纪80年代后，翔安人普遍以大米为主食，面食辅之。城镇居民日常菜肴因家境而异，主要有肉类、海鲜、豆制品和蔬菜。

节日习俗。农历正月初一吃甜粿、炸枣、鱼肉、荤菜。初九日“天公生”，家家备鸡鸭肉食。上元节吃汤圆、薄饼。二月初二“头牙”吃肉食、薄饼等。三月节（初三）家家要祀神、祭神，吃肉食及薄饼。清明节，祭祖吃肉食、糕饼及薄饼。五月节（端午）吃粽子（碱粽或咸粽）。六月半吃汤圆，称“半年圆”，还要蒸发糕。七月吃甜饼、果子（普度肉食、肉粽、糕仔）。中秋节吃月饼。立冬俗称“补冬”，以补药炖鸡、鸭、猪、羊肉。冬节吃汤圆、肉食等。尾牙（十二月十六日）吃肉食、兜面。送神（十二月二十三日或二十四日）吃肉食等荤菜。除夕，一家围炉吃团圆饭、炒米粉、肉食、海鲜（如淋蚶）、汤圆等。

居住习俗。20世纪30年代前，镇区多为老式大厝和平屋“竹篙厝”，街道两边均为骑楼式长平屋。20世纪60—70年代，盛行条石砌墙，石板盖顶，水泥浆填隙。代之以“四房看厅”、两房一厅，宜于小家庭居住，但农村大家庭仍有盖大厝者。20世纪

80—90年代，楼房大量增加，砌墙均为条石或红砖到顶，层数一般2～4层，大多以长石板封顶。居民私房旧厝也多翻建为框架式钢筋水泥楼房，马巷附近的后滨村、桐梓村、西坂村等地也多建3～4层楼夹街的楼房；兴建不少综合商品楼，均为套房（2房1厅、3房1厅，阳台、厨房、卫生间齐全）。20世纪90年代后用钢筋水泥板封顶，装修日趋高档，以水泥花砖、水磨砖、瓷砖铺地，瓷砖贴墙，石大门刻郡望福祥对联，安装石框钢骨玻璃翻窗或铝合金窗，更高档的为不锈钢门窗，厨房、卫生间齐全。

行业习俗。古时农民有“祭敬田头土地公”之俗，于春耕前用荤菜和干果在田头敬土地公，祈求五谷丰登。渔民有“点眼挂红”之俗，新的渔船造好，下水时要举行点船眼和挂红布的仪式，渔船船眼是向下看，商船是向上看，船眼各有3个钉要挂3条红布。“远洋船”（翔安把到外海捕鱼的船称“远洋船”）出海捕捞前，渔民要祭拜“妈祖婆”，祈求航行顺利，捕捞丰收。

【宗教和民间信仰】 翔安区境内民间信仰范围广泛，有自然崇拜、灵物崇拜、神明崇拜、祖先崇拜、英雄人物或宗族杰出人物等崇拜。传说中有“灵”的石头、古树、古松、山头、古潭、古井等崇拜，有“滥祀遗风”之称。除佛教、道教、基督教等宗教信仰外，以神明崇拜最为突出，特别是具有地方特色的神明。地方俗神、各式各样的神道难以计数。菩萨、角落王爷、当境佛、土地庙等神道寺观、庙宇遍布城乡各个角落。天公（玉皇大帝）、土地神、关公、保生大帝、妈祖、池王爷是境内民俗信仰之中崇祀的主要民俗神道。翔安民间俗神信仰以“王爷”“佛祖”“保境佛”“保境王爷”居多。其中，有对当地政治、经济、社会发展或宗族繁衍有功的历史人物，被奉为“王爷”崇祀。全区有民间信仰大小宫庙464座，其中成规模的130多座。境内重要的佛道寺观及民俗宫观宫庙有甘露寺、池王宫、出米岩、城隍庙、香山岩、清水岩、澳头广应宫、五府王爷宫等16座。翔安农村还有不少的“角落王爷”（俗称“当境佛”）系宗族奉祀之先贤或历代之名人、名宦。

【名胜古迹】 翔安历史悠久，地面遗存丰富。境内有众多的古建筑、古遗址、古民居、古墓葬、石刻（碑记）、墓志铭和革命遗址及革命纪念物。境内较著名的古建筑有位于大帽山建于唐代的甘露寺，建于北宋的大寮灵宫；位于马巷镇建于唐、五代时期的根岭倒桥，建于明代的元威殿（俗称池王宫），建于清代的马巷城隍庙、李长庚故居；位于新圩镇建于元代的姑井砖塔；位于新店镇建于南宋的香山寺、建于明代的东界石塔；位于大嶝街道建于清代的小嶝英灵殿。境内重要的古遗址有位于新圩镇的钟山新石器时代遗址、十八弯古道；位于内厝镇的东烧尾窑址、“同民安”关隘。颇具特色的古民居有位于新圩镇的土楼、乌山九十九间；位于内厝镇的陈棋盘洋楼；位于马巷镇的陈金恒古厝、洪养古厝；位于大嶝街道的田墘古厝民居。境内尚存的古民居以“红砖民居”最为常见，建筑年代最早者不超过清初，而以晚清至民国初期居多。境内重要的古墓葬有商代的乌山墓，北宋的苏益墓，明代的洪朝选墓、蔡贵易墓、蔡复一墓、洪覲光墓，清代的林君升墓。以上古墓葬除乌山墓、蔡复一墓、洪覲光墓外，其余均被列为厦门市第一批涉台文物。境内重要的石刻（碑记）有柳太监墓碑，“鳌石”“超旷”题刻，赵氏芳节碑（俗称“四里碑”），“重修张埭碑”。主要的墓志铭有明累封夫人清宪蔡先生元配慈节李氏墓志铭、明洪朝选继配朱氏墓志铭、明洪印石夫妻合葬墓志铭、明林廷超墓志铭、明许宗继墓志铭。境内重要的革命遗址（革命纪念物）有中共同安县委旧址、陈先查烈士墓、沙美村农民协会旧址、同安农民协会旧址、后山岩烈士公墓、内厝烈士纪念碑、大嶝“世界之最”的军事广播喇叭。

【景区景点】 翔安旅游资源丰富，生态优美，风光秀丽。翔安区旅游产业布局为“一个中心，三个功能区，四个品牌”。“一个中心”，即南部旅游接待中心区，以区政府所在地为中心，建设中主要突出接待服务、商贸娱乐功能。“三个功能区”，即北部生态休闲度假旅游区、中部民俗文化旅游区、南部“英雄三岛”滨海旅游区。功能区中，既有闻名全国的“英雄三岛”战地观光园，又有中国最美休闲农业和乡村旅游示范点小嶝休闲渔村；不仅有全国唯一的大嶝小镇·台湾免税公园，还有翔金海域上的白哈礁归来亭；不仅有见证海峡两岸军民携手抗日的大嶝“金门县政府旧址”，还有被列入中国世界文化遗产名录的闽南红砖古厝建筑；不仅有“拍手上香山，相看意未还”的省级风景名胜区香山，还有“古树青青，古戏悠悠”的闽南戏乡吕塘古村；不仅有沿山坡蜿蜒盘曲而上，直达山巅云中雁的悠悠古道“十八弯”，还有幽深神奇的古宅大峡谷；不仅有大帽山上香火鼎盛的唐代甘露寺、太子灵宫，还有闽南古镇马巷的闽台池府王爷开基祖庙元威殿。

【历代名人】 翔安依山傍海，人杰地灵。“节气邱钓矶，人品黄逸叟。文章许钟斗，武功张廷拱。”这段自古流传于闽南沿海地区的俚语，高度概括了宋明两代金（门）翔（安）两地的四位杰出人物，其中邱钓矶、张廷拱即为今翔安人。

邱钓矶即邱葵，字吉甫，号钓矶，翔风里小嶝岛（今大嶝街道）人，宋末元初泉南理学大儒，系朱熹的四传弟子，其学术造诣在泉郡颇有名气。南宋景炎元年（1276），邱葵的恩师吕大奎不肯降元被害，激起邱葵的民族义愤。元朝统治者知其在地方上很有名望，派御史马伯庸劝其出仕，邱葵避而不见。同安知县（原称达鲁花赤）带重金登门礼聘，邱葵作《却聘诗》坚决推辞，其气节为后人所传颂。

张廷拱，字尚宰，号辅吾，翔风里大嶝阳塘（今大嶝街道阳塘村）人，明万历二十九年（1601）进士，被授安徽怀宁县令，后补江西丰城县令。他为官清廉刚正，关心民间疾苦。因功擢升祠祭司郎中，后因不肯依附奸宦魏忠贤，遭阉党馋谤，被削职回原籍。明崇祯六年（1633），朱由检继承皇位，张廷拱复被起用为佥都察院右副都御史，巡抚山西大同。在大同，张廷拱对内实行招抚，对外“修堡，制火器”加强军备，率领军队多次平息寇患，被崇祯誉为“福将”。境内民间称其为“张军门”，张廷拱的后人则尊其为“军门祖”。

洪朝选，字舜臣，又字汝尹，号芳洲，别号静庵，明嘉靖二十年（1541）进士，历任户部主事、户部郎中、吏部郎中、四川按察副使、广西右参政、山西左参政、太仆寺少卿、都察院右佥都御史、右副都御史、刑部右侍郎，以左侍郎致仕。洪朝选为官廉洁忠信，不阿谀权贵，不诡随世好，而以国法为依。先是不挠权贵，顶撞奸相严嵩，被调至南方为官；后又不依附权相张居正，被其借机罢黜官职。洪朝选居家，更加狷激自持，终以致结怨谤，罹奇祸，被张居正等罗织罪名，锻炼成狱，并诬以通夷大罪，逮捕下狱，惨亡于福州狱中。冤案至张居正死后始获朝廷平反昭雪。

明清两代的名人还有被新店镇浦园村李氏族人称为“御史祖”的李庸、“给事祖”的李献可；世人称之为“一代宗师，理学名宦”的林希元；闽南理学家黄文照；官至湖南、湖北巡按的蒋芳镛；曾任兵部右侍郎、总督贵州云南湖广军务兼巡抚贵州的蔡复一；民族英雄郑成功的重要部将洪旭；曾任江南提督，总辖江苏、浙江、福建、广东四省军务的林君升；一生急公好义、多有善举，民间称之为“林百万”的巨富商贾林芳德；历任福建水师提督、浙江水师提督的李长庚；一生致力于研究星算卜术，以历学闻名遐迩，曾任钦天监的洪潮和；曾任四川按察使、署布政使的苏廷玉；曾任海坛游击、加副将衔的陈上国。

近现代的名人有旅居越南的侨界富商陈允济；抗日战争时期任厦门各界抗敌后援会会长，中华人民共和国成立后任福建省人民政府委员和省工商业联合会筹委会主任的洪晓春；曾与陈嘉庚合创橡胶园，抗战期间捐资帮助抗日救亡运动，成为当时新马华社侨领的蒋骥甫；同安县早期共产党员，曾任中共同安县党支部书记的彭友圃；致公党中央委员会常务委员、致公党福建省委员会副主任委员柯朝阳；曾师从鲁迅，在厦门大学讲授中国文学史及中国小说史的中文系副教授、剧作家、语言学家陈梦韶；闽南早期工人运动的组织者，中共福建临时省委常委、中共六大代表许土淼；军功卓著的开国海军少将，历任交通部部长、中共中央顾问委员会委员彭德清；著名革命烈士，中共同安县委代理书记陈先查；历任天津市文协主席、中国作家协会副主席和名誉顾问的鲁藜；著名钢琴家李嘉禄等。

（翔安区方志办）

经济社会

【概况】 2021年，翔安区实现地区生产总值781.79亿元，比上年增长7.3%；规模以上工业增加值434.54亿元，增长6.2%；固定资产投资增长13.7%；财政总收入93.45亿元，增长15.9%；区级财政收入26.61亿元，增长18.5%；社会消费品零售总额129.82亿元，增长7.7%；限额以上批发零售额1478.47亿元，增长60.6%；城镇居民人均可支配收入47730元，增长8.9%，农村居民人均可支配收入27045元，增长11.7%。

2021年，翔安区深化“放管服”改革，完成全省唯一的区级相对集中行政许可权改革试点工作，首批283项审批服务事项实行“一枚印章管审批”；开辟“i厦门”“翔安智慧办”模块，17项事项实现“秒批秒办”。完善区领导挂钩联系重点企业制度，实地走访“三高”（高技术、高成长、高附加值）企业622家次。应对疫情出台“春节留厦8条”“助企纾困10条”等扶持政策，为企业减免税费1.6亿元，协助融资12.3亿元，兑现财政补助3.8亿元。新增商事主体5000家，比2020年增长50%。

【农业】 2021年，翔安区建设1个设施农业项目、1个高标准农田项目，新建3个农田水利基础设施项目，完成5个农作物新品种试验示范项目，新建3个绿色防控示范点。新增1家省级农业产业化重点龙头企业，新增6家市级农业产业化重点龙头企业，16家市级农业龙头企业完成产值70.55亿元，比上年增长71.57%。"大帽山境"田园综合体品牌特色明显，获评"2019年省级养生旅游休闲基地"。承办全市第二届"中国农民丰收节"。筑牢非洲猪瘟"防火墙"。水环境治理成效明显，防汛防台风工作落实到位，森林防火工作稳妥有序，农机道路交通安全连续12年保持"零事故"，渔业安全生产继续保持"零死亡"，胡萝卜实现连续6年出口"零通报"，32座水库等平稳运行。

【工业】 2021年，翔安区科研技术全国领先的生物制品省创新实验室落地建设，厦大嘉庚创新实验室、南方海洋研究中心投入运营，新增7家省级以上企业技术中心。全社会研发投入25亿元，全市第二，专利授权量增长7%，每万人有效发明拥有量全市第二。新增"三高"企业58家，高技术产业增加值增长15.8%。与中国技术交易所等建立人才培育战略合作，打造产学研人才发展生态圈，引育高层次人才84人，柔性引才1136人。新开工133个亿元以上项目，122个省、市重大重点项目投资736亿元，完成年度计划的136%，建安投资377亿元，均排名全市第一，"五个一批"（谋划一批、签约一批、开工一批、投产一批、增资一批）综合考评两次获省政府通报奖励，固定资产投资强度达2亿元/天、位列全省各县（区）首位。实施项目建设攻坚行动，祥福一路等"断头路"成功打通，55万平方米阳塘整村搬迁全面完成，37万平方米东界片区整村搬迁进入扫尾，7.5万平方米琼头局部搬迁实现突破。全年土地交地693.33公顷、房屋拆除112万平方米，重大片区土地征收和交地量占全市一半。

【第三产业】 2021年，翔安区融入厦门国家自主创新示范区、厦门科学城、金砖国家创新基地建设，全省唯一的海洋高新产业园区落地翔安，厦大嘉庚创新实验室投入运营。支持龙头企业加大研发投入，打造产学研人才发展生态圈，兑现"双百"扶持资金1218.24万元。强壮产业链群，引进南京高光、隆利科技等13个项目，中创新航、冠捷科技等32家龙头企业达产扩产，新增入库企业38家。加速培育新产业链群，引进太古飞机工程项目、厦航工业临空产业园。

【城乡建设】 2021年，翔安区落实"跨岛发展"战略，拓展新城格局、完善城区功能、提升城区形象，推进以人为核心的新型城镇化，"四座新城"加速建设。厦门翔安新机场全面开工，厦门航空产业启动区、太古翔安维修基地2个重要产业项目完成土地出让；新会展中心、新体育中心初具雏形，白海豚游泳馆、凤凰体育馆完成主体结构封顶；下潭尾湿地公园二期基本完工，浪漫线三期澳头段、东山片区文化艺术中心等项目前期提速推进；同翔高新城市政基础配套日臻完善，新兴产业加快集聚；新店地铁社区二期竣工验收，阳塘安居小区、会展嘉园、新浦嘉园完成安置房转商品房。加快提升城区配套，福厦高铁（翔安段）南清隧道全线贯通，翔安大桥进入桥面铺装施工阶段，东坑湾大桥轮廓初现。地铁4号线除大嶝段外全线贯通，地铁3号线开通运营。首创奥特莱斯主体完成，数字经济产业园配套升级，商圈人气商气不断集聚。

【生态环境建设】 2021年，翔安区重视生态环境建设，以扬尘为重点防治大气污染，细颗粒物（$PM_{2.5}$）比上年下降36%，空气质量优良率99.7%。深化"河（湖）长制"，创新"三水"（微水"星级"分治，污水"三环"共治，中水"回用"返治）联治模式，新建30千米污水管道，完成27平方千米正本清源改造，监测断面平均水质首次实现100%达标。实施"湾（滩）长制"，推动入海排污口常态化治理，近岸海域水质优良率100%。落实耕地保护制度，依法整治农村乱占耕地建房224宗。全面推行"林长制"。推进市政排水管网正本清源改造，创新农村生活污水治理"四化并举、两率并重"模式，成为全市"样板"，获生态环境部肯定。

【社会事业】 2021年，翔安区创新转产就业集中区、片区招聘、项目制培训等帮扶举措，拓宽被征地农民和海域退养渔民等重点群众转产就业渠道，推动困难群体实现就业2513人，就业率95.88%。新建15所中小学幼儿园、新增学位1.4万个，开办双十中学初中部、实验小学翔安校区等"跨岛名校"，招录高层次教育人才和教师214人；落实"双减"政策，中小学课后延时服务全覆盖。引进市第一医院临床医学研究院，建成市第五医院医技科教综合楼，市第五医院在全国三级公立医院绩效考核中排名全市第四、岛外第一。对外开放 8 处文体设施，修缮 10 处文物、20 处烈士纪念设施；原创作品《送枪》在“华东六省一市现代地方小戏大赛”上获得金奖，是全省唯一获奖作品。健全养老服务和婴幼儿照护服务体系，16～59 周岁城乡居民养老保险参保基本实现全覆盖，发放被征地人员基本养老保险参保补助 5126.97 万元。加大困难群体救助保障力度，发放各类救助资金 8047.9 万元。打造文化振兴黄厝模式和产业振兴马塘模式，发展壮大都市现代农业和特色优势产业。推进农村人居环境整治，完成农房“平改坡”183 栋、裸房整治 1558 栋。推进 10 个乡村振兴试点示范村和 2 条乡村振兴动线创建工作，提升沿线村庄风貌。

【社会治理】 2021 年，翔安区开展安全隐患大排查大整治和安全生产专项整治三年行动，生产安全事故及死亡人数实现“双下降”。坚持主动创稳，侦破 2 个涉恶犯罪团伙，严打 11 起海上偷私渡行为；筑牢禁毒防线，破获 25 起毒品案件，缉毒执法成效居全市前列；调解矛盾纠纷 2500 起，涉案金额 3.4 亿元，“平安三率”排名全市首位、全省前列。食品药品安全形势平稳，推进双拥共建、退役军人工作。

【招商引资】 2021 年，翔安区建立健全招商工作机制，区领导带队赴上海、深圳等地上门招商 7 次，累计签约项目 31 个。实施“引强入翔”，与国家开发银行开展开发性金融合作，与象屿集团等实力国企签署全面战略合作协议。拓展校友招商、以商引商等方式，新增入库项目 1639 个、落地 1432 个，落地华润集团等 12 个高能级项目，央企招商、民企招商实绩排名全市前列。基金招商成效显著，5 亿元财政资金撬动社会资本 130 亿元，带动 16 个项目返投、实缴资本 7 亿元。设立区属国企融资平台，争取地方专项债，全年筹措各类资金超百亿元，与国家开发银行签订总投资超 700 亿元的金融合作协议。

【疫情防控“零感染”】 2021 年，翔安区做好新冠肺炎“外防输入、内防反弹”各项工作，实现全年本土病例零新增、防疫人员零感染、关键节点零反弹。面对“9·12”本土疫情，抓好各项防控措施，5 轮全员核酸检测结果全部阴性，改造 3 个定点公寓异地隔离场所，实现“零感染”，做好 1222 名密接、次密接者和 3587 名隔离人员服务保障。推进“无疫小区”“无忧驿站”创建，成为全市唯一“零病例”的行政区。翔安区“快速反应、靠前指挥，严防死守，织密疫情防控网”的做法，获得国务院联防联控机制专家组的肯定。

（许晨光）

【多元化投融资机制创新】 2021 年，翔安区发改局创新多元化投融资机制，推进专项债、中央投资等项目建设。翔安区抓好专项债项目储备工作，从 2020 年财政投融资项目中梳理出专项债储备项目 83 个。结合各具体项目实际建设进度与资金需求，重点保障在建项目、上半年可开工项目以及围绕重点支持领域的原则，翔安区梳理整合出符合专项债申报条件的项目 3 个，投资总规模 89.77 亿元。全年投资规模 19.72 亿元。

【农村公共基础设施管护体制改革】 2021 年，翔安区发改局牵头制定《翔安区农村公共基础设施管护体制改革试点实施方案》，开展管护责任清单和管护实施细则（办法）编制工作，各监管责任单位提交各类设施管护责任清单 26 份，各类设施管护实施细则 26 份，初步完成行业管护责任清单梳理造册。在分类管护模式上进行探索，总结典型经验做法，开展五大体制机制补齐短板和强化四项管护弱项工作，总结三点管护实施经验，打造二类管护示范案例，形成一套翔安特色模式。

（翔安区发改局）

【“三水”联治模式创新】 2021 年，翔安区在全国首创微水“星级”分治，对全区 279 处小微水体进行统一编号，建立小微水体星级评价体系，为小微水体治理提供可复制、可借鉴经验，在全市广泛推广，被人民网、《光明日报》等多家媒体宣传报道。全省首创污水“三环”共治，第一环节实现源头污水“三根截污”，中间环节实现治理“分户验收”，末端环节实现中水“呼吸湿地”处理回灌农田，创新性构建农村生活污水治理的翔安模式。全面实施中水“回用”返治，探索水资源利用效益的最大化，创新性提出将污水全域收集、净化处理、“回用”返治的资源化循环利用模式，辖区所有水质净化厂尾水全部实施生态补水。流域水环境“三水”联治模式，推动经济高质量发展和生态环境保护，全区水环境质量实现历史性突破，15 个监控断面全面达标，水环境功能区达标率 100%。

（翔安区生态环境局）

中共厦门市翔安区委员会

综　述

【概况】 2021年，中共厦门市翔安区委员会（以下简称翔安区委）统筹推进常态化疫情防控和经济社会发展，全区新冠肺炎疫情防控有力有效，经济建设逆势上扬，较好地完成年度目标任务，实现“十四五”稳健起步。全年完成地区生产总值781.79亿元，比上年增长7.3%；规模以上工业增加值434.64亿元，比上年增长6.2%；固定资产投资777.65亿元，比上年增长13.7%；区级地方级财政收入26.61亿元，比上年增长18.5%，区级财政收入、固定资产投资、地区生产总值等主要经济指标增幅居全市前列。翔安区全体居民人均可支配收入40062元，比2020年增长10.1%。

2021年，翔安区委召开四届十七次全会，组织开展“习近平总书记致厦门经济特区建设40周年贺信重要精神”大学习大讨论，部署办好庆祝中国共产党成立100周年纪念活动；多次召开区委常委会（扩大）会议，区委主要领导带头为区委党校中青年干部培训班上专题党课，引导党员干部就贯彻中共十九届六中全会精神、提出“翔安十问”，聚焦“一个篇章”总目标、“四个更大”重要要求和“四项重点任务”，引导各级党组织和广大党员干部明理增信、崇德力行，聚焦“四史”，制定“1+9”工作方案，组建2个巡回指导组。成立76支宣讲队伍，开展1000余场次宣讲活动，受众突破15万人次。召开翔安区第五次党代会，明确推动新型城镇化进程、产业高质量发展、区域综合竞争力、人民高品质生活、社会治理现代化实现“五个新跃升”，建设创新、繁荣、生态、活力、幸福的“五个翔安”的奋斗目标。选举产生中共翔安区第五届委员会领导班子。

【产业发展创新】 2021年，翔安区融入厦门国家自主创新示范区、厦门科学城、金砖国家创新基地建设。全省唯一的海洋高新产业园区落地翔安，厦大嘉庚创新实验室投入运营。翔安区支持龙头企业研发投入，打造产学研人才发展生态圈，兑现“双百”扶持资金1218.24万元。引进南京高光、隆利科技等13个项目，中创新航、冠捷科技等32家龙头企业达产扩产，新增入库企业38家。加速培育新产业链群，引进太古飞机工程项目、厦航工业临空产业园。建立“1+1+N”（一个牵头单位、一个招商团队、N个服务专员）招商工作机制，赴上海、深圳等地上门招商7次，累计签约项目31个。实施“引强入翔”，与国家开发银行开展开发性金融合作，与象屿集团等实力国企签署全面战略合作协议。拓展校友招商、以商引商等方式，落地华润集团等12个高能级项目，央企招商、民企招商实绩居全市前列。基金招商成效显著，5亿元财政资金撬动社会资本130亿元，带动16个项目返投、实缴资本7亿元。

【新城建设提速】 2021年，翔安区委推进新城建设提速，厦门翔安新机场全面开工，厦门航空产业启动区、太古翔安维修基地2个重要产业项目完成土地出让；新会展中心、新体育中心初具雏形，白海豚游泳馆、凤凰体育馆完成主体结构封顶；下潭尾湿地公园二期基本完工，浪漫线三期澳头段、东山片区文化艺术中心等项目前期提速推进；同翔高新城市政基础配套日臻完善，新兴产业加快集聚。新店地铁社区二期竣工验收，阳塘安居小区、会展嘉园、新浦嘉园完成“安转商”。全年122个省市重大重点项目完成投资736亿元，完成年度计划的136%。聚力攻坚省市重大片区、重点项目和久拖未决项目，完成交地693.75公顷、拆除建筑物112.3万平方米，省市重点项目土地房屋征收工作综合考评全市第二。新增“五个一批”项目

135个，总投资1000亿元，新增开工项目数位列全市第一，综合考评两次进入全省前十。福厦高铁（翔安段）南清隧道全线贯通，翔安大桥进入桥面铺装施工阶段，东坑湾大桥轮廓初现。地铁4号线除大嶝段外全线贯通，地铁3号线开通运营。首创奥特莱斯主体完成，数字经济产业园配套升级，商圈人气商气不断集聚。

【营商环境优化】 2021年，翔安区委完善区领导挂钩联系重点企业制度，实地走访“三高”企业622家次。应对疫情出台“春节留厦8条”“助企纾困10条”等扶持政策，帮助企业减免税费1.6亿元，兑现财政补助3.8亿元。深化“放管服”改革，完成全省唯一区级相对集中行政许可权改革试点工作。加强与“海上丝绸之路”沿线国家和地区互动交流，融入闽西南区域协同发展区建设，建立重点台资企业挂钩联系走访机制，开设行政审批“台胞专窗”，建立涉台诉非联动工作机制，翔台文化、宗亲等各领域交流合作取得新成效。

【民生福祉保障】 2021年，翔安区委创新转产就业集中区、片区招聘、项目制培训等帮扶举措，拓宽被征地农民和海域退养渔民等重点群众转产就业渠道，推动困难群体实现就业2513人、就业率95.88%。推进教育“补短扩容”项目，建成翔城小学等18个项目，新增学位15150个，开办实验小学、双十中学翔安校区等7所学校。支持市第五医院做大做强，筹划翔安区妇幼保健院新院，与市第一医院签订全面战略合作协议，市第五医院在三级医院评估中全市第四、岛外第一。全区16～59周岁城乡居民养老保险参保基本全覆盖，发放被征地人员基本养老保险参保补助5126.97万元。发放困难群体各类救助保障资金8047.9万元。推进农村人居环境整治，完成农房“平改坡”183栋、裸房整治1558栋。推进10个乡村振兴试点示范村和2条乡村振兴动线创建工作，全面提升沿线村庄风貌。

【社会和谐稳定】 2021年，翔安区委完善新时代文明实践“135”运行机制，实现文明实践中心（所、站）建设全覆盖。开展文明创建宣传月、洁净家园行动月、文明行为督导月3项行动，推行区级领导挂钩包片、133名处科级干部挂钩包点督导等机制，创建全国文明典范城市，获“2018—2020年度省级文明城区”称号，年度考评成绩排名全省第五，为历史最好成绩。落实“河长制”，实施“湾（滩）长制”，巩固海域退养成果，近岸海域水质优良率100%，三大流域水质达标率100%。推进市政排水管网正本清源改造，创新农村生活污水治理“四化并举、两率并重”模式，成为全市“样板”，获生态环境部高度肯定。加强社会治安综合治理，常态化开展扫黑除恶斗争，开展第一批政法队伍教育整顿，巩固提升整顿成果。推进安全生产专项整治三年行动集中攻坚，安全生产事故和死亡人数呈现“双下降”态势。

【民主法治建设】 2021年，翔安区委支持和保障翔安区人大、区政协依法行使职权；召开区五届人大一次会议和区政协五届一次会议，完成区人大、政协换届工作。支持各民主党派履行职能，团结党外知识分子、新社会阶层和新经济人士，做好民族、宗教、侨务、外事和双拥工作。深化法治政府建设，推动“八五”普法工作。坚持“近邻”党建引领基层治理，新成立39个小区党支部，打造美地雅登小区等“近邻”党建典型点。结合行政区划调整，全区划分550个网格单元，招聘社区专职工作者，基层治理体系更加完善。开展37个重难点及软弱涣散村（社区）换届作风纪律专项巡察，营造风清气正氛围，完成120个村（社区）“两委”换届选举，实现主干100%“一肩挑”等目标任务。纠正“四风”，严查违反中央八项规定精神问题45起。坚决惩治腐败，立案62件、64人，党纪政务处分39人次。

【疫情防控】 2021年，翔安区委做好“外防输入、内防反弹”各项工作，实现全年本土病例“零新增”、防疫人员“零感染”、关键节点“零反弹”。特别是面对“9·12”本土疫情，快、严、实、细抓好各项防控措施，5轮全员核酸检测结果全部阴性，改造3个定点公寓异地隔离场所，实现“零感染”，做好1222名密接次密接者和3587名隔离人员服务保障。推进“无疫小区”“无忧驿站”创建，成为全市唯一“零病例”的行政区。全区“快速反应、靠前指挥、严防死守，织密疫情防控网”的做法，获得国务院联防联控机制专家组肯定。

（翔安区委办）

重要会议

【概况】 2021年，翔安区委组织召开安全生产工作、疫情防控工作、高层次教育人才引进、翔安区区划调整、重大片区开发建设和乡村振兴工作等会议。全年召开区委全会5次、常委会会议41次、区委专题会35次。

【行政区划调整专题会议】 2021年1月6日，翔安区委书记胡盛主持召开区委专题会议，研究镇街行政区划调整工作。会议肯定前一阶段区划调整领导小组办公室、各部门及新店、马巷2镇的工作。会议认为经过前期的不懈努力，新店、马巷区划调整工作基本实现第一步撤镇设街道的目标；第二步两个街道析置6个街道，情况更加复杂、任务更加艰巨，要求各级各部门认识区划调整对翔安区的重大意义，增强机遇意识和风险意识，立足区情镇情，准确识变、科学应变、主动求变，切实把好事办好。

【区委疫情防控重点工作专题会议】 2021年1月22日，翔安区委书记胡盛主持召开区委专题会议，听取厦门添鲜冷链物流有限公司发现进口冷冻鱿鱼外包装核酸检测阳性事件处置情况，研究做好农村地区疫情防控工作。通过“以案说法”“以案释法”等形式，督促全区各冷链食品生产经营单位，切实吸取教训引以为戒，严格落实进口冷链食品疫情防控主体责任。严格落实各项防控规范，采取有力有序、科学周密举措，做好“外防输入、内防反弹”各项工作。各镇（街）、村（社区）要切实落实属地责任，坚持农村和城市防控一体部署、一体推进，加大督促检查和技术指导，引导动员群众参与群防群控，形成强大疫情防控合力。

【区委高层次教育人才工作专题会议】 2021年2月2日，翔安区委常委、宣传部部长、区委高层次教育人才工作领导小组组长苏青云主持召开专题会议，研究2021年高层次教育人才和骨干教师招聘计划等相关事项。同意区教育局提出的2021年高层次教育人才和骨干教师招聘计划。原则同意柔性引进厦门市科技中学原校长谭蔚为翔安区教育指导专家，重点指导厦门市翔安区翔城中学、厦门市翔安区振南中学的日常教育教学工作以及区内其他初中校的精细化管理、教育教学评估和教师队伍建设。原则同意续聘曾建胜为翔安区教育指导专家，工作范围在原有基础上增加2020年新成立的直属小学，将新成立直属小学校长作为区骨干校长培育工作室培育对象。区教育局要细化柔性引进人才的工作职责，制定柔性引进教育人才考核办法，加强日常管理，提升服务质量。

【全区安全生产工作会议】 2021年3月20日，翔安区委书记胡盛主持召开全区安全生产工作会议，传达厦门市政府3月全市安全生产月度分析会和全市安全工作紧急会议精神，通报全区安全生产形势。要求各级各相关部门盯紧重点领域和薄弱环节，精准施策。区农业农村局牵头有关镇（街）和部门，加强海上屯兵，共同做好各类船舶监管工作，加速清退“三无”船舶、隐患船舶，确保渔船民安全生产、严防赴敏感海域作业。副区长由辉牵头实施“交通安全百日行动”，落实翔安西路、滨海东大道、美上路等事故多发路段、村庄路口“硬隔离”设施。副区长林生海牵头抓好应对清明祭扫高峰的森林防火工作部署，各镇（街）、区应急局、农业农村局等部门落实各进山路口设卡、林下清扫等措施，严禁火种上山。区建设与交通局会同区应急局抓实抓细区属工地监督管理，靠前督促市管项目各主管部门切实扛起行业安全监管责任。各镇（街）会同区城管局、农业农村局和建设与交通局主动作为，抓好农村建房安全监管。区工信局要引导企业履行安全生产主体责任，敦促特种行业企业加强危化品管理。

【区委四届十七次全会】 2021年6月26日，翔安区召开区委四届十七次全会，学习贯彻习近平总书记在福建考察时的重要讲话精神，听取和讨论区委副书记、区长连坤明受区委常委会委托作的工作报告，审议通过《中共翔安区委关于学习贯彻习近平总书记在福建考察时的重要讲话精神，为谱写全面建设社会主义现代化国家福建篇章贡献厦门力量彰显翔安担当的决定》，强调贯彻落实党中央和省委、市委部署要求，抓好疫情防控，推动经济平稳运行，统筹协调拓展新城格局，深化改革开放，持续改善民生，防范化解风险隐患，确保完成全年各项目标任务。以党的政治建设为统领，全面推进党的建设各方面工作，为推动习近平总书记重要讲话精神落地落实、全方位推进高质量发展超越提供坚强政治保障。要办好庆祝中国共产党成立100周年活动，深化党史学习教育，开展“再学习、再调研、再落实”活动，做好集中换届工作，推进全面从严治党。要提振干事创业精气神，弘扬“雷厉风行、马上就办”的务实作风，做到胸中有全局、眼中有问题、脑中有思路、手脚有行动，推动各项工作落到实处、取得实效。

【翔安区第五次党代会暨翔安区委五届一次全会】 2021年10月

13—14 日，中国共产党厦门市翔安区第五次代表大会召开，黄鹤麟代表中共翔安区第四届委员会，向大会作题为“猛追猛冲勇当先锋　奋发有为实现跃升　为加快绘就新时代厦门东部最美‘扇面’而努力奋斗”的报告。会议由李毅主持。会议总结过去五年来经济社会各项事业发展的成果，确定今后五年翔安区经济社会发展目标。会议明确今后五年，“推动实现‘五个新跃升’、奋力建设‘五个翔安’”的奋斗目标，力争到 2025 年，全区地区生产总值年均增长不低于 10%，城镇化率达 75%。会议选举产生新一届翔安区委班子，黄鹤麟当选翔安区委书记，李毅、温普华当选副书记。

【区委五届二次全会】 2021 年 12 月 30 日，翔安区委五届二次全体会议召开。会议回顾和总结 2021 年翔安区各项事业所取得的成就，对自身的发展差距和困难做全面的剖析，厘清所面对的优势与机遇，提出今后的奋斗目标。会议审议通过《中共翔安区委关于深刻领悟党的百年奋斗重大成就和历史经验为厦门努力率先实现社会主义现代化贡献翔安力量的决定》。

（翔安区委办）

区委办工作

【概况】 2021 年，中共厦门市翔安区委办公室（以下简称翔安区委办）围绕翔安区委中心工作，发挥总揽全局，协调各方的作用，组织推进党史学习教育，做好区委综合服务保障工作，完成文电处理、会务接待、后勤保障、应急值守等各项工作，督查督办区委领导指示件落实情况，推动党风廉政建设，加大机关效能督查力度，较好地完成交办任务。

【综合协调】 2021 年，翔安区委办审核把关各类发文 239 份，其中法规性文件 24 份，收发、办理机要文件 60 余份。确保来文及时登记，流转及时跟踪，办结及时反馈。筹划保障区委全会 5 次、区委常委会会议 41 次、区委专题会议 35 次，办公室领导召开专题会议 38 次，协调拟定上级领导调研、走访、签约等各类活动方案、通知 100 余份。

【督查督办】 2021 年，翔安区委办跟踪督查各相关单位落实区委主要领导批示件，开展专项督查 20 余次，上报《呈报件》5 份，下发《工作方案》《督查通报》各 1 份；围绕省市重大重点项目、疫情防控、生态环境治理、农村在建房屋安全清查专项整治、文明创建、征地拆迁、教育“补短扩容”“断头路”三年行动和马巷旧街改造提升等专项督查项目，开展督查督办。现场督查督办 150 余次，下发“问题整改抄告单”11 份、“效能工作意见函”6 份、“督查通报”7 份、“交办单”1 份，促进工作落实。

【信息工作】 2021 年，翔安区委办做好文稿起草、信息服务、调查研究等工作，全年起草各类综合文稿 210 余篇，向省委办《八闽快讯》、市委办《厦门特区快讯》等报送专报信息近 1770 篇，被省委办采用 12 篇，市委办采用 188 篇，有 1 篇专报信息获市领导批示。做好本级信息工作，编发《翔安快讯》69 期。

【机关效能】 2021 年，翔安区委办强化常态化效能检查，安排效能督查人员 100 余人次，开展实地核查、随机抽查，选择重点时段、重点部门突击检查 20 余次，严厉纠正、问责不遵守值班制度、不落实考勤规定、不按规范着装、不遵守会议纪律、上班时间从事与工作无关事情等工作作风纪律问题 50 余个。深入行政服务窗口一线开展暗访暗查、现场体验 30 余次，发现 3 类、85 个问题，督促落实整改。全年接听效能投诉咨询电话 140 余个，接待来访 1 人次，接收来信 2 件，办理转办各类投诉件 20 件。效能问责 17 人次（处级干部 3 人次），其中诫勉教育 7 人次、通报批评 5 人次、效能告诫 5 人次。制定《翔安区 2021 年度绩效管理工作方案》，对全区各镇（街）、区直政府部门及区直其他部门等 59 家单位进行分序列考核。

（翔安区委办）

组织工作

【概况】 2021 年，翔安区有基层党组织 944 个，其中党委 68 个，党总支部 65 个，党支部（含分支部）811 个。在基层党委中，有镇党委 2 个，村（社区）党委 63 个；区委派出的党工委 13 个，其中街道党工委 7 个。

【疫情防控组织保障】 2021 年，中共厦门市翔安区委组织部（以下简称翔安区委组织部）落实区委疫情防控工作部署，加大对镇（街）、村（社区）疫情防控工作的支援力度，组织 25 名区领导和 132 名处级干部下沉到全区 120 个村（社区）和各核酸检测点，下派区直机关、企事业单位干部职工449人到村（社区）驻点，参与疫情防控及闭环管理、卡口管控等工作；抽调区直机关、企事业单位干部职工5批次、1.07万人次参与全区全员核酸检测工作。抽调区直机关、街道及社区干部职工共36人派驻洋塘、林前、新店地铁社区隔离安置点及定点隔离酒店参加工作专班。强化对疫情防控工作一线干部的跟踪考核监督，会同区纪委监委制定《关于在新冠肺炎疫情防控歼灭战中深入开展一线考核监督干部的工作方案》，成立专项考核监督工作组，把30家单位和120个村（社区）纳入考核监督范围，注重一线防疫干部的“四察四督”工作。坚持激励与约束并重，鲜明“奖优”导向，落实“五优先”，让疫情防控一线中表现突出的干部有为有位。

【干部教育】 2021年，翔安区委组织部开展“双线”教育培训活动，提升干部队伍素质。联合翔安区委党校制定《翔安区2021年度专题培训班办班计划》，发挥区委党校干部教育培训的主阵地作用，举办区管处、科级干部进修班等学习活动，组织处级干部及驻村选调生学习贯彻中共十九届五中全会精神专题培训4场、946人次。线上利用各网络学习平台，发动各部门有序参加厦门市委组织部组织的云直播、视频直播等网络教育培训活动；组织领导干部收看“金砖国家新工业革命伙伴关系创新基地‘面面观’”系列直播云课堂10场、1.25万人次；组织干部参加新冠肺炎疫情防控知识和操作技能视频培训会，培训工作人员403人次。

【“双一线”干部工作品牌】 2021年，翔安区委组织部深化“双一线”干部工作品牌，激励干部担当作为。鼓励干部到一线去，到服务民生最前沿、急难险重第一线摔打磨炼，抽调55名干部到区防化办、党史教育办、换届办、镇街、乡村振兴办、政法队伍教育整顿工作专班、疫情防控指挥部；选派60名领导干部到5个市级重大指挥部翔安分指挥部常驻全脱产工作。干部提拔从一线来，聚焦“五个维度”（常态识别、专项识别、培训识别、跟踪识别、反向识别）考察识别干部，全方位甄别干部素质，全年提拔晋升处级干部88人，科级干部26人。其中，一线干部83人，占71.38%。

【干部管理监督】 2021年，翔安区委组织部坚持从严管理从严监督，完善抓早抓小抓预防制度。坚持“政治考察”第一标准，把做到“两个维护”作为政治监督的根本任务，突出政治纪律和政治规矩的监督，推行政治素质考察“1533”工作法，建立日常政治表现记录制度，下发《福建省公务员平时考核实施办法（试行）》并提出具体实际落实措施。落实任前事项报告“三提前”“凡提四必”等制度，前移审核关口，动议即审、该核早核，严格审核干部档案。全年审核拟提拔干部档案114人次，完成对公务员（含参公管理）科员、事业科级及区属国企中层干部等各类人员489卷档案的数字化工作，区管干部的数字化全覆盖。落实提醒、函询、诫勉制度，落实两项法规。完成2021年领导干部报告个人事项的工作，开展两轮次配偶已移居国（境）外的国家工作人员任职岗位管理规范工作。

【区、镇“两委”换届】 2021年，翔安区委组织部按照翔安区委的工作部署，完成区镇换届选举工作。坚持优化班子结构，注重改善班子的知识、专业和工作经历结构，坚持统筹各年龄段干部，严肃换届纪律，强化换届风气监督。5月26日，在全市率先完成镇党委换届工作，选举产生新一届18名镇党委委员、10名镇纪委委员和37名出席区党代表大会代表。10月30日，完成区第五次党代表大会各项任务，选举产生35名区委委员、候补委员和15名区纪委委员以及31名翔安区出席市第十三次党代表大会代表。区、镇党委换届风气测评满意率分别为100%、99%。完成厦门市翔安区第五届人民代表大会选举工作与政协第五届厦门市翔安区委员会选举工作。

【村（社区）“两委”换届】 2021年，翔安区完成120个村（社区）“两委”换届，选举产生村（社区）“两委”成员904名。其中，党组织班子成员572名、村（社区）民委员会成员480名，交叉任职158名，实现“五升两降”。其中，学历层次提升，高中以上学历较上一届提高17.2%；年轻干部比例提升，35周岁以下成员较上一届提高8%；女性比例提升，女性成员较上一届提高6.3%；新当选干部比例提升，新进“两委”班子成员较上一届提高1.7%；交叉任职比例提升，“两委”交叉任职较上一届提高4.4%；“两委”班子平均年龄较上一届下降1.4岁，党组织书记平均年龄较上一届下降3.2岁；群众信访举报件数量较上一届下降63.9%。81名大学生村（社区）党建组织员进入“两委”班子，其中2名90后大学生村（社区）党建组织员当选书记、主任“一肩挑”。换届工作成效和

2021 年 8 月 31 日，翔安区召开村（社区）“两委”换届工作动员部署会

（翔安区委组织部　供图）

做法多次得到厦门市委组织部、市换届办的表扬和推广。

【党代表推选】 2021 年，翔安区委组织部指导各级党组织做好党代表推选工作，选举产生 246 名镇级、217 名区级、31 名市级党代表，按要求完成省级党代表推荐工作。

【“光荣在党 50 年”纪念章颁发】 2021 年 6 月 11 日，翔安区委组织部组织“光荣在党 50 年”纪念章颁发，有 1055 名老党员获纪念章，专门举办颁发仪式，为 10 名老党员代表颁发纪念章。

【厦门经济特区建设 40 周年模范人物推荐评选】 2021 年，翔安区委组织部组织厦门经济特区建设 40 周年模范人物推荐评选工作，推荐上报各领域初步人选 6 名。翔安区卫健局副局长、厦门大学附属第一医院副院长、厦门市第五医院院长黄继义获评厦门经济特区建设 40 周年模范人物。

【“党建富民强村”工程】 2021 年，翔安区委组织部坚持把“党建富民强村”工作提升到区级层面统筹考虑，推动内厝大卓品光电企业 2.4 万平方米厂房转租、鸿山光伏发电站、民安街道何厝社区充电桩，以及马巷街道郑坂农贸市场、新店街道新店农贸市场提升改造等 5 个有良好造血功能的项目实现落地创收，年增加村级集体经济收入约 450 万元。全区 30 个行政村的村级集体经济收入均已超 20 万元，其中 8 个行政村的村级集体经济收入超 50 万元。

【“阵地提升”工程】 2021 年，翔安区委组织部根据《关于进一步加强村（社区）综合服务中心建设的意见》，提升村级组织活动场所规范化水平，按照 3 年投入 2 亿元，新建 27 个村部计划，推动蟳崎、田墘、曾林等村部加快建设；投入 1240 多万元，完成滨安、朱坑、黄厝等 19 个村级组织活动场所规范提升。

【党员党性教育综合体】 2021 年，翔安区委组织部打造党员党性教育综合体，串联形成红色传承、乡村振兴、基层治理等党性教育动线，“英雄三岛精神”主题馆、“马塘精神”主题馆等 21 个党群阵地列入厦门城市党建学院实训基地。全年开展各类活动 1840 多场、受众 12.5 万人次。

【近邻党建】 2021 年，翔安区委组织部坚持把推进近邻党建作为传承弘扬习近平总书记在厦门工作期间优良传统和作风的自觉行动，召开全区近邻党建任务部署会、现场推进会，启动小区党支部规范化建设百日攻坚、“我为群

2021 年 6 月 11 日，翔安区举行“光荣在党 50 年”纪念章颁发仪式。图为翔安区领导为 10 名老党员代表颁发纪念章

（翔安区委组织部　供图）

2021 年 6 月 30 日，翔安区召开“两优一先”表彰大会

（翔安区委组织部　供图）

众办实事”近邻服务等 8 个专项行动，成立 39 个小区党支部，新设立 8 个城市社区，23 个住宅小区获厦门市首批“五星级平安小区”称号，建成翔安人和社工服务中心、老来俏养老服务有限公司等养老机构 4 个，打造提升祥美、五美、鼓岩社区等近邻党建典型点。

【“两优一先”表彰】 2021 年 6 月 30 日，翔安区委组织部推荐全国、全省、全市“两优一先”表彰对象 50 个，并获评全省“两优一先”表彰对象 7 个、全市“两优一先”表彰对象 33 个。“七一”前夕，召开全区庆祝中国共产党成立 100 周年暨“两优一先”表彰大会，表彰 80 名全区优秀共产党员、40 名全区优秀党务工作者、30 个全区先进基层党组织。

【基础党组织建设】 2021 年，翔安区委组织部党员发展工作根据全市年度计划指导和调研掌握情况，差异化下达区本级指导性计划，通过周报表、月督查、季调度，加强督促指导，动态跟踪调整。全年发展党员 246 名，安排发展对象集中培训 4 期。至 2021 年年底，全区有党员 17944 名。其中，女性党员 6318 名，占党员总数的 35.21%；少数民族党员 101 名，占党员总数的 0.56%；35 岁及以下党员 6298 名，36～45 岁党员 4344 名，46～55 岁党员 2805 名，56～60 岁党员 1037 名，61 岁及以上党员 3460 名。党员中有研究生 511 人，大学本科 7188 人，大学专科 3154 人，中专 1319 人，高中、中技 1484 人，初中及以下 4288 人。

【党员关爱】 2021 年，翔安区委组织部落实走访慰问困难党员制度，累计走访慰问生活困难党员 1493 人次，发放慰问金 185 万元；注重关心关爱一线党员干部，8 月、10 月分两批慰问防疫一线人员 800 人次，发放慰问金 110 万元。

【软弱涣散党组织整顿提升】 2021 年，翔安区委组织部通过 1 名区委领导联村、1 名镇（街）主要领导包村、1 名第一书记驻村、1 个区直机关部门单位与村结对“四个一”措施，制定“一村一策”整顿方案，完成 3 个软弱涣散和 5 个后进村（社区）党组织整顿提升。

【支部规范化建设】 2021 年，翔安区委组织部依托“厦门党建 e 家”平台，在每月定期巡查基础上，围绕组织设置、组织生活、发展党员、基础信息、党务工作等方面开展“五查五看”专项巡查活动，及时通报问题，“一党组织一策”整改落实到位，全区“厦门党建 e 家”微信绑定率上半年居全市六区第一。

【党员教育电视片观摩交流活动】 2021 年，翔安区委组织部从制作的党员教育电视片中，择优推荐 10 余部作品参与第十六届全省党员教育电视片观摩交流活动。经过初审，党建和影视专家集中观摩点评，翔安区有 4 部作品从参赛的 522 部作品中脱颖而出。其中，《半个世纪的守护》《我的爸爸》分别获文艺片一、二等奖，《初心·坚守》获典型事迹片三等奖，《山上的家》获纪录片三等奖。此外，《选好领头雁　走上致富路》《一条红线》等 3 部换届微视频在“学习强国”上播出。

2021 年，翔安区委组织部举办第二届“与榜样同行，做时代先锋”党员教育电视片观摩交流活动，征集 40 多部参赛作品，邀请业界专家对该次参赛作品进行综合评审，评选出一等奖作品 3 部、二等奖作品 6 部、三等奖作品 9 部、优秀作品奖 8 部。

【人才引进】 2021 年，翔安区坚持党管人才，推进“群英领翔”人才计划，聚焦产学研人才发展生态圈建设，推进建立“产才融合”人才咨政体系，双线发力带动人才服务，强化人才政治引领，累计引育高层次人才 85 人，柔性引才 1350 人，接收高校毕业生

5730人。翔安区委组织部联合翔安区人社局制定"'十'不我待，'职翔'你来"——翔安区招才引智通过引才政策推介行动、重点企业进校行动、校园专场招聘行动、社会实践交流行动、实习基地建设行动、专家人才参访行动、柔性引才共建行动、高端人才引育行动、定向招才引智行动、引才大使代言行动"十大行动"计划，校地共建共享，在招才引智、产学研合作、毕业生留在翔安等多领域开展深层次合作。

【人才平台建设】 2021年，翔安区委组织部整合厦大翔安校区、文教园区和厦大科技园资源，构筑高校人才孵化圈；通过"产业提升+平台共建"，整合数字经济产业园、翔安火炬产业园和翔安工业产业园等资源，构筑重点产业集聚圈；通过"创新发展+服务保障"，整合南部新城中央商务区（CBD）、人才房、一场两馆，构筑新城发展融合圈。"三圈"共建产学研人才发展生态圈，整合各类资源推动校政企合作以及产学研人才创新发展。

【咨政体系建设】 2021年，翔安区委组织部邀请16名专家组建"产才融合"人才咨政顾问团，围绕产业规划、产业链配套招商、重大项目引进等征集咨政报告20篇，其中3篇被《厦门市2021年专家人才咨政汇编》收录。开辟"产学研驱动'新引擎'人才强区注入'新动能'"线上讨论版块，邀请专家、学者进行强强对话，就当下高校、企业创新创业人才实践展开探讨，向市民征集意见建议，阅读点赞超5万人次。

【人才保障落实】 2021年，翔安区委组织部联合人才工作成员单位做好各类招聘引才活动，开展各类招才引智活动26场次，邀请全国22所高校、35位就业指导老师到翔安指导参访。开设惠才惠企小课堂，邀请辖区34家重点企业，宣讲人才优惠政策申报、毕业生报到流程等，助力企业招才引智。区委人才工作领导小组召开工作会议15次，协调解决企业问题92个，落实"四个一"企业挂钩机制，实地走访"三高"企业622家次。全年累计兑现市、区两级"双百"扶持资金1030.47万元，发放拔尖人才津贴16.68万元。

2021年9月10日，翔安区"产才融合"专家顾问团授证仪式举行

（翔安区委组织部　供图）

【人才服务宣传】 2021年，翔安区委组织部全面启动人才服务月工作，以"1+N"模式策划主题活动21场，加大翔安人才工作宣传力度，累计发布公众号18篇，各类媒体报道25次。围绕中国共产党成立100周年庆祝活动，策划"鲜红党旗引领，人才聚力前行"人才系列主题活动，包括8场活动、22期典型宣传。

（翔安区委组织部）

宣传工作

【概况】 2021年，中共厦门市翔安区委宣传部（以下简称翔安区委宣传部）制定1份党史学习教育实施总方案，包括《区委常委会党史学习教育专题学习方案》《为民办实事实践活动方案》在内的9个子方案，明确时间节点、细化目标任务、突出翔安特色，为全区开展党史学习教育制定易懂易操作的工作手册。组建2个巡回指导组，对全区9个镇（街）及40个机关、事业（企业）单位进行督导。

【党史宣讲】 2021年，翔安区委宣传部从全区抽调精干力量组成区委宣讲团、理论宣讲轻骑兵队伍，在全区各级各部门开展巡回宣讲，各镇（街）也开展宣讲，累计开展全会精神专题宣讲活动219场次、听众1.32万人次。针对基层农村党员群众，精心选派会闽南语、基层宣讲经验丰富的人员，组成"乡村宣讲小分队"，采取"答嘴鼓"等方式，宣讲中国共产党党史和翔安区党史。

【意识形态工作】 2021年，翔安区坚持党管意识形态工作。区委书记主持召开3次区委宣传思想工作领导小组（意识形态工作领导小组）会议，研究翔安区意识形态工作。区委宣传部设立宣教科，承担意识形态工作职责，意识形态工作组织架构进一步健全。统筹开展意识形态工作专项督查和年度考核工作，制定下发《翔安区意识形态工作责任制考核指标体系（2021版）》，成立4个考评组对各镇（街）和区直部门进行实地核查，对全区意识形态领域形势进行分析，在党内进行通报。

（许燕妮）

【主体宣传报道】 2021年，翔安区结合党史学习教育、政法队伍教育整顿、区领导班子换届工作、村（社区）换届选举、文明创建等专题。结合翔安特色，策划生成“红色记忆，翔安丰碑”“翔安走透透”“翔安成年啦”等系列宣传报道。其中，“翔安成年啦”系列报道，通过采取典型报道的方式，回顾翔安经济社会发展的“这些人、那些事”，弘扬改革开放精神、特区精神及翔安的“建区精神”，引导全区深入学习贯彻中共十九届六中全会精神，凝聚起干事创业的磅礴力量。全年累计在各类宣传平台发布近1.5万条新闻消息。其中，在新华社客户端累计发布信息130条，位居全市第一；在《人民日报》《光明日报》《中国商报》等国家级、省市级报刊发布1732篇报道，在中央电视台播出27条次新闻报道；在省、市电视台、广播等播出12284篇（条）报道；在“学习强国”累计发布信息233条次。创新宣传手段，策划制作一批内容生动、形式活泼、传播度高的新媒体作品，《紧急通知！翔安区将取消第四轮全员核酸检测》《星夜驰援同安》等短视频均获百万播放量。

【宣传阵地管理】 2021年，翔安区实现新时代文明实践站（所）建设全覆盖，探索新时代文明实践“135”运行机制，推行每个实践站配备1台综合学习一体机；落实管理人员、活动经费、课件资源3个保障；实行村（社区）民“点单”、文明单位“制单”、实践中心“配单”、志愿者“接单”、课后“传单”的“五单”工作法。香山街道东园社区和内厝镇黄厝村新时代文明实践站被厦门市授予市级示范站。区委宣传部筑牢网安屏障，着力开展专项行动。举办“红心永向党，砥砺再前行”——庆祝中国共产党成立100周年网络主题活动。开展“党史上的今天”万屏联动宣传活动。

【文化事业发展】 2021年，翔安区制定出台《翔安区培育影视产业发展实施办法》和2021年翔安区培育影视产业发展专项资金申报指南，启动兑现工作。全年推进文化产业招商项目20个，总投资40.57亿元。其中，签约项目3个，总投资12亿元；落地项目12个，总投资6.7亿元。建立重点文化企业挂钩服务机制，加大对企业的培育和服务力度，帮助挂钩企业解决问题。结合党史学习教育，策划开展庆祝中国共产党成立100周年专场活动——“翔安红·心向党”、翔安区庆祝中国共产党成立100周年文艺晚会、纪念林希元两岸文化节等活动。调动文艺创作的力量，拍摄《开国将军彭德清》纪录片、《海角往事——翔安百年记忆》、《让历史文脉更好传承下去》翔安红砖古厝保护专题片等系列影像作品。

【办实事解民忧】 2021年，翔安区开展“我为群众办实事”实践活动，梳理包括教育医疗、市政配套、养老托幼、交通设施等12类、320个重点项目，完成率100%。其中，翔安区行政审批局的“政务‘适老化’ 温暖‘慢人群’”项目获评厦门市第二批“十佳提名优秀案例”，内厝镇的“免费午餐‘暖胃’又‘暖心’”项目获评厦门市第二批“十佳优秀案例”。

（许燕妮）

统战工作

【概况】 2021年，中共厦门市翔安区委统一战线工作部（以下简称翔安区委统战部）学习贯彻习近平总书记致厦门经济特区建设40周年贺信重要精神，贯彻落实全国、全省、全市统战部长会议，推动全区统一战线学习宣传和贯彻落实《中国共产党统一战线工作条例》精神，紧扣主线、聚焦重点。创新开展“讲廉10分钟”特色做法，被《福建日报》专版报道推广。区委统战部被评为“2018—2020年度省级文明单位”“2021年度翔安区精神文明和文化宣传工作先进集体”，区工商联被全国工商联评为全国“五好”县级工商联。

【全区统战工作会议】 2021年3月11日，翔安区召开2021年全区统战工作会议，传达全国、全省、全市统战部长会议和市委常委会会议、区委常委会会议主要精神，回顾总结2020年统战工作，部署2021年工作任务。区委常委、统战部部长洪国平出席会议并讲话。区委统一战线工作领导小组成员

2021 年 9 月 8 日，厦门市中华职业教育社翔安区社员小组成立大会在厦门海洋职业技术学院召开　（陈忠苗　摄）

单位及有关部门负责人、各镇（街）党（工）委统战委员、各镇（街）新联会会长、各民主党派负责人、区新联会会长、区金联会会长、区统战系统全体干部等近 50 人参加会议。

【民主党派基层组织换届】 2021 年 5—9 月，翔安区有 4 个民主党派基层组织先后换届，分别选举产生新的领导班子。陈珍胜当选民进翔安区总支部主委（连任），林琳当选民盟翔安区基层委主委，米乐当选台盟翔安支部主委，张风岭当选农工党翔安区基层委主委。

【中华职教社翔安区社员小组成立】 2021 年 9 月 6 日，厦门市中华职教社在厦门海洋职业技术学院（翔安校区）召开厦门市中华职业教育社翔安区社员小组成立大会。市委统战部副部长郑秀文，市中华职教社副主任翁玉华、张培和参加会议，会议由张培和主持。张培和宣读成立厦门市中华职业教育社翔安区社员小组的决定。市委统战部、市中华职教社、翔安区委统战部领导、区社员小组代表共同揭牌。

【党外人士理论专题培训】 2021 年 12 月 15—17 日，翔安区委统战部、翔安区委党校联合举办“2021 年翔安区党外人士理论专题培训班”。区委常委、统战部部长庄平勇出席开班动员仪式，以《学习贯彻党的十九届六中全会精神，做好新形势下统一战线工作》为题，为参训学员上党课。翔安区各民主党派、无党派代表人士、区金门同胞联谊会、市中华职教社翔安区社员小组负责人、新的社会阶层人士联谊会骨干等近 50 人参加专题培训。培训班还邀请厦门大学和市委党校的教授、专家重点围绕中共十九届六中全会精神、《中国共产党统一战线工作条例》、中国改革开放的光辉历程与辉煌成就等方面内容进行授课，组织学员赴内厝镇鸿渐驿站、黄厝村乡村振兴馆、厦门市新阶人士统战工作实践创新基地等地参观考察。

【民族政策宣传】 2021 年 6 月 12 日，翔安区委统战部在马巷文化广场举办“铸牢中华民族共同体意识，庆祝中国共产党成立 100 周年”主题宣传活动。翔安区委统战部常务副部长陈书东、副部长蔡舟夫等出席活动。活动发放新时代党和国家民族政策、民族法律法规知识、民族风俗习惯知识等宣传资料 500 余册，提高广大群众对民族宗教相关知识的了解，营造翔安区和睦相处、和衷

2021 年 6 月 12 日，翔安区统一战线开展庆祝中国共产党成立 100 周年暨《中国共产党统一战线工作条例》宣讲会活动　（陈忠苗　摄）

共济、和谐发展的良好氛围。

【民族团结进步文艺晚会】 2021年7月20日，翔安区委统战部在新店街道陈塘回民社区古榕公园广场举办“同心筑梦跟党走，感恩奋进谱新篇”民族团结进步宣传文艺晚会。晚会通过多元化、本土化的精彩文艺节目，结合民族知识有奖竞答、发放宣传材料等形式，提高群众参与民族团结进步知识宣传活动的热情与积极性。

【新阶人士统战工作】 2021年12月21日，福建省委统战部副部长李文慎带领“福建省新的社会阶层人士统战工作实践创新基地建设经验交流考察团”一行近50人，赴新圩镇初心馆参观调研，听取相关介绍，了解翔安区新的社会阶层人士统战工作开展情况和实践创新基地建设情况。厦门市委统战部副部长郑秀文，翔安区委常委、统战部部长庄平勇，新圩镇党委书记刘清乐等陪同调研。

（翔安区委统战部）

精神文明建设

【概况】 2021年，中共厦门市翔安区委精神文明建设办公室（以下简称翔安区委文明办）坚持稳中求进、守正创新，以厦门市争创全国文明典范城市为目标，培育和践行社会主义核心价值观，推进新时代文明实践和群众性精神文明创建，全面深化“爱心厦门”建设。翔安区获2018—2020年度“福建省文明城区”称号，在2021年度全省文明城区年度测评中排名第五，取得历年来最好成绩，在厦门市对区文明工作绩效考评中获得满分。

【“全国文明典范城市”创建】 2021年，翔安区全面推进文明城市创建工作，召开动员部署会和工作点评会5次；推进以建成区22个社区为重点的城中村整治，推进重点镇（村）、城乡接合部、空中缆线、“断头路”周边、摩托车与电动车等“六类问题”专项整治，落实测评标准，提升城区形象；强化网格化责任落实，建立健全任务分解、定人定责、领导包片、处科级干部挂钩包点、文明单位实地对接等共建共创机制，织密文明创建工作网络。翔安区创建办坚持问题导向和压力传导，落实“周督导、月考评、季调度”制度。区级领导分成11个工作组下基层分类督导，133名处（科）级干部实行实地包点督导，促进文明创建常态长效。

【新时代文明实践建设】 2021年，翔安区落实《厦门市新时代文明实践中心（所、站）规范化建设指导手册》，实现全区9个镇（街）、128个村（社区）全部建立文明实践所（站）。其中，70%的文明实践所（站）具有宣讲堂、阅览室、文体活动室、志愿服务站等基本功能设施；以金海街道前浯实践站为示范，组织实地观摩，实行文明实践中心、所、站的统一挂牌、统一组织框架、统一制度上墙；建立完善“135”运行机制，累计推广普及47台多功能学习平台，进行资源整合、管理员培训、管理程序拓展升级。

【精神文明宣传教育】 2021年，翔安区委文明办多载体开展文明宣传，与福建“东南网”合作开辟“翔安好所在，文明新风采”专栏，与《厦门晚报》合作开辟“寻找身边好人”专栏和“文明就在你我身边”征文活动，与《海西晨报》合作开辟《翔安好人在身边》专栏等。运用“业翔民安”“文明翔安”微信公众号推送文明宣传信息1600多条。多角度开展道德模范与身边好人评选活动，组织各级、各单位围绕诚实守信、爱岗敬业、见义勇为、助人为乐、孝老爱亲等方面开展“我推荐、我评选身边好人”活动，内厝第一中心幼儿园教师朱美红、市第五医院付保忠登上“福建好人榜”。多主题丰富“我们的节日”文化活动，全区在春节、清明、端午、中秋、重阳等传统节日，组织开展各类纪念活动1100多场次，传承优秀传统文化，形成节俭过节、文化过节、文明过节的“新常态”。多举措深化移风易俗，制作移风易俗小微视频12个，印制宣传折页、宣传单、倡议书等宣传资料6万余份，疫情期间从严落实“喜事缓办、丧事简办、宴会不办”要求，倡导“文明节俭用餐、反对铺张浪费”。多方合作打造价值观教育高地，通过与翔安区委纪委、区委组织部、区教育局等部门以及有关镇（街）合作，相继建设完善马塘精神纪念馆、英雄三岛精神纪念馆、彭德清纪念馆、五美社区“家风家训教育馆”、新圩“廉镜园”主题公园、“初心馆”、乡村党校。翔安区获“2021年度全省精神文明创建信息工作先进集体”称号。

【志愿服务】 2021年，翔安区委文明办加强《志愿服务条例》宣传，普及志愿服务理念。全区共有注册志愿服务队伍651支，注册志愿者56753人。疫情防控期间，组织3000多名志愿者参与路口查控、村居（小区）管控、核酸检测、跨区支援等志愿服务近万人次，接受民营企业、个体经营户捐款捐物120多万元。以92580志愿者联盟为主体，发挥各专业队伍作用，适时开展就业、老弱、环卫、助学、应急、幸福、文化、健康等“我帮您”系列志愿服务活动320多场次。翔安区92580志愿者联盟获“2021年度福建省最佳志愿服务组织”。

【未成年人思想道德建设】 2021年，翔安区委文明办强化联席会议季调度、专项工作季测评、文明校园年测评的工作机制，组织对区级文明校园进行首轮测评，推动形成“适当竞争，能上能下”的创评态势。组织开展“童心向党迎百年”文艺展演、“童心向党 百年礼赞”歌咏展演、“弘扬爱国情 奋进新时代”经典诵读比赛、“红色基因 我们传承”讲故事绘画比赛、“文明健康 有你有我”童谣创评展演等12个区级主题活动，培育未成年人爱党爱国情怀。推动未成年人课外活动阵地建设，新建10所乡村学校少年宫，打造200多个富有特色的活动社团，“一宫一品”培育成果初显，完成黄厝村、澳头社区未成年人社会实践指导站和区青少年法制教育基地的建设启用。营造未成年人健康成长环境，开展校园周边、文化市场专项整治4次，组织开展“小手拉大手 文明交通行”集中宣传教育活动。加强未成年人心理健康教育，接待面询186人次、热线167人次、网络咨询11人次，开展心理健康“百场公益巡讲”等各类讲座团辅活动25场，录制推送心理支持系列微视频15部。

（翔安区委文明办）

党校工作

【概况】 2021年，中共厦门市翔安区委党校（以下简称翔安区委党校）坚持围绕中心服务大局，依托市委党校等兄弟院校、辖区内外高校资源、翔安区领导干部等进行办学，全年举办主体班3期、各类培训班24期、专题讲座12场，培训党员、干部2254人次。

【主体班培训】 2021年，翔安区委党校举办翔安区处级干部进修班，翔安区科级干部进修班，中青年干部培训班，分别培训机关、企事业单位处级干部19名、科级干部24名和中青年干部30名；与区委组织部联合举办翔安区2021年镇（街）新提任领导干部培训班，各镇（街）74名新提任处、科级领导干部参加培训。

【专题讲座】 2021年，区委组织部、区委党校组织全区机关（含参公）单位处级干部（含一级至四级调研员）、事业单位处级干部，区属国企高管，在村任职的选调生，举办两期处级干部学习贯彻中共十九届五中全会精神专题培训，共300人参训。

【党务工作者培训】 2021年，翔安区委党校与区直机关工委联合举办两期党史学习教育暨党务工作者专题培训班，区直机关所属党组书记（副书记）或组织委员、专职党务工作人员，共90人参加。

【公务员道德建设专题培训】 2021年，翔安区委党校举办两期公务员道德建设专题培训班，邀请厦门大学马克思主义学院副院长张艳涛、市委党校教授谢启标分别就《发挥制度优势 提高治理效能》《建设美丽中国——习近平总书记生态文明思想解读》专题进行授课辅导；邀请市委党校教授李萍、副教授王刚分别就《在新的赶考路上创造新的辉煌》《牢牢掌握意识形态工作领导权》等专题进行授课辅导。邀请市统计局统计执法监督局局长叶永建、市委党校副教授陈国飞分别就《防范统计造假 推进依法统计》《贯

2021年2月26日，翔安区处级干部学习贯彻党的十九届五中全会精神专题培训在区行政中心综合楼举行 （洪子越 摄）

2021年12月9日，翔安区公务员职业道德培训在区行政中心综合楼一号会议室举行（洪子越　摄）

彻〈监察法〉永葆清正廉洁》等专题进行授课辅导；邀请市委党校副教授蔡旭、副教授成正分别就《数字时代的治理变革》《推进乡村振兴战略　加快农业农村现代化》等专题进行授课辅导。全区处级干部（含一至四级调研员）及以下机关公务员（含参公单位）955人次参加专题培训。

【暑期读书班】 2021年，翔安区委党校采取分散学习方式，分期分时段举办翔安区人大暑期读书班，区人大常委会常委、主任等50人参加培训。8月25—27日，翔安区委党校举办翔安区政协暑期读书班，区政协常委、主任等60人参加培训。12月15—17日，翔安区委党校举办统战系统暑期读书班，区统战系统干部和党外人士等44参加培训。

【新发展党员、入党积极分子培训】 2021年3月，翔安区委党校与区委组织部联合组织2020年度新发展党员专题培训，50名新发展党员参加培训。3—11月，翔安区委党校举办3期入党积极分子培训班，共160人参加培训。入党积极分子培训班主要采取理论授课、分组讨论、现场教学等方式，围绕习近平新时代中国特色社会主义思想辅导、中共十九届五中全会精神辅导、中国共产党的光辉历程及其启示、党章解读等内容进行授课辅导。

【宣传意识形态工作专题培训】 2021年10月27日，翔安区委党校协助区委宣传部在区行政中心综合会议室组织全区各镇（街）和区直部门党（工）委、党组分管意识形态工作的领导及工作人员进行专题培训，共30名干部参加培训。

（翔安区委党校）

信访工作

【概况】 2021年，厦门市翔安区信访局（以下简称翔安区信访局）开展信访积案攻坚化解工作，解决信访突出问题。全区信访总量6573批（件）次、7701人次。其中，来访1267批、2395人次。“12345”政务热线38301件，上升67.04%。

【领导接访】 2021年，翔安区委、区政府重视信访工作，区委召开常委会、专题会6次，听取信访工作汇报。区级领导带头落实上级关于领导干部下访及“四门四访”活动通知要求，党政领导干部开展定点接访、重点约访、专题接访、带案下访、下基层接访和联合接访等72人次，接待群众信访51批次、146人次，接访件化解息访率达92.2%。翔安区各级各部门领导干部开展“四门四访”共计1887批、2141人次。

【信访积案攻坚化解】 2021年，翔安区信访局根据国家信访局关于“治理重复信访、化解信访积案”的工作要求，针对重点信访事项，以及久拖不决的疑难复杂信访问题，提请区级领导包案，开展“四门四访”和信访积案化解攻坚活动，推动信访问题的化解。上级部门下达的115件积案攻坚任务，化解114件，化解率99.1%。

【疫情防控相关信访】 2021年9月，新冠疫情防控期间，翔安区信访局受理信访472批、643人次。转交办来信、网上投诉、领导信箱、人民网、来电共1132件，其中与疫情相关890件。“12345”政务热线受理群众涉疫情诉求997件。

【“我为群众办实事”活动】 2021年，翔安区信访局结合“再学习、再调研、再落实”活动，“我为群众办实事、信访为民解忧难”实践活动，定人定时定任务，下访困难群众，落实帮扶救济措施；下访办结事项，倾听民声民意，信访工作满意度提升。群众对信访部门满意率91.8%、群众对责任单位满意率85.5%，均超过全市平均值。“12345”便民服务热线平台，诉求受理率、及时查阅率、反馈回复率、按时办结率均100%、群众满意率99.62%。

（滕　辉）

机构编制

【概况】 2021年，中共翔安区委机构编制委员会办公室（以下简称翔安区委编办）执行《中国共产党机构编制工作条例》及相关规定，立足新发展阶段，贯彻新发展理念，服务新发展格局，通过深化体制机制改革、优化机构编制资源配置、强化机构编制管理，为建设“五个翔安”，勇当厦门更高水平建设“两高两化”城市的新发展极，提供有力的机构编制保障。

【区划调整保障】 2021年，翔安区委编办在厦门市政府正式批复街道析置后，及时下发6个新设街道机关、事业单位“三定”规定，做到法定程序不打折扣。向上争取和内部调剂46名行政、事业编制用于支持新设街道。按照“大综合、扁平化”合理设置新设街道机关内设机构各5个、街道综合服务中心内设科室各4个。增强外部支持，在市委编办的支持下，同步增设凤翔、金海、香山、民安4个新设街道基层司法所和城管执法中队。以撤镇改街、街道析置为契机，累计增核机关14名处级、26名科级领导职数和事业4名处级、30名科级领导职数，夯实基层治理保障力量。坚持依法依规梳理新设街道权责清单，指导各新设街道参照省级范本及修订后的175条街道权责清单进行完善公布。印发实施《翔安区镇（街）职责事项准入实施办法》明确镇（街）职责事项准入门槛，禁止部门擅自下放职责任务。

【镇街综合执法改革】 2021年，翔安区委编办前往各镇（街）、区直执法部门进行综合执法改革调研，采纳相关意见建议，以区委编委名义印发实施《翔安区镇（街）综合执法改革方案》，明确翔安区镇街综合执法改革工作总体思路、重点任务、时限要求，确保按时有序完成工作。梳理公布《翔安区镇（街）综合执法事项清单》，涉及城市管理、农业农村、劳动保障等执法领域，下放执法事项680项。其中，行政处罚604项，行政强制27项，行政监督17项，其他行政权力32项，明晰区、镇（街）两级执法边界。制定印发《镇（街）综合执法队人员构成情况表》《镇（街）综合执法联席会议制度》《镇（街）综合执法协调联动工作办法》等配套机制，明确各方职责，规范执法协商程序。

【部门职能配置优化】 2021年，翔安区委编办着眼优化职责配置，提高部门履职效率。调整区法院、区检察院派驻纪检监察机构设置及编制事项，将配备派驻第一、二、三纪检监察组3名副处级领导职数收归区纪委监委，重新明确派驻纪检监察组、区委巡察组有关事项，强化统一管理和规范机构设置。在区农业农村局、卫生健康局、文化馆分别加挂“区乡村振兴局”“区疾病预防控制局”“区文物保护中心”牌子，确保重点任务有专门机构承接。规范区内建筑装修监管职责、建设工程消防设计审查验收职责，由区建设与交通局及其下属相关事业单位承担，确保关键环节有专业部门管理。印发实施《区级机关部门职责分工协商协调办法》，明确部门协商、介入协调、监督检查等要求，细化申请与受理、裁决与执行等程序，规范职责分工协调流程，提高行政效能。

【重点领域机构编制保障】 2021年，翔安区委编办在行政机关方面，向市委编办争取，增核区纪委、区建设与交通局等10家区直党政部门行政编制17名，用于强化“强区放权”“跨岛发展”战略等工作力量承接。在区委宣传部、区行政审批局等4家部门设立或增设内设机构6个，增核相应领导职数6名。根据区委换届有关精神，争取理顺区委办主任职数，增核区委办副处级领导职数1名。提前批复33名行政编制用于2021年全省公务员考试，用于解决基层治理的干部人才需求。在事业单位方面，将区互联网舆情中心职责划入组建区融媒体中心，更名调整设立区文明创建事务中心，增核单位副职领导职数各1名。将区企业服务中心等6家单位7名事业编制划入区行政审批事务中心，强化全区相对集中行政许可权试点工作力量。

【教育行业编制保障】 2021年，翔安区委编办完成依标足额核定公办中小学教职工编制测算工作，对厦门市下达翔安区的710名周转编制资源进行专项分配。做好马巷中心小学、新店中学等83家次中小学、179名调配用编工作；增核鸿渐中学、翔安职校单位副职领导职数各1名，按规定核定

34所中小学、公办幼儿园、职校单位领导职数和党政后勤管理机构及其领导职数，强化学校精细化管理力量。撤销无实际办学的学校机构2个，妥善分流人员编制。核定2021—2022学年中小学职校学校教职工人员总控制数3999名，考虑下一学年新建学校等因素，预核9所中小学学校人员控制数1599名。按照用编前置要求，审核批复202名事业编制用于2021年教师招聘，增加新生力量，推动教师队伍高素质专业化建设。配合市级完善公益二类公办幼儿园编制创新管理操作细则，做好区级教育督导评估机构更名和职责调整工作，保障教育教学工作有序开展。

【卫健事业编制保障】 2021年，翔安区委编办在翔安区卫生健康局增设“疾控与公共卫生监督科”，增核副处级领导职数1名、正科级领导职数1名、行政编制2名，强化卫健领域行政管理力量；增核区疾病预防控制中心正科级领导职数1名、事业编制34名。完善医养领域机构设置，推动翔安区流动人口计划生育服务站转型，更名调整设立区家庭发展事务中心；在厦门市第五医院增加养老服务和培训职责，保障婴幼儿照护、养老服务工作顺利开展。审核批复131名事业编制用于招聘卫健系统事业单位人员及引进高层次卫生人才。

【第二次全国机构编制核查】 2021年，翔安区委编办印发《翔安区第二次全国机构编制核查实施方案》，督促全区233家行政机关及事业单位做好自查工作，确保单位机构编制审批文件、干部任职文件和工资发放人员名册、参保信息等文件资料与系统数据一一对应，核实数据3961条，更新1864条次，向区财政、区人社局发送整改建议函，按照职责分工做好工资、社保等隶属关系整改。

【机构登记管理】 2021年，翔安区150家事业单位按时完成2020年度年报工作，年报率、年报合格率均为100%，分6批次在翔安区政府门户网上公告。主动对接需设立、变更、遗失申领行政机关、事业单位，办理行政机关“统一社会信用代码证书”信息变更64批次、证书签发33本，完成96家次事业单位变更、设立、撤销登记和证书补领。办理党政机关、事业单位政务与公益中文域名注册及续费管理230家。做好抽查检查，对翔安区教育集团山亭幼儿园存在住所不规范问题及时告知，督促问题整改到位。

（王宏伟）

机关党建

【概况】 2021年，中共厦门市翔安区委区直机关工作委员会（以下简称翔安区直机关工委）建立学习清单、任务清单、问题清单、整改清单，开展“厦门党建e家”月巡查和党建重点任务实地督导检查。规范组织设置，督办整治超规模党组织，推动2个党总支升格为机关党委，按程序任免（批复）机关基层党组织书记、副书记。把好党员发展入口关，全年接收预备党员28人、转正11人。2名党员受留党察看处分期满后，经考察把关、研究审议恢复其党员权利。规范党籍管理，审批党员关系转出69人，转入89人。用好“厦门党建e家”平台，党员平均积分94.7分，党支部基本分的平均积分99.7分，比2020年均有所提升。

【党建巡查整改】 2021年，翔安区直机关工委对照重点任务清单，制定年度督导计划，围绕党建责任制、意识形态责任制、党风廉政建设、激励党员干部担当作为等7个方面、22个重点内容，对34个党组织开展“政治体检”，查摆问题133条，及时督促整改，整改情况报区委党建办备案。

【理论学习培训】 2021年，翔安区直机关工委通过关键少数带头学、专题培训跟进学、组织生活深化学、主题党日推动学、压力传导督促学“五学”推动机关党员干部学深悟透，在实践中锤炼“政治三力”。开展学习贯彻中共十九届六中全会及省市党代会精神报告讲座，区直机关近100人参加；开展党务培训班2期、培训90人，开展“翔安十问”大讨论。所辖党组织开展“七一”重要讲话宣讲97场、听讲3713人次，600余人撰写心得体会；开展中共十九届六中全会精神宣讲34场、听讲1080人次；开展省市党代会精神宣讲7场、听讲124人次。落实党员领导干部轮流讲党课，各基层党组织书记深入所在支部，分领域、分层次开展“靶向授课”200多场次。

【区直机关党史学习教育实现“四落实”】 2021年，翔安区直机关工委成立工委党史学习教育领导小组，下发工作推进表和必读纲目，购置发放党史学习教育必读书目7种、5827册，党史学习教育记录本1500本。组织45名党务干部参观“陈嘉庚与中国共产党”主题展览。组建区直机关理论宣讲轻骑兵队伍14人，与基层干群开展互动式、情景式宣讲，受众3200人次。压实党组（党委）、机关党委（党总支部）、支部、党员四级学习责任，对学习安排做到分层次、分阶段、分重点，实现学习人员、时间、内容、效果四落实。

【党史知识竞赛】 2021年，翔安区直机关工委组织承办“学党史·悟新知·建新功”翔安区党史知识竞赛，34支队伍中角逐评选获奖队伍8支。组织党员参加全市党史知识网上竞赛，翔安区参与率高，得到厦门市市直工委表扬；参加全省“全媒体党史知识竞赛”海选，区直机关代表队包揽翔安区参赛队伍前4名。

【为群众办实事】 2021年，翔安区直机关工委收集重点民生项目清单8个方面、176件，惠民利民实事579件。在新冠疫情隔离点、查验点成立15个临时党支部，快、严、实、细抓好防控服务。“七一”、国庆前夕，翔安区直机关工委走访生活困难党员、老党员和因公因病殉职党员干部家属10人、慰问金4万元；慰问疫情防控一线基层党员干部、隔离点（酒店）专班人员111名、16.1万元。

【品牌提升创建】 2021年，翔安区直机关工委指导推动翔安法院“一基地五中心”党建实训基地建设，布局空间1000余平方米，“厝边的法庭”特色党建品牌成为开展党史学习教育的红色资源。制作党员教育电视片参评，4部作品获奖，连续2年获区级“优秀组织奖”。完善基层党组织33个特色品牌，组织召开模范机关建设座谈会，总结汇编34个部门模范机关建设经验材料。

【干事创业提升】 2021年，翔安区直机关工委印发《关于持续提振党员干部干事创业精气神，为“十四五”开好局起好步提供坚强保证的通知》，号召基层党组织和党员干部模范带头，争先创优。翔安区直机关工委挖掘在乡村振兴、扫黑除恶、疫情防控、转产就业、专项巡察以及文明创建等领域中的先进典型、先进代表，17个基层党组织、67名个人、获得省、市、区、区直机关“两优一先”表彰通报。

【党代会代表选举】 2021年，翔安区直机关工委编印《机关党组织换届选举工作手册》《区直机关党代表选举工作手册》，开展换届选举业务指导培训。研究确定出席翔安区直机关代表会议代表名额65名，选举出席翔安区第五次党代会代表37名，民主推荐厦门市第十三次党代会代表11名、福建省第十一次党代会1名。开展宣传部署，做好1222名选民登记、公示，选举翔安区第五届人民代表大会代表1名，选民参选率96.73%，

（翔安区直机关工委）

2021年9月28日，翔安区委组织部、区直机关工委共同为区疫情防控指挥部办公室等8个疫情防控一线临时党支部举行授旗仪式（翔安区直机关工委供图）

非公党建

【概况】 2021年，中共厦门市翔安区委非公有制经济组织和社会组织工作委员会（以下简称翔安区委非公工委）党建工作坚持问题导向，着力夯基础、抓重点、育典型，突出“两个作用”发挥，取得长足进步。建立每月走访通报制度，重点摸排走访物流快递、“三高”企业、规模以上企业和用工30人以上的企业，新建非公党组织44家。全区非公企业党组织158个，覆盖211家企业；社会组织党组织49个，覆盖104家社会组织，覆盖率分别为84.1%和92.04%。

【党组织规范化建设】 2021年，翔安区委非公工委完善片区网格化工作机制，常态化推行党建“体检”，依托“厦门党建e家”，每月检查非公领域党支部、党员积分及党员人数情况，给予提醒

告知；不定期抽查党组织“三会一课”、主题党日、“1+1+N”（1个党支部、1个网格、N个党小组）活动等制度落实情况，从8方面进行“解剖麻雀”式检视，作出点评建议。全年抽查4次、102个党组织，促进非公领域党组织提高规范化建设水平。

【党支部分类管理】 2021年，翔安区委非公工委将全区所有非公领域党组织分为优秀、中等、一般3种类型，推行党建精细化管理服务。实施“一企一策”精准打造，注重从“两代表一委员”所在企业、快递物流业、人才企业、重点社会组织中打造党建先进典型，实现“老典型有新内涵、新典型有新亮点”。鹭申通党支部获评“福建省民营企业党建工作先进单位”，铂爵旅拍、马巷青创等6个非公企业党支部获评市、区先进基层党组织。

【党群阵地建管用】 2021年，翔安区党群活动服务中心、铂爵旅拍、鹭申通、“英雄三岛”精神主题馆等党群阵地建立健全机制，规范管理运行，举办党课、主题党日活动、政策宣讲等200多场次。全区21个党群活动服务中心，接待学习参观考察419批次、1.2万人次。投入近10万元，提升改造翔安区党群活动服务中心，发挥党建引领园区企业发展的作用。

【非公领域党组织开展党史学习教育活动】 2021年，翔安区委非公工委制定印发《关于在非公企业和社会组织党员中开展党史学习教育的实施方案》，按照“六个进一步”的目标任务，明确党史学习教育4项内容、6种形式、9个活动主题，全区非公领域党组织召开党员大会、支委会、党小组会587场，到“英雄三岛精神”主题馆、马塘精神主题馆、彭德清纪念室等党性教育点参观学习2529人次，开展培训36场、1375人次；举办主题党日、党课423场；开展“我为群众办实事”实践活动76场次。

【“学党史庆百年当先锋”系列活动】 2021年，翔安区委组织部、翔安区委非公工委围绕庆祝建党100周年，举办非公领域“学党史庆百年当先锋”系列活动，组织一场演讲、一场红歌合唱、一次主题党日等“五个一”活动，全区基层党务工作者、党员2500多人次参加。

【红歌合唱比赛】 2021年6月28日，翔安区委组织部、翔安区委非公工委，举办“学党史庆百年当先锋”系列活动之“红心向党　唱响未来”红歌合唱比赛，翔安区委宣传部（区委党史学习教育办）、各镇（街）、各相关党委（党工委）领导，部分非公领域党员500多人参加。10支由非公领域党员干部组成的合唱队、300人参加比赛，新圩新曦合唱队演唱的《红梅赞》获一等奖。

（翔安区委非公工委）

保密工作

【概况】 2021年，中共厦门市翔安区委保密局（以下简称翔安区委保密局）以保密宣传教育为导向，以保密检查为手段，抓各项工作的落实，为实现翔安新区五个新跃升、奋力建设“五个翔安”保驾护航。

【保密人员培训】 2021年，翔安区委保密局开展保密业务知识培训，提升涉密人员素质，对翔安区司法局全体人员进行保密知识培训；在新店街道新兴社区组织开展宪法日保密宣传活动。12月14日，召开翔安区保密工作部署会，对与会人员进行保密业务培训。多次选派人员参加省、市组织的业务培训，提高保密干部工作水平。

【保密检查】 2021年6月25—30日，翔安区委保密局4个督促检查组对全区9个镇（街）、34个区直部门和两院进行专项检查，做好庆祝中国共产党成立100周年活动安全保密工作。翔安区委机要保密局对区委办、区政府办、区委组织部、区委政法委、区人大、区工信局、团区委、区妇联、区信访局等单位进行保密检查，做好迎接省保密专项检查工作。翔安区委机要保密局主动到区招生办现场查看考试试卷保密室及外部环境安全情况，对考务人员进行宣传教育和检查指导，确保翔安区高考、中考考试顺利进行、安全保密。

【保密自查自评】 2021年4月，翔安区委保密局下发《关于开展2021年度保密自查自评工作的通知》，对翔安区保密自查自评工作进行安排部署。翔安区委保密局积极作为、主动介入，深入基层单位进行抽查，专门设立咨询电话，为基层单位答疑解惑。

【保密宣传教育】 2021年，翔安区委保密局制作《党旗飘扬　保密护航》微视频，在全区大型室内外LED显示屏、楼宇电视播放，在“业翔民安”等微信公众号推送，扩大宣传推广面，提升群众知晓率。制作《新圩嫂》歌舞节目，在翔安区庆祝建党百年《翔安红·心向党》文艺晚会上通过歌舞的形式，用群众喜闻乐见的形式进行保密宣传。组织广大干部群众关注“保密观”微信公众号，扩大宣传教育的覆盖面，提高宣传效率。借助新媒体，创新保密宣传教育方式，做好《中华人民共和国保守国家秘密法》《中华人民共和国密码法》的宣传工作。

（翔安区保密局）

老干部工作

【概况】 2021 年，中共厦门市翔安区委老干部局（以下简称翔安区委老干局）组织老干部学习习近平总书记“七一”重要讲话精神等专题报告会 67 场、近 3500 人次参加，开展“颂歌献给党”等系列活动 68 场、近 5300 人次参加，举办“传承红色基因，争做时代新人”宣讲报告会 100 场、近 2 万人次参加。走访慰问老干部近 300 人次，发放慰问金 22 万元。推动成立后亭、洪琳湖、浦西 3 个社区离退休干部党支部。五美、祥美、友民 3 个离退休干部党支部获评“省级离退休干部示范党支部”。

【老干部慰问】 2021 年，翔安区委老干局精准落实服务保障，加强联系和走访慰问老同志。春节前夕，翔安区委书记胡盛、区长连坤明等区领导分别带队，走访慰问离休干部康甲乙、区级退休领导颜文箭等 13 人、发放慰问金 1.92 万元；走访慰问翔安区困难家庭失能老人、老年协会会长以及阳塘铁甲八姐妹，发放慰问金 19.61 万元。“七一”前夕，翔安区委老干局走访慰问部分党龄超过 50 岁的老党员、离休干部、困难老党员 13 人，为他们送去党和政府的关怀。重阳节之际，区委书记黄鹤麟、组织部部长吴扬帆分别带队走访慰问离退休干部和区级退休领导，发放慰问金 4000 元；慰问困难离休干部遗偶黄田英、黄好治，发放慰问金 2000 元。

【“四就近”工作推动】 2021 年，翔安区委老干局推动建立金海街道浦西社区老干部“四就近”服务站。全区已有 6 个老干部“四就近”服务站，为社区老干部就近学习、就近活动、就近得到关心照顾、就近发挥作用提供平台。

【金秋老年乐园创建】 2021 年，翔安区委老干局新创建香山街道霞浯社区和金海街道彭厝社区 2 个金秋老年乐园，每个点拨付 10 万元专项资金，用于添置办公设备、活动设施。翔安区已挂牌的金秋老年乐园活动点 9 个。

【老干部文体活动】 2021 年，翔安区委老干局为老干部举办“学党史　感党恩　跟党走”等学习活动 22 场次，近 800 人次参加，举办趣味套圈等文体活动 29 场次，近 900 人次参加，举办义诊义剪等关爱活动 12 场次，近 300 人次参加。引导老干部围绕社区治理开展志愿活动 15 场次、近 300 人次参加。全年举办歌咏活动、门球交流、文艺晚会等活动 20 多场次、近 800 人次参加。举办“百炼成钢·建党百年辉煌历程”书画摄影展，厦门市委原常委、厦门老年大学校长詹沧洲特意为展览送来墨宝。举办“庆建党百年华诞·谱终身学习新篇”暨全民终身学习活动周文艺会演，老干部代表等近 150 人出席观看演出。组织老年人参加各类文体比赛，获金奖 3 枚，银奖 10 枚，铜奖 1 枚。

【老干部作用发挥】 2021 年，翔安区委老干局引导老干部发挥余热，参与“厦门百名老党员向党说句心里话”活动，并拍摄《为信仰打卡》等微视频，展示老党员陈剑基等退休不褪色的事迹，陈剑基被福建省委老干部局评为“八闽银发先锋”。关工委报告团

2021 年 6 月 30 日，翔安区离退休老同志庆祝中国共产党成立 100 周年文艺演出在区文化馆举行

（许剑峰　摄）

以“传承红色基因，争做时代新人”为主题开展100场进村入校下企宣讲活动，受众近2万人次；10个离退休干部党支部老党员参加社区疫情防控200多场次、近万人次参加。

【庆祝中国共产党成立100周年文艺演出】 2021年6月30日，由翔安区委组织部、翔安区委老干局、翔安区委离退休工委、翔安区关工委联合主办的“颂歌献给党”——翔安区离退休老同志庆祝中国共产党成立100周年文艺演出暨老党员志愿者服务队授旗仪式在区文化馆举行，市监察局原局长、市关工委副主任黄加列、市委老干部局专职副书记黄光华等出席，近200名老干部参加。

（李楚君）

关心下一代工作

【概况】 2021年，厦门市翔安区关心下一代工作委员会（以下简称翔安区关工委）推动翔安区关心下一代工作高质量发展。根据“五好”标准、“四到位”的要求，翔安区七街二镇关工委领导班子全部完成调整。依托宣传报告团以“传承红色基因　争做时代新人”“翔安红色记忆”为主题，走村入校下企业开展红色宣讲100场。以弘扬中华民族传统家庭美德、传承新时代优良家风为主题，征集采用家规家训30条、家教故事10篇。围绕中国共产党成立100周年开展大型文艺会演——“颂歌献给党”，激发企业担当作为，指导全区各类非公企业关工委开展疫情防控、爱心扶幼、奖学助学等活动，累计捐款捐物、发放各类关爱基金近2000万元。

【非公企业关工委建设】 2021年6月，翔安区关工委常务副主任杨汉明带队走访翔安区45家非公企业关工委，指导企业结合实际谋划，创新性地开展活动，提高非公企业关工委活动类型的广度，有所思有所行，指导成立3家新的非公企业关工委。全年举办报告团成员培训班，翔安区融入网格化服务管理培训班和非公企业关工委工作人员培训班。

【青少年网格服务管理】 2021年，翔安区关工委以组织联建、工作联动、活动联办、机制联创为方式，把社区关工委融入网格服务管理工作，依托网格系统，筛选出6～18周岁，19～25周岁特殊群体人员，社区“五失”（失足、失管、失学、失业、失亲）青少年基本情况和未成年残疾人、困难家庭子女基本情况，形成数据档案，实现青少年服务管理“全覆盖”。8月，翔安区关工委常务副主任吴加建带队走访9个镇（街），与各镇（街）主要领导面对面就关工委班子配备、在职人员辅助老同志做好关心下一代工作、基层关工委办公场地、制度上墙情况等问题进行沟通协调。

【红色基因传承】 2021年6月30日，翔安区关工委深化党史学习教育和“传承红色基因，争做时代新人”等主题教育活动，联合翔安区委组织部、翔安区委老干局举办“颂歌献给党”——翔安区离退休老同志庆祝中国共产党成立100周年文艺演出。利用红色资源开展培根铸魂教育，翔安区关工委结合本地优势资源，以“传承红色基因”为主题，围绕中国共产党成立100周年开展主题宣讲活动100场，通过“传承红色基因，弘扬优良传统”等具有特色鲜明的青少年党史教育宣讲活动，让红色基因、革命薪火代代相传。发挥翔安区82个革命老区基点村的资源优势和活教材作用，引导青少年用红色文化凝魂聚气，用红色英模激励斗志，用红色事迹启迪人生。

【青少年普法教育】 2021年，翔安区关工委按照“七五”普法要求，把学习宪法摆在首位，普及

2021年10月20日，翔安区非公企业关工委工作人员培训班在翔安区大宅书院开班

（谢德明　摄）

2021 年 8 月 21 日，翔安区关工委举办“亲子学党史，薪火永相传”军事夏令营开营仪式 （蔡燕如 摄）

宣传《中华人民共和国民法典》《中华人民共和国未成年人保护法》《中华人民共和国预防未成年人犯罪法》，深入学校、社区，创建法治教育“零遗漏”、结对帮扶“零距离”、关爱保护“零受害”、遵纪守法“零犯罪”“四零”社区、学校活动。翔安区关工委联合团区委开展法治小巴士进校园 15 场，通过“理论授课 + 现场互动”等形式开展宣讲，近千名中小学生受到教育。7 月 21 日，翔安区关工委联合翔安区法院开展“小法官”夏令营，翔安区近百名小学生接受法治教育。

【夏令营活动】 2021 年 8 月 21—22 日，翔安区关工委联合翔安区英雄三岛战地观光园开展“亲子学党史，薪火永相传”军事夏令营活动，利用英雄三岛战地观光园和英雄三岛精神主题馆资源，以“图文音像 + 实物参观 + 实操体验”的方式开展“理论 + 实践”“学习 + 体验”的亲子活动。该次活动吸引 30 组家庭 60 人参与。

【爱心扶幼捐助】 2021 年，翔安区关工委联合爱心企业、爱心个人走进翔安区小嶝小学开展“情暖童心，筑梦成长”欢庆“六一”活动，捐款捐物 6 万余元；联合翔安慈善会、闽南六桂关工委、翔安区人和社工服务中心等爱心社团，到翔安区启航学校，为特殊儿童捐款捐物 4 万余元；联合厦门瑞之路眼镜科技有限公司到新圩云头称枫小学开展爱眼护眼活动，免费为师生配镜价值近 3 万元。

【疫情防控捐助】 2021 年，翔安区各镇（街）关工委动员五老投身社区疫情防控，主动作为。各非公企业关工委捐资捐款，支持疫情防控，厦门瑞之路眼镜有限公司董事长、关工委主任周贤建累计捐赠面罩 4.97 万个，护目镜 6370 个，价值 59.24 万元；海达日用有限公司董事长蒋良墙向厦门市慈善总会、同安区新民镇捐赠酒精 2 万余瓶、洗手液 8000 余瓶，价值 19 万余元；闽南六桂关工委捐赠蔬菜 500 余份。

（蔡燕如）

档案工作

【概况】 2021 年，厦门市翔安区档案局（翔安区档案馆）（以下简称翔安区档案局）学习贯彻新修订《中华人民共和国档案法》，把牢档案事业发展方向，根据省、市档案局关于进一步做好新冠肺炎疫情防控档案工作的文件精神，制定下发《关于进一步做好新冠肺炎疫情防控档案工作的通知》明确相关档案工作职责和要求，按计划推进翔安区疫情防控档案的收集、整理、归档、数字化等工作，完成接收 2020 年疫情防控档案 3473 件。其中，文书 3153 件，照片 320 张。

【档案监督指导】 2021 年，翔安区档案局制定《关于做好新店、马巷街道行政区划调整中档案工作的意见》，明确涉改街道档案工作要求和档案处置方案。转发《重大活动和突发事件档案管理办法》《国有企业资产与产权变动档案处置办法》等指导性文件，为各单位依法依规开展各领域档案工作提供依据。指导镇（街）、区直机关做好 2020 年档案的收集、整理和数字化工作，确保档案应收尽收。继续指导农村土地承包经营权确权登记颁证工作，整理完成农户土地确权档案 3.8 万卷。

【依法治档】 2021 年，翔安区档案局根据翔安区相对集中行政许可权改革试点工作要求，做好相关事项的法律法规、政策依据、通知文件、管理规范、技术标准、申报材料、前置要件、办事指南、审查工作细则等梳理，完成 8 个审批事项由翔安区档案局划转至翔安区行政审批局，调整公布权责事项清单，按照权责清单履职。开展普法工作，以新修订档案法颁布实施为契机，联合翔安区依法治区办开展法律知识档案法专题网络考试，组织全体公务员参加考试；“6·9”国际档案日，组织区档案馆全体工作人员集中收看线上专题讲座，通过 LED 显示屏、宣传展板、发放宣传册等方式开展宣传；6 月 9 日，在翔安法治广场开展以“档案话百年”为主题的现场宣传活动。在“宪法宣传周”，组织全区档案工作者参加国家档案局档案干部教育中心举办的“十四五”全国档案事业发展规划公益大讲堂。

【档案服务】 2021 年，翔安区档案馆与同安区档案馆签订馆际查阅协议，向同安区档案馆拷取涉及翔安区民生的相关档案数字化副本。根据涉民档案专题数据库建设方案，建立了婚姻、土地产权、户籍等涉民档案机检专题目录，提高检索效率。全年接待来访 2033 人次，提供档案材料 4321 份。健全相关工作机制，完善接收、登记、分类、保管、利用、统计等工作，全年接收政府公开信息 2000 余份。发挥爱国主义教育基地作用，举办“两岸一家，文档为证”系列书画展，吸引机关干部职工、群众参观。开展厦门市老手艺材料征集，并进行汇编。

【档案业务建设】 2021 年，翔安区档案馆完善档案基础业务建设，采取有效措施，开展自查自纠，对所有问题进行整改落实。馆藏纸质档案 19.36 万件、2.19 万卷；奖牌（证书）66 块，字画 67 件；资料 2204 册，照片档案 1337 张。

【档案安全管理】 2021 年，翔安区档案馆对档案馆库设施、设备全面检查，对安全隐患全面排查。强化档案安全意识，明确责任、细化分工，确保档案安全责任落到实处。加强各项安全管理措施，强化预防为主，抓好档案基础业务建设，确保档案接收、保管、利用、数字化等环节安全可控，保证档案实体和信息安全。

（翔安区档案局）

党史和地方志工作

【概况】 2021 年，翔安区将方志、党史研究和年鉴编写经费统一纳入财政预算，按时足额拨付，保障方志办正常的业务经费。翔安区委党史和地方志研究室（以下简称翔安区委党史方志室）全年完成年鉴编纂任务和地方志、古籍文献点校整理。

【《马巷厅志》点校翻译】 2021 年，翔安区委党史方志室推动闽南地区重要地方志书《马巷厅志》点校版、白话版、影印版的出版发行。《马巷厅志》点校版送交方志出版社审校出版，白话版文字稿已成型。

【《翔安年鉴（2021）》编纂】 2021 年，翔安区委党史方志室按照“2021 年福建省年鉴精品工程”要求编纂《翔安年鉴（2021）》。全书 20 余个类目、400 余个条目，合计 75 万字。

【地方文献收集整理】 2021 年，翔安区委党史方志室开始收集整理“翔安古籍文献”，完成翔安古籍《道南一脉》《古今长者录》《历代名吏录》《周礼补亡》《四书存疑》《四书阐旨合喙鸣》《礼记集注》《四书崇熹注解》等电子稿件的收集整理。

（翔安区委党史方志办）

厦门市翔安区人民代表大会

综　述

【概况】 2021年，厦门市翔安区人民代表大会常务委员会（以下简称翔安区人大常委会）听取审议专项工作报告26项，主任会议听取专项工作报告11项，开展执法检查2项、专题询问1项、满意度测评1项、履职评议1项，工作调研9项，作出决定决议24项，依法任免国家机关工作人员50人次，组织代表专项视察检查10项，完成区四届人大五次会议确定的各项任务。

【监督权依法运用】 2021年，翔安区人大常委会围绕全区工作大局，加大监督力度，创新监督方式，增强监督实效，综合运用听取审议报告、视察调研、执法检查、满意度测评、专题询问等多种监督方式，依法监督、有效监督、持续监督，形成监督合力，支持推动“一府一委两院”开展工作。听取审议翔安区2021年1—8月国民经济和社会发展计划执行情况报告，调研“三高”企业发展情况，支持深化供给侧结构性改革，加快建设现代化经济体系，构建双循环新发展格局，实现经济平稳健康发展。

【预决算审查监督】 2021年，翔安区人大常委会听取审议区政府关于2020年财政决算，2020年区本级预算执行和其他财政收支审计工作报告，2021年1—8月预算执行及全年预算变更草案报告，2022年预算编制情况报告等，深化预决算管理。开展《中华人民共和国审计法》（以下简称《审计法》）执法检查，发挥审计监督职能，提高财政资金使用效益。听取审议2020年国有资产管理情况的报告，优化国有资产配置和管理。

【城乡统筹发展】 2021年，翔安区人大常委会融入跨岛发展战略，支持新机场、轨道交通等重大基础设施建设。视察滨海湿地公园二期建设等重大项目，推动“四座新城”连片开发并形成规模。视察自来水管网改造与居民饮用水保障情况，推动优化翔安区水资源配置，破解新圩用水“孤岛”等问题。听取审议2020年翔安区环境状况和环境保护目标完成情况报告，开展满意度测评，调研建筑垃圾管理情况，推动生态文明城区建设。推动实施乡村振兴战略，视察乡村集体宅基地的循环利用和宜居乡村建设情况，促进农村更宜居、农民更幸福。

【民生福祉改善】 2021年，翔安区人大常委会组织开展《中华人民共和国传染病防治法》（以下简称《传染病防治法》）执法检查，推动完善疾病预防控制体系，保障人民群众身体健康。听取审议翔安区农村幸福院（社区老年人日间照料中心）建设运营情况的报告并开展专题询问，推动健全基本养老服务体系。视察教育集团、职业学校建设情况，推动优化教育布局，促进各级各类教育全面发展，提升教育教学质量。听取审议翔安区体育设施建设、文化遗产保护利用情况、退役军人服务保障体系建设等报告，推动各项社会事业全面发展。

【社会安定和谐】 2021年，翔安区人大常委会听取审议翔安区“八五”普法规划编制情况、2020年法治政府建设情况报告，推动依法治区进程。听取审议翔安区法院关于民事审判工作情况的报告，推动提升司法公信力，维护社会公平正义。听取审议翔安区检察院开展公益诉讼情况的报告，发挥检察职能，维护国家和社会公共利益。组织开展检察官履职评议，推动加强司法队伍建设。视察翔安区安全生产监督管理工作、区应急处突机动队和海防指挥中心，筑牢翔安区安全屏障，营造安全稳定社会环境。

【区人大代表跨区视察】 2021年8月24日，翔安区人大常委会组织市十五届人大翔安代表小组前往集美区开展跨区视察。视察集美区人文馆和杏林湾营运中心建设情况。跨区视察学习，借鉴集美区的好经验好做法，拓宽代表的视野，通过代表履职推动翔安区加快发展。组织机关各委办和各镇（街）人大到同安区莲花镇、大同街道田洋村参观学习人大代表联系群众活动室（站）建设情况。

【基层人大工作指导】 2021年，翔安区人大常委会为提高新一届区、镇两级人大代表依法履职的能力和水平，更好地发挥代表作用，邀请市人大研究与宣传工作室、人事代表工作室的领导围绕如何做好人大代表工作开展专题辅导。下基层指导各镇召开2次代表大会，提升镇（街）人大工作规范化水平。

（张鑫梅）

重要会议

【概况】 2021年，翔安区人大常委会召开9次常委会会议、20次主任会议，通过听取审议专项报告、开展执法检查、专题询问、满意度测评等方式，加强对区政府预算、决算，国民经济和社会发展计划执行情况，国有资产管理情况，基础设施建设，乡村振兴，环境保护，教育医疗，公共文化等工作的监督；加强对区法院民事审判工作、区检察院开展公益诉讼情况等工作的监督。审议意见交由区政府、区法院、区检察院落实整改。

【人大常委会会议】 2021年，翔安区四届人大常委会召开9次常委会，即第四十三次会议至第五十一次会议。

第四十三次会议，1月29日召开。区人大常委会主任林进胜主持会议，区人大常委会副主任许生强、董振力、林大树、沈金德、邱明发及委员共24人出席会议。区委常委、纪委书记、监委主任施耿瑶，区政府副区长林生海，区法院院长刘友国，区检察院副检察长刘道伦，区政府办主任、一级调研员梁木枝，区民政局主要领导列席会议。会议听取和审议《区政府关于新店马巷两个街道析置六个街道行政区划调整的议案》及其说明报告；会议还进行人事任免。

第四十四次会议，3月26日召开。区人大常委会主任林进胜主持会议，区人大常委会副主任及委员共22人出席会议。区政府、区法院、区检察院主要领导，区商务局、教育局、卫健局、人社局、城市管理局、乡村振兴办、国资办主要领导及部分区四届人大代表列席会议。会议听取和审议区政府关于区四届人大六次会议代表议案和重点建议办理工作方案的报告；听取厦门市公安局湖里分局提请许可对翔安区第四届人大代表郑某现采取法律规定强制措施的报告，决定许可对郑某现采取法律规定的强制措施；会议接受周进辞去厦门市第十五届人大代表职务的请求，报厦门市人民代表大会常务委员会备案、公告。

第四十五次会议，4月8日召开。区人大常委会主任林进胜主持会议，区人大副主任及委员共25人出席会议。区委纪委、区政府党组、区法院、区检察院、区政府办主要领导列席会议。会议审议《区人大常委会关于设立新店等六个街道人大工作委员会的决定（草案）》。

第四十六次会议，5月25日召开。区人大常委会主任林进胜主持会议，区人大副主任及委员共22人出席会议。区委纪委、区委组织部、区政府、区法院、区检察院主要领导，区文旅局、财政局、生态环境局主要领导，不是常委会组成人员的街道人大工委主任及部分区四届人大代表列席会议。会议听取和审议区政府翔安区公共体育设施建设情况的报告，区政府2020年度国有资产管理情况的综合报告，区政府2020年环境状况和环境保护目标完成情况的报告；听取和审议区法院民事审判工作情况的报告。会议接受王跃武辞去区四届人大常委会委员职务的请求，报翔安区第四届人民代表大会备案。会议还进行人事任免。

第四十七次会议，7月30日召开。区人大常委会主任林进胜主持会议，区人大副主任及委员共22人出席会议。区政府、区法院、区检察院、区委组织部主要领导，区财政局、审计局、民政局、卫健局、发改局、人社局、资规分局主要领导，不是常委会组成人员的街道人大工委主任及部分区四届人大代表列席会议。会议听取和审议区政府2020年财政决算的报告及2020年预算执行及其他财政收支审计工作的报告，决定批准2020年区本级财政决算；听取和审议区政府关于翔安区农村幸福院（老年人日间照料中心）建设运营情况的报告，开展专题询问；听取和审议区政府贯彻实施《传染病防治法》情况的报告及区人大常委会执法检查组开展《传染病防治法》执法检查情况的报告；听取和审议区检察院开展公益诉讼检察工作情况的报告；会议审议通过了区人大常委会关于各镇人民代表大会代表名额的决定。会议还进行人事任免。

第四十八次会议，9月6日召开。区人大常委会主任林进胜主持会议，区人大副主任及常委会委员共26人出席会议。区政府、区法院、区检察院、区政府办主要领导，不是常委组成人员的街道人大工委主任列席会议。会议进行人事任免。

第四十九次会议，10月26日召开。区人大常委会主任林进胜主持会议，区人大副主任及常委会委员共23人出席会议。区委组织部、区政府、区监委、区法院、区检察院、区人大常委会党组主要领导，区政府办、区财政局、发改局、司法局、文旅局、生态环境局领导，不是常委组成人员的街道人大工委主任及部分市、区人大代表列席会议。会议传达学习习近平总书记在中央人大工作会议上的重要讲话精神；听取和审议区政府2021年1—8月国民经济和社会发展计划执行情况的报告，区政府2021年1—9月预算执行情况及全年预算变更草案的报告，批准翔安区2021年本级财政预算变更；听取和审议区政府在全区开展法治宣传教育第八个五年规划编制情况的报告，作出开展第八个五年法治宣传教育的决议；听取和审议区政府加强文化遗产保护和利用工作情况的报告，区政府落实区人大常委会2020年环境状况和环境保护目标完成情况审议意见整改情况的报告，开展满意度测评。会议开展检察官履职评议和市人大代表述职。会议接受朱志愿辞去区四届人大常委会委员职务的请求，报翔安区四届人民代表大会备案；会议审议通过换届选举相关事项。

第五十次会议，12月1日召开。区人大常委会主任林进胜主持会议，区人大副主任及委员共18人出席会议。区人大常委会党组书记杜刚，区委常委、常务副区长卢少进，区委组织部部长吴扬帆，区法院院长刘友国，区检察院代理检察长柯振敏，区人大常委会党组成员陈春夏，区政府办主任梁木枝，厦门高崎机场海关缉私分局及区审计局、商务局、教育局、卫健局、人社局、城市管理局、乡村振兴办、国资办主要领导，不是常委组成人员的街道人大工委主任及部分区四届人大代表列席会议。会议听取和审议区政府贯彻实施《审计法》情况的报告，听取区人大常委会执法检查组开展《审计法》执法检查情况的报告；听取和审议区政府关于区四届人大六次会议代表议案、建议、批评和意见办理情况的报告；审议通过区人大常委会接受林进胜等辞去翔安区区、镇选举委员会组成人员职务的决定和林大树代理翔安区区、镇选举委员会主任职务的决定；听取和审议厦门高崎机场海关缉私分局提请许可对翔安区第四届人大代表谢某达采取法律规定强制措施的报告，决定许可对谢某达采取法律规定的强制措施；会议接受纪华期辞去区第四届人大常委会委员职务的请求，报区第四届人民代表大会备案。会议还进行人事任免。

第五十一次会议，12月21日召开。区人大常委会主任林进胜主持会议，区人大常委会副主任及委员共20人出席会议。区监委、区政府、区法院、区检察院、区政府办主要领导，区人大常委会法工委、科教侨台工委主任，不是常委组成人员的街道人大工委主任列席会议。会议审议通过区人大常委会召开翔安区第五届人民代表大会第一次会议的决定及成立翔安区第五届人民代表大会第一次会议筹备处的决定；审议了区人大常委会工作报告（稿），决定提交区五届人大一次会议审议；审议通过区四届人大常委会代表资格审查委员会关于翔安区第五届人大代表的代表资格的审查报告；审议通过区五届人大一次会议预备会日程；审议通过区五届人大一次会议列席人员名单；审议通过区五届人大一次会议邀请主席台就座人员名单；审议通过区五届人大一次会议代表及列席人员编团名单；讨论通过关于召开区五届人大一次会议的其他事项。会议还进行人事任免。

【人大常委会主任会议】 2021年，翔安区四届人大常委会召开20次主任会议，即第七十九次主任会议至第九十八次主任会议。

第八十二次主任会议，3月26日召开。区人大常委会主任林进胜主持会议，人大副主任出席会议。区政府副区长、区法院、区检察院、区人大各委办主任，区政府办、司法局主要领导列席会议。会议听取区政府关于2020年法治政府建设情况的报告。

第八十七次主任会议　6月29日召开。区人大常委会主任林进胜主持会议，区人大副主任出席会议。区政府、区法院、区检察院主要领导，区人大各委办主任，区政府办、退役军人事务局、商务局、教育局、卫健局、人社局、城市管理局、乡村振兴办、国资办主要领导列席会议。会议听取区政府关于区四届人大六次会议代表议案和重点建议办理情况的报告；会议听取区政府关于

2021 年 12 月 29 日，翔安区第五届人民代表大会第一次会议闭幕

（林木阳　摄）

退役军人服务保障体系建设情况的报告；会议研究确定区人大常委会关于开展检察官履职评议的工作方案。

第九十七次主任会议，12 月 21 日召开。区人大常委会主任林进胜主持会议，区人大副主任出席会议。区政府、区法院、区检察院主要领导，区人大各委办主任，区政府办、财政局主要领导列席会议。会议听取区财政局关于翔安区 2021 年预算执行情况和 2022 年预算草案的报告。

【区五届人大一次会议】 2021 年 12 月 26—29 日，翔安区五届人民代表大会第一次会议召开。大会应到代表 211 人，实到 207 人，符合法定人数。会议分别听取和审议李毅代区长代表区政府所作的《翔安区人民政府工作报告》，区财政局局长纪春林受区政府委托所作的《关于厦门市翔安区 2021 年预算执行情况及 2022 年预算草案的报告》，区四届人大常委会主任林进胜代表区四届人大常委会所作的《翔安区人民代表大会常务委员会工作报告》，区法院院长刘友国所作的《翔安区人民法院工作报告》和区检察院代检察长柯振敏所作的《翔安区人民检察院工作报告》。会议经过表决作出决议，决定批准上述报告。会议依法选举产生翔安区第五届人大常委会，杜刚当选翔安区人大常委会主任，蔡江瑶、邱明发、宋淑敏、张清海、许瑞敏当选副主任；李毅当选翔安区人民政府区长，卢少进、翁晓岚、郭三温、徐得志、黄亚祥、洪求瑛、吕培勤、颜莉莉当选副区长；吴鲤鹏当选翔安区监察委员会主任；刘友国当选翔安区人民法院院长；柯振敏当选翔安区人民检察院检察长（须报经市人民检察院检察长提请市人大常委会批准）。会议表决通过翔安区第五届人民代表大会监察和司法委员会、社会建设委员会组成人员名单。

（张鑫梅）

依法监督

【概况】 2021 年，翔安区人大常委会聚焦区委中心工作，聚焦人民群众所思所愿所盼开展监督，找准监督着力点，综合运用听取审议报告、视察调研、执法检查、满意度测评、专题询问等多种监督方式，打好监督“组合拳”，形成监督合力，以钉钉子的精神跟踪问效，推动问题解决和工作改进。

【传染病防治法和审计法执法检查】 2021 年，翔安区四届人大常委会组织开展《中华人民共和国传染病防治法》和《中华人民共和国审计法》2 部法律执法检查。分别成立执法检查组，采取部门自查和集中检查相结合的方法，通过听取汇报、调研视察、召开座谈会、个别走访、实地抽查等形式，全面了解翔安区贯彻实施相关法律的情况，针对存在问题，提出意见建议，促进相关法律的贯彻实施。7 月 30 日，区四届人大常委会听取和审议区政府贯彻实施《中华人民共和国传染病防治法》情况的报告和区人大常委会执法检查组执法检查情况的报告。会议提出 4 点审议意见：科学规划，完善传染病防治体系，健全监测预警机制，加大日常监管和专项整治力度；加大投入，提高传染病防治保障水平，建立稳定的公共卫生事业投入机制，健全应急物资储备体系，举行传染病应急处置模拟演练。培养人才，加强疾控机构和人才队伍建设，开展区疾病预防控制机构标准化建设，保证传染病监测检测、预警报告、管理处置等工作开展；强化宣传，增强全社会传染病防治意识，开展传染病防治知识教育，做好疫情防控和疫苗接种工作。10 月 21 日，区四届人大常委会听取和审议实施《中华人民共和国审计法》情况的报告，听取区人大常委会执法检查组执法检查情况的报告，会议提出 5 点审议意见：加大学习宣传力度，为审计事业发展营造良好的氛围。提高审计全覆盖工作质效，服务经济社会高质量发展。加强审计队伍建设，提升审计人员能力水平。加强审计信息化建设，推动大数据审计。强化审计成果运用，形成审计整改合力。

【农村幸福院建设运营情况专题询问】 2021年7月30日，翔安区四届人大常委会听取和审议区政府关于翔安区农村幸福院（老年人日间照料中心）建设运营情况的报告，开展专题询问。区民政局、资规分局、人社局、发改局、卫健局到会应询。会议提出3点审议意见：要加大《中华人民共和国老年人权益保障法》与敬老、爱老、助老传统美德的宣传，宣传农村幸福院（老年人日间照料中心）的性质定位和功能作用，营造良好氛围。要强化运营管理，明确农村幸福院（老年人日间照料中心）的服务功能和服务项目内容，建立健全农村幸福院内部管理各项规章制度，提升助老员素质和服务水平。要强化指导监督，树立“管行业就必须管安全”的理念，定期与不定期开展安全隐患专项排查整改，确保农村幸福院（老年人日间照料中心）建设运营安全稳定。

【环境与环保满意度测评】 2021年10月26日，翔安区四届人大常委会听取和审议区政府落实区人大常委会关于翔安区2020年环境状况和环境保护目标完成情况审议意见整改情况的报告，开展满意度测评，测评结果为满意。会议要求，翔安区政府及其职能部门要以习近平生态文明思想为引领，加大生态环境保护力度，推动绿色发展，打赢污染防治攻坚战，提高翔安区生态环境治理水平。

2021年10月26日，翔安区人民代表大会组织开展检察官履职评议。图为员额检察官做履职报告 （周姝婧 摄）

【检察官履职评议】 2021年10月26日，翔安区四届人大常委会组织开展检察官履职评议，听取和审议区检察院3位员额检察官的履职报告和区人大常委会检察官履职评议工作小组的调研报告。该次履职评议，3位检察官均取得满意等次。会议对加强检察队伍建设提出3点建议：要深入推进司法体制改革，忠实履行宪法法律赋予的职责，强化公正司法理念。要坚持牢固树立司法为民的观念，增强公仆意识，严格按照法定权限和程序履行职责，将公平正义落实到办案的全过程。要梳理总结该次检察官履职评议的各项意见，加强和改进检察工作，增强法律素养，提高办案质效。

【规范性文件备案审查】 2021年，翔安区四届人大常委会依法开展规范性文件备案审查工作，对区政府及其职能部门报送的2件规范性文件开展审查，推进依法行政，加快法治政府建设。

【人大信访工作】 2021年，翔安区人大常委会把处理好群众来信来访作为促进社会和谐、维护大局的重要途径，规范信访转办程序，健全跟踪督办机制，化解社会矛盾，维护群众合法权益。对涉及征地拆迁、换届选举工作等问题，按要求及时转（交）办。领导干部深入信访事项责任单位了解情况，与当事人沟通查找症结所在，与责任单位探讨对策，做好矛盾化解工作。全年受理和督办群众来信来访41件次。其中，来信37次，来访4批9人次。

（张鑫梅）

代表工作

【概况】 2021年，翔安区人大常委会在闭会期间组织区人大代表参加会议，视察翔安区发展情况，开展执法检查，深入社会调研听取民意，如实开展民主评议活动。全年组织区人大代表进行8次专项视察活动。

2021 年 6 月 25 日，人大代表视察翔安区农渔民转产就业集中区

（李毓琳　摄）

【人大代表视察】 2021 年 4 月，翔安区人大常委会围绕安全生产组织部分区人大代表视察区应急处突机动队、海防指挥中心和区安全生产监督管理工作。5—6 月，区人大常委会组织部分区人大代表针对群众关心的社会民生问题视察翔安职业技术学校项目建设情况，翔安区自来水管网改造与居民饮用水保障情况，区教育集团建设发展情况。10 月，区人大常委会组织部分区人大代表围绕乡村振兴、生态宜居和环境保护视察区农村人居环境整治工作情况，下潭尾滨海湿地生态公园建设情况和全面推进乡村振兴工作情况。

【议案建议督办】 2021 年，翔安区四届人大六次会议及闭会期间，代表提出的议案和建议全部按要求答复代表。其中，“关于大力推进招商引资，高质量发展实体经济”1 件议案与“关于科学实施教育扩容补短工程，增加教育资源供给”“关于加强基层医疗人才建设，提高公共卫生应急保障能力”“关于加强转产就业项目引进，破解就业难题”“关于优化国企资源配置，增强国资国企发展活力”“关于完善城市管理长效机制，提升市容环境卫生水平”“关于打造乡村旅游动线，助力乡村振兴”6 件重点建议办理成效较好，惠及翔安广大群众。

（张鑫梅）

人事任免

【概况】 2021 年，翔安区人大常委会严格落实宪法宣誓、任前法律知识考试、任职发言等制度，确保党委推荐人选通过法定程序成为国家机关工作人员。全年任命国家机关工作人员 30 人次，免去 20 人次。其中，区人大常委会工作（派出）机构负责人，任 14 人次，免 7 人次；区政府组成人员，任 11 人次，免 10 人次；区监察委员会组成人员，任 2 人次，免 2 人次；区法院审判人员，任 2 人次；区检察院检察人员，任 1 人次，免 1 人次。

【委员代表请辞】 2021 年，翔安区人大常委会接受王跃武、朱志愿、纪华期 3 人辞去翔安区人大常委会委员职务；接受周进辞去厦门市人大代表职务。

【代表采取强制措施】 2021 年 3 月 26 日，翔安区人大常委会听取和审议厦门市公安局湖里分局的报告，决定许可其对区四届人大代表郑某现采取法律规定的强制措施。12 月 1 日，翔安区人大常委会听取和审议厦门高崎机场海关缉私分局的报告，决定许可其对区四届人大代表谢某达采取法律规定的强制措施。

（张鑫梅）

厦门市翔安区人民政府

综　述

【概况】 2021年，厦门市翔安区人民政府（以下简称翔安区政府）统筹疫情防控和经济社会发展，做好“六稳”“六保”工作，顺利实现“十四五”良好开局。全年地区生产总值增长7.3%，规模以上工业增加值增长6.2%，固定资产投资增长13.7%，财政总收入增长15.9%，区级财政收入增长18.5%，全体居民人均可支配收入增长10.1%。翔安区区级财政收入等主要经济指标增幅居厦门市前列。

【疫情防控】 2021年，翔安区推动疫情防控常态化，坚持人物环境同防，创新“片长制”“邻长制”［指贯彻落实疫情防控网格化管理体系，区级领导对全区防疫工作挂钩包片的片长制；镇（街）、村（社区）干部对各村（社区）、各小区挂钩负责的邻长制］等举措，排查管控境外及中高风险地区人员，落实重点人群常态化核酸检测，监测进口冷链食品，严查海上船舶，开展疫苗接种，疫苗接种率全市第一，连续近700天实现翔安区病例“零新增”、防疫人员“零感染”、关键节点“零反弹”。落实交通管制和社会面管控，4个离厦检查点、32条对外海陆通道严格封闭管制，128个村（社区）、36个小区落实闭环管理。开展核酸检测、流调溯源、隔离管控等工作，五轮全员核酸检测335万份样本全部阴性，1222名密接次密接者和3587名隔离人员全部管控到位，成为全市唯一“零病例”的行政区，获国务院专家组的高度肯定。

【经济发展】 2021年，翔安区实体经济稳健发展，南京高光等33个项目开竣工，天马六代设备安装，中航锂电提前投产，平板显示、集成电路等主导产业产值比2020年增长8.3%，工业对经济贡献率保持60%。中交一公局等38家建筑业龙头企业落地，建筑业产值达460亿元。奥特莱斯项目竣工，新增2家市级总部企业、24家大宗商品贸易公司，社会消费品零售总额比上年增长7.7%，限额以上批发零售业销售额增长60.6%、总量达1478亿元。百利龙程等14个现代农业项目落户，16家农业龙头企业产值增长72%。创新动能加速集聚，科研技术全国领先的生物制品省创新实验室落地建设，厦大嘉庚创新实验室、南方海洋研究中心投入运营，新增7家省级以上企业技术中心。全社会研发投入25亿元，全市排名第二，专利授权量比上年增长7%，每万人有效发明拥有量全市排名第二。新增“三高”企业58家，高技术产业增加值增长13.8%。与中国技术交易所等建立人才培育战略合作，打造产学研人才发展生态圈，引育高层次人才85人，柔性引才1350人。项目攻坚成效显著，新开工133个亿元以上项目，122个省市重点项目完成投资726亿元，建安投资415亿元，均名列全市第一。“五个一批”综合考评两次获省政府通报奖励，固定资产投资强度达2亿元/天，位列全省各县（区）首位。实施项目建设攻坚行动，祥福一路等“断头路”成功打通，55万平方米阳塘整村搬迁全面完成，37万平方米东界片区整村搬迁进入扫尾，7.5万平方米琼头局部搬迁实现突破。

【新城建设】 2021年，翔安区航空新城建设取得重大进展，新机场工程可行性研究、用海等前期手续获批，太古维修基地、厦航启动区等产业项目落地；东部体育会展新城全面铺开，新体育中心、新会展中心主体框架成型，商务办公、酒店及配套设施加快建设；环东海域新城加快推进，海洋高新产业园选址落地，文化艺术中心等东山片区公建群加快落实；同翔高新城有序建设，新能源新材料等新兴产业加速集聚，市政配套日臻完善。“四座新城”完成投资725亿元，成为厦门发展的重要增长极。乡村振兴亮点凸显，建设10个市级示范村（香山街道茂林社区、东园社区，内厝镇莲塘村、琼坑村、后田村、后垵村，新圩镇古宅村、云头村、乌山村、凤路村）和2条乡村振兴动线（莲塘—锄山、面前埔—古宅），总投资2.9亿元。打造“翔安旅图”新品牌，推出“红、蓝、绿”（红色记忆、蓝色滨海、绿色田园）三大主题8条旅游路线，全年接待游客393万人次。深化农村人居环境整治，完成裸房整治1558栋，农村生活污水治理实现320个自然村全覆盖，全市农村生活污水治理提升、生活垃圾分类现场会在翔安召开，污水治理及垃圾分类“翔安模式”获生态环境部高度肯定。实施47个“党建富民强村”项目，全区所有村（社区）全部实现集体收入10万元以上。城区功能品质提升，基础设施更加完善，地铁4号线（除大嶝段）全线贯通，翔安大桥、东坑湾大桥轮廓初现；地铁3号线开通运营、翔安段累计客运量295万人次，新增优化公交线路34条、地铁接驳线10条。城市建管更加精细，全面推行“街长制”，整治市容环卫问题21万个，拆除“两违”建筑235万平方米；新增园林绿地110公顷，建成下潭尾湿地公园等6个项目。社区治理更加高效，稳步完成新店、马巷行政区划析置和区、镇、村三级换届工作。

·小资料·

污水治理及垃圾分类的“翔安模式”：污水治理模式指“四化并举、两率并重”模式，即项目策划做到集成化、项目建设坚持标准化、运行管养对标专业化、治理模式探索一体化；以源头污水收集率为先、以出水水质达标率为本。垃圾分类模式指新圩镇生活垃圾智能化上门收集和庄家宝合作社厨余、绿化、农业垃圾就地协同资源化利用模式。

【营商环境】 2021年，翔安区深化“放管服”改革，全省唯一的区级相对集中行政许可权改革成效显现，首批283个审批服务事项实行“一枚印章管审批”；开辟“‘i厦门’翔安智慧办”模块，17项事项实现“秒批秒办”。保护市场主体，出台“春节留厦8条”“助企纾困10条”等扶持政策，为企业新增减免税费1.6亿元、协助融资12.3亿元，兑现财政补助3.8亿元。新增商事主体5000家，增长50%。营商环境绩效考核全市第一。招商引资新增入库项目1245个、落地1129个，引进北京国寿等16个高能级项目，民企招商绩效考核全市第一、央企招商全市第二。春华美元等头部基金落地，基金招商成效显著，以5亿元财政资金撬动130亿元社会资本，资金撬动率达26倍，首批带动返投项目16个，实缴资金7亿元。设立区属国企融资平台，争取地方专项债，全年筹措各类资金超百亿元，与国家开发银行签订总投资超700亿元的金融合作协议。深化对台交流交往，新引进苏澳文维等一批台资企业，设立“台胞审批专窗”，建立全市首支台胞志愿者服务队，疫情期间，在翔安的台胞台企参与同心抗疫，被央视等媒体多次播报。主动融入国内国际双循环和闽西南协同发展区建设，合同利用外资95亿元，推进建设46个省内帮扶项目。与宁夏彭阳县开展新一轮东西部协作，完成产业合作、消费帮扶、劳务输转等任务。

【民生保障】 2021年，翔安区民生支出61.5亿元，占全区财政支出的73%。出台“转产就业帮扶12条”，新增就业2.1万人，被征地人员基本养老保险参保2876人。深化“爱心厦门”建设，新建6所农村幸福院、2家省市级婴幼儿照护服务试点单位，为低保、特困等困难群众发放补助8000万元，免费为1500多名老人提供配送餐。健全农村宅基地和村民住宅建设管理机制，审批宅基地申请1602宗。全市最大安置房阳塘安居小区竣工验收，新店保障房地铁社区二期、林前综合体等建成交付。生态环境有效治理，狠抓以扬尘为重点的大气污染防治，细颗粒物（$PM_{2.5}$）比上年下降36%，空气质量优良率99.7%。深化“河（湖）长制”，创新“三水”联治（指微水“星级”分治、污水“三环”共治、中水“回用”返治）模式，新建30千米污水管道，完成26平方千米正本清源改造，监测断面平均水质首次实现100%达标。实施“湾（滩）长制”，推动入海排口常态化治理，近岸海域水质优良率100%。严格落实耕地保护制度，依法整治农村乱占耕地建房227宗。全面推行“林长制”。成功磋商全市首例涉刑生态环境损害赔偿案件。新建18所中小学幼儿园、新增学位1.5万个，开办厦门市双十中学初中部、厦门市实验小学翔安校区等“跨岛名校”，招录高层次教育人才和教师214名；落实“双减”政策，中小学课后延时服务全覆盖。引进厦门市第一医院临床医学研究院，建成厦门市第五医院医技科教综合楼，市第五医院在全国三级公立医院绩效考核中排名全市第四、岛外第一。对外开放8处文体设施，修缮10处文物、20处烈士纪念设施；原创作品《送枪》在“华东六省一市现代地方小戏大赛”上，成为全省唯一获金奖项目。深入开展安全隐患大排查大整治和安全生产专项整治三年行动，生产安全事故及亡人数实现“双下降”。坚持主动创稳，侦破2个涉恶犯罪团伙，严打11起海上偷私渡行为；全方位筑牢禁毒防线，破获25件毒品案件，缉毒执法成效居全市前列；调解矛盾纠纷2500起、涉案金额3.4亿元，“平安三率”排名全市首位、全省前列。

【从严治党】 2021年，翔安区坚持把党的政治建设摆在首位，开展党史学习教育、“再学习、再调研、再落实”活动，高质量办好320个“我为群众办实事”项目。落实行政复议体制、镇街综合执法、零基预算等改革，“谁执法谁普法”动态智能管理模式全省唯一入围第六届“法治政府奖”。全区各项工作被中央电视台等新闻媒体播报30余次，26家单位和29名人员获省级以上荣誉表彰。做好省委巡视反馈问题整改，持续整治形式主义、官僚主义，一般性支出压减12%，区政府发文、会议数量持续下降。主动接受人大法律监督、工作监督和政协民主监督，政务信息公开2856条。

【区政府常务会议】 2021年，翔安区政府召开二十二次常务会议，研究政治、经济、文化等各项事业发展。其中，第九十二至一〇六次区政府常务会议，由区长连坤明主持召开；区四届政府第一〇七至一一三次区政府常务会议，由代区长李毅主持召开。

（翔安区政府办）

表2　　2021年翔安区政府常务会议一览表

时间	次数	议题
1月11日	第九十二次	传达学习全省城市和农村建设工作会议精神，研究《翔安区政府信息管理动态调整制度（送审稿）》《翔安区重大行政决策公众参与制度（送审稿）》《翔安区政务信息公开解读回应制度（送审稿）》《基层政务公开与村（居）务公开协同发展制度（送审稿）》，区法院等单位购买服务方案，马巷旧城片区排水实施规划，投融资项目，招商项目，洪前公园建设相关事项，支持驻翔部队建设项目，2020年区法院财政投融资项目调整事宜，园区招商服务公司年度运营有关事项
1月15日	第九十三次	传达学习省委巡视组巡视厦门市工作动员会精神，研究接驳轨道3、4号线交通配套项目实施方案，修订《促进建筑业高质量发展实施办法（送审稿）》，研究鼓励员工春节期间留厦措施，行政区划调整有关工作
1月27日	第九十四次	传达学习全国、全省、全市安全生产工作会议精神，部署翔安区2021年安全生产工作；传达学习全国、全省、全市疫情防控视频会议精神，研究部署翔安区近期疫情防控工作；行政区划调整有关工作，创建国家食品安全示范城市工作，大帽山项目相关事宜
2月26日	第九十五次	传达学习省管干部、市管干部学习贯彻党的十九届五中全会精神研讨班精神，贯彻省委、市委、区委关于开展“再学习、再调研、再落实”活动部署要求；2021年固定资产投资计划和区级财政投融资项目计划，2021年市、区为民办实事项目，2020年党政领导生态文明建设和生态环境保护目标责任制考核工作，农房整治工作，区级建筑垃圾消纳场所事宜，《关于调整翔安区扶残助残政策实施意见的通知（送审稿）》，融文旅中心及相关建设项目，医疗卫生事业发展合作事宜，流域水环境综合整治系统优化方案，《翔安区培育影视产业发展实施办法（送审稿）》，购买服务工作，智慧医院建设事宜
3月8日	第九十六次	传达学习党中央和省、市、区委党史学习教育大会精神，听取区委政法委关于2020年度平安建设（综治工作）考评情况的汇报，研究调整翔安建发城建集团管养区域和业务内容事宜，安置房及配套市政项目事宜，工业企业增资扩产提容增效项目，翔安区2021年规划编制计划
3月27日	第九十七次	研究全方位推动住房城乡建设高质量发展超越行动计划等工作，2020年度重大片区主要工作、主要经济指标和土地房屋征收（含海域退养）评价情况，区综治视频会议系统项目管养事宜，投融资项目，数字经济产业园研发实验室办理相关证照事宜，调整土地出让管理费计提标准，修订《翔安区证券机构招商引资奖励办法》，对口帮扶福建省云霄县工作，支持重点企业发展事宜，厦门大学百年校庆活动协办工作，立龙酒店项目落地及监管协议等相关事宜

续表 2

时间	次数	议题
4 月 13 日	第九十八次	传达学习习近平总书记在福建考察时的重要讲话精神和省、市、区委会议精神，听取 2020 年度扫黑除恶专项斗争工作的汇报；研究全区被征地农民和海域退养渔民转产就业工作方案，生态文明建设整体布局，2021 年小微水体治理“洁净河湖、共同参与”行动方案，异地购买耕地占补平衡产能指标事宜，区特殊教育学校采购服务事宜；2021 年第一批教育费附加、竞争性分配建设专项经费安排方案
4 月 29 日	第九十九次	学习《政府督查工作条例》，研究全区安全生产工作，新成立街道开办经费及 2021 年区镇（街）财政体制结算方案，购买服务事宜，香山街道大宅、吕塘社区村庄建设规划，微电子育成暨产业基地运营工作，翔安中学图书综合楼会议室项目
5 月 22 日	第一百次	传达学习省、市疫情防控、疫苗接种工作电视电话会议、市政府常务会议精神，部署翔安区安全生产、防汛备汛工作；研究 2021 年土地房屋征收工作，2021 年债券项目事宜及《翔安区新增债券资金使用管理办法（送审稿）》、地铁 3 号线翔安优惠活动方案，香山景区调整管理运营单位有关事宜，投融资项目，招商项目，修订区产业引导基金相关制度，购置火炬八方通用厂房事宜，数字经济产业园众创空间有关事宜，翔安市民商业广场收回事宜，“旺城”之汽车消费板块工作方案，东方新城一期配套幼儿园租赁事宜，合作办学工作，关于新店农贸市场提升改造方案
6 月 3 日	第一百零一次	研究《区属国企代建管理奖励办法（送审稿）》《区政府购买服务管理实施细则（送审稿）》，政府购买服务事宜，增加区产业引导基金 2021 年实缴规模，投融资项目，拨付东西部扶贫产业补贴及援藏区—乡镇结对帮扶资金事宜，合资成立供应链公司方案，投资集团融资方案，国贸会展酒店开发有限公司引入战略投资方事宜
6 月 10 日	第一百零二次	研究《翔安区全面推进农村生活污水高质量高标准提升治理实施方案（送审稿）》，翔发房屋拆除工程有限公司业务事宜，刘五店社区在册捕捞渔船清退补偿方案，商务项目合作，政府专职消防员绩效考核补助
6 月 26 日	第一百零三次	传达学习《国务院关于进一步深化预算管理制度改革的意见》，研究正本清源工作实施方案，文物保护工作，《促进劳动力和人才社会性流动体制机制改革措施（送审稿）》，投融资项目，村庄建设规划，商贸及医疗招商项目，工业招商项目，调整工业招商项目考核事宜，部队建设项目事宜，《翔安区创建国家生态文明建设示范区工作实施方案（送审稿）》
7 月 16 日	第一百零四次	学习《中华人民共和国行政处罚法》，研究投融资项目，闽南风格老旧材料收集二期工程，洪前西北地块管线迁改工程，开展中压配电网专项规划，重点项目扶持事宜；听取 2020 年区本级财政决算报告、2020 年度区本级预算执行和其他财政收支情况审计结果报告
8 月 2 日	第一百零五次	传达学习孙春兰副总理在福建考察时讲话精神和省委、市委常委会会议精神，研究疫情防控工作，翔安区生态环境保护责任清单、入海排口整治工作、近期环境空气质量及颗粒物管控工作，政府购买服务工作；审议 2021 年全区治理“餐桌污染”，建设“食品放心工程”工作方案，翔安区智慧应急广播系统建设项目，同发展共富裕及环东海域退养转产发展项目资金认购的房产管理工作，投融资项目，招商服务中心采购项目，新设立街道办公场所相关采购项目，异地购买耕地指标事宜，2022—2023 年度新开办学校事宜，下达金域幼儿园和天成幼儿园托育经费事宜，委托工商旅游学校管理翔安职业技术学校事宜
8 月 20 日	第一百零六次	传达学习习近平总书记关于禁毒工作重要指示批示精神，中央禁毒文件和国家、省禁毒会议精神以及省委尹力书记、王宁省长对禁毒工作批示精神，研究翔安区禁毒工作；传达学习习近平总书记关于统计工作重要论述及统计法律法规、政策文件，研究翔安区统计工作；传达学习市财政局债务管理会议精神，研究第二十一届中国国际投资贸易洽谈会筹备工作，国家生态文明建设示范区创建工作
9 月 11 日	第一百零七次	研究精神障碍患者家属专业者支持项目，排水管理进小区工作，密闭式环保垃圾屋采购事宜，市政排水管网正本清源有关工作，数字经济产业园三期地块出让项目，各镇（街）劳务派遣人员指标数核定工作，巷北四期开闭所概算调整，市第五医院县级医院临床重点专科建设工作，2019 年科技企业孵化器扶持工作
9 月 18 日	第一百零八次	传达学习 9 月 18 日上午市委常委会会议暨市、区应对新冠肺炎疫情工作指挥部会议精神，组织学习厦门市应对新冠肺炎疫情工作指挥部〔2021〕第 9、10、11、12 号通告，研究翔安区疫情防控工作、镇（街）防疫工作经费补助事宜、疫情期间机关后勤保障事宜

续表 2

时间	次数	议题
10 月 6 日	第一百零九次	学习贯彻习近平总书记关于疫情防控工作的重要指示批示精神、李克强总理批示要求和孙春兰副总理来厦调研指导时的讲话精神，研究部署翔安区疫情防控工作；《中华人名共和国国民经济和社会发展第十四个五年规划纲要》责任分工，《2021 年翔安区东西部协作工作意见（送审稿）》《2021 年闽宁协作重点工作任务翔安分工方案（送审稿）》《2021 年翔安区与云霄县对口协议工作意见（送审稿）》，政府购买服务事宜，《法治翔安建设规划（2021—2025 年）（送审稿）》《翔安区法治社会建设实施方案（2021—2025 年）（送审稿）》，“八五”普法规划编制工作，构建更加完善的要素市场化配置体制机制工作，森林防火“十四五”规划工作，翔安区行政复议体制改革实施方案，合资设立公司事宜，内厝镇图书馆空间布置及信息化建设项目，招商项目协议，支持企业扩产事宜，新圩镇财力补助工作
10 月 16 日	第一百一十次	研究翔安区安全生产工作；传达学习习近平总书记关于国家粮食安全系列重要讲话重要指示批示精神以及党中央关于粮食安全重大决策部署和省委、市委工作要求，研究翔安区粮食安全工作；投融资项目，铁路及高速公路沿线裸房整治方案，2021 年 1—8 月国民经济和社会发展计划执行情况，2021 年 1—9 月预算执行情况及全年预算变更草案，疫情防控工作（隔离场所及定点康复医院管理），调整产业引导基金受托管理机构管理费用方案，土地续租工作，股权转让有关工作，银鹭三期 C 地块横六路与纵三路交叉口道路项目
11 月 13 日	第一百一十一次	研究 1—10 月经济运行工作，修订《翔安区协税护税管理考核办法（送审稿）》，政府购买服务事宜，《翔安区国有储备用地管理办法（送审稿）》，翔安区镇（街）综合执法事项清单及相关配套机制，听取全面推行林长制工作的汇报；研究新圩镇集镇环境整治工作，天马六代，中航锂电治安执勤点安保维稳辅助服务，投融资项目，农业项目地块监管协议，预支垫付应对突发事件临时急需费用事宜，工业项目监管协议，健康产业招商项目合作协议，2022 年翔安区政务网络提升改造项目
12 月 4 日	第一百一十二次	传达学习上级安全生产工作会议精神，传达学习《厦门市加强常态化疫情防控工作方案》；研究禁毒工作，内厝镇莲前村村庄规划，《翔安区“十四五”教育事业发展专项规划（送审稿）》，2022 年新开办幼儿园工作、合作办学工作，市级总部企业认定工作，重点企业约定事项考核工作
12 月 11 日	第一百一十三次	研究区“两会”有关文稿，农村分散式污水处理设施在线监测监控项目，社会治理综合保险项目，新圩镇机关大院食堂会议楼及相关业务楼危房加固工作，蒋芳镛墓迁移事宜，区建设管理服务中心和防空防灾调度指挥中心资产处置工作，工业用地项目，非区属公办院校正本清源改造工程，“旺城”之翔安缤纷购促消费活动方案，国有资本金事宜，雾炮降尘经费，疫情防控工作，《翔安—彭阳劳务协作若干意见（送审稿）》

区政府办工作

【概况】 2021 年，翔安区人民政府办公室（以下简称翔安区政府办）贯彻落实区委、区政府决策部署，统筹推进疫情防控和经济社会发展，发挥参谋助手、综合协调、督查落实、服务保障等各项职能，主动担当，务实创新，为区委、区政府各项工作的高效有序运转提供重要保障。全年制发文件 1376 份，其中精简类文件比上年下降 11.1%。强化“闭环”管理，处理各级各部门来文和会议通知 1.8 万份，比上年增长 6%，做到加量加速不减质，确保件件有流转、事事有反馈。

【政务督查】 2021 年，翔安区政府督查室深入基层一线开展现场督查，实现“把力量沉下去，把速度赶上来”的目标，督查督办市领导批办（阅）件 119 件、区领导批示件 592 件，现场办公 200 余次，发布《督查通报》48 期，推动 400 余项工作任务顺利开展，推动祥福一路、祥福三路基本建成、舫山东二路年底通车等一批重点难点突破，推动全区经济社会快速发展。

【建议办理】 2021 年，翔安区政府办收到翔安区人大交办的议案 1 件、重点建议 6 件、一般建议 103 件，办结率、满意率均达 100%。翔安区政府督查室强化督查督办，及时跟踪协调，推动办理工作，解决一批人大代表和人民群众关切的问题。

【提案办理】 2021 年，翔安区政府办收到翔安区政协转办的重点提案 2 件、一般提案 105 件，办结率、满意率均达 100%。区政府督查室强化督查督办，规范办理程序，承办单位均能按照“领导重视到位、措施部署到位、责任落实到位、沟通协调到位、提案办理到位”的要求，做好每件提案的办理工作。

【政务公开】 2021 年，翔安区以政务公开标准化、规范化工作为契机，加大群众关注度高的财政、教育、医疗、住房、环保、征地拆迁等政府信息的公开力度，通过翔安区政府门户网站主动公开各类政府信息 1515 条。通过政府网站渠道，受理依申请公开 81 条；通过“政民互动”板块，围绕公众关注的问题，提供咨询、投诉服务，开展在线访谈 24 次，网上调查 24 次和民意征集 24 次。

【房屋征收】 2021 年，翔安区完成土地征收补偿 681.4 公顷，交地 818.27 公顷；完成房屋征收补偿 88 万平方米，拆除 116.7 万平方米。其中，52 个省市重点项目完成交地 398 公顷，完成序时计划的 109%；完成房屋签约 68 万平方米，完成序时计划的 152%，另拆除 100.6 万平方米，重大片区土地征收和交地量占厦门市任务的一半。

（翔安区政府办）

人力资源管理

【概况】 2021 年，翔安区人力资源和社会保障局（以下简称翔安区人社局）完成机关事业单位工资统计、人才统计等各项工作。翔安区有事业单位 116 个，其中教育系统事业单位 58 个、卫生系统事业单位 8 个、其他事业单位 50 个。事业单位编内工作人员 4578 人，其中管理人员 319 人、专业技术人员 4200 人、工勤技能人员 59 人。翔安区公有经济企业经营管理人才、专业技术人才共 681 人。全年公开招聘补充事业单位编内人员到位 193 人，简化程序招聘 16 人，新增退休人员 46 人。

【政务服务事项改革】 2021 年，翔安区人社局全面梳理政务服务事项，做到社会保险服务八大项、44 子项内容准确、流程清晰、材料明确、附件实用。加强线上线下宣传融合，利用服务窗口、咨询电话、微信公众号等渠道，提高群众的认知度和应用水平；在一窗通办所有事项的基础上，围绕企业和群众需求迫切的高频社保经办事项，梳理、打包“一件事”办事指南，推进集成套餐服务改革，有 18 项业务打包纳入“一件事”办理；推进“互联网＋政务服务”，精简办事证明，简化优化业务经办服务流程，全程网办事项 52 项，占办理事项的 82.54%，“零跑腿”与“最多跑一趟”事项 63 项，占 100%。

【招才引智活动】 2021 年，翔安区人社局开展“智汇厦门·梦想起航”翔安区“招才引智 1+4+5”（1 场重点高校大型推介会，4 场招聘宣讲推介会，5 场校园专场招聘会）活动，赴吉林长春，广西南宁、桂林，湖北武汉，福建泉州、莆田、武夷山等省内外 7 个城市 10 所高校；厦门大学翔安校区、厦门海洋职业技术学院等辖区高校开展招才引智活动，举办 12 场线下大型校园招聘会，组织翔安区 153 家次企业参与，提供 9177 个岗位，收到简历 1108 份。

【校企合作对接】 2021 年，翔安区加强与厦门大学的战略合作，制定《“十不我待，职翔你来”——厦门大学、翔安区招才引智三年行动计划》，组织省内外 22 所知名高校就业指导老师与部分高校的优秀学子到翔安区重点项目、优质企业参观考察，促进高校毕业生来翔安、留翔安就业创业。翔安区人社局举办“为群众办实事，送贴心微服务——惠才惠企小课堂”，向辖区企业介绍市、区引才政策，为企业引才聚才提供政策保障。

【人事档案管理】 2021 年，翔安区人社局实现流动人员人事档案信息化建设，配齐档案管理人员，做好档案出入库管理，为企业、翔安籍高校毕业生提供高效便捷的人事档案代理服务。全年为 529 家企业代管人事档案 4482 份，管理翔安籍高校毕业生档案 11979 份，办理人事代理人员职称手续 89 人次，办理干部调动录用 98 人次。

【招录工作】 2021 年，翔安区人社局开展人员招聘工作，提供 158 个岗位，招聘 209 人。其中，区属事业单位补充编内工作人员 22 个岗位，拟招聘 22 人；区属卫生事业单位编内工作人员 43 个岗位，拟招聘 59 人；与厦门市人社局联合招聘事业单位编内工作人员 8 个岗位，拟招聘 10 人；厦门市第五医院编制内医学高层次和急需紧缺人才 52 个岗位，拟招聘 62 人；翔安区补充编外（劳务派遣）人员 33 个岗位，拟招聘 56 人。截至年底，区属事业单位编内工作人员 22 人全部招聘到位。其余人员也分别完成报名、体检、面试等招聘程序。

【人事调配和奖惩】 2021 年，翔安区人社局办理人事调配 237 人。指导事业单位做好编内工作人员聘用合同的签订和管理工作，组织开展双随机抽查工作。做好 2021 年度政府系统事业单位工作

2021 年 3 月 30 日，翔安区人力资源协会成立大会在厦门南洋职业学院仙岳报告厅召开　（苏志炜　摄）

人员年度考核、嘉奖工作，协调开展 2021 年度翔安区精神文明和文化宣传工作先进集体和先进个人表彰工作。

【工资福利待遇】 2021 年，翔安区人社局办理事业单位工资变动审批 6309 人次，办理退休 46 人，死亡抚恤 33 人，高龄补贴 60 人，遗属困难补助 11 人；办理事业单位大中专毕业生转正定级 4 人。落实中共厦门市纪委《关于建立落实中央八项规定精神“1+X”专项督查工作的通知》，在全区开展机关事业单位工资及津补贴专项检查，完成 14 家单位的检查与整改。完成文明奖、综治奖、绩效评估奖的提前测算与政策解答以及年度工资统计工作。

【职称评聘和岗位设置】 2021 年，翔安区人社局确认初级专业技术职务资格 399 人，确认市外流动人员初级专业技术职务资格 6 人。评审 2020 年度教师系列初级专业技术职务资格 132 人；评审 2020 年度工程系列初级专业技术职务资格 47 人。审核事业单位岗位设置方案 60 家，审核岗位聘任 760 个批次、3553 人次。

【翔安区人力资源协会成立】 2021 年 3 月 30 日，翔安区人力资源协会揭牌成立，依照审议通过的《协会选举表决方法》，依次选举协会第一届理事会理事、监事会监事，选举监事会第一届监事长及会长、常务副会长、秘书长、副会长等。协会汇聚 40 家会员单位、40 余家战略合作单位，旨在实现人力资源服务行业自我管理约束、增强效益，推动翔安区人力资源服务行业持续、快速、健康发展。

（冯海宁　叶庆德　陈娇茹
刘真波　陈晓宁　常铁兵
沈金发　苏志炜）

招商引资

【概况】 2021 年，翔安区新生成入库招商项目 1245 个，总投资 1361.45 亿元；新增落地项目 1129 个，落地项目考核投资额完成 895.21 亿元，完成年度任务的 58.24%。其中，高能级项目 16 个，完成年度任务的 80%。厦大校友招商落地项目数 186 个。翔安区产业引导基金，以基金带动招商引资，累计入库项目 82 个，投资总额 306.88 亿元。其中，落地项目 79 个，总注册资本金 281.83 亿元，实缴资本 126.44

2021 年 12 月 2 日，翔安区举行 2021 年招商引资工作进展情况新闻发布会　（林木阳　摄）

亿元。翔安区赴上海、深圳招商，推动基金招商，储备汇智新经济产业基金项目、东方富海新材料三期基金项目、闽西南弘盛科创基金等重点项目。

【外企项目招商】 2021 年，翔安区合同利用外资 95.24 亿元，比上年下降 78.6%；实际利用外资 4.83 亿元，完成年度任务的 19.8%，比上年下降 78.6%。新增外资到位资金 1.62 亿元。翔安区招商引资优惠政策相对沿海其他地区缺乏优势，造成引进外资企业困难。

【民企项目招商】 2021 年，翔安区完成民企对接项目投资额 235 亿元，完成任务数的 176.69%。其中，制造业项目投资额 130 亿元，非制造业项目投资额 105 亿元。民企项目开工率 110.14%，投产率 44.57%。翔安区任务指标已完成，排名全市第一。

【央企项目招商】 2021 年，翔安区在央企招商绩效考核中，得分 18.87 分，位列厦门市六个行政区第一。

【引导基金招商】 2021 年，翔安区产业引导基金参股产业子基金 5 支，基金总规模 130.44 亿元，实缴规模 103.53 亿元。翔安区引导基金承诺出资 5.11 亿元，剩余可投资金额为 5.89 亿元，实际出资 3.67 亿元。

（翔安区商务局）

电子政务

【概况】 2021 年，翔安区政府加快推进电子政务设施设备国产化适配，基于已有办公自动化（OA）平台建设成果，根据“办文、办事、办会、督办、信息”等核心管理业务和各单位个性化需求，升级改造，推行电脑和相关设备国产化替代，实现基层政务公开内容标准化、流程规范化、工作制度化、平台便捷化。

【基础设施管理】 2021 年，翔安区做好区级数据中心机房的日常管理、区级政务网络的安全运维工作，优化电子政务服务，完成国产化 OA 办公系统的替代建设工作，全面提升公文流转效率。加强区政府网站与政务新媒体的建设和监督管理工作，提升网站政务服务能力，做好视频会议系统的服务保障，累计保障视频会议 230 余场。

【信息安全】 2021 年，翔安区组织开展信息安全专题培训，加强网站发布信息的保密审查，规范信息发布操作流程，提高信息内容的安全性和准确性。完善保密设备，建立电子政务内网终端，推进涉密电子公文无纸化流转，提升保密防范水平及计算机保密自查能力，顺利通过省级保密工作检查。全年密级文件收文 285 件、发文 6 件，清退密级文件 1 次、146 件，销毁密级文件 2 批、55 件。

（翔安区政府办）

行政审批

【概况】 2021 年，厦门市翔安区行政审批局（以下简称翔安区行政审批局）以市场需求为导向、以便民利企为目标，找准改革工作突破点、聚焦企业、群众办事梗阻点，站位全局、扭住关键、精准发力，以“马上就办、真抓实干”的作风，深化“放管服”改革，激发市场活力，提升政务服务水平，提高企业、群众获得感与满意度，助力打造国际一流营商环境。推进事项“应进必进”，除因涉密、场地及法律法规明确规定不进驻办理的事项外（经同级政府同意），全区所有依申请审批服务事项全部进驻区行政服务中心、分中心。全年受理业务 54.82 万件。

【政务服务规范化】 2021 年，翔安区行政审批局加强镇（街）、村（社区）便民服务站点建设，按照标准化、规范化建设要求，推进新设 4 个街道便民服务中心建设，实现全区 9 个镇（街）100% 覆盖便民服务中心，120 个村（社区）100% 覆盖便民服务代办点，办理地点和联系方式集中对外公布，动态维护更新。严格落实“三集中三到位”要求，针对“多头受理、体外循环、审批不规范、管理有漏洞”等方面问题，开展专项自查自纠、立行立改。开展审批服务事项细化梳理，推进事项“五级十五同”，完成实体大厅与省网办事指南的更新调整，确保线上线下办事标准规范统一。加强“互联网 + 监管”，认领监管主项，检查实施清单梳理完成率 100%。

【政务服务智能化】 2021 年，翔安区行政审批局提升网上办理的覆盖度，为群众综合提供在线预约、在线申报、在线缴费、在线查询等一体化的线上服务，实现全区行政审批服务 100% 网上审批。提升网上办理的应用度，以“不见面审批”，推动“网上办”“掌上办”“自助办”，公布区级政务服务“掌上办”事项 276 个、“自助办”事项 78 个、“秒批

2021 年，翔安区行政审批局“局长陪您办”活动。该常态化主题活动由各进驻单位审批负责人全程陪同群众办事，对审批服务工作进行优化

（洪建茂　2021 年 11 月 24 日摄）

秒办”事项 46 个。全年累计办理“不见面审批”35.44 万件，占总办件量 64.6%，引导企业、群众通过互联网、手机、自助终端办理相关业务。提升网上办理的智能度，开辟“‘i 厦门’翔安智慧办”模块，探索创新智能秒批服务，涉及区民政、卫健、人社、城管、审批局 5 家单位、17 个事项，其中包括 12 个告知承诺事项，通过信息共享、自动对比、信息校验等方式，实现“全链条”无人工干预自动审批。

【政务服务便民化】 2021 年，翔安区行政审批局审批服务效率显著提升。803 个行政许可事项实现“一趟不用跑”，“一趟不用跑”事项占比达 100%。行政许可事项承诺时限压缩至法定时限 10% 以内，77.9% 的行政许可事项实现即来即办。推广电子证照便利化应用，平均材料数减少至 3.69 份。提升全程网办，行政许可全程网办率达 100%。推进政务服务跨区域通办，探索“一业一证”改革，推行窗口无否决权机制，设立办不成事反映窗口，推进政务服务适老化改革，让老年人办事更安心、更便捷、更暖心。开展“局长陪您办”主题活动，各审批服务部门负责人陪同群众全流程办事、体验办事流程，发现审批流程中存在的问题，疏“堵”治“痛”，优化审批流程，提升群众办事体验。

【工程建设项目审批】 2021 年，翔安区行政审批局坚持“要素跟着项目走”和“项目吹哨　部门报到”，推行一线工作法，联合审批部门在主动服务、靠前服务上做文章。落实工程建设项目审批制度改革，建立上下联动的工作机制，强化统筹协调和部门沟通协作。加强建设项目协调保障工作，建立重点保障项目库，安排专人跟踪，定时更新审批进度，建立 24 小时服务企业微信群，快速协调延时服务；深入重大项目指挥部、项目企业，提供送上门现场服务；通过调查问卷，电话回访，微信回访与企业保持联系，不断推进帮办代办服务。多举措为建设项目落地提速，持续深化“多规合一”“多测合一”“多评合一”“联合验收”改革成果运用，优先保障工程建设项目，协调多个部门为中航锂电 A6 项目宿舍楼和中南 2019XP01、02 地块等项目完成竣工验收。首推“交房即交证”刷新交付速度，主动探索优化流程机制，首开·万科璞悦山、万科·雅居乐金域缇香成功开展全市首例商品房“交房即交证”一站式服务改革试点。

【相对集中许可权改革】 2021 年，翔安区行政审批局以全省唯一区级相对集中行政许可权改革试点为契机，构建“一三五”工作机制，打造相对集中行政许可权改革试点工作示范区。“一个集中”管审批，实现审批事项集成化。重构行政审批思路，打破部门权责分工限制，把碎片化的审批事项集中起来，变群众往返为业务协同。11 月 9 日，以机构改革为切入点，集中 8 个部门、283 个区级行政审批服务事项，完成所有事项的划转移交。以窗口整合为突破点，打造“前台综合受理、后台分类审批、统一窗口出件”的运行模式；以人员精简为支撑点，按照职责分工、精简人员，实现一岗多能、一人多专。“三个分离”促管理，实现权力运行规范化，通过分离机制厘清审批权与监管权的权力边界，区分行政审批局与各职能部门的责任划分，实现权力运行公开透明，审批流程科学规范。“五项机制”强保障，实现政务服务高效化，以市场主体需求为导向，建立健全“一站式”审批工作机制，切实提高政务服务水平。建立审管协同机制，搭建审管衔接桥梁；建立信息共享机制，打破部门信息壁垒；建立工作协调机制，确保上下有序对接；建立要事会商机制，关口前移高效服务；建立监督考核机制，护航改革行稳致远。

【窗口服务质量提升】 2021年，翔安区行政审批局落实疫情防控要求，定期对政务服务大厅进行全方位消毒和保洁。工作人员全部采取防护措施上岗，落实所有进入办事大厅的人员佩戴口罩、进行体温检测、核查身份实名登记，不定期对疫情防控工作进行检查督促。加强政务大厅管理，正向激励，开展好红旗窗口、服务标兵等各项优秀考核评选。做好日常监督检查，针对政务服务质量存在的问题每季度进行情况通报，及时跟踪整改落实；每季度联合区效能督查办对全区各级办事窗口走访指导，通过第三方对政务服务质量进行暗访检查。抓好“好差评”工作，联合区效能督查办强化对“好差评”工作的落实，打造“好差评”制度闭环流程；开展政务服务“好差评”调查，采用委托第三方评价，开展“窗口服务好不好您说了算”问卷调查，群众满意度提升至99.91%。在村（社区）统一设置“好差评”评价二维码等各种方式，拓宽收集路径，企业和群众可以多渠道表达真实的服务感受，及时发现在政务服务满意率工作中存在的问题和群众热点难点问题。

（李　璇）

机关事务管理

【概况】 2021年，厦门市翔安区机关事务管理局（以下简称翔安区机关事务管理局）秉持“干大事，从细节抓起；做小事，从大局着眼”的理念，增强工作的前瞻性和主动性，实施一系列机关事务管理与后勤服务保障措施。全年完成各类会议会务保障任务12233场、67989人次；组织机关事业单位全员核酸检测47场次。

【公务用车管理】 2021年，翔安区机关事务管理局严格执行《党政机关公务车辆使用管理实施细则》，加强公务用车管理，提升车队服务水平，建立科学有效的考评、监督、激励机制，奖优罚劣、激励担当，形成良好导向，提升公务出行服务保障水平。全年保障各类公务出行近1.09万趟，里程118.13万千米，比上年下降10.85%，运行费用252.03万元，比上年下降4.28%。

【办公用房管理】 2021年，翔安区机关事务管理局严格落实“1+X”专项督查工作机制，完成人力资源大厦产权办理工作，完成翔安区办公用房图形管理系统信息化建设，完成新设立街道办公用房调配工作，新增办公用房8407平方米。

【公共机构节能】 2021年，翔安区机关事务管理局全面开展节约型机关创建行动，倡导文明餐桌，推行垃圾分类，人均综合能耗比上年下降1.79%，人均水耗比上年下降1.12%，单位建筑面积能耗比上年下降1.31%。

【后勤管理】 2021年，翔安区机关事务管理局健全食堂管理制度，改善用餐条件，提升食堂服务水平，日保障2700余人次用餐。严格落实“过紧日子”要求，加强工程建设、小额修缮及政府采购管理工作。完成会议保障共1519场，承办区政府常务会议22次、专题会议197次，做好各项重大会议后勤保障工作。

【住房货币化补贴】 2021年，翔安区住房货币化补贴办公室审核发放98家单位、211名申请人的住房货币化补贴2047.09万元。

（翔安区机关事务管理局）

政协厦门市翔安区委员会

综　述

【概况】 2021年，中国人民政治协商会议厦门市翔安区委员会（以下简称翔安区政协）把握团结和民主两大主题，带领全体政协委员履行政治协商、民主监督、参政议政职能，坚持建言资政和凝聚共识双向发力，克服疫情不利影响，发挥专门协商机构重要作用，为翔安区夺取疫情防控和经济社会发展“双胜利”做出应有贡献。区政协五届一次会议收到提案157件，包括委员提案135件、集体提案22件，其中民主党派提案21件；提案委员会合并立案135件。编辑出版四届区政协内部纪事届刊《政协纪事》，成功举办2期“政协讲堂”。

【委员履职能力培训】 2021年，翔安区政协组织开展党史学习教育活动，切实把握正确履职方向。坚持守正创新，不断探索新的学习模式，打造全覆盖、多层次的学习体系。通过中共党员委员党史学习教育读书班、暑期读书班、政协讲堂等形式，邀请相关领域知名专家、学者作为主讲嘉宾为委员授课，帮助委员开阔视野，提高思想站位，强化政协委员履职能力。

【委员职能发挥】 2021年，翔安区政协紧扣高质量发展履职尽责，建言资政谋求发展。政协委员达成共识，统筹做好体育会展新城整体规划、构建多元立体交通网络、大力发展会展相关产业、做好片区群众转产就业工作、精耕细作文旅产业、培养会展专业人才6个方面、30条具体建议，确定2个协商议政议题，常委会协商议题《谋划体育会展新城服务业配套》，主席会协商议题《提高快速应对公共卫生突发事件能力》，对加快翔安公共交通体系建设进行专项民主监督。全体政协委员、各民主党派、区工商联、有关人民团体和各专委会、联络处运用提案履行职能，建言献策，提交提案129件，经提案委审查，合并立案113件，确定重点提案2件。

【党派团体作用发挥】 2021年，翔安区政协开展联谊交流，重视发挥党派团体作用。各党派团体累计提出提案22件，提交各类调研材料13篇，反映社情民意32条，在政协履职实践中发挥党派团体的作用。确定“提升职业教育质量，促进翔安校企合作产教融合发展”“加快翔安海岸带开发建设，大力发展湾区经济”“双循环背景下翔安汇聚商气人气、激活消费的重点与建议”3个年度重点调研课题。

（张鑫梅）

重要会议

【概况】 2021年，翔安区政协围绕翔安区委、区政府中心工作，召开政协常务委员会会议3次、政协主席（扩大）会议4次、政协党组会议，研究机构调整、政协提案、调研课题、人事安排，履行建议献策，参政议政职能。

【区政协四届常委会会议】 2021年，翔安区政协全年召开3次常委会会议。

第三十次常委会会议　2021年1月26日，翔安区政协主席周鲁闽主持召开四届第三十次常委会会议，区政协副主席傅亚林、蔡清发、徐得志，区政协秘书长康宁，区政协常委、各委处主任及各联络站主任参加会议。会议审议《翔安区新店、马巷两个街道析置六个街道行政区划调整方案》，传达厦门市政协十三届五次会议和省委副书记、市委书记胡昌升在市政协十三届五次会议第二次全体会议上的重要讲话精神。

第三十一次常委会会议　2021年4月16日，翔安区政协主席周鲁闽主持召开四届第三十一次常委会。区政协副主席、常委、各委处主任、各联络站主任出席会议。会议传达全国政协十三届四次会议精神、研究通过2021年区政协常委会工作要点、研究通过区政协委处设置和委处组成人员调整方案。区政协各委处要按照工作要点安排，抓紧完善年度工作计划，围绕重点提案、调研课题和协商议政议题尽快启动各项重点工作，各位分管领导要严格把关，督促落实，带领委员做好“作业”，以更高的标准做好各项工作。

第三十三次常委会　2021年11月12日，翔安区政协召开四届第三十三次常委会暨“谋划体育会展新城服务业配套”专题协商议政会。区委副书记、区政府代区长李毅，区政协主席周鲁闽，区政协党组书记吴旗荣，区政府党组成员洪求瑛，区政协副主席、区政协全体常委出席会议，区委办、区政府办及各相关单位相关人员和区各民主党派主委、各联络处主任参加会议。区政府党组成员洪求瑛通报体育会展新城服务业配套工作情况，各民主党派、区政协新店（金海、香山）、马巷（民安、凤翔）联络处和3名委员建言献策。

【区政协课题调研座谈会】2021年7月5日，翔安区政协副主席徐得志带领课题组一行到翔安区金海街道，对“关于镇改街后续社会服务配套建设的建议”课题进行调研座谈。会议围绕金海街道社会服务配套建设、街道管理和服务方面的现状和瓶颈展开，提出促进卫生、教育、经济等城市功能的建议。金海街道党工委书记黄亚祥、统战委员王月芳参加座谈。

【区政协上半年政情通报会】2021年8月25日，翔安区政协与区委统战部联合召开2021年上半年政情通报会，会议由翔安区政协主席周鲁闽主持。区委副书记、区政府区长连坤明出席会议并讲话，区委常委、区委统战部部长洪国平，区政府副区长郭三温，区政协副主席、全体区政协委员以及部分非政协委员的党外人士参加会议。郭三温代表区政府通报了翔安区2021年上半年经济社会发展情况和下半年政府的工作思路。会议肯定上半年翔安区政府所取得的成绩和区政府下阶段的工作计划安排，要求区政协委员和各民主党派人士协商建言、参政议政，为翔安经济社会发展多调研、多建言、多奔走。

【区政协四届主席会议】2021年，翔安区政协全年召开4次主席会议，即第四十二次至第四十五次。

第四十二次主席（扩大）会议　2021年8月16日，翔安区政协主席周鲁闽主持召开四届区政协第四十二次主席（扩大）会议。邀请区政府副区长王婴水、区政府办副主任张革命参加会议并讲话。区政协副主席、区政协各办（室）主任参加会议。会议听取区政府关于区政协四届五次会议《政府工作报告》审议意见办理情况、2021年提案办理情况和区政府办关于2021年为民办实事工作进展情况的通报。

第四十三次主席会议　2021年8月20日，翔安区政协主席周鲁闽主持召开四届区政协第四十三次主席会议。区政协副主席、秘书长以及区政协各办（室）主任参加会议。会议研究《政协纪事》编撰相关事宜，研究厦门市政协“我为群众办实事‘金点子’征集活动”相关事宜。区政协委员会要把厦门市政协“我为群众办实事‘金点子’征集活动”作为党史学习教育中“我为群众办实事”的内容进行深化，将涉及市区联动的“金点子”上报市政协，筛选出部分“金点子”转化为建议汇集起来，作为社情民意呈报给区委、区政府。

第四十四次主席会议　2021年9月7日，翔安区政协主席周鲁闽主持召开四届区政协四十四次主席会暨“提高快速应对公共卫生突发事件能力”专题协商议政会。区政府党组成员洪求瑛，区政协副主席出席会议，区委办、区政府办、区卫健局、区教育局、区应急管理局相关负责人，区政协教科卫体委、大嶝、内厝、新圩联络处主任以及2名委员参加会议。区卫健局通报翔安区应对公共卫生突发事件工作情况，区政协相关委处和各相关单位围绕专题建言献策。

第四十五次主席（扩大）会议　2021年11月4日，翔安区政协召开第四十五次主席（扩大）会暨2021年重点课题工作报告会。区政协主席周鲁闽、党组书记吴旗荣、副主席、秘书长及各办（室）主任、各课题组相关人员参加会议。会议听取研究室汇报2021年课题工作，听取3个重点课题“提升职业教育质量，促进翔安校企合作产教融合发展”“加快翔安海岸带开发建设，大力发展湾区经济”“双循环背景下翔安汇聚商气人气、激活消费的重点与建议”承办单位汇报课题进展情况。会议对课题修改提出具体意见，指出重点课题调研是政协履职的基础，要按时保质保量完成课题研究工作，分管领导要对课题调研成果进行把关，要做好课题调研成果的转换运用。

【区政协五届一次会议】2021年

12月25—27日，中国人民政治协商会议第五届厦门市翔安区委员会第一次会议召开。出席会议的政协委员共197名。市政协副主席黄奋强，区委书记黄鹤麟，区人大常委会主任林进胜，区委副书记、区政府代区长李毅，区人大常委会党组书记杜刚，以及区四套班子领导，区法院、区检察院的领导应邀出席会议，各镇（街）、市直和区直相关部门主要领导、部分在翔安投资兴业的台商代表等列席会议。

会议由区政协党组书记吴旗荣主持。区政协主席周鲁闽代表四届区政协常委会向大会作工作报告，区政协副主席蔡清发向大会作关于区政协四届一次会议以来的提案工作报告。区政协委员听取区政协五届一次会议期间提案初审报告，审议并通过大会决议。会议选举产生区政协领导班子，吴旗荣当选为政协第五届翔安区委员会主席，蔡清发、陈炜彪、冯波、陈可芳当选为政协第五届翔安区委员会副主席，洪土沙当选为政协第五届翔安区委员会秘书长；会议还选举产生区政协常务委员28名。会议收到提案157件，其中委员提案135件，集体提案22件。翔安政协委员会对收到的提案进行初审，拟立案145件，暂不予立案12件，合并立案后135件。闭幕会上，中共翔安区委书记黄鹤麟就近五年来翔安区政协工作给予肯定。

（林明霞　张鑫梅　蔡梅红）

重要活动

【概况】 2021年，翔安区政协组织委员参加新冠肺炎防疫抗疫活动，与厦门市政协加强沟通交流，组织参加义务植树活动。全年举办2期政协讲堂、1期暑期读书班和2期党史教育读书班。

【区政协参与疫情防控】 2021年，翔安区政协主席周鲁闽、党组书记吴旗荣按照“包片督促模式”，区政协副主席傅亚林、蔡清发、徐得志按照“包点指导模式”，下沉到挂钩镇（街）指导、督促。区政协处级领导下沉到负责的核酸检测点，协助现场有序开展核酸检测，做到早安排、早部署，防患未然，确保全员核酸检测工作“安全、快速、准确”完成。

【市区政协联动】 2021年1月13日，厦门市政协人口资源环境和农业农村委员会主任齐晓玲带队到翔安区政协走访交流，加强市区政协联动，传达全国、省政协资源环境委员会及农业农村委员会相关会议精神，了解翔安区政协2021年度工作计划，更好地开展履职工作。

【区政协第十四期政协讲堂】 2021年4月26日，翔安区政协邀请厦门市政协研究室主任杜亮围绕“政协委员如何做好反映社情民意信息工作”主题，开讲第十四期政协讲堂。该次政协讲堂由区政协副主席徐得志主持，区政协各办（室）主任，各委处、联络站主任，未接受过社情民意信息培训的委员、信息员和各民主党派信息骨干参加讲堂学习。

【区政协中共党员党史学习教育读书班】 2021年5月28日，翔安区政协为庆祝中国共产党成立100周年华诞，更好地开展党史学习教育活动，强化爱国主义教育，组织委员中的中共党员参加党史学习教育读书班。区政协中共党组书记、主席周鲁闽，区政协党员委员，区政协机关党支部党员参加该次活动。区政协党员前往陈嘉庚纪念馆，依次参观归来园与归来堂、陈嘉庚先生故居、陈嘉庚纪念馆，在讲解员的带领下，全面了解陈嘉庚的创业之路以及实业办学、倾资兴学、纾难救国等事迹。区政协还邀请集美大学马克思主义学院副教授梅进禄围绕“陈嘉庚精神，责任与毅力”进行授课解读。梅进禄对陈嘉庚生平、嘉庚精神、责任意识与毅

2021年4月26日，翔安区政协举办第十四期政协讲堂暨年度信息工作会

（张鑫梅　摄）

力担当等方面作详细阐述。

【区政协第十五期政协讲堂】 2021年6月22日，翔安区政协邀请厦门市政协副主席陈昌生作“关于我市实施海洋发展战略的思考”专题辅导。陈昌生从“为什么要建设国际特色海洋中心城市、建设国际特色海洋中心城市的特色、怎样建设国际特色的海洋中心城市、建设国际特色海洋中心城市的具体指标、如何保障”5个方面入手，结合厦门建设海洋中心城市的优势、短板，介绍深圳等城市的经验做法。区政协主席周鲁闽主持第十五期政协讲堂，区级领导，全区副处级以上领导（含四级调研员及以上），区属国企高管，区政协经贸委和农业农村委全体委员参加讲堂。

【区政协暑期读书班】 2021年8月25—27日，翔安区政协在厦门国家会计学院举办2021年暑期读书班。邀请厦门市委党校、厦门大学专家、教授作“百年未有之大变局下的台海形势与国家统一前景”“百年大党的实践创新和思想智慧——习近平总书记七一重要讲话解读”“后疫情时代世界大变局中机遇与挑战”“毛泽东军事思想与智慧”等专题辅导报告。区政协主席、副主席、常委、委处主任和区政协机关干部、部分委处工作人员参加该次读书班。

（张鑫梅　蔡梅红　许煌炜）

政治协商

【概况】 2021年，翔安区政协召开协商议政工作协调会，提前谋划布置常委会、主席会专题协调议政课题，动员常委、委员广泛搜集社情民意，围绕“谋划体育会展新城服务业配套”和“提高快速应对公共卫生突发事件能力”2个协商专题集思广益、建言献策。

【区政协协商议政工作协调会】 2021年5月26日，翔安区政协副主席徐得志主持召开2021年度协商议政工作协调会。区政协围绕常委会协商专题“谋划体育会展新城服务业配套”与主席会协商专题“提高快速应对公共卫生突发事件能力”开展协商议政。会议部署做好准备工作、凝聚共识，在政协和党委、政府之间搭起一座面对面零距离协商的桥梁，推动协商议政成果落地。

【重点提案办理面对面协商会】 2021年6月11日，翔安区政协副主席蔡清发主持召开区政协四届五次会议重点提案办理面对面协商会。区政府办副主任张革命，区政协提案委员会、重点提案委员和重点提案承办单位、区政府办督查科相关人员参加会议。翔安区道安办、乡村振兴办对四届五次会议重点提案“关于加强校园周边交通安全，解决农村中小学学生出行难的建议”与“加强职业技能培训，引导传统产业（作坊）发展壮大，扶持乡村渔村发展，促进退地退海农渔民转产就业的建议”的办理情况进行汇报，与会委员发表意见建议。会议要求：要把重点提案办理结合到党史学习教育和“再学习、再调研、再落实”活动中，提高政治站位，落实到为群众办实事的民生工程上；要聚焦校园周边交通安全、农村中小学学生出行难、整村搬迁人群转产就业、传统作坊在生产经营发展中的突出矛盾等，解决好人民群众关注的“急难愁盼”问题；各主办单位、协办单位要梳理委员的意见建议，结合工作实际，发挥各部门职能形成合力，共同办好民生大事，确保年底重点提案办理民主监督会取得成效。

【常委会专题协商议政调研】 2021年7月16日，翔安区政协主席周鲁闽带队到东部体育会展新城调研，以做好区政协关于“谋划体育会展新城服务业配套”常委会协商议政工作为题召开座谈会。区政协副主席蔡清发、徐得志，四届区政协常委、各委处主任，区建设与交通局、区商务局、区文化和旅游局、东部体育会展新城片区翔安分指挥部相关负责人参加调研。厦门东部体育会展新城片区翔安分指挥部副总指挥方恭贺汇报了东部体育会展新城的规划布局、建设进展情况，区建设与交通局、区商务局、区文化和旅游局相关负责人介绍相关工作情况。

（张鑫梅　蔡梅红　许煌炜）

民主监督

【概况】 2021年，翔安区政协制订年度提案工作计划，征集委员、民主党派、委处和人民团体的提案，对提案进行审查立案，与翔安区政府办共同做好提案交办工作。区政协提案委开展民主监督，与承办单位召开座谈会、协商会，开展催办、督办，做好提案办理的答复、反馈、整理归档，对重点提案组织专题调研，提出意见建议。

【提案办理工作座谈会】 2021年9月13日，翔安区政协副主席蔡清发带队前往区道安办和区文旅局调研提案办理情况，召开提案办理工作座谈会。区政协提案委成员、区政府办督查科人员、提案委员代表等参加会议。会议听取区道安办和区文旅局主办的政协提案的办理情况汇报，委员们发表意见建议。与会委员认为，区道安办和区文旅局的提案涉及翔安区道路交通安全设施、校园交通安全隐患、文化古迹保护、文化影视娱乐发展等问题，承办单位对政协提案高度重视，认真办理，措施得力，围绕民生福祉办好事、办实事。

【公共设施及乡镇文明城市创建实地督查推进会】 2021 年 10 月 19 日，翔安区政协副主席蔡清发主持召开公共设施及乡镇文明城市创建实地督查推进会，区相关部门参加会议。会上，区市政园林局环境卫生中心主任王振金部署文明创建实地督查工作，区创建办程玄发分享文明城市创建经验和要求，与会人员针对工作方案进行讨论、发表建议。

【重点提案办理民主监督会】 2021 年 11 月 18 日，翔安区政协召开重点提案办理民主监督会。区政协主席周鲁闽，区政府副区长吕培勤，区政协副主席、区政协常委等参加会议。会议听取区道安办主任吴三坤对“关于加强校园周边交通安全，解决农村中小学学生出行难的建议”重点提案办理情况的汇报。区政协常委、参会委员与承办单位进行互动问答，吕培勤作表态发言。

（许煌炜）

委员视察

【概况】 2021 年，翔安区政协围绕省、市重点工程和翔安区委、区政府中心工作，发挥政协联系和团结各界别委员会的优势和特点，党外及以上调研视察、调研、建言献策等活动 28 次。

【智慧安防小区建设情况视察】 2021 年 4 月 22 日，翔安区政协社会法制与民族宗教委员会组织委员视察翔安区智慧安防小区建设情况。委员们到联发欣悦学府和中骏蓝湾尚都 2 个小区实地参观视察，了解 2 个小区开展智慧安防小区建设相关情况，召开座谈会。公安局翔安分局、马巷街道、滨安社区等部门领导为委员介绍智慧安防小区试点工作推进情况与存在的主要问题和困难，与会委员们对推进相关工作提出意见和建议：要把智慧安防系统带来的便民性和安全性告知群众，提高系统的使用率；要把智慧安防系统纳入新建小区的必要配套工程中，推广智慧安防小区建设；要加强数据管理，切实保护群众个人隐私，让群众用得放心；要加强部门间的协调联系，形成工作合力；要建立长效机制，强化后续管理，理顺资金投入和管理维护等相关关系，发挥好智慧安防系统的作用。

【新机场建设和阳塘搬迁情况视察】 2021 年 7 月 19 日，翔安区政协主席周鲁闽带队到厦门新机场建设现场和阳塘社区整村搬迁项目现场视察。区政协副主席傅亚林、蔡清发、徐得志，秘书长康宁，四届区政协常委、各委处主任、各联络处主任参加视察。常委们在厦门新机场轨道 R1 线项目现场，了解机场核心区规划情况、新机场片区土地利用规划、轨道交通及道路交通体系建设情况；在阳塘整村搬迁项目现场，听取阳塘整村搬迁进展情况汇报。

【锄山第二通道考察】 2021 年 8 月 12 日，翔安区政协主席周鲁闽带队到内厝镇锄山村，针对第二通道通车后的安全问题和乡村振兴的效果进行考察，召开座谈会。翔安区政协办公室主任洪土沙、内厝镇党委副书记吴善营、翔安投资发展有限公司项目经理等陪同考察。委员们听取景观设计公司关于防火通道提升改造方案的介绍，与会人员认为要把交通安全放在第一位，按照道路设计的通车标准，竖立标识牌，避免重型车辆通车造成事故。配套好景区的基础设施，增设停车场，带动乡村产业发展。改造老宅区，增加旅游项目，带动民宿、特色农产品等发展起来。

【东部体育会展中心建设情况视察】 2021 年 11 月 5 日，翔安区政协副主席傅亚林率区政协教科卫体委委员到东部体育会展中心视察调研，了解白鹭体育场、凤凰体育馆、白海豚游泳馆、新会展中心最新进展情况，走访厦门市最早的古渡口之一——刘五店古渡老街、翔安特殊学校——启航学校等。委员们听取东部体育会展项目建设情况、启航学校的详细汇报，围绕新体育中心、新会展中心、新特殊学校如何更好地发挥功能作用等方面建言献策。

【省市重点工程视察】 2021 年 11 月 26 日，翔安区政协主席周鲁闽带领委员视察厦门市下潭尾红树林公园和省市重点工程——天马六代线项目。区政协党组书记吴旗荣，副主席傅亚林、蔡清发、徐得志，区政协常委，各委处主任，工作站站长参加视察。委员们在天马第 6 代柔性 AMOLED 生产线项目现场听取情况介绍，与项目负责人探讨项目进度和项目建成后周边生活配套的规划等问题。

（杨火灿　蔡江沈　蔡梅红）

参政议政

【概况】 2021 年，翔安区政协组织开展基层调研考察，围绕翔安区经济社会发展和重大民生问题，走访省市重点项目、调研“三高”企业复工复产，履行参政议政职责，2021 年，调研形成重点课题 3 个，党派委处课题 12 个，走访委员、企业和慰问困难户计 24 次。为翔安区委、区政府施政决策提供参考。

【市级重点项目调研考察】 2021 年 1 月 6—8 日，翔安区政协副主席傅亚林、蔡清发、徐得志分别带队走访市级重点项目，赴新店中心小学北校区、环东海域滨海旅游浪漫线三期、火炬（翔安）产业区后滨安置房二期 D1 区，了解和掌握项目进展和需求，帮助协调解决相关问题。

【“三高”企业走访慰问】 2021 年 2 月 2 日，翔安区政协副主席蔡清发带队走访慰问挂钩“三高”企业，对企业为翔安区经济社会发展作出的贡献表示感谢。蔡清发一行走访祥恒（厦门）包装有限公司、厦门联合化学有限公司、吉富（厦门）实业有限公司、厦门吉源企业有限公司，详细了解企业经营现状，询问企业遇到的困难和问题、外地员工返乡情况以及春节期间新冠疫情防控措施、物资储备等，向企业宣传翔安区应对新冠疫情出台的最新政策和要求。

2021 年 11 月 26 日，翔安区政协第四届常委会委员视察下潭尾红树林公园

（蔡梅红　摄）

【翔安海洋经济发展调研】 2021 年 3 月 17 日，翔安区政协主席周鲁闽带着“加快翔安海洋经济发展”调研课题，到翔安区资规分局调研沿海岸线用地规划情况。区政协副主席蔡清发、区资规分局局长林立忠陪同调研。区资规分副局长局陈力对翔安区海岸沿线的开发、整治、修复、环保建设情况进行介绍。

【东部体育会展新城配套建设调研】 2021 年 6 月 25 日，翔安区政协副主席蔡清发带领区政协城建交通与环境资源委员会委员、区建设与交通局、凤翔街道、金海街道等相关单位领导一行 21 人到厦门市东部体育会展新城片区调研“一场两馆”的规划及配套建设情况。委员们听取建设单位中铁四局负责人对该项目的建设情况、技术服务及智慧工地现场管理展示等内容的介绍。座谈会上，委员们听取厦门市规划院技术人员对项目的总体规划及配套建设情况的汇报，提出有参考价值的建议。

【海洋高新产业园调研】 2021 年 7 月 7 日、9 日，翔安区政协主席周鲁闽带队到澳头社区对海洋高新产业园进行调研，区委二级巡视员黄运、区政协副主席蔡清发、区政协办公室主任洪土沙、市海洋发展局相关领导陪同调研。周鲁闽一行实地考察园区布局规划和澳头、欧厝海岸房屋立面改造工程等情况，召开座谈会，听取相关负责人对园区的现状、规划布局、建筑面积等情况介绍，讨论规划方面的相关问题，提出一些建议。

（张鑫梅　许煌炜　蔡清松
曾庆栋　蔡梅红）

纪检监察

综　　述

【概况】2021年，中共厦门市翔安区纪律检查委员会、翔安区监察委员会（以下简称翔安区纪委监委）围绕党风廉政建设和反腐败工作总体要求与主要任务，推动翔安区政治生态持续向好、经济社会高质量发展。翔安区纪委监委派驻5个纪检监察组，分别联系区直机关单位、市属驻翔安单位。翔安区所辖2镇7街道，2个镇配备镇纪委书记、副书记；5个街道纪工委书记由党工委委员兼任，2个街道纪工委书记均由党工委副书记兼任，同时兼任政法委员。全年立案62件64人，其中处级干部2人。党纪政务处分38人，涉嫌犯罪移送检察机关3人。

【信访受理】2021年，翔安区纪委监委构建“信访联处”工作机制，受理信访举报700件次。其中，检控类初信初访169件，办结率99.6%。开展优化营商环境专项治理，选取17家企业建立营商环境监督联系点，帮助解决企业反映问题34个。选取教育、医疗等群众反映强烈的问题领域，开展“点题整治”，发现并推动解决问题20个，推动建立和完善制度14项。

【换届选举资格把关】2021年，翔安区纪委监委严把换届人选资格“体检关”，审核区党代表候选人351人次、区人大代表候选人建议人选427人次、区政协委员候选人建议人选203人次、村（社区）“两委”候选人建议人选1903人次。

（陈才佳）

执纪监督

【概况】2021年，翔安区纪委监委具体化、常态化开展政治监督，推进环保督察、乱占耕地建房、文化遗产保护等方面监督工作。新冠疫情防控期间，创新建立由区纪委监委，区委办、区政府办、区委组织部、区委效能办和各工作组牵头单位组成督导检查机制。实施重大片区开发建设常态化监督工作，协同片区指挥部、项目代建方、监理方等单位开展廉洁共建，启动争创“超英廉洁文化示范点”活动。

【政治监督】2021年，翔安区纪委监委协助翔安区委推进全面从严治党，督促各级各部门完成省委、市委主体责任检查发现反馈的问题清单整改23条，建章立制42项，制发抄报单、专报15份，推动协助各级党组织“一把手”开展谈话112人次。开展换届风气督查督导513场次，制作《换届那些事儿》动漫宣传片，被新华社等媒体转发传播，点击量超300万人次，营造风清气正换届氛围。协同开展政法队伍教育整顿，对涉及全区政法干警的问题线索、信访举报件由工作小组开展全面筛查、专班领导组织重点筛查；为促进教育整顿责任落实采取纪委监委领导主动约谈督促、派驻纪检组开展日常监督、派驻纪检组开展专项督查促进问题整改，全年立案4件4人，党纪政务处分3人，20名政法干警主动向纪检监察机关交代问题。承办厦门市纪委指定管辖2起严重违纪违法系列案件，协助追回经济损失1.5亿元。

【日常监督】2021年，翔安区纪委监委开展治“四风”树新风“一区一清单”工作，精选4个小切口开展专项整治，发现并推动解决问题42个。突出纠治形式主义、官僚主义，查处形式主义、官僚主义问题5个，推动解决问题399个。开展“指尖上的形式主义”专项整治“回头看”，发挥监测点、“前哨岗”预警作用，发现4个问题并督促完成整改，巩固拓展基层减负成果。强化基层监督力量，提升村（社区）务监督“四个一”工程，推动村（社区）务线上平台实现全覆盖，相关做法获得中纪委现场调研肯定；研究出台《翔安区村（居）务监督委员会工作实施细则（试行）》，探索基层纪检监察组织与村（社区）务监督委员会有效衔接机制，实现监督职能的上下贯通融合。全年各村（社区）务监督委员会开展监督检查525次，推动解决问题424个。开展各类监督检查285批次，开展批评教育、谈话提醒35人次，

【监督创新】 2021年，翔安区纪委监委建立由翔安区纪委监委联动区重大办与区委效能办、4个片区开发建设指挥部（管委会）以及N个片区建设单位的“1+2+4+N”组织架构，实现多部门、多层次联动贯通，增强监督合力。区纪委监委党风室设立总联络员，有关单位分别设立联络员和联系点，上下联动、横向贯通形成完整的运作体系，巩固深化省市重点项目要素保障专项巡察和日常监督成果，常态化开展重大片区开发建设监督。

巡察工作

【概况】 2021年，翔安区纪委监委巡察工作领导小组围绕中心、服务大局，强化省市重点项目专项巡察、疫情防控巡察、专项整治巡察机制，推动重点项目征地拆迁工作、新冠疫情防控、村（社区）“两委”换届选举工作开展。持续深化政治巡察。开展重点领域风险防控专项巡察，对“陈年积访”问题进行全面梳理，提出意见建议16条，推动5件重点信访案件化解。对全区37个重难点及软弱涣散村（社区）开展“两委”换届作风纪律专项巡察，发现并推动解决118个问题，有力护航选举顺利开展。针对市委巡察我区乡村振兴战略情况，逐条逐项厘清问题根源，督促整改问题43个，建立健全工作制度20项。对区市政园林局开展巡察“回头看”，实现巡察全覆盖。

【政治巡察】 2021年，翔安区纪委监委针对厦门市委巡察组巡察翔安区乡村振兴战略情况，逐条逐项厘清问题根源，督促整改问题43个，建立健全工作制度20项。对翔安区37个重难点与软弱涣散村（社区）开展“两委”换届工作作风纪律专项巡察，发现并推动解决118个问题。对翔安区市政园林局开展巡察“回头看”，实现巡察全覆盖。

【重点领域巡察】 2021年，翔安区纪委监委开展重点领域风险防控专项巡察，对“陈年积访”问题进行全面梳理，提出意见建议16条，推动5件重点信访案件化解。

（陈才佳）

党风廉政建设

【概况】 2021年，翔安区纪委监委紧盯享乐主义、奢靡之风新动向，针对“一桌餐”等问题，强化“点穴式”监督，开展餐饮浪费、“天价茶”、“吃公函”、利用名贵特产类特殊资源谋利等问题专项整治。开展治“四风”树新风“一区一清单”工作，精选4个小切口开展专项整治，发现并推动解决问题42个。突出纠治形式主义、官僚主义，开展“指尖上的形式主义”专项整治“回头看”，发挥监测点、“前哨岗”预警作用，发现并督促完成4个问题整改，巩固拓展基层减负成果。紧盯享乐主义、奢靡之风新动向，针对“一桌餐”等问题强化“点穴式”监督，开展餐饮浪费、“天价茶”、“吃公函”、利用名贵特产类特殊资源谋利等问题专项整治，开展明察暗访216次，“1+X”督查60次，查处违反中央八项规定精神问题8起，通报曝光典型问题4批4起。

【严管厚爱结合】 2021年，翔安区纪委监委严把党风廉政意见回复关，暂缓提拔1人。对在处理影响期内但专项工作表现突出的干部，在评先征求意见时予以通过。运用“四种形态”处理375人次，其中第一、二种形态占比达93.3%。做好执纪问责“后半篇文章”，对14名受处分人员开展暖心回访，帮助受处分人员纠正错误。

【专项整治】 2021年，开展明察暗访216次，“1+X”督查60次，查处违反中央八项规定精神问题8起，通报曝光典型问题4批4起。

（陈才佳）

中国国民党革命委员会翔安区总支部

【概况】 2021 年，中国国民党革命委员会翔安区总支部（以下简称民革翔安总支）发挥参政党的作用，围绕翔安区委、区政府的中心工作，团结和带领支部党员，认真履行政治协商、民主监督、参政议政职能，为翔安建设发展做出自己的努力和贡献。民革翔安一支部被民革中央授予“民革示范支部”（第二批）称号。

【支部建设】 2021 年，民革翔安总支推进支部的组织发展工作，为民革翔安的后备干部队伍建设提供人才支持。重视中青年党员的培养，为党员们提供展示机会和锻炼舞台。支委班子成员每月举行 1 次集中学习，走访支部党员所在单位，了解党员在单位的表现；探望困难党员，让党员感受到组织的温暖；组织党员参与支部组织生活，丰富活动内容、形式，从而沟通感情，增进团结，增强组织凝聚力与战斗力。

【参政议政】 2021 年，民革翔安总支围绕翔安开发建设的热点、难点问题，为每位党员履行参政议政职能提供平台，服务翔安工作大局。鼓励总支的人大代表、政协委员谏言献策，提出有质量、有数量的议案、提案，向支部广大党员广纳意见，提高支部党员的政治敏感性和政治觉悟。参加民革厦门市委、翔安区委、区人大、区政协和区委统战部的课题调研工作，洪木进执笔的《关于提高我区重大疫情防控水平的提案》和康永忠执笔的《关于“多措并举”加强学校门口交通安全管理的建议》被区政协列为重点提案。

【疫情防控】 2021 年，民革翔安总支在新冠肺炎疫情防控期间，卫生、防疫部门的党员自觉取消休假，加入各级医院、社区防控疫情。翔安区卫生健康局副局长陈彼得奔走于辖区医疗单位、社区核酸采样点、第三方检测机构，主持策划“翔安区突发疫情处置全链条直播应急演练”；带领翔安区核酸专班组织编写《全员核酸检测组织工作手册 V2.0》，推动翔安区核酸检测流程化作业，提高人群检测筛查效率。组织党员赴马巷街道舫星社区开展志愿服务，助力社区开展核酸检测。支部党员自发捐款，筹集资金 7100 元，捐赠给同安红十字会，助力同安区疫情防控。

【社会服务】 2021 年，民革翔安总支抓住社会服务平台，发挥自身优势，参与爱心助学、疫情防控、精准扶贫、关爱老人和儿童、志愿者活动等社会服务，发挥渠道畅通、联系广泛的优势，济民困、解民忧、化民怨。组成志愿者联合服务队，走进翔安区莲塘村“老年之家”关爱老人，为老人送去油和大米等慰问品。“六一”儿童节慰问幼儿园小朋友，开展洁净家园志愿者活动，心系困难学子资助甘肃永靖县太极中学 12 位困难学子每人现金 1000 元。

（民革翔安总支）

中国民主同盟翔安区基层委员会

【概况】 2021 年 5 月 23 日，中国民主同盟翔安区基层委员会（以下简称民盟翔安基层委）完成换届，成立第二届基层委员会，下设 3 个综合支部和 5 个专委会。全年发展新盟员 3 人，共有盟员 105 人。盟员任市、区两级人大代表、政协委员 12 人。其中，徐得志为市人大代表、林琳为市政协委员兼区人大常委、管勇武为市政协委员兼区政协常委、林晨和洪仁德为区政协常委。

2021 年 1 月，民盟翔安基层委获评民盟福建省委 2020 年度

“创特色·增活力”和“抗击新冠疫情”先进集体称号。3月，民盟翔安基层委获评民盟厦门市委2020年度“调研提案工作”“创特色·增活力”“宣传信息工作”先进集体称号；第三支部获评民盟厦门市委2020年度“宣传信息工作”先进集体称号。民盟翔安区基层委盟员林实现、黄黎星获评民盟厦门市委2020年度“宣传信息工作”先进个人称号；陈式川、李敏、钟柯、黄黎星、李伟忠获评民盟市委2020年度“调研提案工作”先进个人称号；陈式川、林琳、楚攀梭获评民盟市委2020年度“创特色·增活力”先进个人称号。12月，叶妙秦获评翔安区委、区政府“精神文明和文化宣传工作”先进个人称号。

【组织建设】 2021年，民盟翔安基层委依托省、市社会主义学院等平台，通过各类培训，增进盟员思想认识，提高履职能力。依托盟员郑瑞勇的希元书院和张永镇的律师事务所，创建2家“盟员之家”，为盟员提供学习交流、议政履职、友爱互助的平台。其中，大嶝街道希元书院的“盟员之家”多次接待全国各地民盟组织参观考察，被民盟中央授予“优秀盟员之家”称号。结合主题教育开展中共党史学习教育和“再学习、再调研、再落实”活动，组织20余位盟员骨干前往莆田学习考察，参观木兰溪治理展示馆，视察木兰陂古坝址；组织盟员前往翔安区香山乡苑开展“不忘初心跟党走”主题教育活动暨党史盟史知识竞答；组织开展了“三八”妇女节交流活动、关爱盟员慰问活动。参加民盟市委主办、民盟思明区基层委承办的“厦门民盟第五届气排球比赛”活动，翔安区二队获青年组冠军，翔安区一队获中年组亚军。

【参政议政】 2021年，民盟翔安基层委课题调研报告《关于翔安区镇街区划调整可行性研究》，经翔安区政协上报厦门市政协提交市委办，受到市委主要领导重视，推动翔安区镇（街）区划调整工作顺利完成。全年反映社情民意信息被各级政府单位采纳17篇次。其中，2篇市政协提案、2篇区人大议案、13篇区政协集体和委员提案。提交市、区政协《关于镇改街后续社会服务配套建设的建议》《对标国际性交通枢纽城市，加快新空港建设》等10篇调研报告。李敏执笔的《加快翔安海岸带开发建设，大力发展湾区经济》在翔安区政协五届一次会议上发言。

【社会服务】 2021年9—10月，民盟翔安基层委组织盟员深入社区参与全员核酸检测志愿者服务。联合瑞之路（厦门）眼睛科技有限公司向厦门市第五医院捐赠一批价值数万元抗疫物资。组织盟员前往内厝镇莲塘村走访“老人之家”，捐赠米、面、食用油等价值1000多元的生活用品；与新圩镇政府签订共建协议，开展对口扶贫扶困，助推镇域经济发展。张金香、王韵等8位医卫界盟员坚守疫情防控一线，付保忠远赴非洲博茨瓦纳开展国际医疗援助，蔡彩玉援疆支教，提高民盟的社会影响力。

（林实现）

中国民主建国会翔安区基层委员会

【概况】 2021年，中国民主建国会翔安区基层委员会（以下简称民建翔安基层委）设马巷、新店、新圩、新城4个支部，共有会员97人，其中马巷支部32人、新店支部23人、新圩支部23人、新城支部19人。新店支部被民建福建省委评为2020年全省先进集体称号，马巷支部被民建厦门市委会评为先进集体称号。庄顺茂被中国侨联委评为全国侨联系统助力脱贫攻坚先进个人，蔡孔阔、庄顺茂、宋林水、蔡清辉被评为全省优秀会员，柳乌桃、陈琳、李根智被评为抗击新冠肺炎疫情先进个人，柳乌桃被评为全省新闻宣传优秀通讯员，程宇榕被评为全省社会服务工作优秀个人，林国发、柳乌桃、许美足、苏金典、郑素萍、刘英俊、郑美家、杜华珍、程宇榕9人被民建厦门市委会评为优秀会员。

【社会调研】 2021年，民建翔安基层委发挥联系经济界的特色和优势，深入调查研究，倾听民声，了解民意，履行参政党职能，为翔安区经济社会发展建言献策。基层委及所属各支部根据市委会安排开展议政周活动，撰写提交提案、信息、简讯、社情民意近90篇。其中，蔡清辉撰写的《拜登上台后台海两岸关系新特点及策略建议》等6篇文章分别被省政协、省民建，市政协、市委统战部采用。朱腾腾撰写的《厦门市直播产业建设发展对策研究》、杜华珍撰写的《建立社区服务体系，提升基层治理能力》等调研课题提交民建厦门市委会，吴团结撰写的《复兴之路　携手同行》在民建厦门市委会组织的“中国共产党成立100周年征文”活动中被采用。

【参政议政】 2021年12月，民建

翔安基层委推荐蔡孔阔、柳乌桃、宋林水等10名会员当选区政协第五届委员会委员。民建政协委员参加政协五届翔安区委第一次会议，围绕翔安区发展大局和中心工作建言资政，参政议政，提交《数字经济创新与数字产权》等提案20篇。柳乌桃代表民建翔安基层委作《借鉴先进经验高标引领翔安“未来科技城”建设》的大会发言。

【疫情防控】 2021年9月，民建翔安区基层委会员投入疫情防控一线，柳乌桃率先支援同安疾病预防控制中心流行病学专业调查工作26天。在该次疫情防控期间参与核酸采集、疫情防控志愿者服务50余人，近300人次。基层委会员捐款、捐物支持疫情防控工作，累计捐款、捐物近3万元。

【社会服务】 2021年，民建翔安区基层委发挥党派密切联系经济界的特色优势，参加社会服务。王斌斌参与设计的净水机（B）外观获得国家知识产权局“外观设计专利证书”，并于4月获评工信部设计奖项3个。杨清清每月资助贫困大学生500元；宋林水向商丘微子文化研究会捐资8800元助力二十四孝文化研究工作，资助贫困学生1.25万元，慰问老人、患者发放2.47万元。

（吴团结）

中国民主促进会翔安区总支部

【概况】 2021年5月22日，中国民主促进会翔安总支部（以下简称民进翔安总支）进行总支换届，选举产生民进翔安区总支部第二届委员会，陈珍胜继续担任总支主委，新增民进厦门市第五医院支部，有会员50人，其中女性会员20人；高级职称20人、中级职称12人，中高级职称占会员总数的64%；本科以上学历有40人；市人大代表2人，市人大常委会常委1人，区人大常委会副主任1人，区人大常委会常委1人，区人大代表4人，区政协常委2人，区政协委员6人。翔安总支第一支部被民进厦门市委会授予履职能力建设先进集体三等奖。民进翔安总支副主委、民进厦门市第五医院支部主委、厦门市第五医院神经内科副主任、翔安区人大代表张健莉获厦门市康复医学会科技进步三等奖，厦门市第五医院心内科主任付艳东付艳东被中华医学心血管分会授予2021年第三届心血管病学菁英公益之星称号，翔安第一中学教师洪兹田、民进翔安总支副主委柯茂莲获评民进福建省2021年反映社情民意先进个人，翔安区双十佳创业者蔡金吉家庭获评第二届福建省文明家庭，翔安区蔡丽曲舞蹈妇女微家巾帼志愿服务队队长蔡丽曲获评福建省优秀妇联主席、福建省巾帼志愿服务十大感动人物、厦门市学雷锋志愿服务最美志愿者。

【课题调研】 2021年，陈珍胜参与撰写的民进厦门市委重要课题《推动岛外农村基础教育发展的建议》在市政协十三届六十二次主席会议“深化跨岛发展战略，提升城市功能品质”专题协商会上书面发言，转化为民进厦门市委提案。柯燕华参与的民进厦门市委重要课题“关于社会治安综合治理的几点建议”，李晶参与的“关于进一步妥善解决征地拆迁群众生产生活出路问题的建议”，洪兹田参与的“社区教育促进基层社区治理的建议”，曾志勇参与的“关于扶持引导传统作坊发展壮大的建议”被评为市委会一般课题。

【参政议政】 2021年12月25—29日，在翔安区“两会”期间，民进翔安总支提交人大建议、政协提案12篇。沈水永代表提交的《关于农村居家养老与转产就业相结合的建议》等2篇建议，张健莉代表提交的《关于进一步完善翔安区高层次卫生人才引进政策的建议》被列为翔安区五届人大一次会议重点建议；蔡金桔撰写的《关于进一步加强学校路段交通安全管理的建议》，曾志勇撰写的《关于扶持鼓励传统作坊发展壮大的建议》被列为2021年翔安区政协重点提案。安彩霞撰写的《关于推动公立医院医疗服务价格调整的建议》等2篇建议被民进中央、省民进、省政协采用，柯茂莲撰写的《关于“十四五”期间治理用工年龄歧视问题的建议》等4篇建议分别被民进中央、省政协、省民进采用，洪兹田撰写的《建议更精准地推进福建新一轮教育援疆》被民进中央、省民进、省政协、市政协、全国政协采用，柯燕华撰写的《关于推进小学农村校车服务的建议》被省民进、省政协、市政协采用。

【社会服务】 2021年9月，民进翔安总支发动会员捐款2万元，采购1万个医用隔离面罩，支持翔安区新冠肺炎疫情防控。民进会员融入疫情防控大局，会员蔡金桔带领志愿者、内厝青创会员长期在翔安区疫情防控一线，参与内厝鸿星尔克核酸检测点协助核酸检测，完成8637人次，捐款9117元，筹集价值1.99万元的饮料、方便面支援内厝镇各村一线抗疫。蔡丽曲捐赠价值 7000 元口罩 2.2 万个，组织募集 3500 多千克蔬菜、250 箱面支援同安，组织发动妇联会员捐赠 2.83 万元，通过区妇联为隔离点的 430 名儿童送去关爱。魏祖理参加市委会组织的“我为群众办实事，送医送药送温暖”慰问帮扶活动，捐赠取暖器 29 台、价值 5800 元。

（林江涛）

中国农工民主党翔安区基层委员会

【概况】 2021 年 8 月，中国农工民主党翔安区基层委员会（以下简称农工党翔安基层委）及所辖医卫、教育、基础 3 个支部，完成换届工作，选举产生新一届支部委员会，明确各专委会的工作职责和分工，在参政议政、社会服务等方面取得成效。

【参政议政】 2021 年，农工党翔安基层委发挥民主党派界别优势，履行民主党派工作职责，为翔安区的经济社会发展建言献策。市委会李友华主委和支部党员陈铜晖的联合课题《福建乡村振兴战略背景下农村产业融合发展研究》获农工党福建省委会 2020 年度优秀调研论文一等奖（排名第二），《乡村振兴战略背景下农村产业融合研究——基于福建省的实证调查》获农工党中央 2020 年度优秀调研报告一等奖（排名第二）；支部党员李仁撰写《完善宗教和民间信仰场所拆迁安置的建议》等信息 4 篇，其中 2 篇报送农工党省委。

【社会服务】 2021 年 7 月 18 日，农工党翔安基层委医卫支部组织党员到新店街道蔡厝社区进行义诊，为社区群众测血压、量体温，开展医疗、保健咨询活动，受益群众近百人。

【爱心奉献】 2021 年 9 月，农工党翔安基层委参与新冠肺炎疫情防控。王昊平、洪斌 2 位党员参与 5 轮翔安区全员核酸采样，洪丽川、林虹丽 2 位卫健系统干部连续在岗将近一个月，党员陈丽腾、李春阳、黄金炎参加支援同安区 4 轮全员核酸采样及翔安区 7 轮核酸采样工作，党员苏炳伟到隔离场所进行核酸采样，翔安区疾控中心应急组长党员张永长奔忙于排查密接、次密接人员一线。

（农工党翔安基层委）

中国致公党厦门市委员会翔安区总支部

【概况】 2021 年，中国致公党翔安区总支部（以下简称致公党翔安总支）围绕翔安区经济社会发展大局，开展理论学习和课题调研，为翔安区的经济社会发展建言献策。致公党翔安区总支下设第一支部、第二支部，有党员 60 名，发展新党员 2 名。党员学历层次逐年提高，其中博士 1 人，硕士 8 人，本科 39 人。党员中翔安区政协委员 4 人（区政协常委 1 名），致公党厦门市委会委员 1 名。

2021 年，致公党翔安总支党员黄威获“厦门市事业单位脱贫攻坚专项奖励”，市级优秀党员，中共厦门市委、厦门市人民政府援临干部人才集体二等功，“脱贫攻坚”工作突出贡献等嘉奖；党员陈凯轩获“第八届厦门市专利奖”二等奖，入选“福建省百千万人才工程人选”“福建省高层次人才”；党员邓正富获 2020—2021 年福建省大学生足球联赛高职高专组二等奖指导奖；党员李彬荣获 2021 年第八届全国证券投资模拟实训大赛团体一等奖、二等奖、三等奖，个人二等奖，3 个个人三等奖，第七届“东方财富”全国大学生金融精英挑战赛团体二等奖和团体优秀奖；党员洪美旋获评致公党厦门市委地方组织成立 40 周年优秀党员称号。

【参政议政】 2021 年，致公党翔安总支组织党员到东部体育会展新城调研规划建设情况，撰写《有序推进集体经营性建设用地入市，集约利用集体土地的建议》《数字赋能司法，为厦门金融科技城建设提供保障》《加快推进数字政府建设　全面提升政府治理数字化水平》《推进大数据、区块链与经济社会融合创新发展》等课题文章。

【社会服务】 2021 年，致公党翔安总支全体党员立足本职岗位，发挥自身专业特长，建诤言、献良策，投身到新冠肺炎疫情防控中，协助企业复工复产。邱云飞、许水泽、姚林生、陈凤萍、洪美旋、许桂友等党员参加街道、社区、单位的各项疫情防控工作，多次到核酸检测点担任志愿者。

（郭宏清）

九三学社翔安区基层委员会

【概况】 2021 年 12 月，九三学社翔安区基层委员会（以下简称九三学社翔安基层委）有社员 60 人，拥有高级专业技术职称 33 人（正高级职称 7 人、硕士导师 3

人），占 56.1%；中级职称 23 人，占 43.4%。在机关、事业单位、高校、企业担任领导职务 7 人，中层干部 12 人；任职九三学社省委委员 1 人，九三学社厦门市委副主任委员 1 人，厦门市委委员 1 人；区人大代表 1 人，区政协委员 7 人（区人大常委 1 人，区政协常委 1 人）。全年转入社员 1 人，新入社社员 1 人。基层委下设 3 个支社，第一支社社员 18 人、第二支社 19 人、厦门海洋职业技术学院支社 23 人。

社员蔡伟强获评“2020 年度福建最美农业专家”称号；褚皓获聘“福建省医院协会民营医院管理分会非公普通外科联盟”第一节专业委员会副主任委员；王芳的调研报告《食品加工小作坊的困境和突破》在《福建九三》刊发；石国宗参加“福建省互联网 + 大学生创新创业大赛”获省级金奖，参加“中国国际互联网 + 大学生创新创业大赛”获国家级铜奖，参加“海峡两岸大学生职业技能大赛”获省级二等奖。

【参政议政】 2021 年，九三学社翔安基层委参加翔安区政协专题协商议政会议，开展调研活动，叶东星作《关于“谋划体育会展新城服务业配套”的建议》发言。“全面实施乡村振兴战略，加快推进厦门市农业农村现代化的对策及建议”等 3 项课题向九三学社厦门市委申报立项，“翔安区引留外来人才的对策及建议”1 项课题向翔安区政协申报立项。叶东星主笔基层委集体提案《关于进一步完善翔安区疾控体系的建议》，社员许水利、杨极生、叶炼炼、王志辉等提出《关于改造提升内厝菜市场的建议》等 6 篇建议。

【社会服务】 2021 年，九三学社翔安基层委组织医疗专家团队到新圩卫生院开展“同心健康、义诊活动”。新冠肺炎疫情防控期间，主委叶东星下沉内厝镇许厝村协助做好防疫工作，市第五医院肾内科主任医师林鹰挂职新店中心卫生院副院长，奔走在疫情防控一线。主任冯尤健、冯亮华、邢宇彤、刘亚林等配合医院抽调医务人员支援同安抗疫、隔离酒店、核酸采集。

（叶东星）

台湾民主自治同盟翔安支部

【概况】 2021 年，台湾民主自治同盟厦门翔安支部（以下简称台盟翔安支部）有盟员 15 人，设主委 1 名，副主委 2 名。支部盟员当选台盟市委副主委 1 人，市委委员 1 人，参政议政委员会委员 1 人；市政协委员 1 人，区政协副主席 1 人、常委 1 人、委员 2 人。7 月 4 日，台盟翔安支部召开全体盟员大会，完成换届工作，召开基层组织换届后首次组织生活会。组织盟员代表参加台盟厦门市委代表大会代表选举。支部盟员陈可芳获福建省台湾同胞联谊会颁发的促进福建建设和两岸交流贡献奖。

【理论学习】 2021 年 8 月 28 日，台盟翔安支部组织盟员参加台盟厦门市委会举办的 2021 年议政沙龙，讨论当前热点问题，倾听社情民意信息。9 月 5 日，组织盟员参观由中共厦门市委统战部主办的“同向、同心、同行——陈嘉庚与中国共产党”主题展览，增强自觉履行参政党职能的使命感和责任感。

【参政议政】 2021 年，台盟翔安支部积极参政议政，完成东部体育会展新城建设调研，撰写《关于东部体育会展新城建设的几点建议》，在四届翔安区政协第三十三次常委会议上发言。参加翔安区政协五届一次会议，提交《关于加强东部体育会展新城特色文化建设的建议》《关于为厦门新机场片区增加公共交通的建议》提案，围绕区委、区政府中心工作，服务翔安区经济和社会发展大局。

【社会服务】 2021 年 9—10 月，台盟翔安支部响应台盟厦门市委会倡议，组织盟员向同安区捐款 1966 元。支部主委米乐参与翔安区陈新社区、刘五店社区、洪前社区防疫工作。

（台盟翔安支部）

翔安区工商业联合会（商会）

【概况】 2021 年，厦门市翔安区工商业联合会（商会）（以下简称翔安区工商联）有会员企业 592 家、会员个人 26 名，辖马巷、新店、内厝、新圩 4 个镇商会和大嶝街道商会。全区 5 个镇（街）商会拥有自己的办公场所，配备 1 名专职秘书长和 1 名兼职秘书长，每个镇（街）商会都成立党组织，办公经费有保障，率先全市实现“三有一保障”全覆盖。黄添福的企业被福建省工商联评为“抗击新冠疫情先进民营企业”。

【区工商联走访慰问企业家】 2021 年春节期间，翔安区工商联走访看望 23 名翔安知名企业家和在外翔安籍企业家，营造亲商、重商、敬商的氛围，推动翔安区民营企业发展。

2021 年 12 月，翔安区党外人士理论专题培训班合影（翔安区工商联　供图）

【区工商联庆祝中国共产党成立100周年主题活动】 2021年4月20日，翔安区工商联组织部分会员参加在大嶝“英雄三岛精神”主题馆召开的翔安区统一战线庆祝中国共产党成立100周年主题活动暨《中国共产党统一战线工作条例》宣讲会。翔安区工商联（商会）主席（会长）、副主席（副会长）、各镇（街）商会会长参加活动。

【基层商会换届】 2021年5月28日，翔安区内厝镇商会举行第五届第一次会员大会，选举新一届理事会领导班子。林良菽当选新一届理事会会长，王建军为常务会长，陈水源为监事长，陈龙海为常务副会长，李昆明等10人为副会长，杨建立为秘书长，许春长为名誉会长。翔安区政府党组成员、一级调研员陈春夏，翔安区委统战部副部长蔡舟夫，区工商联党组书记苏勇建出席大会并致辞。

【党史教育活动】 2021年，翔安区工商联邀请党史专家为翔安区民营企业家举办《百年恰是风华正茂——中国共产党百年奋斗历程和经验启示》专题讲座。组织基层商会部分会员到河北西柏坡、江西瑞金、福建长汀和山东枣庄参观，传承红色基因，进行爱党爱国教育。

【新冠肺炎疫情防控】 2021年9月，翔安区工商联连续发出3份倡议书，倡议民营企业家参与疫情防控，发动企业家捐款捐物1000多万元。其中，银鹭集团捐款200多万元和价值350万元的物资，区工商联副主席黄添福向厦门市红十字会捐款20多万元。

【2021年翔安区党外人士理论专题培训班】 12月15—17日翔安区委统战部、区委党校联合举办“2021年翔安区党外人士理论专题培训班”。区各民主党派、无党派代表人士；区金门同胞联谊会、市中华职教社翔安区社员小组负责人；区、镇两级新的社会阶层人士联谊会骨干等共40余人进行了为期3天的集中学习。培训由厦门大学马克思主义学院教授林密讲授“中国共产党百年奋斗的重大成就、历史经验与世界历史意义——学习贯彻十九届六中全会精神”、厦门市委党校统战理论教研部副主任艾明江讲授《中国共产党统一战线工作条例》、厦门市委党校经济学教研部副教授李庆利讲授“中国改革开放的光辉历程与辉煌成就”专题教学。并组织学员赴内厝镇鸿渐驿站、黄厝村乡村振兴馆、厦门市新阶人士统战工作实践创新基地等地方参观考察，实地教学。

【闽宁协作扶贫】 2021年，翔安区工商联发动翔安区民营企业家结对帮扶宁夏回族自治区彭阳县。企业家捐赠彭阳县帮扶资金70万元。

【“诉非联动”机制】 2021年，翔安区工商联继续与区法院联合推进落实“诉非联动”机制。全年成功化解涉民营企业矛盾纠纷35起，助力民营企业健康发展。

（翔安区工商联）

群众团体

厦门市翔安区总工会

【概况】 2021年，厦门市翔安区总工会（以下简称翔安区总工会）抓好非公企业建会，落实“八大员”（货车司机、快递员、保安员、家政服务员、网约送餐员、护工护理员、商场信息员、房产中介员）入会，推动新就业形态群体入会。全区有基层工会组织1294家，覆盖2412家企业，工会会员近10万人，其中“星级职工之家”46家。职工医疗互助保障为1.56名参保人补助94万元，有969人获医疗补助约82万元。乾照光电品管部产品检验组获评全国五一巾帼标兵岗。全区获评省五一劳动奖章1名，省五一（工人）先锋号2名，有50个集体获评厦门市五一先锋号。

【新春“七送”系列活动】 2021年春节期间，翔安区总工会以“七送”（即送温暖、送祝福、送快递、送年货、送车票、送全家福、送文化）系列活动倡议职工留在厦门过节，共同防控新冠疫情。慰问防疫一线工作人员、留在翔安职工、困难职工、苦脏累险及相关“五类人员”等3000余人27万元；邀请书法爱好者为5000余名职工写春联，送福送法入企业；倡议“在翔过好年，把爱寄回家”，为775名留在翔安过年的外来职工免费邮寄包裹回乡，得到央视新闻、厦视新闻的宣传报道，反响热烈；为5600余名留在翔安职工购买年货52万元；“平安返厦”为3022名外来职工补助80万元；携手铂爵婚纱为122组留在翔安职工免费拍摄全家福。利用微信公众号，开展竞答有礼、春节寄语、“看春晚”等富有年味的线上活动，推出“关注疫情”“关怀心灵”“关爱维权”系列服务专题，打造文化春节。

【助力疫情防控】 2021年9月，翔安区总工会在厦门疫情暴发后，通过四项举措，关爱职工，服务企业，携手筑牢健康安全防线。发布倡议书，下沉一线，投身群防群治，普及科学防护措施；发挥工会媒体作用，宣传疫情防控政策措施、防疫知识与抗疫先进事迹，增强打赢疫情歼灭战的必胜信心和强大动力；走访慰问139个村（社区）疫情防控点、防疫工作点，送上补给物资等56.6万元；小微企业工会经费全额返还338万元。

【中国共产党成立100周年庆祝活动】 2021年4月27日，翔安区总工会开展“与优秀同行，和模范比肩”劳模参观见学活动，翔安区40多位劳模代表一同走进黄厝文化产业园、彭德清纪念室重温红色历史，缅怀革命先烈。翔安区总工会紧扣中国共产党成立100周年，开展党史知识线上系列活动、1万余人参与；以职工书屋为载体举办“火红的七月·工悦领读”活动；组织辅警百人合唱团参加“永远跟党走”市职工红色经典诵读晚会暨第六届福建省职工文化节开幕式。

【厦门职工春晚海选翔安专场】 2021年11月8日，厦门市总工会、厦门广播电视集团主办，翔安区总工会、翔安区文化和旅游局、厦门市工人文化宫、厦门广电集团节目中心承办的“中国梦　劳动美”2022年厦门职工春晚翔安区专场精彩上演。翔安区卫生健康局工会联合会表演的《盛世龙腾》获评“春晚之星”，代表翔安区登上2021年厦门职工春晚舞台。

【彭玉珊劳模创新工作室成立】 2021年12月8日，彭玉珊劳模创新工作室通过厦门市总工会验收，获授牌成立。彭玉珊劳模创新工作室以“让音乐属于翔安的每一位孩子”为宗旨，以更新理念、理新思路、谋新策略、开新模式、创新成果的“五个新”为目标，常态化送教下乡，发展翔安农村艺术教育。

【翔安区全民健身运动会】 2021年4月25—27日，翔安区“2021年翔安区全民健身运动会暨职工趣味运动会”在翔安区人民体育场举行，全区99支队伍、1000余人参与角逐5个项目。翔安区25家企业、27支队伍参加翔安火炬产业区职工趣味运动会，16支企业党组织代表队参加2021火炬（翔安）产业园区上若检测“邻里杯”篮球联赛。10月28—29日，“2021年翔安区全民健身运动会职工乒乓球赛”举行，23支队伍、257人参加。

【对口帮扶协作】 2021年，翔安区总工会发动机关事业单位、国有企业工会会员优先购买彭阳县农特产品390万元，巩固脱贫成果。与彭阳县总工会对接，结合工会工作实际，投入10万元共建工会爱心驿站、职工之家。

【特殊群体关怀】 2021年，翔安区总工会关心户外劳动者、抗疫一线人员、女职工等特殊群体，慰问高温作业职工58万元；“环卫工人节”慰问250名环卫工2.8万元。组织81名疫情防控、环卫等一线职工参加省总工会、区总工会疗休养。建设大嶝转产就业集中区爱心驿站、市第五医院医生休息室，推动创建2个女职工哺乳室，开办5家暑托班、补助14万元。组织女职工“两癌”筛查2100人次。

【职工创新培训】 2021年，翔安区总工会培育人才、鼓励创新，打造高素质职工队伍。发动72名职工参与“求学圆梦”，创建2家职工书屋。开展烘焙、商务礼仪培训5场，200人次参与；举办育婴师培训10场，有72人获得证书；指导基层工会开展职工技术比赛44场，补助7.55万元。

【普法宣传活动】 2021年，翔安区总工会开辟微信公众号《普法在线》专栏，举办知识竞答、评论留言等线上活动。结合“尊法守法、携手筑梦”“要约行动月”“安全生产月”，开展法律竞猜等现场活动。举办“工伤事故案例分析”公益讲座，提高职工法律意识，树立安全生产理念。

【工资集体协商】 2021年，翔安区总工会以企事业单位开展民主管理制度执行情况及非公企业工资集体协商制度执行情况为重点内容，组成工作专班，开展课题调研工作，促进企业及时续签。全年百人以上企业建制率90%以上。

【“八大群体”入会礼包赠送活动】 2021年11月11日，翔安区总工会开展“八大群体”入会礼包赠送活动，为入会会员介绍医疗互助、工会卡福利、平安返厦等各类服务，送上300份爱心大礼包，表达对货车司机、快递员、护工护理员等“八大员”的关心、关爱。

【新就业形态群体入会】 2021年，翔安区总工会将新就业形态群体入会作为重点课题，主动对接区商务局、建设交通局、邮政管理局等部门，摸清翔安区新就业形态企业情况，理顺建会入会思路。依托职工服务站，在全区建立11个镇（街）园区新就业形态群体工会联合会。

【社区共享职工之家创建】 2021年，翔安区总工会深入基层，开展问卷调查，了解职工所需，以社区（村居）联合基层工会为节点，建设工会组织网络，创建浦西、鼓岩、舫星3个社区共享职工之家，携手社工、志愿者等社会组织，探索覆盖职工“8小时外”的新型共享服务。

（翔安区总工会）

共青团厦门市翔安区委员会

【概况】 2021年，共青团厦门市翔安区委员会（以下简称共青团翔安区委）有基层团总支14个，团支部288个，团员6439人。获省级先进团组织1个，省级先进团员青年1名；市级先进团组织3个，市级先进团员青年5名。

【党史学习教育】 2021年，共青团翔安区委组织线上线下学习《中国共产党简史》《习近平谈治国理政》等重要材料46次；开展习近平总书记来闽考察、习近平总书记“七一”重要讲话等重要讲话、重要批示指示精神专题学习研讨22次。开展党史学习教育和“再学习、再调研、再落实”等活动，把“两个维护”作为机关政治建设的“根”和“魂”。

【“强基固本”工程】 2021年，共青团翔安区委树立抓牢基层建设的潜绩导向，开展“星级团支部”创建、“星级团员”评定、“青年大学习”活动，夯实从严治团工作。全区建有254个星级团支部，其中“两新”团组织29个；有6144名星级团员，其中1959名团员被团省委智慧团建系统评定为一星级及以上星级团员。

【全市首个青年创业联盟】 2021年，共青团翔安区委成立全市首个青年创业联盟——翔安区青年创业联盟，整合汇集辖区各类创新创业资源，创新推出创业带动就业政策，激发创业带动就业热潮。开展“青E课堂”公益培训，累计培训150余名电商、直播等新兴产业青年人才。

【网上共青团建设】 2021年，共青团翔安区委利用“翔安青年”微信公众号开发“青声耳语”“关爱通道”“青春微课”等服务，畅通青年网上发声、参与的渠道，吸引9000多人关注。推出“我和我的家乡”系列主题报道10余篇，宣传青年先进典型，阅读点击量均超过1000人次。其中，台青助力乡村振兴和东西部协作案例、培育返乡青年的案例，多次被《人民日报》、《中国青年报》、东南网等媒体报道。

【青年融入发展】 2021年，共青团翔安区委开展“扬帆计划”，推动翔安区内高校与企业协作，推介200余个实习就业岗位。加大引才力度，举办“新鹭飞翔　共创未来”等系列考察活动，向复旦大学、厦门大学等60余名优秀学子推介翔安发展名片。组织开展优惠金融政策“云直播”活动，吸引7000多名企业负责人、创业青年参与，助力企业纾困减压。

【青年志愿者服务】 2021年，翔安区青年志愿者联盟成员发展到81支服务队，涵盖机关企事业、创业青年、青年社工等各领域青年志愿者7971名，开展洁净家园、交通督导等志愿服务。9月，全区1020名青年志愿者、23支青年突击队投身疫情防控各条战线，服务时长超过1.5万小时，服务近44万人次，多次支援赴同安区应急爱心物资转运近40吨；成立首支台胞志愿服务队就近参与社区疫情防控工作；7个骨干青年社会组织向疫情防控一线捐款捐物超过26万元。

【省级中长期青年发展规划试点区建设】 2021年3月15日，共青团翔安区委以建设“青春翔安，青年之城”为目标，出台《翔安区关于开展中长期青年发展规划试点工作的实施方案（2021—2025年）》，开展6个青春工程，成立10个专项工作小组，启动青年就业见习计划、对台青少年交流工程、青年文化精品工程等重点项目，取得一定成效。

【青少年思想引领】 2021年，共青团翔安区委以智慧团建系统组织6000多名团员青年开展党史教育，依托“英雄三岛精神”主题馆、彭德清纪念室等红色资源，组织上百名团员代表实地接受党性和革命传统教育。开展“少先队与党史零距离”“红领巾心向党”“红色基因　我们传承”等主题实践活动15场，1000人次参与。

【青少年权益保护】 2021年，共青团翔安区委举办系列禁毒教育、普法夏令营、安全自护等主题活动，累计8500余人次参与，相关禁毒宣传活动被《中国禁毒报》、福建禁毒信息网报道。深化“爱心扶幼”行动，为553名留在厦门过年的困难职工家庭子女发放价值16.59万元的暖春礼包；利用春节、“六一”儿童节为385名困难儿童发放11.5万元爱心物资。开通1条心理疏导热线，储备13名专业心理咨询人员，面向全区青少年开展咨询服务32人次，致电关心262户家庭271名困境儿童，累计478分钟。

【共青团翔安区第六次代表大会】 2021年12月31日，中国共产主义青年团厦门市翔安区第六次代表大会召开，选举产生共青团翔安区第六届委员会。共青团翔安区第六届委员会由35名人员组成，其中委员27名、候补委员8名；常务委员会由11名常务委员组成。会议选举陈志雄为共青团翔安区第六届委员会书记（兼职）、吴明昊为副书记（专职）、纪家荣为副书记（挂职）。

（共青团翔安区委）

厦门市翔安区妇女联合会

【概况】 2021年，翔安区有大嶝、新店、马巷、金海、香山、民安、凤翔7个街道妇联组织和内厝、新圩2个镇妇联组织，村（社区）妇联组织120个，机关妇委会6个，妇女之家150个。全区有“巾帼示范基地”26个，其中省级10个，市级16个；“巾帼示范村”8个，其中省级2个，市级6个；创建“巾帼文明岗”89个，其中国家级3个，省级16个，市级42个，区级28个。翔安区妇联培育巾帼志愿服务品牌，推进美丽庭院创建工作，在全区19个省级乡村振兴示范村（社区）创建美丽庭院390户，其中66户庭院获评省级“最美庭院”。蔡丽曲舞蹈妇女微家巾帼志愿服务队队长蔡丽曲获评省巾帼志愿者十大感动人物等称号。

【党史学习教育】 2021年，厦门市翔安区妇女联合会（以下简称翔安区妇联）围绕“学四史”学出信仰，“研学讨论”论出目标，“办实事”干出实效，开展“讲党史　悟思想”等主题巾帼大宣讲活动；举办庆祝中国共产党成立100周年“颂百年风华，传红色基因”等主题亲子活动19场。打造翔安特色的视频栏目，制作8部“巾帼展风采·共谱家国情”专题宣传片，通过业翔民安、文明翔安视频号及1200余个城市媒体平台和楼宇电视终端宣传优秀女性典型故事。

【巾帼创业创新】 2021年，翔安区各级妇联组织开展创业创新行动，实施乡村振兴战略，延伸创业服务链，回应妇女群众所需所盼，完善妇女创业小额贷款服务。全年审核推荐52名妇女创业项目申请市小额贴息贷款，向17名创业妇女发放贷款340万元。举办缝纫车工、保育员等培训班20期，培训妇女近千人。其中，以大嶝街道王美璇“巧手妇女微家”为培训基地举办4期缝纫车工培训。开展山海协作，发动创业女性、爱心妈妈等社会力量筹集爱心资金2万余元，援建彭阳县、云霄县4所“儿童之家”“巾帼家美积分超市”等帮扶项目。

【巾帼建功行动】 2021年，翔安区妇联壮大巾帼志愿者队伍，组建巾帼志愿服务队119支2090人。区、镇（街）妇联携手开展巾帼护河、疫情防控等100余场志愿服务活动。

【“双合格”家庭教育】 2021年，翔安区妇联以立德树人为根本任务，倡导“科学教子、以德育人”的教育理念。以“扣好人生第一粒扣子”为主题，举办童心向党·探秘气象·筑梦未来——天文科普公益研学、书香飘万家亲子阅读等主题活动15场。协调市律师协会女工委“爱心妈妈”与翔安区30名困境儿童牵手结对，发放助学金及观看电影等关爱活动。继续与区委文明办联合开展“翔安好少年”评选活动；与区司法局等单位开展女童保护防性侵普法系列活动。

【妇女儿童权益维护】 2021年，翔安区妇联以反家暴防性侵为重点，以预防为主，关爱帮扶、联防联动为辅，维护妇女儿童合法权益。依托社工入户成功化解12户纠纷案件，通过购买服务，由专业心理咨询师对来访受暴妇女及排查中有需求的妇女进行心理咨询与疏导，完成24人次心理咨询疏导服务。畅通“12338”维权服务热线，接访处理64件信访件。与翔安检察院建立心理疏导和救助帮扶机制，为4个被害未成年人家属做心理疏导，为1名受侵儿童家长提供救助金8000元。与区检察院、翔安公安分局等部门建立一站式服务机制，在区卫健局建立一站式询问救助中心。与区司法局等部门建立女童保护宣传机制，开展“一校一讲师、一学期一课堂”行动，以翔安区“一区一品牌”项目纳入厦门市“八五”普法规划。

【家庭文明行动实施】 2021年，翔安区妇联发挥“两个独特作用”，常态化开展寻找“最美家庭”活动，深化文明家庭创建。全年推荐323户家庭获评省、市、区最美家庭、文明家庭、绿色家庭。其中，大嶝街道田乾社区郑水忠家庭、内厝镇锄山村宋旭明家庭获评福建省“最美家庭”；金海街道澳头社区蒋苗旋家庭、新圩镇东寮社区陈和同家庭获评福建省“绿色家庭”；洪水番家庭等11户家庭获评厦门市“最美家庭”。吴亚龙林巧云家庭获评厦门市十佳“最美家庭”。黄满水家庭等62户家庭获评厦门市“最美绿色家庭”。与区德孝教育促进会联合通报表扬100名德孝好媳妇。线上线下举办家庭教育公益讲座55场，受益家长近2.5万人。

【贫困妇女儿童关爱】 2021年，翔安区妇联开展“爱心厦门·温暖巾帼情”妇女儿童关爱服务活动，精准帮扶特殊困难妇女儿童群体。春节期间，慰问175名困境妇儿，发放慰问金15.11万元。开展“欢庆‘六一’节，为贫困儿童‘送’读”活动，为全区250名儿童赠送6.5万元书籍；配合开展“两癌”筛查8000例，为11名患癌贫困妇女争取市妇联救助金11.57万元。

【“两纲”终期评估】 2021年，翔安区妇联委托厦大课题组开展《翔安区妇女发展纲要（2011—2020年）》和《翔安区儿童发展纲要（2011—2020年）》（简称“两纲”）终期评估。翔安区“两纲”12个领域、101项重点监测指标中，97项达到终期目标，达标率为96%，位居全市前列。

【妇女微家创建】 2021年，翔安区妇联重点推进“三新”（新领域、新阶层、新群体）领域妇联组织覆盖，强化党建带妇建，创建12个特色“妇女微家”，推行“微家+精准服务”，渐次扩大妇联组织建设工作覆盖面。

【新冠疫情防控】 2021年9月，翔安区妇联组织干部职工及巾帼志愿者8000多人次，增援村（社区）疫情防控；关爱隔离点妇儿，发动40名爱心妈妈为3个隔离点、424名儿童捐款捐物，总价值6万元。向隔离区群众发放5000份《一封信》，成功化解2起危机事件。

【网上妇联建设】 2021年，翔安区妇联扩大交友圈，以“妇联通”为平台，以微信群为网络，以妇女儿童需求为导向，做到线下有活动、线上有声音、互动常态化、沟通零距离，形成“一呼百应”的号召效应。全年翔安区妇联微信公众号推送707篇文章，点击阅读量3.59万人次，关注人数2138人，形成联系网、工作网、服务网整体合一的“互联网+妇联”新格局。

（洪　笑）

厦门市翔安区科学技术协会

【概况】 2021年，厦门市翔安区科学技术协会（以下简称翔安区科协）突出科普价值引领，强化创新思维，围绕翔安区经济社会发展大局，团结带领广大科技工作者，普及新冠病毒疫苗知识，提升全民科学素质。内厝中心小学3D社团在全国、省、市、区级各项科技比赛中取得优异成绩，其中黄宇浩、黄文岑获全国3D大赛年度总决赛二等奖、福建省赛区特等奖，市赛金牌2枚、银牌9枚、铜牌15枚；大嶝中心小学科技教育取得成果，学生在省、市各级科技比赛中获奖90多人次。

【“三农”科普宣传】 2021年，翔安区科协提高基层科普工作者素质和能力，增进社区工作交流，邀请厦门市科协专家到新圩镇面前埔村、桂林村、乌山村开展科学种植培训；配合市科协，组织各镇社区科普工作者参加科普下乡活动，将推广实用技术与提高农民科学素质相结合，培养有文化、有技术、会经营的新型农民。

【食品安全宣传】 2021年，翔安区科协结合科技活动周，邀请食品专家走进巷东中学，开展食品安全科普宣传。全区建成6米长科普宣传栏20个、高标准科普画廊51个，进行食品安全宣传，科学防控新冠疫情。

【科普教育调研】 2021年3月26日，翔安区科协主席苏宜远带领区科协机关一行，深入翔安区诗坂中学青少年科学工作室，厦门金莉园种苗科普教育基地、厦门岩谷咖啡种植科普教育基地开展科普教育宣传调研。

【黄厝村青少年科学工作室兴建】 2021年12月，翔安区科协与内厝镇黄厝村共建的黄厝社区青少年科学工作室建成投入使用。项目经费来源为市科协补助6万元，翔安区财政科普经费资助10万元。

【翔安区第三届中小学创客大赛】 2021年12月4日，由翔安区教育局、翔安区科协、翔安区委网信办、厦门大学电子科学与技术学院联合主办，翔安区教师进修学校、厦门市志翔中学承办的翔安区第三届中小学创客新大赛开赛。全区2218名学生参赛。比赛项目含9项信息技术类和6项智力挑战。该届中小学创客大赛决赛共评一等奖187个、二等奖355个、三等奖724个。

【多媒体科学普及】 2021年，翔安区科协委托厦门梅高文化传媒有限公司翔安分公司开展“2021年翔安科普开创智慧生活”科普宣传活动，分别以文字、短视频、语音形式向镇（街）、公共场所、市科协网站推送。全年制作科学防疫科普、食品健康科普、学生心理健康科普、乡村振兴科普、农业科普、改革创新科普6个短视频，开创科普宣传新方式。

【科普宣传栏维护】 2021年，翔安区科协主动作为，对全区72个高标准科普宣传栏逐个进行检查，发现17个科普宣传栏出现破损，组织人员维修，维修经费3.1万元。

（郑运德）

厦门市翔安区归国华侨联合会

【概况】 2021年，厦门市翔安区归国华侨联合会（以下简称翔安区侨联）履行服务经济发展、依法维护侨益、拓展海外联谊、积极参政议政、弘扬中华文化、参与社会建设工作职能。翔安区是福建省重要侨乡和台胞祖籍地，有旅外侨胞8万余人、归侨侨眷6.8万人、港澳同胞1.5万人、台湾同胞近40万人，92个海外社团，分布于世界30多个国家和地区。翔安区侨联属县级侨联，辖大嶝街道、新店街道、马巷街道、香山街道、内厝镇、新圩镇6个镇（街）侨联和澳头华侨联谊会1个直属社团；有翔安区、新圩镇2个省级“侨胞之家”，厦门澳头社区侨胞之家1个“省级侨胞之家示范点”。翔安区侨联创新侨务机制，在《厦门日报》刊发《古厝载乡愁，侨情暖四海》专题报道。

【助侨帮侨行动】 2021年，翔安区侨联坚持“以人为本、为侨服务”宗旨，落实各项惠侨政策。发展侨界公益慈善事业，协助省、市侨联开展“侨界志愿者服务”“侨商侨青助学”“温暖送百家、真情暖侨心”等系列活动，了解老归侨和困难归侨侨眷实际，发动侨界爱心单位和个人力量，以侨助侨、以侨帮侨，做好重病困难侨胞资助、中高考助学，做到应帮尽帮、应助尽助。开展“暖侨行动”，为翔安区24位归侨、侨胞送去关爱和祝福。

【海外联谊拓展】 2021年，翔安区侨联树立大侨务理念，拓展海外联谊视野，以亲情、乡情、友情为纽带，扩大联谊“朋友圈”，搭建交流合作平台。传承弘扬中华文化，鼓励民间宗亲交流联谊，结合党史学习开展宣传月活动，培育归侨侨眷社会主义核心价值观，弘扬中华优秀传统文化，讲好翔安故事，传递中国好声音。关注海外侨情疫情变化，守望相助，内外联动防控疫情，做好外防输入工作，创新网上云端祭扫模式。

【基层侨联建设】 2021年1月28日，厦门市、翔安区两级侨联领导到澳头社区华侨联谊会所在地澳头古厝闽侨文史馆，为省级“侨胞之家”示范点授牌。翔安区侨联贯彻落实《新时代加强基层侨联建设的指导意见》，推动省级“侨胞之家”示范点建设，提升基层侨联为侨服务水平。

【澳头联心侨义工服务队】 2021年5月1日，澳头联心侨义工服务队成立。义工服务队以闽侨文史馆为阵地，依托联谊会设立的闽侨寻亲网站和“闽侨失散亲人寻亲服务中心”海外服务联络点等平台，招收国内外爱心人士参加义工队，开展侨胞侨属联谊工作。义工服务队有登记在册的义工人员近百名，发布寻亲消息100多条，找到5位失散亲人。

【“大路朝阳”侨史馆揭牌】 2021年12月21日，翔安区侨联协助内厝镇筹建的“大路朝阳”侨史馆正式揭牌。侨史馆由柯朝阳故居和陈强、李和无偿出借的古厝组成，面积500余平方米，馆内设有侨界历史、侨界精英、侨乡影像等版块，展示内厝爱国华侨柯朝阳等人下南洋谋生创业、支援祖国革命事业和家乡建设的事迹。

（梁　红）

厦门市翔安区社会科学界联合会

【概况】 2021年，厦门市翔安区社会科学界联合会（以下简称翔安区社科联）发挥“认识世界、传承文明、创新理论、咨政育人、服务社会”功能，启动“1+X”联动模式，通过与翔安区委宣传部、区文联、区图书馆等部门和单位联合协作，整合项目、资源、阵地等各种要素，发挥“联”的作用。借助新时代文明实践中心，将社科联的人才优势、课题优势和新时代文明实践中心受众覆盖面大的特点有机结合，建设多个社科普及基地，发挥社科普及服务群众等作用。

【社科讲坛与讲座】 2021年，翔安区社科联在中国共产党成立100周年之际，以“听党话、感党恩、跟党走”为主题，邀请高校社科类教授走进马巷街道后亭社区、翔安区图书馆、厦门乾翔大管家企业服务有限公司、翔安区消防救援大队及希元书院，举办社科知识讲座。全区1000余人参加听讲，形成统筹推进哲学社会科学繁荣发展的强大合力。

【社科普及活动】 2021年12月1—7日，翔安区社科联开展以“永远跟党走　谱写新篇章”为主题的社科普及周活动，贯彻落实《福建省社会科学普及条例》，因受新冠肺炎疫情影响，活动以云科普为主，参与人数11.37万人次。

【线上社科知识竞答】 2021年，翔安区社科联开发小程序，开展线上知识竞赛，通过线上“学习+答题”的互动形式，了解翔安马塘精神和英雄三岛精神内涵。以社科知识为竞答题，答题者可获得相应的福利红包，创新形式、增强活动互动性。

【社科普及咨询活动】 2021年，翔安区社科联组织社科学会、社科研究单位和有关部门的专家、学者走进内厝镇黄厝村，开展党史宣传教育、社会科学知识普及咨询、政策法规宣传咨询、社科普及读物赠阅展销、地方优秀历史文化展演等普及咨询活动。

（翔安区社科联）

厦门市翔安区文学艺术界联合会

【概况】 2021年，厦门市翔安区文学艺术界联合会（以下简称翔安区文联）围绕中心，服务大局，打造精品，服务群众，以中国共产党成立100周年为契机，调动文艺创作力量，拍摄《开国将军彭德清》纪录片，《海角往事——翔安百年记忆》《让历史文脉更好传承下去》《翔安红砖古厝保护》专题片等系列影像作品，向中国共产党成立100周年献礼。

【文艺活动】 2021年，翔安区文联结合党史学习教育，发挥文艺工作者的优势，以群众喜闻乐见的文艺形式，开展宣传引导。策划开展庆祝中国共产党成立100周年专场活动，“翔安红·心向党”翔安区庆祝中国共产党成立100周年文艺晚会；举办18场“阅读点亮人生”读书分享会；开展“红心永向党　砥砺再前行”线上图片展。

【对外文化交流】 2021年3月20日，翔安区文联推动对外文化交流，在金海街道澳头社区厦门北欧当代艺术中心举办“星际玫瑰”跨界艺术展；5月11日，在澳头社区文学馆举办黑白青大师陶瓷作品联展，让观众一睹建窑建盏、德化白瓷及同安窑珠光青瓷的风采。

【文艺创作】 2021年，翔安区文联号召全区文艺工作者关注时代、精准选题、精心创作。翔安区理论宣讲轻骑兵、翔安区马巷中心小学教师戴燕燕创作的《勤俭是咱的传家宝》以闽南童谣的形式宣传弘扬党的优良作风，既引导学生爱上闽南文化，也丰富了党史教育内容。翔安区新文艺组织和新文艺群体投入疫情防控主题文艺创作，创作《翔安教育志愿红》《厦门防疫有措施》《全面筛查　不漏一人》等100余件优秀文艺作品。

【文艺成果】 2021年，翔安区文艺成果获得多项奖励。其中，高甲现代小戏《送枪》在第三届“华东六省一市现代地方小戏大赛”中获金奖，《来弄龙》获第十五届海峡两岸读册歌电视大赛一等奖，《我爱你我的中国》获福建省第十四届音乐舞蹈节声乐作品三等奖，答嘴鼓《庆辉煌　说百年》获“曲颂党恩——庆祝中国共产党成立100周年”福建省第四届“丹桂奖”大赛厦门赛区二等奖。

（林湘梅）

厦门市翔安区残疾人联合会

【概况】 2021年，厦门市翔安区残疾人联合会（以下简称翔安区残联）以残疾人需求为导向，以突出残疾人康复和就业两项工作为重点，增进残疾人民生福祉。全区有各类持证残疾人9438人。其中，视力残疾450人、听力残疾537人、言语残疾192人、肢体残疾4630人、智力残疾907人、精神残疾2014人、多重残疾708人。全区享受居家护理补贴5365人，享受生活困难补贴3597人，享受一户多残补助255户、530人。

【残疾人康复服务】 2021年，翔安区残联将有共同康复需求的残疾人组织起来，以大嶝街道为试点、以村（社区）为单位成立残疾人康复互助小组。引导医疗机构、社工机构和志愿者共同参与，形成专业团队，实行优先保障和重点康复扶持，入户为小组成员提供康复理疗培训和辅具知识培训8场次，促进康复治理效能最大化。以厦门市第五医院残疾人康复培训基地为依托，聘请专家定期为残疾人、康复协调员和志愿者等人员，开展康复训练技能、家庭康复护理等培训课程。课程采用“集中授课+社区实践+家庭指导”的三结合模式，全年开展各类康复培训15场次。实时掌握残疾儿童的数量、类别和康复需求等情况，实行政策“叠加”补助措施，在市残联补助的标准上，出台区级补助政策，减轻残疾儿童家庭困难，确保残疾儿童都能得到康复救治。翔安区发放康复训练补助、辅具适配补助和人工耳蜗植入补助等各类儿童康复救助金249.87万元、救助323人次。其中，市级补助资金150.31万元，区级补助99.56万元。

【残疾人教育资助】 2021年，翔安区残联组织对残疾人学生和困难残疾人家庭子女就学情况进行走访摸底。全年资助残疾学生409人，困难残疾人家庭子女300人；幼儿园接收残疾人儿童补助5家，共计104.16万元，缓解残疾人及困难残疾人家庭子女在求学过程中的经济困难。联合教育部门、特殊教育学校开展调查摸底，建立档案，开展“送教上门”活动，实施文化、健康、科普、安全等知识教育宣传，兜底保障。开展“六一”儿童节关爱残疾儿童慰问活动，为387名残疾儿童发放慰问金每名500元。开展“雨露育青苗”结对帮扶活动，对孤困儿童实行一对一结对帮扶，协调厦门高一笔业有限公司为残疾儿童捐赠自动笔、圆珠笔等文具套装300多件。

【残疾人就业培训】 2021年，翔安区残联依托子轩残疾人职业培训学校、青创会和爱心企业，探索引进手工新项目，为福乐家园等机构学员和残疾人家庭提供技能培训。组织13人参加电商岗前培训，从培训到就业一站式服务，为残疾人提供精准化帮扶。推选7名残疾人参加PS图片处理培训，经考核获得结业证书，由厦门三原摄文化传媒有限公司甄选录用或扶持创业。组织7名盲按人员参加市举办的盲按交流会和现场技术指导活动。组织残疾人参与就创平台的作品展示活动，展示工艺品、书法等技能作品 30 件。

【残疾人就业平台搭建】 2021 年，翔安区残联组织各用人单位与残疾人求职者面对面洽谈交流，为残疾人搭建就业平台，举办“就业援助月”“全国助残日”等残疾人就业专场推介会活动 5 次，采取集中就业、分散就业、辅助性就业和个体就业等方式安排残疾人就业。利用假期高校毕业生返乡时机，对 5 名残疾人应届大学毕业生入户走访，掌握就业意向和培训需求，填写需求服务调查表，建立毕业生档案和帮扶清单，为大学生进行“一对一”就业指导，5 名毕业生就业率 100%。联合厦门元玺咨询公司指定残疾人和工作者“心理素质提升”专项活动计划方案，通过团体和“一对一”辅导的活动方式，组织残疾人服务机构学员参加心理辅导和职业能力测评，提升就业意愿，帮助恢复“四信”。全区开展 6 场辅导活动，150 人次参与。

【爱心助残】 2021 年，翔安区残联配合区委组织部做好困难户摸底工作，提高爱心结对精准性。全年新增结对帮扶困难残疾人 46 人。根据残疾人需求，投入 17.79 万元，分 2 批完成 114 户残疾人家庭无障碍设施改造，改善残疾人的居住条件，提高残疾人生活品质和居家自理能力。通过开展“结对共建‘爱心屋’、践行爱心消费”“爱心打卡日”等活动，推行“线上 + 线下”销售双线并轨，实现规模效益。上半年，全区 6 家“爱心屋”营业总额 410 余万元。

【残疾人文体活动】 2021 年，翔安区残联推动“学党史、听党话、跟党走”活动向基层延伸、向残疾人群众覆盖，成立首支残疾人文艺宣传小分队，以“线下展演 + 线上直播”形式，由残疾人自导自演，以中国共产党成立 100 周年、全国助残日、国际残疾人日为契机，到各个镇（街）举办 10 场“助梦飞翔”专题助残文艺演出，线下服务残疾群众近 2000 人，线上观看直播群众近 3.6 万人。5 月 14 日，在闽篮城市广场举办翔安区第 31 次“全国助残日”专场文艺演出，为残疾人提供展现自我的舞台，现场摆摊设点，开展盲按、医疗义诊和宣传扶残助残政策等志愿服务活动。

【残疾人综合服务中心建设】 2021 年，翔安区残联按照“小园区、大世界，小空间、大格局”理念，生态与生活相结合、健身与养生相统一，把规定的功能与福乐家园、残疾人协会活动场所进行整合，与翔安区养老中心医疗、餐饮等相关功能对接，进行高标准规划建设。项目建设方案经翔安区政府专题会和区政府重大项目会研究通过，建设项目已被纳入区级年度固投任务，总投资概算 960 万元。其中，项目装修工程 709 万元，资金由区级财政统筹。

【第五届全国残联专职委员知识竞赛】 2021 年，翔安区残联明确工作标准、保障制度约束等方面形成典型经验和做法，多次被省、市残联通报表扬。筹备第五届全国残联专职委员知识竞赛，采取下发题库自行复习、区分小组集中练习、面对面交流学习、微信群分享学习等方式，通过模拟竞赛进行系统拔高，在初赛中以 98% 满分率的成绩代表福建省参加知识竞赛决赛。这是翔安区残联连续两届代表福建省参加全国决赛，获第 20 名，比 2020 年决赛排名前进 3 名。

（王　勇　戴晓丽）

厦门市翔安区红十字会

【概况】 2021 年，厦门市翔安区红十字会（以下简称翔安区红十字会）围绕“人道传播、生命救护”核心职能开展工作，推进红十字基层组织建设。全区 9 个镇（街）红十字会，120 个村（社区）成立基层红十字会，70 所中小学成立学校红十字会，初步建成翔安区红十字工作组织网络。

【“博爱送万家”活动】 2021 年元旦、春节期间，翔安区红十字会组织工作人员、红十字志愿者走访慰问困难户 300 户，慰问款物 20.82 万元。

【人道救助】 2021 年，翔安区红十字会、镇（街）红十字会常态化开展人道救助工作。全年救助 76 名困难群众，救助 27.8 万元。郭金聪红十字爱心帮扶基金、柯依达爱心红十字专项帮扶基金，关爱 60 岁以上老人 1610 人，捐款 28.4 万元。

【应急救护培训】 2021 年，翔安区红十字会组织开展 160 场应急救护公益培训活动，培训 1.43 万人次；开展持证培训 11 场，有 723 人取得救护员证书；选送 5 名红十字志愿者参加市红十字会组织的初级救护师培训，取得救护师资格证书。

【红十字助学活动】 2021 年，翔安区红十字会组织协调 3 家爱心企业、1 名爱心人士为翔安区 11

名家庭特别困难的学生每月提供300～600元的生活费补助，共计6.76万元。

【无偿献血活动】 2021年6月28日，翔安区红十字会与区直机关党工委、区委文明办纪念第十八个世界献血者日，共同组织“2021年翔安区直机关、文明单位无偿献血活动”，发动国企翔发集团开展无偿献血活动。全区600余人参与活动，献血423人，总献血量10.88万毫升。

【“99公益日”活动】 2021年9月7—9日，翔安区红十字会联合区委文明办、爱心办共同发文部署，利用微信群等线上媒介进行宣传，发动全区文明单位参与献爱心活动。翔安区全体干部职工、社会力量捐献爱心，有168个团队、1.89万人次参与爱心捐赠，募集爱心款19.3万元，全部用于“爱·过年情暖厦门”公益项目。

【红十字应急救护培训基地投入使用】 2021年5月8日，翔安区红十字应急救护培训基地、红十字博爱驿站二馆合一揭牌并投入使用，选址在翔安区公共卫生大楼6楼。场馆由红十字运动文化、交通安全、家庭安全、消防安全、创伤救护、溺水安全、地震安全等宣传培训和实践模块组成。

（李瑞杰）

厦门市翔安区计划生育协会

【概况】 2021年，厦门市翔安区计划生育协会（以下简称翔安区计生协会）围绕健康厦门建设和卫生健康工作，聚焦生育关怀与家庭健康，推进计生协会“六项重点任务”落实。翔安区有计生协会组织161个，其中镇（街）计生协会9个、村级计生协会120个、企业计生协会31个，村（社区）计生协会小组1125个；协会小组长1138人，会员3.24万人。43个村（社区）计生协会达到省级计生基层群众自治“六好”示范村（社区）标准。

【生育关怀行动】 2021年，翔安区计生协会以服务计生群众为落脚点，围绕计划生育家庭需求，拓宽服务领域，通过直接救助、项目帮扶、购买服务等多种方式，建立和完善关怀扶助计生家庭工作机制，增强计生家庭获得感、幸福感。全年投入生育关怀资金680万元，开展农村计生帮扶、幸福工程、金秋助学、紧急救助、计生家庭意外伤害保险、儿童早期发展等生育关怀项目，惠及3.7万户计生家庭。

【计生特殊家庭关怀】 2021年，翔安区计生协会投入12.33万元，为179户计生特殊家庭、411人投保每人300元的住院护理补贴保险，赔付21起，赔付金额15.49万元。曾坂社区“暖心家园”项目点，通过购买服务，根据计生特殊家庭的个性化需求，提供家政、心理疏导和亲情关爱等暖心服务。

【优生优育指导】 2021年，翔安区计生协会贯彻落实国务院、省、市《关于促进3岁以下婴幼儿照护服务发展的指导意见》，发挥翔安区儿童早期发展指导中心的示范带动作用，开展“优生优育进万家活动”，建立“向日葵亲子小屋”，在79个村（社区）开展亲子活动30场次、科学育儿知识讲座16场次；建立79个公益早教微信群，推送育儿文章600余篇，发放早教宣传品800份，育儿宝典1200本，服务家庭923户1307人。

【青春健康教育】 2021年12月1日，翔安区计生协会联合厦门大学举办第34个“世界艾滋病日”主题宣传活动。翔安区计生协会发挥厦门大学翔安校区青春健康教育基地作用，开展青春健康进中学、进社区、进家庭活动，在1所中学、2个社区开展健康知识与艾滋病防治宣传；在1所中学、5个社区开展青春健康项目家长培训，举办家长培训讲座13场次，1025位家长参与。

【计生家庭维权】 2021年，翔安区计生协会各级法律援助站（点）开展普法宣传教育和法律援助服务，向计生家庭宣传法律知识，帮助计生困难群众协调解决涉法问题。全年开展法律援助宣传培训活动41场次、提供法律咨询709人次，维护计生家庭的合法权益。

【家庭健康宣传与调查】 2021年，翔安区计生协会推进健康翔安建设，开展“健康知识进万家”“暖心大学堂”等宣传服务活动，向群众普及健康知识，传播健康理念，促进养成健康生活方式，提升居民健康素养。组织参加第五次中国城乡老年人生活状况抽样调查工作，通过宣传培训、入户调查、审查校验等方式对9个镇（街）20个村（社区）400位60周岁以上老年人的家庭状况、健康状况、经济状况和照料护理状况等进行全面调查，按时完成抽样调查数据采集和报送工作。

（顾惠平）

法 治

政法与综治

【概况】 2021年，中共厦门市翔安区委政法委员会（翔安区委平安建设办公室）(以下简称翔安区委平安办）以打造最具安全感城区为目标，做好保安全、护稳定、创平安、促发展各项工作，为统筹推进疫情防控和经济社会发展，创造安定稳定的社会环境。全区层层签订平安建设工作责任书，逐一分解任务，明确工作责任，形成一级抓一级、层层抓落实的平安工作责任制。上半年，翔安区平安“三率”3项指标位居厦门市第一、全省前列；下半年，厦门市对镇（街）平安“三率”测评，翔安区9个镇（街）群众安全感满意率100%；全年群众安全感满意率平均值为99.51%，位居厦门市第二。翔安公安分局海上缉毒做法由国家禁毒委、全国打私办向全国推广；区检察院的调研文章和小说《冬日的暖阳》，获最高检的奖励；区法院获评全国法院“数助决策”专题研究示范应用特等奖，“三治融合”诉非联动解纷改革经验入选《人民法院司法改革案例选编（十一）》；区司法局“谁执法谁普法”动态智能普法管理模式获第六届“中国法治政府奖”；新圩司法所获评首批五星司法所、全国模范司法所。

【平安经费保障】 2021年，翔安区政府把政法平安工作经费纳入财政预算。全年支出2074万元用于“雪亮工程”、道路红绿灯、电子警察设施、公共安全视频监控系统等建设；投入1328.42万元在全区范围内推出社会治理综合保险项目，解决群众“因病返贫”问题，理赔给付1824.54万元，实现项目受益最大化的目标。

【交通安全管理】 2021年，翔安区委平安办深化道路交通安全综合整治三年专项行动和“减量控大”工作机制，结合文明城市创建交通专项整治工作，建成交通红绿灯29座，电子警察25处，整改道路安全隐患438处，查处现场交通违法行为10.72万起，比上年上升33.1%。安装完成82个“文明交通远程喊话劝导系统”、24处人行道倒计时装置。开具交通综治督导单21张，涉酒驾驶亡人事故比前三年下降55.02%。

【治安防控体系】 2021年，翔安区委平安办加快“雪亮工程”联网建设应用，建成联网视频监控1.33万路，联网覆盖83个行政村，部署视频图像围栏应用1000路。新接入翔安区其他部门二类前端摄像机3961路、三类前端摄像机1658路，推动智慧安防小区运用。全区128个村（社区）科学划分为550个基础单元网格，均配备社区网格员和平安志愿者。全年投入214.2万元在120个村（社区）开展护村巡逻；投入52.5万元组织民兵预备役参与夏季治安巡逻，辖区可防性案件得到有效遏制。

【扫黑除恶专项斗争】 2021年，翔安区委平安办建立健全常态化扫黑除恶斗争机制，保持对黑恶势力违法犯罪的高压态势，夯实基层组织建设，联合抓好换届选举和四大重点行业领域专项治理工作，强化涉旅游乱象打击整治，延伸服务保障海域退养、征地拆迁等重点工作，不断完善综合治理体系。全年判决黑恶案件3件、20人；公诉4起、19人，破获涉恶团伙2个。采取“二级筛三级督”方式，经两轮筛查，党纪立案1件1人，运用第一形态处理2人。

【打击违法犯罪】 2021年，翔安区委平安办着眼完善打击突出违法犯罪机制，优化反诈工作专班建设，提升小案快侦经验，严打群众反映强烈的黄赌毒、食药环、黑拐枪违法犯罪。全年破获电信网络诈骗案件303件，破获盗窃案件175件，侦破黄赌刑事案件119件，破获毒品案件21件，捣毁贩毒团伙 6 个，清查收缴枪支 19 支。电诈百案抓获数和“断流”专项成绩全市排名第一；缉枪治爆、飓风肃毒、打击文物犯罪等专项整治成效位居全市前列。

【社会矛盾纠纷化解】 2021 年，翔安区委平安办探索重大项目“伴随保障”调解新模式，全市首创村居调解“两员三入”工作法，发挥村（社区）“两员”优势作用，宣传政策“入眼”“入耳”“入心”，建立“信访评理室”126 个，总结提升“左邻右里一家亲”“和事堂”调解室等品牌项目，矛盾纠纷调解率 98%，“治重化积”任务化解率达 99.1%。全区各级各类人民调解成功排查、调处各类矛盾纠纷 2722 起，涉案金额 3.45 亿元，成功调解案件数比上年提升 77.21%，涉案金额比上年增长 76.02%。商办类房地产处置项目销号 9 个。按照“应评尽评”原则，组织对翔安区省、市、区重点工程项目风险评估 93 次。

【特殊人群管理】 2021 年，翔安区委平安办推出全市首部社区矫正法动漫宣传片，采用腾讯“问卷星”小程序等信息化监管手段，强化社区矫正对象管控工作，未发生因监管不严导致脱管、漏管和重新犯罪的情况。全年组织未成年社区矫正对象心理团辅（一个心理老师对多个学员的共同心理问题进行辅导）4 场次，开展心理疏导 45 人次，未发生未成年人在校生被法院作有罪判决的情况。

【平安创建】 2021 年，翔安区委平安办推进家安、路安、食安、业安、心安“五安”工程，提升社会治理综合保险项目保障质效，开展平安星级小区创建，加快推动社会治理智能化建设，深化“平时化解、战时稳控”机制，完成庆祝中国共产党成立 100 周年等重大安保维稳任务。构建党政军警民合力固防格局，创新沿海管防，查处偷渡私渡人员，海上毒品犯罪、涉海新冠疫情连续两年“零发生”。

【政法领域改革】 2021 年，翔安区委平安办坚持以改革创新驱动政法工作高质量发展。翔安区检察院运用全省首个公益诉讼大数据应用平台及“拍益拍”微信小程序，古树保护、自动售货机专项整治等案件取得较好成效；贯彻落实“少捕慎诉慎押”刑事司法政策，推行的“223”模式入选全省基层检察院建设典型事例。

·小资料·

“223”模式：一是建立“两个机制”：建立督促机制，转变固有思维模式；建立容错机制，提升办案人员信心。二是聚焦“两个重点”，细化不捕不诉标准，办案时重点考量特殊群体、常见轻罪罪名、认罪悔罪态度三个因素；提升不捕不诉准确性，办案时重点发挥“阶梯式”听证、“检调对接”两个工作机制。三是做好“三篇文章”：做好刑衔接“文章”，做好社会帮教“文章”，做好诉源治理“文章”。

【翔安区人民调解员协会成立】 2021 年 11 月 21 日，翔安区人民调解员协会第一次会员代表大会召开，55 名会员代表参加会议。该协会由翔安区人民调解员、人民调解团体以及其他从事人民调解工作的组织和人员组成，旨在创新调解工作理念、工作机制和方式方法，加强业务培训，提高调解员预防化解矛盾纠纷的能力水平。截至年底，翔安区有各类人民调解组织 167 个，人民调解员 1300 余名。

（黄鸿利）

法治政府建设

【概况】 2021 年，翔安区持续推进规范性文件管理、行政裁决、行政复议和行政应诉工作。制定《法治翔安建设规划（2021—2025 年）》，对法治建设五年发展做出规划，将其纳入翔安区“十四五”发展总体规划和年度翔安区政府工作计划。全年审查区政府及区直部门规范性文件 9 件，向厦门市政府、翔安区人大报备 2 件；开展区政府规范性文件全面梳理工作，现行有效的规范性文件共 29 件。办理各级人大议案建议 161 件、政协提案 186 件。通过“三个强化”推进法治政府创新工作，为建设一流营商环境提供良好的法治环境。

【放管服改革】 2021 年，翔安区司法局推动放管服改革，以全省唯一区级相对集中行政许可权改革试点为契机，集中 8 个部门、283 项区级行政审批服务事项，打造相对集中行政许可权改革试点工作示范区。推进“互联网 + 监管”，以“不见面审批”将更多事项纳入“秒批秒办”“免申即享”。推进行政审批事项“五级十五同”，户籍、社保和公积金办理等 68 项事项实现“跨省通办”，行政许可全程网办率达 100%。

【行政复议改革】 2021 年，翔安区司法局推行行政复议改革，制定《翔安区行政复议体制改革实施方案》，统一受理全区行政复议案件

64 件，纠错率 26%，办理行政诉讼案件 92 件。组织开展行政执法人员培训讲座 4 期。发挥行政复议化解行政争议主渠道作用。全区行政机关负责人参与行政诉讼，出庭应诉率 98%，居全市第一。

【政府法律顾问团建设】 2021 年，翔安区司法局发挥翔安区政府法律顾问团法律参谋作用，做好镇（街）析置等全区重大行政决策合法性审查工作，为翔安区东部体育会展新城建设、厦门新机场阳塘整村搬迁等重点项目提供法制保障，参与东坑湾虾池争议、商办类房产项目违约处置等重大疑难案件处理，提供专业法律意见，共出具各类法律意见书 73 份，参与区政府常务会、区长办公会、各类专题会议 67 场次。

【翔安区动态智能普法管理模式入围“中国法治政府奖”】 2021 年 12 月 20 日，翔安区“谁执法谁普法”动态智能管理模式入围第六届“中国法治政府奖”。翔安区作为司法部基层司法行政联系点，在全国创新性地构建平台 + 考核体系为一体的落实载体，以动态智能普法管理平台为工作中枢，以绩效考核为抓手，解决单向联系、手工统计、信息共享困难、工作效率低等问题，实现一站式电子档案集中管理。

（翔安区司法局）

公　安

【概况】 2021 年，厦门市公安局翔安分局（以下简称翔安公安分局）围绕维护国家政治安全社会稳定目标任务，战疫情、防风险、保安全、护稳定，完成重大活动安保维稳任务。创新运用“四查”举措，筑牢同安翔安临界疫情防控坚固防线做法得到市领导批示肯定，向全市推广。全年立案各类案件 2117 件，破获 1375 件，破案率 64.95%，比上年提高 12.28%；抓获犯罪嫌疑人 1661 人，为群众挽回经济损失 93.73 万元。

【社会稳定维护】 2021 年，翔安公安分局融入翔安区新发展格局，以护航地方经济发展大局为目标，做好厦门新机场、东部体育会展新城、同翔高新区等重大项目安全保卫工作，确保重大项目建设安全有序推进。对接理顺新机场建设安保工作机制，优化调整新机场建设安保模式，发挥属地管理优势，做好新机场片区安全保卫工作。强化东部体育会展新城、琼头浪漫海岸线三期等重点部位矛盾纠纷排查与治安巡逻防范。圆满完成中国共产党成立 100 周年庆祝活动安保维稳任务和海峡论坛、“9·8”中国国际投资贸易洽谈会、厦门经济特区建设 40 周年、金鸡百花电影节、村（社区）“两委”换届选举等大型活动安保 30 余场次、警卫任务 8 批次。

【翔安公安分局打防并举保平安】 2021 年，翔安公安分局坚持打防并举保平安，升级打击防范手段，加强涉政、涉民生领域的专案侦查力度，营造安全稳定社会环境。完善打击突出违法犯罪机制，优化反诈工作专班建设，在研判预警、见面劝阻、打击整治方面升级手段，破获电信网络诈骗案件 303 起，抓获电诈犯罪嫌疑人 318 人。固化提升小案快侦经验，破获盗窃案件 175 件，入室盗窃破案率 92.86%；严打群众反映强烈的黄赌毒、食药环、黑拐枪违法犯罪，侦破黄赌刑事案件 119 件，破获毒品案件 21 件，捣毁贩毒团伙 6 个，清查收缴枪支 19 支，子弹 722 发，炸药 8 千克。其中，电诈百案抓获数和“断流”专项成绩全市第一；缉枪治爆、飓风肃毒、打击文物犯罪等专项整治成效位居全市前列。推动扫黑除恶专项斗争常态化，巩固专项斗争成果，保持对黑恶违法犯罪的严打高压态势，起诉涉恶案件 2 件，打掉网上恶势力犯罪集团 2 个，八类严重暴力犯罪案件破案率 100%，九类线下案件破案率 90.57%。固化线索核查、提级管辖、打财断血、打伞破网等成熟做法，开展重点行业、重点领域清理整治活动。

【涉稳风险化解】 2021 年，翔安公安分局在全国“两会”、中共十九届六中全会、省市党代会等重大活动期间做好地方安保维稳工作，搜集涉稳情报信息 770 条。针对商办地产、征地拆迁、入学划片等重点涉稳区域，主动作为，策应党委、区政府做好矛盾化解和风险防控工作。开展矛盾纠纷、信访积案排查化解攻坚，加强全区公安派出所驻所调解室和调解员队伍建设，摸排矛盾纠纷 4772 起，调处 4668 起，调解率 97.8%。公安部、省公安厅交办信访积案和政法队伍教育整顿举报平台涉法涉诉信访案件化解率 100%。

【反恐安保维稳】 2021 年，翔安公安分局树立反恐安保维稳“一盘棋”思想，健全完善反恐怖责任体系，落实社会面巡防管控、反恐维稳、突发警情处置等工作，加强协作配合，形成安保维稳工作合力，实现“零风险”目标。根据节日治安特点，翔安公安分局加密巡逻，强化武装联勤防控，开展马巷、新店商圈等人员密集

2021 年 9 月 22 日，翔安公安分局组织民警到同安增援疫情防控工作

（于鲁川 摄）

场所的步巡和临时盘查频次，每天 3 个巡逻组不间断车巡、步巡，“点线面”结合，提高防控能力，震慑各类违法犯罪分子。抓好区级最小作战单元建设和反恐拉动演练，深入辖区重点、重要目标开展应急处置反恐演练、培训 15 场次。

【公安助力疫情防控】 2021 年 9 月，翔安公安分局面对新冠肺炎疫情，实施“鹰眼行动”，日均投入警力 78 名、保安员 195 名，高标准落实 8 家隔离酒店、3 家非酒店隔离场所的安保措施，补齐门禁系统 5086 个、监控 2381 路，确保 4004 名隔离观察对象安全。服务流调溯源，核处协查指令 17 条，协助研判密接 2 人、次密接 138 人、涉疫人员 21 人；研判马巷宾馆、金巷宾馆涉疫人员轨迹 85 人；比对涉疫手机数据 2054 条。启动 4 个市际交通检疫卡点，检查离开厦门车辆 14.25 万辆次，劝返 4.89 万辆次；查验人员 22.43 万人，劝返 7.57 万人。投入警力 1500 余人次，保障全区全员核酸检测。打击违反政府紧急状态下颁布的命令、制造谣言扰乱公共秩序等涉疫违法犯罪行为 19 起，行政处罚 22 人。派出民警、辅警 119 名增援同安防控疫情，保障中高风险地区核酸检测、社区管控等各项工作有序开展。针对同安、翔安两地特殊地缘关系，创新运用空中巡查、地面盘查、数据筛查、技防辅查“四查”机制严密防范疫情输入，出动无人机 240 余架次，增补红外监控报警设备 49 路，劝阻群众越界、物品交易等行为 140 余起，研判疑似同安流入翔安区人员手机数据 1236 条，函告反馈研判结果 63 人。

【治安突出问题整治】 2021 年，翔安公安分局紧盯辖区治安重点问题，开展打击整治“黄赌”“昆仑行动”“缉枪治爆”等专项行动，打击各类违法犯罪，创新工作机制，对辖区黄赌问题突出的重点区域开展常态化压力测试、定点清理。全年侦破涉黄赌治安案件 511 件，侦破食药环假刑事案件 79 件，涉枪刑事案件 5 件。

【重点区域管理】 2021 年，翔安公安分局在景区和非景区景点安全管理专项整治工作中，重点开展下潭尾湿地公园、滨海旅游浪漫线二期、大嶝观光园、新圩大帽山、内厝锄山、香山景区等重点区域安全隐患整治，排查安全隐患问题，完善工作机制，推动隐患整改，逐一建立工作台账、问题清单、销号清单，排查景区和非景区景点 235 处，排除风险隐患 98 处，整合视频监控接入 432 处，新增警务室 2 个、执勤点 15 个，增配执勤力量 130 人，实现景区、非景区景点安全隐患基本清零。

【行业场所管理】 2021 年，翔安公安分局在民爆危化品管控工作中，围绕危爆物品的购买、运输、存储、使用等环节，建立健全隐患排查预警机制，推进民爆治安要素管控，开展视频巡查、现场检查、突击抽查三结合，强化作业现场管理，严格落实 24 小时人员值守、民爆物品领用清退等管理要求。全年检查民用枪支单位 67 家次、烟花爆竹单位 469 家次、民爆工地 28 家次，以及易制爆化学品、剧毒化学品和放射源单位 1891 家次，整改问题隐患 40 处。

【全国文明城市创建迎检】 2021 年，翔安公安分局采取局领导分片包干制，靠前指导、蹲点督战 5 个必检路口、3 条商业大街、13 条主次干道，在主次干道及背街小巷新增停车点位 1000 余个的基础上，探索“前端检测 + 后端拦查”执法模式，创造性建立三色预警机制，抓拍 1493 人次，核实各类违章、不文明行为 350 起、369 人次，形成问题整治闭环管理，全面提升工作成效。净化辖区治安环境，按照“不留隐患、不留盲区、不留死角”的要求，对辖区网吧、校园、旅游景点、危爆企业、酒店、娱乐场所、寄递物流等重点场所、重点行业、重点路段、重点部位，对标对表进行过筛式、拉网式、滚动式、接力式检查督导，纠改各类问题隐患 55 处，查处、破获各类涉黄涉赌案件 62 件。

【交通安全管理】 2021 年，翔安公安分局深化道路交通安全综合整治三年专项行动和“减量控大”工作机制，结合文明城市创建交通专项整治工作，整改道路安全隐患 438 处，完成省级为民办实事项目 8 个。全区建成红绿灯 29 座，电子警察 25 处，查处现场交通违法行为 10.72 万起，比上年上升 33.1%。全年未发生重大公共交通安全事故，“三年提升工程”成效明显，道路交通事故死亡人数比 2016—2018 年平均值（53 人）下降 28.9%，美上路、黄山路等重点路段隐患得到治理。开展“酒后不开车、开车不喝酒”“一盔一带”“知危险会避险”“小手拉大手”等交通安全宣传。全年开展宣传 534 次，联合镇（街）发放安全头盔 2.5 万个，印发《致市民群众一封信》《致学生家长一封信》23 万份，悬挂宣传横幅 330 条，张贴交通宣传标语及海报 1.8 万张，制作发放宣传折页 4.7 万份、《致家长、学生、骑友们（车友们）一封信》2.5 万份、安全佩戴头盔倡议书 2.5 万份，通过“交安微学群”发布信息 279 条，移动短信平台发布交通安全提示信息 50 条次，覆盖 91 万人。

【海防管理】 2021 年，翔安公安分局完善五位一体合力管海治海体系，创新工作机制、深化巡防管控，优化科技运用，强化宣传发动，构建沿海管防立体防线，确保翔安沿海岸线安全稳定。探索联合整治、专项分析、案件协查、资源共享、警务合作、信息互通等协作方式，按照信息统一接收、指令统一发送、核处统一调度的原则，创新建立《海防工作指令》扁平化调度模式，破解海上疫情防控信息资源共享不畅、指挥联动效率不高等难题。全年发出海防工作指令 18 份，指令各涉海街道及派出所集中看管违规船舶 102 艘次。

【海防质效提升】 2021 年，翔安公安分局完善船舶管理制度，按照“不落一人、不漏一船”的标准，落实“四包一”“三报备”等机制。全年报备出海船舶 7.8 万艘次、渔船民 9.4 万人次。发挥海防监控指挥中心作用，对翔金海域开展 24 小时不间断巡查，实时跟踪掌握船舶与人员动态，对 122 艘船舶进行实时轨迹跟踪、巡查，劝返越线作业船舶 17 艘次、劝阻违规跨区作业船舶 85 艘次。

【沿海立体防控】 2021 年，翔安公安分局针对翔安区沿海在建工地施工围挡多，条件复杂、视野受限的实际，打造“陆上巡逻防控、海上打击整治、空中巡航预警”立体化防控体系，筑牢海防铜墙铁壁。全年查获偷渡私渡案件 13 件 13 人次，走私海产品案件 1 件 4 人，“三无船舶”没收、拆解案 1 件 1 船，无证驾驶船舶案 1 件 1 人，拒不执行紧急状态下的决定、命令案 1 件 1 人，其他船舶案件 6 件，查扣各类违规船舶 15 艘次。

【海防宣传】 2021 年，翔安公安分局通过开展海防宣传月活动、宣传车巡回宣传、制发宣传品实物、召开渔船民大会、张贴发放通告、发送宣传短信等多种方式，扩大宣传偷越边境案件线索举报奖励覆盖面，调动群众参与管海治海。全年共召开反偷渡私渡奖励金发放大会 2 场，发放奖励金 18.5 万元，制作发放实物宣传品 1.2 万份，发送宣传短信、风险预警累计 100 余万条，收集研判预警信息 115 条。

【全省首例非法超量存储油漆危险作业案】 2021 年 6 月，翔安公安分局成功破获福建省首例非法超量存储油漆危险作业案，查处清漆、稀释剂、固化剂等危险化学品约 50 吨，涉案金额 1000 余万元。

（黄　腾）

检　察

【概况】 2021 年，厦门市翔安区人民检察院（以下简称翔安区检察院）受理各类提请批准逮捕案件 406 件 583 人，审结 405 件 572 人；受理移送审查起诉案件 799 件 1055 人，审结 783 件 978 人。刑事“案－件比”为 1∶1.41，居全市第一。办理民事检察案件 10 件，发出检察建议 2 份，促成执行和解 1 件；办理行政检察案件 13 件，发出检察建议 4 份，督促函、移送线索函 4 份，推动行政争议实质性化解 4 件；办理公益诉讼检察案件 18 件，发出诉前检察建议 6 份、通报函 7 份。接收群众来信来电来访 104 件，均在 7 日内告知“已收到、谁在办”。第一检察部获评全省、全市检察机关扫黑除恶专项斗争优秀集体，办理的“黄某秋等 3 人拐卖儿童案”获评全市检察机关法律监督十佳案件，拍摄制作的微电影《音乐盒》在 2020 年度全省检察机关新闻宣传工作“百优”评选活动中获优秀微电影、微动漫、短视频作品称号。干警获区级以上表彰33人次。

【区检察院围绕中心工作履行检察职责】 2021年，翔安区检察院起诉涉疫情犯罪3人，细化分解《厦门市检察机关应对新冠肺炎疫情助力企业纾困减负的十条意见》，责任到人，落实到岗。主动服务“六稳”“六保”，防范化解重大风险。参与打击治理跨境赌博、“断卡”等专项行动，起诉49人。依法平等保护民营经济，起诉破坏社会主义市场经济秩序犯罪31人，对5家涉案企业和9名负责人不捕不诉，对10名涉企人员适用非羁押强制措施。与监察机关衔接配合，对监委移送的职务犯罪案件起诉3人，追赃挽损72万元。开展“司法救助助力乡村振兴”专项活动，用好“司法救助+保险”机制，为3个因案致贫家庭发放司法救助金19万元。践行恢复性司法实践理念，助力全市首例涉刑生态环境损害赔偿案磋商成功，赔偿金额146.84万元。开展“水环境”监督，立公益诉讼案6件，深化翔金海域生态保护专项检察活动，推动张埭桥、西岩等水库环境保护，清理违法堆放的垃圾近9000立方米，确保库区防汛排涝能力。

【社会稳定维护】 2021年，翔安区检察院常态化开展扫黑除恶斗争，起诉涉恶犯罪6件24人，坚持每案提前介入，改变公安机关定性3件17人；落实“两个一律”（对涉黑涉恶犯罪案件，一律深挖其背后腐败问题；对黑恶势力“关系网”“保护伞”，一律一查到底，决不姑息），“一案三查”（查办黑恶势力；追查黑恶势力背后的“关系网”和“保护伞”；倒查党委、政府的主体责任和有关部门的监管责任），对涉黑涉恶案件办理中未发现腐败问题和“保护伞”线索的，每案签署“零线索”承诺责任书；打好认罪认罚攻心战，提起公诉的案件均适用认罪认罚从宽制度，认罪认罚的被告人24人，占起诉总人数100%。贯彻落实少捕慎诉慎押刑事司法政策，推行“223”（建立“两个机制”：建立督促机制，建立容错机制；聚焦“两个重点”：细化不捕不诉标准，提升不捕不诉准确性；做好“三篇文章”：做好刑行衔接“文章”，做好社会帮教“文章”，做好社会治理“文章”）模式，不捕率43.7%，高于全国平均12.5个百分点；不诉率19.1%，高于全国平均2.5个百分点；公安机关对不捕、不诉案件复议数为零，该做法入选全省基层检察院建设典型事例。全面规范适用认罪认罚从宽制度，实行“反向审核说明”办案机制，认罪认罚适用率84.9%，提出确定刑比例81.1%，已判决案件服判率92.8%。坚持落实群众信访“件件有回复”，办理群众信访104件，运用领导包案、公开听证等措施，务求案结事了、事心双解。

【未成年人司法保护】 2021年，翔安区检察院制发《关于加快推进未成年人检察业务统一集中办理工作的实施方案》，从严从重打击侵害未成年人犯罪，受理提请批准逮捕性侵害未成年人案件24件24人，起诉21件24人，提出抗诉1件1人、提请抗诉1件1人。落实未成年人刑事案件特别程序，为涉罪未成年人指定44名法律援助律师，对13名未成年人进行犯罪记录封存，开展社会调查61次，安排法定代理人或合适成年人到场47人次，举办附条件不起诉及相对不起诉训诫会21场，安排专业心理咨询22人次。

【刑事检察监督】 2021年，翔安区检察院提升“两项监督”水平，开展刑拘后未报捕未移诉案件专项监督检查，监督侦查机关立案、撤案10件，追捕追诉9人，追诉漏罪6人，追诉遗漏犯罪事实32件，改变公安机关不当定性60件，对违法侦查活动发出书面纠正意见3件，做好“两法衔接”工作，建议行政执法机关移送涉嫌犯罪案件2件。与区市场监督管理局联合制定实施细则，健全信息共享、线索通报等协作配合机制。强化刑事审判监督，提出抗诉4件。强化刑事执行监督，发出财产刑执行监督意见书1份，对暂予监外执行检察中发现的违法情形书面纠正1件，监督相关部门将127名因疫情影响、吞异物、因病未能收监执行的罪犯收监执行。

【民事检察监督】 2021年，翔安区检察院对4件法院超期审理的案件依职权立案审查，以类案监督形式提出检察建议1份；对1起民间借贷纠纷检察监督案，依法提出再审检察建议1份；打击虚假诉讼，推动刑事立案1件2人；联合翔安区法院办理1起执行监督案件，促成双方和解，被执行人当场履行12.5万元债务，实现案结事了人和。

【行政检察监督】 2021年，翔安区检察院对生态环境部门在9起行政处罚案件被法院裁定不予执行后，未依法申请复议，亦未进一步处理情形，发出检察建议，延伸拓展化解行政争议4件；针对被执行人逾期不履行和解协议，行政机关未及时申请恢复执行情况，向2家行政机关发出监督性书面函，督促10.9万元罚款执行到位；注重行刑衔接，针对3件不起诉案件，制发检察意见书后，公安机关未及时对被不起诉人的违法行为作出行政处理情形，制发检察建议3份，督促其及时查处违法行为。

【公益诉讼检察】2021年，翔安区检察院公益诉讼检察运用诉前磋商等方式推动行政机关主动履职10件；拓展文物保护新领域，针对涉台、革命文物保护管理不到位情形，向相关部门发出检察建议2份，推动主管部门对433处不可移动文物排查建档，拆除十余年的违章搭盖，并会签《建立推进、深化文化遗产保护协作机制的实施意见》；针对古树名木保护不到位问题，向相关部门发出通报函，推动区绿化委员会出台《关于进一步加强古树名木保护管理的意见》；针对部分烈士纪念设施未得到有效保护问题，以通报函形式督促镇（街）政府切实履行属地责任；运用诉前磋商推动主管部门对辖区自动售货机管理开展专项整治，促成8家生产经营企业对317台自动售货机开展整治，实现自动售货机“持证上岗”、依法经营，保障群众舌尖上的安全。

【从严治检】2021年，翔安区检察院坚持刀刃向内、动真碰硬，抓实政法队伍教育整顿，人员覆盖率、查纠问题整改率均为100%。实施《关于书面告知“三个规定”实施办法》《司法办案风险防控指引》等18项长效机制、案件程序性信息短信告知犯罪嫌疑人家属等15个检察为民办实事项目。

【翔安区青少年法治教育基地开馆】2021年5月25日，翔安区青少年法治教育基地开馆。该教育基地位于翔安区内厝镇黄厝村，占地面积约400平方米，由区检察院、区委文明办、区教育局联合建设，是翔安区首家青少年法治教育基地，也是全省首家集党史、农耕、陶艺、传统文化教育实践于一体的新时代文明法治教育田间学校。展馆采用高科技手段，将现代声光电技术融入各项展示环节，还有模拟法庭可以进行角色体验。

【未成年人“一站式”询问救助中心成立】2021年12月21日，由翔安区检察院牵头翔安区公安分局、区卫健局、区妇联，在区妇幼保健院建立的全市首个设置在医院内的未成年人“一站式”询问救助中心揭牌成立。救助中心内设“被害人询问区、情绪疏导区、身体检查区、亲职教育区”4个功能区。

【全市首例涉刑生态环境损害赔偿案】2021年，翔安区检察院立足公益诉讼检察职能，践行恢复性司法理念，聚焦梁某某非法倾倒废铝灰导致张厝池塘污染一案，针对政府应急处置费用的追偿、受损生态后续修复的开展等难题，协助区生态环境局厘清生态修复责任，推动相关赔偿权利人按照《厦门市生态环境损害赔偿制度改革实施方案》启动赔偿程序。最终促成全市首例涉刑生态环境损害赔偿案成功磋商，达成分期赔付、异地修复、监督验收“三步走”的生态环境损害赔偿修复方案以及总金额146.84万元的赔偿协议。

【全省首个社区检察工作室】2021年，翔安区检察院出台《关于开展社区检察试点工作的实施意见》，按照“一室二员三机制四共建”的工作模式，优化升级全省首个社区检察工作室。“一室”即在金海街道后村社区揭牌设立社区检察工作室，受理社区居民涉检举报、控告和申诉，接受法律咨询，参与多元化纠纷解决等；“二员”即通过社区检察联络员和社区网格员收集社情民意，同时接入社区网格化平台即时线上获取涉检需求；“三机制”即运用法律咨询、申诉控告、矛盾化解机制下沉检力，“一站式”就地办理涉检事务；“四共建”即加强党建、文明、平安、法治共建。

【全市首个公益诉讼案件线索举报奖励办法】2021年，翔安区检察院发挥检察公益诉讼职能，强化对国家利益和社会公共利益的保护，引导、鼓励群众依法向检察机关举报公益诉讼案件线索，出台全市首个《公益诉讼案件线索举报奖励办法（试行）》。明确规定，群众来访、来信、来电举报或通过区检察院“拍益拍”微信小程序提供公益诉讼案件线索，经查证属实，予以立案、提出诉前检察建议或提起诉讼的，将给予举报人一定的荣誉奖励和奖金奖励。

（周岚静）

法　院

【概况】2021年，厦门市翔安区人民法院（以下简称翔安区法院）围绕“努力让人民群众在每一个司法案件中感受到公平正义”工作目标，紧扣推动高质量发展主题，坚持司法为民、公正司法工作主线，推进各项工作。深化党史学习教育，打造全市法院首家党建实训基地“厝边的法庭”，提供“体验式”党建法治实训场所，推动形成办事依法、遇事找法、解决问题用法、化解矛盾靠法的良好法治环境。全年受理案件8910件，审执结7971件，结案率89.46%。

【刑事审判】2021年，翔安区法院审结刑事案件596件799人。其中，推进扫黑除恶常态化工作，审结恶势力犯罪案件3件22人。聚焦“黑财清底”，依法判处罚金、退赔、没收违法所得共计99.69万元，摧毁黑恶势力经济基础。聚焦重点领域，审结网络“裸聊”涉恶案件2件19人。全方位、全链条打击电信网络诈骗及上下游关联犯罪，审结案件28件52人。依法打击严重影响社会治安、扰乱工程施工的恶势力团伙1件3人，维护社会稳定。针对重点行业、领域的社会治理乱象，发出司法建议2篇，整改回复率100%。加强未成年人保护和犯罪预防，推动少年法庭落地落实，打击校园欺凌犯罪3件4人，连续12年举办小法官夏令营活动，开展送法进校园8场。

【法治营商环境优化】2021年，翔安区法院优化法治营商环境，审理民商事案件4552件。保护市场主体活力，推进民营经济服务保障行动，帮扶企业复工复产，“执行合同”“保护中小投资者”等与司法密切相关的指标逐步提高。防范金融风险，审结民间借贷纠纷881件，引导民间资金依法有序流动。创新运用律师中立评估报告制度化解国企在招商引资过程中引发的纠纷184件。运用司法大数据发布《翔安籍企业在全国涉诉情况》，找准企业风险管理痛点，引导企业规范经营。完善企业破产工作协调机制，推动64件执行案件移送破产审查，促进经济资源优化配置，催生、保护市场主体生机活力。

【民事审判】2021年，翔安区法院开展“我为群众办实事”实践活动，推出18项、51条便民利民举措，依法审结教育、就业、医疗、住房、社保等领域案件509件，解决人民群众“急难愁盼”问题。依法快审快判涉口罩、额温枪等医疗用品买卖合同纠纷10件，稳定疫情防控期间防护物资的市场秩序。受理“双减”政策、疫情防控等影响引发的教育培训合同纠纷18件。运用诉前调解、示范诉讼、中立评估等方式化解逾期交房、逾期办证等涉房地产纠纷250件。就加强空置房屋监管及流转等问题向厦门市住房保障中心发出司法建议，为群众“住有所居”提供司法保障。加大司法救助力度，为困难当事人缓减免交诉讼费5.12万元，为43名申请执行人发放执行救助金92.82万元。

【案件执行】2021年，翔安区法院加大执行力度，提升执行质效，向“切实解决执行难”目标迈进。全年受理执行案件3513件，办结3151件，执行到位金额2.99亿元。强化执行威慑，公开失信被执行人416人次，限制高消费1881人次，发布执行悬赏名单35人次，司法拘留16人，审结拒执罪5件5人。与厦门出入境边防检查总站协作防控、限制失信被执行人出入境，让“老赖”无所遁形。施行执行通知前置程序，将执行通知相关内容前置于审判文书。强化执行联动，对接征迁单位，累计控制征迁补偿款400万余元，推动50余件历史旧案执行完毕。开展集中腾房专项执行行动，腾退房产31处，腾退面积4157.54平方米。网络拍卖房产84处，执行到位5474.3万元。开展涉农民工专项执行行动，执结湖头盛等劳动争议类案件223件，执行到位685.28万元。探索建立“一二三”（打造一个品牌；用好两大平台：“学习强国”平台，“厦门党建e家”平台；抓好三项活动：一是投入疫情防控工作，二是开展“深化大学习、提振精气神”专项活动，三是开展丰富多彩主题党日活动）机制，强化执行信息公开，全年接待当事人问询1万余次，公开执行文书859份。

【诉讼服务】2021年，翔安区法院推进“一站式”多元解纷和诉讼服务体系建设，打造集诉讼疏导、立案服务、多元调解、诉非联动、速裁快审、法律援助、信访答疑等功能为一体的现代诉讼服务体系。打造“指尖诉讼”，实现在线申请立案、保全申请、材料上传、在线缴费退费、实时查询纠纷解决进度等多项业务。设置“云柜”材料收转系统、诉讼风险评估机、诉状辅助生成机等多项便民设施，为群众提供菜单式、集约式、一站式服务，实现胜诉退费917.38万元，在线自助生成生效证明1039份。服务保障疫情防控，疫情期间接听“12368”热线等咨询1846人次，办理网上、邮寄立案1205件，开展网络庭审、调解2182场。

【诉讼程序创新】2021年，翔安区法院推进民事诉讼程序繁简分流改革，实现繁简分流有序衔接，适用简易程序审结3458件，适用率89.22%，平均审理期限46.5天，较法定审限缩短43.5天，矛盾纠纷“三合一”诉前导分机制入选“40个厦门市全面深化改革优秀案例”。依托自主研发的“好厝边”在线诉前解纷平台，形成共治保障、智治支撑、数治管控“三治融合”的全领域、全业务、全流程诉非联动平台，改革经验入选《人民法院司法改革案例选编（十一）》。开展“数助决策”工作，依托司法大数据研判经济运行风险和社会发展动态，服务党委政府决策科学化、社会治理精准化，开展农民工欠薪、网络交易漏洞等专题研究，获最高人民法院主要领导批示，获评全国法院“数助决策”专题研究示范应用特等奖。

【司法人员能力提升】 2021年，翔安区法院深化司法人才培树工程，分级分层分类，实施精准培训。运用专家师资库和法官导师制度，定期轮流开讲，提高驾驭庭审、认定事实、适用法律、判决说理等能力。组织干警参加各类培训21场次，分类分级培养审判业务专家、优秀法官助理、精干行政人员。

【全区首份人身安全保护令】 2021年，翔安区法院贯彻实施人身安全保护令制度，建立案件快速受理、及时处理、多方督促的“绿色通道”，预防和制止家庭暴力发生，依据《中华人民共和国反家庭暴力法》发出首份人身安全保护令，对1起妻子遭受丈夫家庭暴力的申请人身安全保护令案作出裁定，裁定禁止被申请人对申请人实施家庭暴力，禁止被申请人骚扰、跟踪、接触申请人及其相关近亲属。裁定作出后，法院依法向公安、居委会等部门送达人身安全保护令，合力督促被申请人遵守人身安全保护令。

（郑宇彤）

司法行政

【概况】 2021年，厦门市翔安区司法局（以下简称翔安区司法局）立足岗位职能，不断开拓创新，推动翔安司法行政工作取得较好成绩。因翔安区街道析置，经中国共产党厦门市委员会机构编制委员会办公室批复增设金海、凤翔、香山、民安4个司法所。全年翔安区司法局集体和个人获省级以上荣誉5项。

【人民调解】 2021年，翔安区各级各类人民调解成功排查、调处各类矛盾纠纷，疑难复杂纠纷案件比上年增长126%。开展2018—2020年度人民调解先进集体和先进个人评选表彰工作，选树先进集体11个，先进个人23名。

【矫正帮扶】 2021年，翔安区司法局接收社区矫正对象358人，解除矫正324人，共有矫正对象316人。通过心理疏导、开解矛盾、协调帮扶救助等方式，帮助舒缓紧张亲子关系16人，开展心理疏导32人。

【法律援助】 2021年，翔安区司法局受理法律援助案件1428件，其中民事案件225件，刑事案件291件，认罪认罚912件。接待群众来电咨询1380人次，来访咨询2778人次。结案480件，为受援人挽回经济损失698.54万元。设立农民工、退役军人法律援助工作站，延伸法律援助触角。

【全省首个司法行政文化主题展馆开馆】 2021年7月1日，翔安区司法局以“党建引领、司法为民”为主题，建成全省首个司法行政主题展馆。主题展馆设“序”“海岛之风”“翔安之光”“百姓之托”四大部分，展示新时代翔安司法行政人对党忠诚、服务人民、践行法治、公正廉洁、拼搏创新的奋斗故事与探索实践。

【国家宪法日宣传活动暨“八五”普法】 12月3日，翔安区在区第一实验小学举办“12·4”国家宪法日宣传活动暨“八五”普法“一区一品牌”项目启动仪式，开展“宪法晨读”、“普法小不点”小手拉大手、宪法大合唱等系列普法活动，为首批“女童保护”志愿者讲师颁发证书。同时，翔安区女童志愿者讲师还举办“儿童防性侵知识”讲座，共有120名小学生聆听讲座。

（翔安区司法局）

2021年12月4日，翔安区举办2021年国家宪法日宣传活动暨“八五”普法“一区一品牌”项目启动仪式

（翔安区司法局 供图）

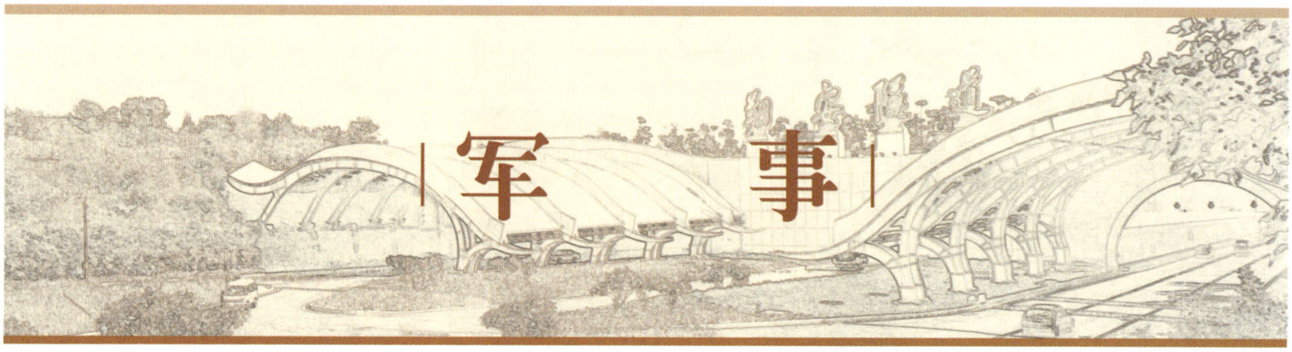

军　事

人民武装

【概况】 2021年，厦门市翔安区人民武装部（以下简称翔安区人武部）抓好新冠肺炎疫情常态化防控下的经常性战备训练和管理教育工作，突出做好民兵调整改革、兵员征集、“四个秩序”规范化建设等工作，推进党史学习教育和“传承红色基因，担当强军重任”主题教育活动，加强自身作风建设，完成各项工作任务。

【征兵工作】 2021年，翔安区人武部组织应征青年参加体检，欢送体检政考双合格青年应征入伍。其中，大专以上学历占总数的90.8%，在完成翔安区新兵征集任务数的同时，托底帮助其他区完成部分难征集的条件兵，超额完成征兵任务。

【国防教育与双拥工作】 2021年，翔安区人武部开展全民国防教育，遴选国防教育讲师，推行国防教育进校园、进企业、进社区，组织国防教育夏令营，资助25名品学兼优家庭困难生。开展拥军优属工作，会同翔安区退役军人事务局走访慰问驻军部队、边海防官兵家庭、为立功军人家庭送喜报；协调军人子女就读翔安区优质小学和幼儿园。

（于　玮　黄彦奕）

2021年7月15日，翔安区人武部与区教育局联合举办翔安区2021国防教育夏令营活动

（李毓琳　摄）

人民防空

【概况】 2021年，厦门市翔安区人民防空办公室（以下简称翔安区人防办）坚持以军事斗争人防应急准备为牵引，履行战时防空、平时服务、应急支援的使命任务，推进防空防灾一体化建设。完成人防工程“结建”项目审批、完成人防易地建设费收缴等工作，办结率和群众满意率达100%。下潭尾滨海湿地公共停车场、翔城小学地下公共停车场等5个项目完工，累计新增1110个停车位。

【防空防灾普法宣传】 2021年5月10日，翔安区人防办在翔安法治广场开展以“坚持人民防空为人民，铸就坚不可摧护民之盾”为主题的防空防灾宣传活动。通过防空防灾知识图板展示、发放宣传资料600份、制作宣传标语15条，向社区居民普及防空防灾知识和技能，增强人民群众的防空防灾意识。

【防空警报试鸣】 2021年5月10日，翔安区人防办在新店街道祥美社区组织紧急疏散演练主场活

翔安区退役军人服务中心、区人武部派专人联合办公，为退役士兵一站式办理退伍报到手续（洪丹妮 2021年9月2日摄）

动，在马巷街道舫星社区、内厝镇许厝村、大嶝街道小嶝社区、新圩镇新圩社区等社区，全区中小学与部分高校师生进行应急疏散演练，全区试鸣防空警报，引导群众、师生识别预先警报、突袭警报、解除警报3种信号。

（翔安区建设与交通局）

退役军人事务

【概况】 2021年，厦门市翔安区退役军人事务局（以下简称翔安区退役军人事务局）践行“为退役军人提供家人的温暖、热情的服务、精准的帮扶、一生的关爱”的理念，扎实推进各项工作。4月，新店、马巷2个街道析置为新店、凤翔、金海、香山、马巷、民安6个街道，全区退役军人服务站从5个增加到9个，服务职能不变。

【全国示范型退役军人服务中心（站）创建】 2021年，翔安区退役军人事务局开展新店、凤翔、金海、香山、马巷、民安6个新成立的街道全国示范型退役军人服务中心（站）创建工作，实现区、镇（街）退役军人服务中心（站）100%完成规范化建设目标。

【退役军人社保接续】 2021年，翔安区退役军人事务局利用社保接续工作专班机制，对原放弃社保补缴人员集中力量攻坚，引导对象主动缴交，实现社保接续100%补缴目标。

【抚恤优待】 2021年，翔安区退役军人事务局鼓励军人家属参加就业推荐会，配合市退役军人事务局安置随军随调家属，协同翔安区教育局落实军人子女优待入学；发放义务兵家属优待金、部分优抚对象抚恤金、补助金等。

【慰问军属】 2021年，翔安区退役军人事务局结合节日时间节点开展走访慰问活动，协同翔安区人武部及相关镇（街）走访慰问年度立功的现役军人家庭，送去喜报和发放慰问金。

【退役军人接收安置】 2021年，翔安区退役军人事务局对符合政府安排工作条件的退役士兵，安

2021年2月8日，翔安区退役军人事务局、区人武部会同镇（街）、村（社区）向立功军人家庭送喜报并发放慰问金（邱尔明 摄）

2021 年 5 月 12 日，翔安区召开退役军人服务保障体系培训会（蔡立煌　摄）

排到事业单位、国企和社区工作者岗位，发放退役士兵一次性就业补助金。做好返乡报到“一站式”服务，开设退伍返乡报到专门窗口，区退役军人服务中心、区人武部派专人进驻窗口联合办公，实现少跑一趟的一站式服务。

【退役军人就业岗位推荐】 2021 年，翔安区退役军人事务局协同区人社局联合举办 9 场就业推荐招聘会及全市退役军人专场招聘会。调查摸底，开展就业岗位推荐，多渠道向退役军人推送 352 家企业、8743 个就业岗位。

【退役军人专题培训】 2021 年 5 月 12 日，翔安区委党校协助翔安区退役军人事务局在翔安区教师进修学校办学场所，举办 1 期退役军人工作专题培训，翔安区退役军人事务局及区、镇（街）、村（社区）服务中心（站）干部职工共 144 人参加培训。

【退役军人职业技能培训】 2021 年 9 月，翔安区退役军人事务局委托厦门技师学院为符合政府安排工作条件的退役士兵进行岗前适应性培训。

【退役军人普法宣传教育】 2021 年，翔安区退役军人事务局围绕《中华人民共和国退役军人保障法》（以下简称《退役军人保障法》）和“法律政策落实年”活动，制定年度普法宣传方案，举办法律法规专题讲座。5 月 12 日，举办区、镇（街）、村（社区）三级服务保障体系培训，邀请专家解读《退役军人保障法》《退役士兵安置条例》等相关法律法规，150 名工作人员参加培训。8 月底，区退役军人事务局与区委组织部、区依法治区办联合组织开展《退役军人保障法》专题网络考试。制作普法宣传册、《退役军人保障法》普法动画宣传片，发放到各镇（街）、村（社区）进行法律宣传，创新二维码“扫码知法”，一码即知法律法规政策。

【退役军人法律援助】 2021 年 4 月底，翔安区退役军人事务局与区法律援助中心合作，成立退役军人法律援助工作站（点），为退役军人和家属无偿提供法律咨询及权益保障服务。

【双拥共建】 2021 年，翔安区退役军人事务局加强与部队的沟通联系，通过发函、现场勘查、召开军地协调会议等方式，协同区人武部加强项目追踪，推进涉军项目，支持部队建设项目。

【烈士纪念设施管理保护】 2021 年，翔安区退役军人事务局制定烈士纪念设施整改提升专项行动工作方案，翔安区政府召开 4 次专题会议，完成 16 处烈士纪念设施整修提升（含集中迁移 1 处）。完成“一墓一表”建档造册工作。

【退役军人先进典型宣传】 2021 年，翔安区退役军人事务局制作的抗美援朝老兵康仲仁事迹《跨世纪的约定》，入选退役军人事务部组织的“老兵永远跟党走”微视频前十五，在全国展播。区退役军人事务局干部邱尔明获评“全国退役军人服务保障先进个人”。

（翔安区退役军人事务局）

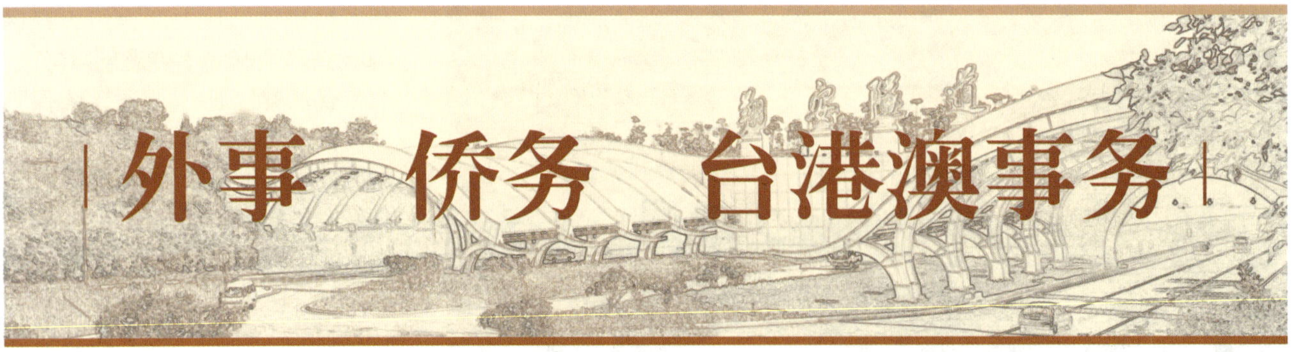

外事　侨务　台港澳事务

外　事

【概况】 2021 年，翔安区贯彻落实中央、省、市外事工作部署，落实统筹疫情防控和经济社会发展指示精神，做好抗疫涉外工作，服务复工复产，完成各项工作。全年报批外籍人员、受邀入境申请 40 批次、450 人次，助力外资企业复工复产。

【入境疫情防控】 2021 年，翔安区贯彻落实上级关于疫情防控外事工作各项部署，完善区应对新型冠状病毒感染肺炎疫情工作指挥部外事组的组织架构、组成人员，明确各成员单位职责分工，完善外事组工作机制体制建设。强化全区一盘棋、部门联动、信息共享的工作机制，明确疫情防控中的外事工作职责，对在翔外籍人士发放口罩，统计翔安户籍留学生情况，对所有国外抵翔人员一律实行体温监测、健康申报、专班接送、医学筛查、集中隔离、纳入健康管理等措施，严格实行闭环管理。

【外资企业复工复产服务】 2021 年，翔安区主动与企业沟通联系，了解企业实际困难和需求，报批外籍人员受邀入境申请 40 批次、450 人次，助推外资企业复工复产。督促企业按照防疫要求，保证外籍员工严格执行 14+7 天隔离制度，切实做好健康管理工作。

（翔安区政府办）

侨　务

【概况】 2021 年，厦门市翔安区人民政府侨务办公室（以下简称翔安区侨办）统筹侨务资源，加强联谊交流，凝聚侨心侨力，依法维护侨胞权益。翔安区澳头古厝闽侨文史馆举行省级“侨胞之家”示范点授牌仪式，为澳头社区华侨联谊会授牌。厦门市印尼归侨联谊会与澳头社区华侨联谊会签定为侨服务合作联谊协议书。

【海外华商到翔安考察调研】 2021 年 3 月 31 日，马达加斯加华商总会一行 13 人到访翔安。翔安区委常委、统战部部长洪国平与到访嘉宾座谈，区委统战部常务副部长陈书东、区侨联主席朱延望等参加座谈。会后，马达加斯加华商总会一行前往翔安新城片区和大嶝片区实地考察在翔安投资的区位优势、基础设施建设进度、物流产业基地、商务办公楼、医疗产业基地选址等。

【华侨回国定居审批】 2021 年，翔安区委统战部践行“最多跑一次”承诺，根据福建省《华侨回国定居办理工作办法》，办理 4 件“不具备华侨人员身份申请回国定居审批”。

【归侨侨眷关爱活动】 2021 年，翔安区委统战部开展“暖侨行动”慰问活动，累计慰问侨界困难群众 78 人，发放慰问品 60 份、慰问金 3.5 万元。6 月 30 日，翔安区侨联主席朱延望带队前往翔安区马巷街道和新圩镇，慰问部分 70 周岁以上困难归侨老党员。

【涉侨寻亲】 2021 年，澳头社区华侨联谊会以亲情、乡情为纽带，成立联心侨义工服务队与闽侨失散亲人寻亲服务中心，义务为海内外侨胞、侨属寻找失散亲人。登记在册的海内外义工近百名，累计发布寻亲消息 100 余条，截至 2021 年底，累计帮助找到 5 名失散亲人。

【澳头侨乡举办跨年音乐会】 2021 年 12 月 31 日晚，澳头社区华侨联谊会在厦门市侨联和翔安区侨联指导下，在澳头侨乡主办纪念中国（澳头）第一艘木帆船到达新加坡 200 周年音乐会。10 多位外国艺术家与侨乡澳头的归侨、侨眷共同参与盛会。音乐会上，澳头华侨联谊会收到世界各地的侨胞发来的贺信和祝福，其中陈嘉庚长孙陈立人从新加坡发来贺信和新年祝福，称赞澳头人200年前首航到达新加坡是一次伟大的壮举。

（翔安区侨办）

台港澳事务

【概况】 2021年，中共厦门市翔安区委员会台港澳工作办公室（以下简称翔安区台港澳办）联合区海防办、效能督查办等单位，走访区委宣传部、区建设与交通局、区文旅局、马巷街道等涉台工作相关单位，了解各单位涉台工作开展情况、对渔船管控、疫情防控等工作进行指导交流，走访对台交流基地。协调解决台资企业用地、用工、融资、审批等问题，辖区规模以上台资企业工业产值占全区规模以上工业企业总产值30%。全年受理台胞台企投诉求助件22件，均已妥善办结。提供22个岗位区属事业单位补充编内工作人员岗位、20个区属国企实习就业岗位供台胞报考，厦门市第五医院已招录一名台湾医师入职。在区级公租房456套房源中，已安排278套房源租赁给台青台企并在剩余房源中做了定向预留。9月疫情期间，及时妥善处理紧急事件1起、台胞台企涉疫求助事项13件。开展台胞台企座谈会2次，政策宣讲会1次。

【为台胞送新春祝福】 2021年1月28日，翔安区台港澳办联合市台商协会，分批走访慰问留在翔安过年的近300名台胞。向他们赠送新春大礼包，让留在翔安过年的台胞感受到家的温暖。

【区台港澳办为医学观察隔离的台胞送温暖】 2021年6月7日，翔安区台港澳办组织33位在翔安的台胞到厦门市第五医院接种新冠疫苗。妥善处理紧急事件1起、台胞台企涉疫求助事项13件，分4批为300余名台胞安排接种新冠肺炎疫苗。开展台胞台企座谈会2次，政策宣讲会1次，区领导带队慰问困难台胞、“留厦过年”“隔离不隔爱”等各类慰问活动，走访慰问台胞台企600余个/次。6月30日，翔安区台港澳办联合厦门市台商协会，给因新冠肺炎疫情医学观察隔离期的部分到厦门工作学习和生活的台胞送去慰问信和慰问品，让台胞们安心隔离、感受温暖。

2021年11月30日，厦门农商银行向台湾同胞颁出首张专属借记卡

（台港澳办　供图）

【在翔台商积极投身抗疫】 2021年9月，翔安区台港澳办组织台商捐赠物资。厦门正旸物流公司（台资企业）将15辆运输车登记为同安区红十字会爱心车队车辆，取得民生保障企业的物资运输资格。该企业陆续免费配送70余趟次的民生物资进入同安，包含饮料、面包、水果和米面等，从同安区工厂运出为防疫物资做配套的外包装，解决防疫物资无外包装可用的燃眉之急。

【台缘志愿服务队成立】 2021年11月18日，在翔安区台港澳办和团区委的指导下，翔安区成立首支由台胞组成的海峡两岸青年志愿服务队——台缘志愿服务队。

【大陆台胞系列故事短片获奖】 2021年11月30日，翔安区台港澳办、融媒体中心与东南网联合策划制作的《大陆台胞系列故事短片〈他们〉》，在2020年度福建新闻奖中获媒体融合作品一等奖。

【福建首张台胞专属借记卡在翔安正式颁出】 2021年12月17日，厦门农商银行台青创业卡暨对台金融服务发布会在翔安区金海街道澳头超旷美术馆举行。厦门农商银行颁出福建省首张台湾同胞专属借记卡。

【对台招商】 2021年，翔安区与台湾佳羿航空等物流领域企业达成合作意向，引进苏澳文维、汇丰澄科技等医疗健康领域台企10余家；服务影视相关企业到翔安注册落地。利用海峡旅游博览会、“魅力金嶝”海峡两岸旅游推介会、“魅力翔安行”等平台，引进台湾张裕兴文旅投资、冠君酒店等文化旅游综合项目。

（翔安区台港澳办）

综合经济管理

宏观经济管理

【概况】 2021年，翔安区实现地区生产总值781.79亿元，比上年增长7.3%；规模以上工业企业累计完成工业产值1699.58亿元，增长8.4%；一般公共预算总收入93.45亿元，增长15.9%；区级财政收入26.61亿元，增长18.5%；社会消费品零售总额129.82亿元，增长7.7%；全体居民人均可支配收入40062元，增长10.1%；城镇居民人均可支配47730元，增长8.9%；农村居民人均可支配收入27045元，增长11.7%。翔安区固定资产投资（不含农户）777.65亿元，增长13.7%。其中，122个省市重大重点项目完成投资726.81亿元，完成年度计划的135.47%。新体育中心、新会展中心、天马六代、中航锂电科技有限公司A6项目、厦门第二东通道、翔安区第二实验小学黎安校区、田墘新村建设工程、珩边居住区保障性安居工程等项目加快推进；延江股份高端医卫新材料产业化项目、龙胜达巷北工业区照明项目、厦门市翔安职业技术学校新校区项目、中航锂电厦门二期项目、建发X2021P01地块等项目开工建设；巷西路文化街区风貌提升工程（一期）、火炬（翔安）产业区后滨安置房二期工程D1区项目、翔安青少年体育综合馆、福建省厦门双十中学翔安校区高中部、火炬实验学校等项目基本建成。

【工程项目前期工作】 2021年，翔安区发改局围绕“岛外大发展”战略，按照“十四五”期间翔安区产业发展导向、空间布局与资金平衡，编制《翔安区重大片区“十四五”产业发展和空间思路研究》，实现“规划一盘棋”，完善翔安区产业空间规划一张图。围绕构建“5+6+N”现代产业体系，编制《翔安区“十四五”重点产业链（群）发展工作方案》《翔安区“十四五”产业发展规划》，重点发展电子信息产业、临空产业、文旅会展产业、生物医药与健康产业、海洋新兴产业、新能源新材料产业为主导的重点产业链（群），推进产业提质升级。结合重大片区开发建设策划生成一批优质项目，打造31个乡村振兴示范村，加快3条乡村振兴动线建设，推进农村污水治理工程。聚焦民生补短板领域，实施“补短扩容”行动，重点建设14所中小学、15所幼儿园。项目审批服务优化，实现全程网办。全年累计审批、备案各类建设项目267个，总投资481.11万元，下达翔安区基建项目前期计划44批次186个项目。

【财政投融资项目生成】 2021年，翔安区发改局策划财政投融资项目358个，总投资149.01亿元，年度计划投资20.78亿元（区财政项目投资18.73亿元）。创新项目投融资方式用好专项债，建立专项债项目储备库，2021年项目库总投资64.38亿元，年度计划投资14.81亿元，计划专项债需求7亿元。做好新增专项债的发行工作，向上级争取新增专项债额度7亿元。其中，第一批完成发行3亿元，第二批完成发行4亿元。会同区财政局强化专项债的监督使用工作，加快资金支出进度。

【“五个一批”项目】 2021年，翔安区发改局加快重点项目建设，落实“周协调、月调度、季督查”工作机制，推动项目按时开竣工。加快“五个一批”项目转化，“五个一批”项目库收录亿元以上项目510个，总投资5192.72亿元。全年新增亿元以上项目133个，总投资948.17亿元，新增开工项目数和总投资位列全市第一。“五个一批”综合考评2次获福建省政府通报奖励。

【营商环境整改优化】 2021年，翔安区发改局推进“放管服”改革，组建营商环境工作联席会议制度，形成《翔安区高质量打造国际一流营商环境实施方案》。开

2021年12月2日，翔安区规范用工市场行为专项整治行动部署会暨人力资源市场规范用工培训会（人社局 供图）

设市、区营商环境专栏版块，实时更新翔安区营商环境优化举措，提升营商环境宣传力度。对标国内外先进地区，开展营商环境调研工作，阶段性提出优化营商环境提升任务清单。加快推进社会信用体系建设，建立健全信用制度，创新事前环节信用监管，拓展信用报告应用，推进信用分级分类监管，营造诚信社会环境。强化守信联合激励和失信联合奖惩的联动机制，推动“双公示”全覆盖。翔安区公共信用信息平台“信用翔安”累计上报“双公示”数据15013条，其中行政许可13646条、行政处罚1367条。

【翔安区规范用工市场行为专项整治行动部署会】 2021年12月2日，翔安区举行翔安区人力资源市场规范守法集中培训教育会。统一开展规范用工市场行为专项整治行动，从法规宣导、开展“双随机”检查、开展重点督查、开展专项整治、发挥协会作用、畅通维权渠道、落实年度审核、严格行政执法等8个方面整治翔安人力资源服务市场乱象，统筹规范人力资源市场供需对接秩序，促进供需合法有序对接。

（陈毓虹 吴虹燕）

自然资源和规划管理

【概况】 2021年，厦门市自然资源和规划局翔安分局聚焦“规划引领、要素保障、资源保护、生态修复”的工作主线，对翔安区部分村庄进行规划，推动重大片区电气硝子四期、太古维修基地等地块出让，完成教育类项目农转用6个批次，总面积31.8公顷。全年实现农村乱占耕地建房“零新增”，办理农村土地房屋不动产权属登记1418宗。落实国家对资源的所有权益，推进同翔片区工业招拍挂8号地块场平工程施工产生渣土资源化利用，实现废土减量、资源增量，创厦门首例。2021年4月，自然资源和规划局翔安分局被省委、省政府评为省级文明单位（2018—2020年度）。

【项目建设用地保障】 2021年，厦门市自然资源和规划局翔安分局推动重大片区电气硝子四期、太古维修基地等地块成功出让，厦门新机场高速公路等重点项目农转用，新机场等重点项目供地，划拨土地80宗，占厦门市建设用地面积近30%。

【历史遗留矿山核定】 2021年，厦门市自然资源和规划局翔安分局协同技术支撑单位，按照《历史遗留矿山核查技术规程》，经室内数据核对与外业实地调查核实，查清翔安区历史遗留矿山分布、损毁土地面积和权属、存在的主要生态问题、拟修复方向等，形成标准统一、数据可靠、上下一致的历史遗留矿山数据库，为编制国土空间生态修复有关规划、部署矿山生态修复工程、健全完善矿山生态修复政策体系等提供可靠依据。历时3个月，完成自然资源部下发的翔安辖区内140个历史遗留矿山遥感图斑的分类核定工作任务。

【矿产监管与矿山治理】 2021年，厦门市自然资源和规划局翔安分局强化矿产资源监管和矿山生态环境治理，全面关停石材矿山。推进生态修复，小光山矿区山体复绿一期工程投资2600万余元，面积15.3公顷，于7月竣工验收；二期投资4773万余元，面积39.4公顷，投资2250万余元，占总投资的47.15%，完成年度任务112.5%。翔安区有持证矿山（地热）3处，均处于筹建阶段。

【土地收储供应】 2021年，翔安区经营性出让用地成交7宗，土地面积25.34公顷，成交金额81.46亿元；工业出让用地成交9宗，土地面积86.2公顷，成交金额3.63亿元。办理红线92宗，总面积461.4公顷，其中划拨红线86宗，涉及宗地面积456.23公顷；使用明确5宗，涉及宗地面积4.18公顷；撤销红线1宗，涉及宗地面积1公顷；办理收储红线23宗，涉及面积181.1公顷。

【批而未供土地清理】 2021年，厦门市自然资源和规划局翔安分局梳理全区批而未供土地情况，根据实际制定方案，引导辖区各重点工程建设指挥部、行业主管部门做好供地计划，按月完成任务，完成106公顷批而未供处置任务，处置率18%，居厦门市第一。

【闲置土地处置】 2021年，厦门市自然资源和规划局翔安分局对因企业自身原因导致闲置的土地，根据实际情况收取闲置费、收回用地、督促开工，推进用地空间盘活利用。对因政府原因导致闲置的，与相关部门沟通督促尽快交地。全年收回因政府原因中止建设的项目6个，用地面积7.98万平方米。

【存量土地利用】 2021年，厦门市自然资源和规划局翔安分局协调区工信局、发改局等部门，引导项目用地优先使用存量土地，以项目促征拆、以项目促供地，将项目前期招商与地块征拆紧密衔接，加快出让手续办理，推进土地资源有效盘活利用。对内厝物流园、数字经济产业园、澳头酒店等近30公顷的存量用地进行前期招商。

（自然资源和规划局翔安分局）

国有资产管理

【概况】 2021年，翔安区区属国有企业以资产运营、土地开发、工程代建、招商引资、市政管养为主业开展经营管理，确保国有资产保值增值。全年实现营业收入9.49亿元，净利润6769.91万元，缴纳税款7348.06万元。

【国资运营】 2021年，翔安国有资产出租实现收入9742.21万元。其中，自有资产租金收入7267.66万元，托管资产租金收入2474.55万元。翔安区属国有企业对外投资谋求多元化、效益化，培育新的利润增长点。6月17日，翔投集团出资1020万元合资成立厦门润翔达投资有限公司，完成2000万元的营业收入。翔投集团出资510万元合资成立厦门市翔原建设开发有限公司，实际到资255万元，营业收入6148万元，完成东部体育会展新城片区征拆房屋994栋，完成率99.9%；投资“联合基金”（占股9.71%），年度收回投资款及投资收益近1800万元。翔安区产业引导基金（以下简称区引导基金）参股产业子基金5支，基金总规模130亿元，实缴103亿元，区引导基金出资5.11亿元。区引导基金“以基金带动招商引资”的平台入库项目82个，总规模306亿元。其中，落地项目79个，总注册资本281亿元，实缴资本126亿元。

【工程项目代建】 2021年，翔安区属国有企业参与城市开发建设，承担工程项目代建210个，计划投资14.23亿元，全年实际完成投资16.28亿元，完成年度投资计划114.38%。其中，翔发集团代建的厦门大学翔安校区夜景项目获第十六届中照照明奖工程设计奖二等奖，翔安南部滨海小学二期扩建项目获评2021年度厦门市优质工程。

【国企招商引资】 2021年，翔安区属国有企业配合区商务局、工信局等职能部门做好各项招商工作任务。招商集团围绕电子信息、临空产业、新能源新材料、海洋高新、生物医药与健康、文旅会展六大主导产业，加强项目谋划，精准招商。全年落地项目608个，投资总额672.93亿元，比上年增长27.2%，落地项目注册资本金293.8亿元，增长40.36%；实际到资235.16亿元，增长178.03%。翔安数字经济产业园新增企业210家，注册资本金39.58亿元。其中，核心组团“健康翔安智谷”新增落地企业70家，注册资本金7.1亿元，包括全球远程病理诊断、数字病理的先行者“华银健康”福建区域总部等一批科技创新型企业及总部项目落户园区，推动园区产业结构优化升级。

【重点民生保障】 2021年，翔安区属国有企业主动担当作为，切实履行社会责任。翔发集团下属工贸公司在大嶝投资建设集就业培训、手加工业务集散、加工生产为一体的转产就业集中区，引进6家企业的代加工业务，直接带动翔安区失地退海农渔民灵活就业900余人，发放农渔民薪资报酬185万元，发放手加工综合补贴约145万元，提高农渔民就业率，增加农渔民收入。翔安区属国有企业发挥协作扶贫主力军作用，向扶贫协作地区投资383万元，实现消费扶贫金额547万元。翔投集团通过订单农业、消费帮扶等方式，加强产业合作，变“输血”为“造血”，推广“永靖红”小番茄种植，销售小番茄15吨，带动当地种植业升级和农户增收；在宁夏彭阳县设立华翔雾宿山农业发展有限公司彭阳分公司，拓展消费帮扶业务，开展精准对接和深度合作，与彭阳县孟塬乡草滩村、草庙乡曹川村签订结对协作共建协议书。

（翔安区国资办）

【厦门市翔发集团有限公司】 2021年，厦门市翔发集团有限公司（以下简称翔发集团）围绕工程代建、资产运营、物业管理、招商引资等职能开展工作，确保国有资产保值增值。全年实现营业收入28648.7万元，合并净利润859.33万元，其中归属母公司净利润765.25万元。缴纳税款2875.75万元。国有资产出租实现收入4809.05万元，其中自有资产租金收入2879.29万元，托管资产租金收入1929.76万元。新冠肺炎疫情期间，翔发集团对受疫情影响的重点区域和受疫情影响的重点行业企业免收2021年9—10月租金，其他减半收取。租金减免总计减租682户（完成率100%），减免租金494.08万元。

2021年3月24日，翔发集团为解套翔安区鸿翔西路1888号（翔安区三创中心项目）占用的行政公共资源指标，盘活政府资产，确保项目创新创业创造功能得到落实，竞拍获得创新创业创造中心项目，资产原值44774.13万元（30%企业临时筹措、70%银行贷款）。截至年底，出租率80%。

2021年，翔发集团参与城市开发建设，承担工程项目代建158个，计划投资8.33亿元，实际完成投资11.86亿元，完成年度投资计划142.41%。2月5日，厦门大学翔安校区夜景一期工程全面亮灯，项目从开工建设到实现亮灯仅用45天时间。该项目获第十六届中照照明奖工程设计奖二等奖。12月29日，翔发集团代建的生物制品科学与技术福建省创新实验室项目取得施工登记函，正式进入开工阶段。该项目由福建省政府、厦门市政府和厦门大学三方共同建设，位于厦门大学翔安校区南侧，总用地面积3.16万平方米，总建筑面积8.38万平方米。12月，翔发集团下属新区公司负责代建的新店中学初中部扩建项目14层宿舍楼屋面封顶，扩建项目建筑面积4.91万平方米。该项目通过市建设局、市重点建设项目领导小组办公室组织的2021年专项指导服务代建考评，获90.2分总评成绩，列为优秀项目，是翔安区属国企代建项目第一次跻身市级优秀行列。

2021年，翔安集团与国贸地产合作开发的国贸学原项目一、二期累计销售住宅1305套，去化率约91.84%，累计销售金额51.39亿元，累计到款44.26亿元；三期累计销售住宅937套，去化率约80%，累计销售金额37.44亿元，累计到款23.76亿元。与首创集团共同开发禧瑞风华项目（地产公司出资2.95亿元，占股35%）高层住宅累计销售215套，去化率99.54%；叠墅累计销售15套，去化率14%，整体销售金额6.81亿元，累计到款6.22亿元。

2021年，翔发集团物业管理项目36个，总面积200万平方米，涵盖商业、住宅、行政楼、写字楼、学校、综合体等物业类型。翔发餐饮有限公司承接13个食堂委托管理业务、12个食堂食材配送业务，投资运营三创食堂，保障政府工作人员等3000余人用餐，运营的区机关第一食堂被厦门市总工会评为2021年度市级"最美食堂"；助力新冠疫苗接种及疫情防控点供餐服务，疫情期间配送盒饭1.85万份。翔发集团物业管理、餐饮两大业务模块实现营业收入8057万元。

2021年，翔发集团安保项目承接翔安区政府和投资大厦、东亚电力（厦门）有限公司、厦门夏商物产有限公司、天马6代项目和中航锂电项目等88家，全年实现营业收入5037.16万元。

（翔发集团）

【厦门市翔安投资集团有限公司】 2021年，厦门市翔安投资集团有限公司（以下简称翔投集团）围绕土地开发、工程代建、资产运营、招商引资、市政管养等职能开展工作，确保国有资产的保值增值。全年实现营业收入2.35亿元，净利润2557.49万元，缴纳税款1552.54万元。国有资产出租实现收入4167.16万元，其中自有资产租金收入4083.37万元，托管资产租金收入83.79万元。

2021年，翔投集团对外投资谋求多元化、效益化，在供应链、新能源、城市开发等领域设立3家合资公司，培育新的利润增长点。向厦门润翔达投资有限公司投资1020万元，完成营业收入2085万元；向厦门市翔原建设开发有限公司投资255万元，完成东部体育会展新城片区征拆房屋1009栋、面积36.87万平方米，完成率99.97%，实现营收6148万元；厦门市特翔电新能源有限公司规划、梳理，推进翔安区新能源布局。

2021年，翔投集团承担工程项目代建52个，计划投资40618万元，实际完成投资44154万元，完成投资计划的108.71%。继续履行好存量项目的代建职责，完成小光山矿区山体复绿工程、新店镇海域片区海砺石清运、锄山第二通道改造工程、大帽山路（新圩—寨仔尾）提升改造工程、黎安第二实验小学、第五医院医技楼及发热门诊等项目验收；按计划推进96个村庄的污水提升治理、小光山矿区山体复绿二期、五星幼儿园、山亭村立面改造等项目。

小光山矿区山体复绿工程　工程分为一期和二期，项目位于厦门市翔安区东北侧与泉州交界处，复绿总面积约 54.2 万平方米。项目建设对已破损的山体进行植被恢复治理，实现植物覆盖、固持水土、涵养水源的生态修复目的。

大帽山路（新圩—寨仔尾）提升改造工程　该项目总投资 2660.49 万元。2021 年 2 月 5 日，项目全线路肩拓宽、波形护栏安装及沿线路灯亮灯等工程全部完成，项目整体串联大帽山与岛内 1 小时交通圈，改善沿线群众出行安全。

农村生活污水提升治理工程　工程涉及 96 个自然村，按“源头截污三根管，全收集全处理”实施标准，成立工作专班，倒排施工计划，按序时进度推进施工。

翔安区第二实验小学黎安校区　黎安校区办学规模 48 班，项目总用地面积 29667 平方米，总建筑面积 29665 平方米，含综合教室、校史馆、人防等及室外 250 米塑胶运动跑道、篮（排）球场等配套基础设施。建成后可提供 2400 个学位，缓解周边学位紧张，补齐教育基础设施短板。

厦门市第五医院医技科技综合大楼　项目总建筑面积约 34200 平方米，主要建设内容包括医技、科教、住院部、地下车库等功能用房；项目总投资概算 18491.9 万元，建成后可新增住院病床 634 张。

厦门市第五医院发热门诊楼　项目总建筑面积约 2155 平方米，包括发热门诊、留观病房等功能区及室外工程；项目总投资概算 1304.98 万元。按最新疫情防控规范要求设置“三区两通道”，提升市第五医院疫情防控水平。

2021 年，翔投集团在翔安区招商引资实绩中为首家排名前五的区属国企，其中数字经济产业园的招商成绩在翔安区开发建设指挥部、管委会排名中位列第一。《厦门市产业空间布局指引（2021 年本）》将数字经济产业园列入“新兴服务业”产业功能区，主导产业为信息服务、数字经济，是翔安建区以来，首个列入产业空间布局、区属区建的产业园区。全年，数字经济产业园区新增企业 210 家，注册资本金 39.58 亿元，其中核心组团健康翔安智谷新增落地企业 70 家，注册资本金约 7.1 亿元。全球远程病理诊断及数字病理的先行者华银健康福建区域总部等一批科技型创新型企业及总部项目落户园区，推动园区产业结构优化升级。大招科技获评“国家级高新技术企业”；智业健康、大招科技获评“瞪羚创新企业”称号；承葛生物获评“厦门市新型研发机构”（全市共 3 家）；台湾青年创业基地“创客坞”获评“专业型众创空间”（全市共 2 家）。

（翔投集团）

【厦门市翔安市政集团有限公司】

厦门市翔安市政集团有限公司（以下简称翔安市政集团）主营环卫保洁，环卫设施管理，污水处理设施运营与管理，绿化建设与养护管理，公路养护，市政设施（含路灯、交通信号灯、视频监控及夜景工程等）的施工及维护，市政工程的施工与管理，停车场建设与经营，工程代建等。翔安市政集团代建区级财政投融资建设项目 60 个，完成投资 2.6 亿元，比上年增长 18.4%。全年实现营业收入 4.02 亿元，净利润 3347 万元，缴纳税款 2626 万元。其中，自有房屋资产出租实现收入 8.18 万元。年度建设项目代建电子考评，17 个项目均为优秀。

生活污水治理工程　2021 年，翔安市政集团代建的龙东溪三安光电排口治理工程提前 50 天实现排口截流，完成龙东溪最大污染源治理。澳头社区污水治理首创“三水”联治模式，受到厦门市污水处理设施高质量高标准建设指挥部表扬，被《光明日报》《福建日报》《厦视新闻》等主流媒体报道。翔安市政集团建管一体推进农村生活污水治理，高标准高质量开展 59 个村庄生活污水提升治理工程，其中深溪自然村、大帽山山仔头污水处理站点被作为厦门市农村生活污水现场观摩村庄，接待国家、省、市相关部门的观摩调研，成为厦门市农村生活污水治理“样板”。

泊车管理公司成立　2021 年 12 月，翔安市政集团根据翔安区城市化发展需要与集团战略发展规划，成立泊车管理有限公司，整合翔安区停车资源，向市民提供更多优质公共服务产品。泊车管理公司接收代管 10 座公共停车场，540 个车位；代管新店街道、马巷街道核心区 11 条道路内 1168 个车位。通过智慧平台化管理，实时提供停车位使用信息，提高停车资源配置效率。

【厦门市翔安招商集团有限公司】

2021 年，厦门市翔安招商集团有限公司（以下简称翔安招商集团）围绕土地开发、工程代建、资产运营、招商引资、市政管养等职能开展工作，确保国有资产保值增值。全年实现营业收入 2105.4 万元，净利润 370.38 万元，缴纳税款 173.59 万元。

翔安区出资 30 亿元成立翔安区产业引导基金，实际到资 11 亿元。产业引导基金参股产业子基金5只，基金总规模约130亿元，实缴规模约103亿元，区引导基金承诺出资5.11亿元。区引导基金以基金带动招商引资的平台作用显著，累计入库项目82个，总规模约306亿元，其中落地项目79个，总注册资本约281亿元，实缴资本约126亿元。通过区引导基金出资撬动社会资本到资超过35倍，其中基金返投及招商引资的实体企业18家，注册资本8.45亿元，实缴资本7.08亿元，超过翔安区实际出资的1.7倍。区产业引导基金累计为财政资金创造投资收益1072.79万元，产业子基金产生约550万元的税收、返投项目产生约70万元的税收、投资收益创造税收2.59万元。

土地开发　2021年，翔安区财政性投资项目计划内土地收储项目18宗，收储面积112公顷。翔安招商集团完成1宗收储红线办理，面积8.12公顷；完成成片开发4个批次13个片区、6个镇（街）20个社区的居民代表大会、回执函签章工作；发布启动公告14个，完成收储用地5宗，用地面积31.24公顷的交地工作，较好地完成年度收储任务。

土地出让　2021年，翔安区全年完成出让地块4宗，总用地面积14.37万平方米，总建筑面积36.88万平方米，成交金额38.82亿元（招商集团出让1宗工业用地，成交金额0.13亿元）。其中，居住、商业性质用地3宗，总用地面积11.86万平方米，总建筑面积29.36万平方米。

招商引资　2021年，翔安招商集团围绕电子信息、临空产业、新能源新材料、海洋高新、生物医药与健康、文旅会展六大主导产业，加强项目谋划，精准招商。全年落地项目608个（本部252个、闽南生产力促进中心356个），比上年增长27.20%；投资总额672.93亿元（本部225.75亿元，闽南生产力促进中心447.18亿元）；落地项目注册资本金293.80亿元（本部163.27亿元、闽南生产力促进中心130.53亿元），比上年增长40.36%；实际到资235.16亿元（本部28.23亿元、闽南生产力促进中心206.93亿元），比上年增长178.03%。

2021年，翔安招商集团推进港华能源集团（外资，“9・8”区级签约项目，注册资本1亿元）、厦门星番悦食品科技有限公司（注册资本2100万元）、厦门蓝遇信息科技有限公司（注册资本1000万元）等签约落地；推动建发艺术酒店项目、海峡水产种苗基地（外资）、弘信储能等项目；加强企业对接，协助企业落地约70家；强化企业服务，走访麦克奥迪、兴联电子、红桥资本、七匹狼、聚智科技、海德龙等100余家企业。

（翔安招商集团）

审　计

【概况】 2021年，厦门市翔安区审计局（以下简称翔安区审计局）履行审计监督职责，创新审计思路，强化审计队伍建设。全年安排审计项目23个。其中，预算执行及财政财务收支审计项目1个，专项审计调查4个，投资审计项目1个，自然资源资产审计项目1个，经济责任审计项目16个。查出主要问题金额24.74万元，管理不规范金额22.41万元，违规金额2.29万元，损失浪费48万元；非金额计量问题251个，审计处理金额532万元。向被审计单位、有关单位提出审计建议69条，被采纳34条，促进被审计单位制定整改措施8项，制定修改部门规章制度2项。2个审计项目被市局评为2020年区级优秀项目，撰写的7篇审计专报得到区委、区政府主要领导批示。

【预算执行审计】 2021年，翔安区审计局深化财政预算管理，保障公共资金安全高效，促进支出结构优化，提升预算绩效管理水平，开展2020年度区本级预算执行与其他财政收支审计。重点关注重大政策措施落实的到位性、预算管理的科学性和规范性、支出预算的效益性和财政决算草案编制规范性等方面，对中央直达资金管理和使用情况进行延伸审计。围绕部门预算编制与执行、非税收入、存量资金、政府采购、转移支付、镇（街）暂付性款项清理等情况，注重从体制、机制上提出审计建议，规范财政收支行为、推动财政体制改革。

【经济责任审计】 2021年，翔安区审计局对区农业农村局、区建设与交通局和区文化和旅游局等16家单位开展党政主要领导经济责任审计。重点关注被审计单位在重大经济决策、重大资金使用、执行财经政策、国有资产管理、工程项目建设以及中央“八项规定”落实情况等方面存在的问题，针对区青少年宫存在培训费收入与实际缴款不一致、培训报名管理松懈等问题撰写审计专报，获得区长批示，要求责任单位加强内部管理，制定管理制度，追究相关人员责任。

【涉农资金审计】 2021年，翔安区审计局强化对涉农资金的审计监督检查，将涉农资金审计与投资审计相结合，开展新店街道大宅社区2019—2020年财政投入资金专项审计调查与翔安区2020年农业农村专项资金管理及使用情况专项审计调查，重点关注财政投融资项目的全过程管理、项目建设履行基本建设情况、涉农资金奖补政策执行情况、是否以奖补模式规避基本建设程序、涉农资金使用的真实性及效益性。通过审计揭示政策落实、资金管理、使用效果等方面存在的问题，促进农村经济社会发展，助力社会主义新农村建设。

【公共投资项目审计】 2021年，翔安区审计局以规范政府投资项目建设行为、促进提高资金效益和项目管理水平为目标，开展翔安区2017年第一批农村生活污水雨污分流工程总承包与运营维护项目专项审计调查，重点关注项目建设质量、雨污分流实施成效、设计施工一体化（EPC）模式合同执行情况。针对审计中发现的排斥潜在投标人、未完全追究中标总承包单位违约责任、图实不符高估冒算、施工过程内业资料与实际不符、运营维护不善导致管网损毁严重等问题，提出建立健全翔安区农村建设项目统筹规划机制、完善施工总承包管理机制、强化对代建单位的监管等意见和建议，提高翔安区农村生活污水运维管理水平，推进农村人居环境从根本上改善。

【自然资源环境审计】 2021年，翔安区审计局开展翔安区入海排污口治理效果专项审计调查，重点关注资源环境治理效果与财政投资项目建设全过程，延伸关注非工程类资金使用合法合规性及购买服务项目实施效果。针对审计中发现的治理效果未达到预期目标、7个送审项目应核减造价170.84万元、未科学筹划项目造成损失浪费48.86万元、养殖废水未经处理直排入海等问题，提出强化排口检测工作、统筹安排排口整治项目、科学制定整治措施、加强项目内业资料管理等审计建议，撰写审计专报《入海排污治理有待加强》，推动建立长效管理机制，促进辖区生态文明建设。

（柯雅英）

统　计

【概况】 2021年，厦门市翔安区统计局（以下简称翔安区统计局）坚持服务靠前、主动作为，为翔安区经济发展提供优质统计服务。强化数据质量意识，主动对接落实地区生产总值核算改革，完成2020年统计专业报表任务。开展常规抽样调查工作，执行国家统计调查制度，依法实施各项常规统计调查工作，配合国家调查总队厦门市队的各项调研工作。强化与地区生产总值核算、11项对标指标相关的部门横向联系，加强与市统计局各业务处室的互动沟通，加强一线统计指导，做好数据核查、数据异动的调查处理、沟通协调，高质量完成统计常规工作。定期编发各类统计信息，印发统计资料。

【统计服务】 2021年，翔安区统计局继续完善月度简单分析、特殊情况专题分析、月后提供全区主要经济指标等制度，加强对地区生产总值、工业经济、固定资产投资、限上批发零售业销售额、规模以上服务业等重点领域和重点行业的跟踪监测，为各级领导提供最具时效性的统计数据资料。利用统计数据信息资源，撰写翔安月度经济运行情况，编印2021年《厦门市翔安区统计年鉴》。开展统计业务培训、法律法规培训16场，开展点对点培训34场，培训1200人次，开展“导师计划”，分3批抽调镇（街）统计人员9人到统计局开展为期各1周的跟班学习，提升翔安区、镇（街）业务骨干综合素质和统计综合能力，取得较好的培训效果。

【统计法治】 2021年，翔安区统

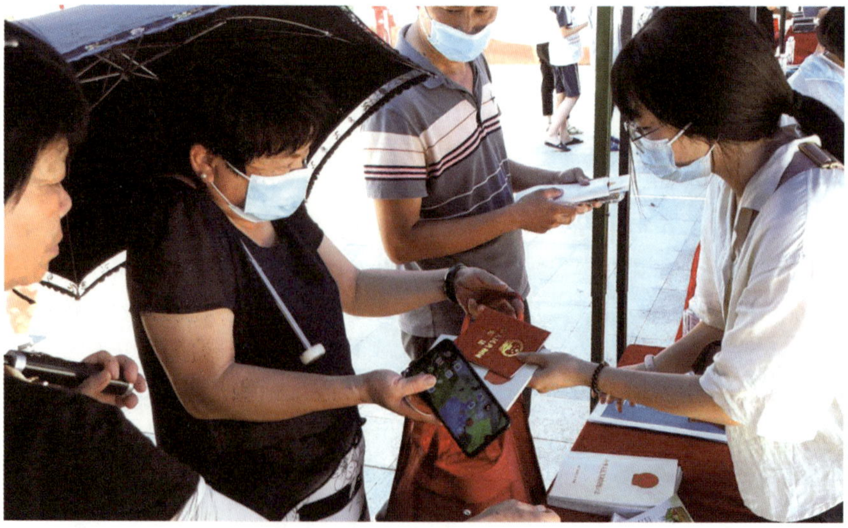

2021年6月23日，翔安区统计在法治广场分发了《统计法》《宪法》等法治宣传资料和宣传品

（陈永贵　摄）

计局多渠道开展统计法治宣传教育，举办法治宣传活动，向群众发放《中华人民共和国宪法》《中华人民共和国民法典》《中华人民共和国统计法》等宣传材料，发放宣传资料和宣传品300余件；通过新媒体传播平台创新普法形式，制作新颖有趣的统计法宣传内容开展法治宣传。通过召开企业年报会对翔安区近千家“四上企业”开展统计法律法规培训。从全区“一套表”单位中，随机抽取19家单位与19个固定资产投资项目开展“双随机”执法检查。

【翔安区第七次全国人口普查】 2021年，翔安区第七次全国人口普查数据公报发布。2020年11月1日零时，翔安区常住人口578255人，与2010年第六次全国人口普查的304333人相比，十年增加273922人，增长90%。全区有家庭户201773户，集体户25097户；家庭户人口507191人，集体户人口71064人。平均每个家庭户人口2.51人。全区常住人口中，男性316542人，占54.74%；女性261713人，占45.26%。常住人口性别比（以女性为100，男性对女性的比例）为120.95。0～14岁人口100128人，占17.3%；15～59岁人口415181人，占71.8%；60岁及以上人口62946人，占10.9%。其中，65岁及以上人口为40852人，占7.1%。拥有大专及以上文化程度的人口113926人；拥有高中（含中专）文化程度的人口85972人；拥有初中文化程度的人口174995人；拥有小学文化程度的人口131132人。城镇人口358102人，占61.93%；乡村人口220153人，占38.07%；人户分离人口为288728人。

【企业达规纳统】 2021年，翔安区统计局与区发改局、工信局、商务局、建设局、税务局等部门联动，跟踪重点企业和重点项目的落地、建设、投产、达限等各阶段进展情况，上门开展统计业务指导，走访各类企业67家。全年帮助解决部门、企业涉统问题30多项。做好名录库更新维护，督促、指导达限企业纳入翔安区“四上企业”统计。1—9月，翔安区规模以上工业新增20家，退库3家；限额以上批发零售住宿餐饮业新增34家，退库10家；规模以上服务业新增8家，退库0家；建筑业新增31家，退库65家；房地产业新增5家，退库6家。

（黄文献　罗　成　李芊芊）

价格管理

【概况】 2021年，翔安区发改局做好价格监测分析预警，对翔安区46种城市主副食品价格进行应急监测，市场价格总体平稳、供应基本充足，监测的食盐和重要农产品价格无明显异常波动现象。加强收费管理工作，完成全区2020年行政事业性收费统计上报工作。

【收费清理整治】 2021年2月9日，翔安区新增马巷第三中心幼儿园1家收费单位，停征翔安区工信局、翔安区人社局2家收费单位，废止专业技术职务资格评审费、事业单位编制内公开招聘工作人员考试考务费2项收费项目。5月29日，翔安区发改局在翔安区政府网站公布《2021年厦门市翔安区行政事业性收费单位名单和收费项目》和《2021年度厦门市翔安区涉及企业行政事业性收费目录清单》，辖区收费单位24家、收费项目13个，收费总额6869.19万元。其中，涉企收费单位5家、收费项目6个、收费4475.21万元，教育收费2389.9万元，无涉农收费。

【价格平抑协调】 2021年，翔安区发改局依托6家平价商店，配合厦门市发改委开展平价蔬菜、猪肉价格补贴，减轻市民“菜篮子”负担。

【收费调研管理】 2021年，翔安区发改局按照《福建省定价目录》做好辖区内价格管理工作，结合翔安区实际，落实停车场分类管理，规范停车收费标准，印发《关于执行厦门市政府定价管理停车场分类管理办法和停车收费标准的通知》。开展翔安区幼儿园、校外培训机构收费调研活动。

【价格监管认定】 2021年，翔安区发改局价格认证中心开展价格认定，办理涉案财物价格认定450起，涉案标的总金额4325万元。其中，公安机关439起，涉案标的总金额约575万元；监委3起，涉案标的总金额约3689万元；农业农村局7起，涉案标的总金额约61万元；自然资源和规划局1起，涉案标的总金额8元。受理并办结308起，不予受理142起。开展价格争议调处进社区，调解价格争议26起。

（林亚宣）

市场监督管理

综　　述

【概况】 2021年，厦门市翔安区市场监督管理局（以下简称翔安区市场监管局）做到疫情防控和实现经济社会发展两手抓、两手硬，维护市场秩序、保障市场供应、支持复工复产、助力文明城市创建，为翔安区经济社会稳定运行提供有力保障。完成下半年厦门市企业跨部门“双随机、一公开”联合抽查工作，抽查555家企业。剔除载入经营异常满3年的商事主体名称55家，撤销虚假登记158家；书面行政约谈367家拟移出经营异常名录企业。翔安区内资企业年报率99.35%，年报公示率连续八年位居全市第一。

【商事登记】 2021年，翔安区新设商事主体11729户，企业新设量比上年增长50.04%，增长率全市排名第一；翔安区市场监管局推行各项便企改革举措，主动压缩有限公司变更承诺时间至2个工作日；推进容缺受理制度、提前指导制度、专人对接制度3项服务指导，确保区政府招商引资项目尽快落地。窗口服务主动评价率90.32%，评价满意率99.96%。

2021年3月12日，翔安区2021年“3·15”国际消费者权益日宣传活动在翔安闽篮城市广场举行（林小丽　摄）

【消费维权】 2021年，翔安区市场监管局受理投诉举报6044件，为消费者挽回经济损失504.66万元。其中，快转快办涉疫价格投诉举报51件，受理涉及房地产企业相关信访28件，投诉106起。9月，快速妥善处置多起厦门莲花医院莲河总院收取200元核酸检测加急费的投诉，促使医院同意取消该项收费，消弭一场负面舆情。

【行政执法】 2021年，翔安区市场监管局立案345件，比上年增长135.3%，罚没款428万元。其中，接连查办8件大嶝低价游引起的系列案件，对2件虚假宣传案件处罚金44.06万元，对1起强迫交易线索移送公安部门追究刑责。查办农村伪劣食品157件，年度目标任务完成率79.7%，全市排名第一。查办岩茶市场案件10件，其中2件分别入选福建省第一批反不正当竞争典型案例与省市场监管局岩茶专项整治典型案例。

（陈梅冰）

食品药品安全监管

【概况】 2021年，翔安区市场监管局统筹协调翔安区政府与翔安区食安委成员单位研究落实食安政策，推进各项食安专项工作。翔安区有食品生产经营单位8592家。其中，食品生产企业165家，食品生产加工小作坊121家，食品流通主体4879家，餐饮服务单位2938家，小餐饮443家，食品摊贩46家。

【冷链食品安全监管】 2021年，翔安区市场监管局指导督促翔安区涉及进口冷链食品的41家经营主体、72个冷库依法履行食品安全信息化追溯义务，确保做到“来源合法可溯、去向可追”。针对未及时、如实上传食品追溯信息等问题立案6起，罚没款1.9万元。

【涉疫机构食安监管】 2021年，翔安区市场监管局加强隔离酒店、集体用餐配送单位的监管，对8家疫情防控隔离酒店、3个疫情防控隔离点、7家集体用餐配送单位开展检查193家次，发现86个问题，全部督促整改。

【食品信息追溯】 2021年，翔安区市场监管局推进食品生产经营单位食品安全主体责任落实，督促翔安区364家重点食品生产经营单位注册食品安全“一品一码”信息追溯系统，录入相关数据。翔安区食品生产环节、食品销售批发环节、食品销售批零环节和社会餐饮主体的注册率100%。其中，学校食堂录入信息排名全市第一。

【餐饮服务质量提升】 2021年，翔安区市场监管局推进“明厨亮灶”和“雪亮厨房”工程建设。翔安区持证正常经营餐饮服务单位2938家，其中，完成“明厨亮灶”建设2509家，占比85.4%。翔安区公立学校食堂、公立医院食堂共119家完成“雪亮厨房”建设，完成年度建设目标。

【校园食品安全保障】 2021年，翔安区市场监管局加强校园食品安全保障。翔安区食安办联合区教育局、区卫健局等部门开展春、秋季学校及周边食品安全专项检查，通报问题并督促整改。指导厦门大学百年校庆食品安全保障方案，确保厦门大学翔安校区校庆期间的食品安全。指导厦门大学附属科技中学翔安分校食堂率先全市通过HACCP和ISO 22000管理体系认证。

【食安社会共治】 2021年，翔安区市场监管局完善社会共治体系，实现食品安全共建共享。根据《厦门市食品安全公共责任保险方案（2020—2022年）》，协调翔安区政府为学校食堂、政府机关及事业单位食堂、建筑工地食堂、农村集体聚餐活动等购买食品安全公共责任保险，投保金额27.3万元。督促翔安区19家集体用餐配送单位主动投保食品安全责任险。翔安区食安办组织食安委成员单位开展主题为“尚俭崇信，守护阳光下的盘中餐”2021年全国食品安全宣传周活动，组织学校代表发起食品安全倡议、放心超市自主承诺、快检车现场快检，结合微信朋友圈、微信公众号进行科普及有奖问答。通过微信、微博等新媒体开展食品安全宣传，提高翔安区群众对食品安全意识。

【药品监管】 2021年，翔安区内有药品零售企业129家，医疗机构235家、医疗器械经营企业269家、化妆品经营使用单位947家。翔安区市场监管局出动执法人员1850人次，现场验收57家药械经营企业，检查“两品一械”经营使用单位962家次，抽检两品131批次。全年办结药械案件简易程序8件、立案14件，罚没款8.8万元、没收涉案产品1件，行刑衔接1件，超额完成药品口案件指标。对违规新冠核酸承检机构

2021年11月16日，翔安区“安全用药月”宣传活动在厦门首家海岛便民药事服务站举行，图为宣传活动现场 （张立康 摄）

开出全国首张罚单，联合公安查处厦门市第一起未取得“药品经营许可证”网络炒作销售片仔癀案。在大嶝街道设立厦门首家海岛便民药事服务站，方便群众安全用药。

（陈梅冰）

质量技术监督

【概况】 2021 年，翔安区市场监管局修订《厦门市翔安区实施标准化战略奖励办法》，落实标准化激励工作，服务辖区企业申请标准化奖励 62.5 万元。《厦门市高质量推进国际一流营商环境建设 2021 年度提升方案》建设成果清单评估报告把《翔安区实施标准化战略奖励办法》纳入首批免申即享惠企政策清单，是翔安区营商环境中有创新、有特色的做法。翔安区质量竞争力指数逐年向好，得分 91.79 分，全市排名第二；质量工作考核指标测算，全市排名第二。推进质量强区战略，引导辖区企业厦门天马微电子有限公司获“第五届厦门市质量奖”。

【监督检查】 2021 年，翔安区市场监管局加强对食品相关产品、电气产品、燃气器具的日常监督，抽检产品 404 批次；推进塑料污染执法监督检查，检查 866 家次；开展油品质量监督抽查 32 批次，取缔黑油点 5 处，查获成品油 2.55 吨，罚没入库 3.29 万元。

【计量器具标准化】 2021 年，翔安区市场监管局加大计量器具监管力度，约谈 7 家农贸市场开办单位，聚焦集贸市场内 804 台在用计量器具，对 47 台在用未检定计量器具开展强检规范工作。

【特种设备安全保障】 2021 年，翔安区市场监管局完成年度特种设备使用单位日常检查任务，检查使用单位 196 家，发现问题 20 家，均完成整改。开展特种设备隐患大排查大整治百日攻坚行动，将燃气场站、电站、锅炉、危化品等 39 家重点企业纳入整治。开展压力管道专项整治，摸排整治全区锅炉与压力容器使用单位 301 家，指导企业对所有压力管道的登记单元进行重新划分，注册登记。其中，工业压力管道长度 112.20 千米，公用压力管道长度 133.99 千米。靠前服务指导地铁 3 号线试运营前电梯安全保障与天马显示科技、中航锂电等重点项目的特种设备安全管理。

（陈梅冰）

知识产权保护

【概况】 2021 年，翔安区市场监管局加强知识产权保护工作，优化营商环境，成立知识产权维权工作站翔安工业园区分站。翔安区知识产权维权工作站 2020—2021 年度工作绩效考评中考评等级优秀。厦门天马微电子有限公司获评第八届厦门市专利奖特等奖；厦门乾照光电股份有限公司获评第二十一届中国专利奖、第八届厦门市专利奖二等奖。厦门光莆电子股份有限公司、传孚科技（厦门）有限公司获评 2020 年度福建省知识产权优势企业；厦门韦尔通科技有限公司获评 2021 年度福建省知识产权优势企业。

【知识产权保护执法】 2021 年，翔安区新增商标授权量 5048 件，有效发明专利拥有量 2855 件。办理知识产权执法案件 152 件，其中商标侵权案件 10 件，罚没款 23.56 万元。

【知识产权保护宣传】 2021 年，翔安区市场监管局组织开展知识产权保护宣传培训和志愿者活动 6 场，参加线上、线下活动人员 5809 人次。通知提醒 118 件即将到期的商标办理续展，整顿非正常专利申请 175 件。

【地理标志商标变更】 2021 年，翔安区市场监管局赴漳州市云霄县学习“全国地标第一县”的先进经验，学习云霄运营模式，指导“古宅大蒜”地理标志商标的变更及申请商标使用许可备案，成为厦门市首枚换标成功的地理标志专用标志。

（陈梅冰）

财政 税务 金融

财 政

【概况】 2021年，厦门市翔安区财政局（以下简称翔安区财政局）围绕翔安区委、区政府疫情防控和经济社会发展中心任务，多措并举，攻坚克难，财政收入保持稳定增长。翔安区一般公共预算总收入93.46亿元，比上年增长15.9%，其中，地方一般公共预算收入26.61亿元，增长18.5%。全区一般公共预算支出59.08亿元，比上年增长18.6%。

【“三保”支出】 2021年，翔安区财政局优化预算安排，坚持筑牢民生底线，“保工资、保运转、保民生”支出优先原则。全年翔安区安排“三保”支出40.56亿元。其中，“保工资”支出16.8亿元、“保运转”支出4.5亿元、“保民生”支出19.26亿元。“保民生”支出中，从政府性基金支出5.33亿元补助被征地农民。

【民生和重点项目支出】 2021年，翔安区财政局增加民生领域和重点项目的财政保障力度，加大对教育科技、公共卫生、社会保障、城乡基建等民生实事投入，突出高质量教育体系、多层次社会保障等重点。其中，教育支出17.55亿元、城乡社区事务支出7.13亿元、社会保障与就业支出5亿元、卫生健康支出5.5亿元。优先保障省、市确定的重点项目支出，不留硬缺口，阳塘整村搬迁、东部体育会展新城整村搬迁等一批省市重大重点项目顺利推进。

【减税降费政策落实】 2021年9月，翔安区财政局在新冠肺炎防控期间建立应急机制，部署疫情防控工作，履行财政职能，确保各项疫情防控资金拨付到位。落实减税降费政策，确保企业尽享减税降费政策红利，助力企业

表3　　2021年翔安区财政收入情况表

指　标	2020年（万元）	2021年（万元）	2021年比2020年增长（%）
一般公共预算总收入	806639	934589	15.9
上缴中央税收	337383	341275	0.7
增值税（含营业税）	126623	149666	18.2
消费税	951	2052	115.8
车辆购置税		2004	23.1
企业所得税	99897	128359	28.5
个人所得税	109912	59194	-46.1
上缴市级税收	244611	327169	34.6
区地方级财政收入	224646	266145	18.5
税收收入	134059	155695	16.1
其中：1. 增值税	50611	59823	18.2
2. 企业所得税	26640	34230	28.5
3. 个人所得税	29311	15785	-46.1
4. 城市维护建设税	6831	11002	61.1
5. 土地增值税	6047	17373	187.3
非税收入	90587	110450	21.9
其中：1. 行政性收费收入	6256	7789	24.5
2. 罚没收入	2256	6482	287.3
政府性基金预算收入	39457	313617	694.8

表 4　　2021 年翔安区财政支出情况表

指　标	2020 年（万元）	2021 年（万元）	2021 年比 2020 年增长（%）
一般公共预算支出	498259	590780	18.6
一般公共服务	61222	70766	15.6
国防	712	983	38.1
公共安全	31441	30085	-4.3
教育	143449	175530	22.4
科学技术	5178	2006	-61.3
文化、体育与传媒	7191	8098	12.6
社会保障和就业	49202	49990	1.6
卫生、健康支出	45805	55068	20.2
节能环保	8521	7492	-12.1
城乡社区支出	83409	71276	-14.5
农林水支出	25692	17127	-33.3
交通运输	3474	4037	16.2
资源勘探、电力、信息等支出	15131	86730	473.2
自然资源、海洋、气象等支出	8773	1985	-77.4
粮油物资储备支出	20	21	5.0
灾害防治及应急管理支出		4720	19.7
其他支出	360	599	66.4
政府性基金预算支出	152664	218021	42.8

更好发展。全年减税降费 1.6 亿元，辖区企业阶段性税收缓缴 1.3 亿元。

【财政收入筹措】 2021 年，翔安区财政局以“岛外大发展”为契机，制定“力筹资金一百亿”计划，从组织财政收入、足额申请地方债券、指导区属国企融资、推进土地出让进程等多渠道筹措综合资金超 100 亿元。

【财政监管】 2021 年，翔安区财政局强化资金管控，全年纳入国库集中支付预算指标数 131.57 亿元，集中支出 101.66 亿元，完成指标数的 77.27%；财政投融资预决算审核 589 件，送审金额 19.23 亿元，审定金额 17.07 亿元，核减金额 2.16 亿元；发放财政票据 193.58 万份，核销票据 50.82 万份，核销金额 159.07 亿元。推进公共资源市场配置，遵循公开透明、依法依规、廉洁高效的原则，在市公共资源交易平台上进行公共资源市场配置，全年固定资产处置收益 5.15 亿元。

【政府采购】 2021 年，翔安区财政局加大政府采购活动监管力度，通过规范程序、强化监管、严格统计等方式不断提高质效，完成采购预算资金 3.14 亿元，实际采购金额 2.89 亿元，节支率 8.17%。

（陈胜蓝）

税　务

【概况】 2021 年，国家税务总局厦门市翔安区税务局（以下简称翔安区税务局）组织入库各项收入 71.45 亿元，比上年增加 13.43 亿元，增长 23.16%。税收收入入库 50.14 亿元，比上年增加 16.05 亿元，增长 47.07%。其中，中央级税收收入 17.9 亿元，增加 3.88 亿元，增长 27.65%；地方级税收收入 32.24 亿元，增加 12.17 亿元，增长 60.64%。社保费入库 19.33 亿元，比上年减少 3.17 亿元，下降 14.09%。非税收入、其他收入入库 1.98 亿元，比上年增加 0.56 亿元，增长 39.17%。翔安区水土保持补偿费、防空地下室易地建设费、土地闲置费、绿化赔偿费 4 项非税收入征收职能划转至税务部门。10 月 19 日至 11 月 18 日，翔安区税务局接受厦门市税务局党委第一巡察组常规巡察，对照巡察指出的 3 类 9 项 40 个问题制定整改清单，逐一整改并推动建立长效机制。

【税费征管】 2021 年，翔安区税务局实施企业所得税错峰申报，汇算期内申报率大幅提升，率先突破 90% 大关。完成个人所得税汇算任务，自然人电子税务局留言平均 1 个工作日处理完毕。研发费用加计扣除政策两度“升级”，150 家企业享受政策红利，总金额 5.84 亿元。召开专题会议研究确定煤电企业缓缴税名单，做好能源电力保供。逐户辅导制造业中小微企业享受专项缓缴，累计办理缓缴 1406 家次，缓缴金额 5538.08 万元。完成新退税系统上线后厦门首笔出口免抵退审批，全年累计留抵退税退出 91

2021 年 4 月 22 日，翔安区税务局开展“税务体验师”线下活动（叶楠　摄）

笔、4.5 亿元；其他退税退出 5953 笔、1.97 亿元；出口退税退出 538 笔、2.76 亿元，平均退税办退时间 4 个工作日。严格执行下调职工基本医疗保险单位缴费费率等助企纾困政策，确保企业和个体工商户“免申即享”。全年新增减税降费 2.2 亿元。

【办税服务】 2021 年，翔安区税务局开展便民办税春风行动，招募 12 名税务体验师为办税服务“挑刺”，采取重点税源企业与出口企业先试点、其他企业再铺开的推广步骤，在全市率先试点税企互动平台。办税服务厅统一撤并至翔安区行政服务中心，统筹设置 17 个办税窗口，在全市首推资料预审窗口，纳税人排队等候时间比上年下降 20%。新增发票自助办税终端进驻数字经济产业园，补充和优化自助办税体系。增设“12366”午间座席，热线接通率提升 95%，拓展电话咨询服务功能，对简单易办事项进行电话办理、网上办理。

【法治税务建设】 2021 年，翔安区税务局举办新修订的《中华人民共和国行政处罚法》专题讲座，对一线执法人员开展专项业务培训，促进税务执法既讲规范又显温度。编写《出口退税操作指引》，为全市制定与明确出口退税操作工作流程提供蓝本。梳理破产企业税收债权申报流程，申请依法分配 8 家企业欠缴税费，入库税费款及滞纳金 1662 万元。

【税收征管改革】 2021 年，翔安区税务局贯彻落实中共中央办公厅、国务院办公厅印发的《关于进一步深化税收征管改革的意见》，开展全员学习和知识测试。树立“以数治税”理念，完善税收数据安全管理体系，对 14 类系统、214 人次、1125 个账号进行排查。发挥以税咨政作用，全年组织 6 个课题研究，《基于大数据的分色分级自然人税收管理制度研究》《从法治视角看智慧税务建设研究》分别获厦门市税务系统三等奖、优秀奖；有关提升建筑业税源贡献度的分析报告在《厦门特区税务》《中国税务》《海峡税务》刊出。

【地方经济发展服务】 2021 年，翔安区税务局主动跟进翔安区“撤镇改街”重大变动，筛查 4460 条注册地址不明确数据，汇总 2.71 万条税（费）种认定信息进行统一修改，宣传提示适用税率变化情况。组建招商引资专门服务团队，提供全过程涉税辅导。参加翔安区维稳会议 15 次，关注商办类企业问题，安排专人脱产参与翔安区委政法委有关专班，妥善解决欠税企业问题。坚持和完善协税护税机制，获取外部门共享数据 1.1 万条，为外部门提供

2021 年 11 月 12 日，翔安区税务局走进小嶝小学，开展“知党恩　跟党走　鹭税关怀暖童心”——乡村振兴行动暨税法宣传活动（谢珊兰　摄）

涉税费数据 131 件次。以外来建安项目税源管理为切入点，探索建立数据政务协同系统，形成跨部门、跨系统，常态化、整体性协作机制。全年翔安区外来建安企业税收入库 4.03 亿元，比上年增长 22.71%。

【税收宣传】 2021 年，翔安区税务局依托第 30 个全国税收宣传月，开展“税法宣传进高校”系列活动，讲解最新税费优惠政策。1 月 1 日起，企业职工基本养老保险纳入省级统筹，翔安区税务局为 500 余家个体工商户送政策上门，对参保 100 人以上的企业进行电话辅导与现场走访，宣传政策调整情况。7 月 1 日起，《机动车发票使用办法》正式施行，翔安区税务局对所有机动车企业进行全覆盖核实分类。9 月 1 日起，《中华人民共和国契税法》《中华人民共和国城市维护建设税法》正式施行，翔安区税务局参与系统功能开发，开展滴灌式宣传辅导。

（邓晓星）

金　融

【概况】 2021 年，厦门市翔安区金融工作办公室（以下简称翔安区金融办）落实地方金融稳定有关工作，配合上级部门打击非法金融活动、防范化解金融风险，协调推动非法集资防范与处置工作，维护地方金融安全稳定。加强翔安区类金融企业监管，强化小额贷款公司、融资担保公司、典当行等地方金融组织日常监管，组织相关人员对注册地在翔安区的 4 家私募基金公司开展私募基金风险排查，对 2 家小额贷款公司开展年度考核评价。

【金融风险防范】 2021 年，翔安区金融办加强日常监管，强化金融风险排查长效机制，统筹协调各方力量，发挥各成员单位的行业管理优势与各镇（街）属地管理优势，聚焦金融风险重点领域、重点地区、重点人群，开展风险专项排查整治工作，摸清风险底数，建立底册台账，做到底数清、情况明，确保不发生群体性金融涉稳事件。全年排查各类企业 423 家，其中类金融企业 228 家。

【防范非法集资宣传】 2021 年，翔安区金融办加强防范非法集资宣传力度，构建多层次、全方位、广覆盖的常态化宣传机制，以“七进”（进机关、进学校、进社区、进家庭、进企业、进农村、进网站）常态化宣传为主，协调推动各成员单位结合自身职责做好宣传工作。全年开展“七进”宣传活动 106 次，参与群众近 4 万人次；发布原创作品 2 篇，转发量、点击量近 4 万次，互动宣传覆盖 4 万余人；发送防范非法集资与非法集资举报短信 6 万余条；张贴宣传海报 2000 份，分发宣传礼品 3 万份，播放非法集资宣传视频、音频 4 万余次，设置公交车站宣传广告 100 余块。

【金融行业招商】 2021 年，翔安区金融办强化金融板块招商引资力度，引进更多优质类金融项目，做好已落地及在谈项目的服务工作，发挥以商招商、以业引业的桥梁作用，依托知名媒体、会计师事务所、国内知名头部券商和银行等机构的行业优势，强化翔安区政府产业引导基金平台载体作用，加大股权投资行业与金融业招商引资力度，推动各类股权投资机构与类金融企业在翔安聚集。全年招商引资入库企业 103 家，落地项目 99 家，总投资 67.8 亿元。

【企业注册初审】 2021 年，翔安区金融办根据市金融监管局要求，严格金融类企业准入管理，对拟注册在翔安区的企业名称与经营范围中带有“金融”“股权投资基金”“资产管理”等字样的企业进行初审，转市金融局审批。全年完成华润国调（厦门）股权投资合伙企业（有限合伙）、新兴私募基金管理有限公司、厦门铧兴领贤股权投资合伙企业（有限合伙）、厦门铧兴领帆股权投资合伙企业（有限合伙）、厚德荣春（厦门）股权投资合伙企业（有限合伙）等企业注册初审工作。

【金融信贷支持】 2021 年，翔安区金融办搭建政银企互动平台，加强银企信贷需求精准对接，梳理翔安区内有资金需求的企业情况，协调银行等金融机构提供信贷支持；应用中小企业融资增信基金、政策性担保专项资金等为翔安区企业提供精准金融支撑；协助企业申请 5450 万元应急周转金，防范资金链断裂风险，缓解企业资金周转难题。

【企业改制上市】 2021 年，翔安区金融办落实市、区关于推动培育企业上市，促进企业发展提升的部署，开展调查研究，了解企业发展情况，鼓励翔安区企业改制上市，促进区域健康发展。推动翔安区内优质企业申报省、市重点上市后备企业，进行规范管理，做好全区上市挂牌后备企业培育管理工作，集中力量扶持一批优质后备企业，加快企业上市挂牌进程。全年推动 6 家企业申报省、市重点上市后备企业。

（林真梯）

农业　农村

综　　述

【概况】 2021年，厦门市翔安区农业农村局（以下简称翔安区农业农村局）围绕乡村振兴“20字”（产业兴旺、生态宜居、乡风文明、治理有效、生活富裕）总要求，确保实施乡村振兴战略总目标、总方针、总要求有效落实。翔安农村居民人均可支配收入27045元，比上年增长11.7%。全年农林牧渔总产值217694.42万元，比上年增长0.826%。其中，农业产值98488.75万元，比上年增长12.92%；林业产值266.69万元，增长8.2%；畜牧业产值55336.78万元，下降15.17%；渔业产值16102.2万元，下降39.6%；农林牧渔业服务业产值47500万元，增长0.42%。

【翔安区“三水”联治模式获省市推广】 2021年，翔安区农业农村局首创污水“三环”共治、微水“星级”分治、中水“回用”返治的“三水”联治模式，改善翔安区流域水环境，创新典型经验做法，在全省、全市进行推广。工业污染得到有效遏制，畜禽、水产、蔬菜清洗等行业污染基本得到解决，断面水质大幅改善。

【水库移民工作】 2021年，翔安区经福建省核定南安山美水库移民总人数5915人，全部在内厝镇辖区内，其中直补到人3814人，项目扶持到村2101人。全年完成9个项目的综合验收，批复实施方案8份，发放直补资金227.58万元，受益移民3793人。筹划成立移民置业公司，增加移民经济收入，促进后扶项目转型，开展理财增值业务。

【农村宅基地管理】 2021年，翔安区针对住房需求人员，健全农

表5　　2021年翔安区农林牧渔业总产值一览表

单位：万元

项　目	2020年（当年价）	2021年（当年价）
农林牧渔业总产值	215909.79	217694.42
（一）农业产值	87218.34	98488.75
其中：谷物	797.46	868.44
蔬菜	54680.81	61985.00
食用菌	14017.49	14851.32
花卉	214.06	310.57
园林水果	10963.62	13836.97
（二）林业产值	246.48	266.69
（三）畜牧业产值	65656.17	55336.78
其中：猪	56288.92	45577.91
肉禽	6752.72	6615.53
蛋	298.69	362.71
奶	29.92	26.48
（四）渔业产值	15488.80	16102.20
其中：海水	12660.45	12951.15
淡水	2828.36	3151.05
（五）农林牧渔服务业产值	47300.00	47500.00

村宅基地和村民住宅建设管理机制，各镇（街）累计受理农村住宅用地申请 2341 宗，完成审批 1545 宗。其中，农村新建住宅用地审批申请 942 宗，完成审批 520 宗；农村翻改建住宅用地审批申请 1399 宗，完成审批 1025 宗。

【农业龙头企业发展】 2021 年，翔安区新增市级龙头企业 6 家，全区有市级龙头企业 16 家，占全市总数的 26%。其中，国家级 2 家，省级 3 家。如意情集团股份有限公司、兴盛食品有限公司等 16 家农业龙头企业总产值 70.55 亿元，比上年增长 71.57%。如意情等 9 家市级农业产业化重点龙头企业获 361 万元专项资金扶持。推动农业重点项目发展，引进傲农、百利龙程等优质项目 19 个，落地 12 个。现代种苗行业不断突破，完成如意、银农种苗公司、金莉园蔬菜专业合作社 3 个蔬菜种子种苗产业发展项目，增加优质蔬菜种苗生产能力 1000 万株以上。

【惠农政策落实】 2021 年，翔安区累计发放农业生产发展（耕地地力保护）补贴资金 609.39 万元，覆盖耕地面积 5276.06 公顷次，受益农户 49608 户；发放一次性种粮农民补贴资金 29.25 万元，受益农户 5849 户，补贴种粮面积 926.45 公顷；森林生态效益补偿资金 451.86 万元，涉及生态公益林面积 5520.86 公顷；核实农机购置补贴资金 228.54 万元，惠及农户 212 户。

【农产品质量安全宣传】 2021 年，翔安区农业农村局开展农资打假、食品安全周宣传活动 16 场次，发放宣传材料 1.3 万份。通过翔安区新型职业农民群、翔安区实用人才工作群、农技员群、动物防检员群等微信渠道，有 168 人进行转发学习。引导翔安区农业企业、专业合作社负责人、种养大户以及青年农场主等涉农经营主体在线注册登记，提高生产者食品安全生产意识。

【农产品品牌建设】 2021 年，翔安区农业龙头企业品牌建设成效显著，拥有中国驰名商标、名牌产品和名牌农产品 6 个，福建省著名商标、名牌产品和名牌农产品 7 个，市优质品牌 5 个，获得专利 200 余项。如意情集团被评为“福建省重点农作物种子企业”。

【农资信息化监管体系建设】 2021 年，翔安区纳入信息平台的农资经营主体 108 家。其中，农药生产、经营主体 83 家，种子经营主体 11 家，肥料经营主体 7 家，兽药生产、经营主体 9 家。经现场核实及结合平台数据，95 家经营主体通过年度考核。其中，优秀 9 家，良好 56 家，及格 30 家，不及格 13 家。对考核结果为优秀、良好、及格的农资经营主体给予 2 万元、1.3 万元、0.7 万元奖励金，发放奖励 111.8 万元。

【“双随机”监管】 2021 年，翔安区农业农村局利用农业云 131“双随机一公开”系统和“厦门市双随机事中事后监管综合执法平台”，对 21 个检查事项，开展 2 轮“双随机”抽查监管工作，检查主体 112 家，出动执法人员 224 人次。

【农业执法】 2021 年，翔安区农业综合执法大队突出农资打假、动物卫生监督与农产品质量安全执法等重点领域，按监管最严、处罚最硬、治理最好的目标完成全年执法任务，坚持在服务中执法、在执法中服务，创建“护农先锋”品牌。全年办理各类信访件、热线电话 125 起，办理省内外有关部门协助调查函 4 份，办理行政案件 13 件，罚没款 15 万余元。打击私屠滥宰、违规生猪交易取得较好成效。其中，累计派出执法人员 3268 人次，检查生产主体及经营主体 462 家次，抽检农产品生产经营主体 186 家次。全年完成农产品质量安全执法监督抽检任务 400 批次。

【对口支援帮扶】 2021 年，翔安区对口帮扶西藏藏族自治区 800 万元，帮扶宁夏回族自治区彭阳县 902 万元，帮助彭阳县 595 名农村劳动力就业，帮助宁夏销售帮扶产品 7000 万元。帮扶龙岩市 100 万元。对口帮扶云霄县 1600 万元，其中 1200 万元用于支持云霄县和平乡椟树村、火田镇白石村、东厦镇佳洲村、下河乡下河村、陈岱镇礁美村、列屿镇人家村、马铺乡龙镜村等 11 个省级乡村振兴试点村建设，助力产业振兴、补齐农村基础设施、生态环境保护修复和公共服务短板等 46 个建设项目。100 万元用于云霄经济开发区与翔安共建产业园区基础设施建设，300 万元用于云霄县乡村振兴“串点连线成片”示范线路提升。

（翔安区农业农村局）

种植业

【概况】 2021 年，翔安区农业农村局围绕乡村振兴战略目标，提高“三农”服务工作水平，巩固发展翔安区农业农村工作持续向好的形势，制订 2021 年度粮食生产指导性计划，科学统筹各镇

（街）种粮任务，加强春耕备耕，储备杂交水稻种子2.1万千克，蔬菜种子15万千克。全年完成粮食播种面积1633.33公顷、粮食产量1.06万吨任务。

【农作物新品种示范推广】 2021年，翔安区农业农村局加强示范推广，加快各类农作物高产优质、多抗广适、专用高效新品种更新更换，实施农作物新品种试验、示范5个项目，包括甘薯、胡萝卜、辣椒、甘蓝和叶菜等农作物新品种，筛选出一批适合本地种植的后备品种。开展国家、省马铃薯区试、玉米省区试和花生省区试，组织农作物新品种区域试验5组，试验新品种48个。召开新品种现场观摩会2场、39人参加，举办新品种技术培训班2班、培训96人，主推品种推广种植1986.66公顷。全区农作物良种覆盖率98.5%，农作物品种优质专用率86.5%，完成省市下达的示范、推广任务。

【绿色防控与病虫害防治】 2021年，翔安区农业农村局扩大绿色防控与病虫害统防统治示范点，在黄国庆家庭农场、富三田家庭农场、金莉园专业合作社建设绿色防控示范片3片12.33公顷，主要示范黄板、杀虫灯、生物农药、防虫网、嫁接苗、高效喷雾机械等使用。全年绿色防控推广面积累计1.58万公顷次。

【农产品质量安全追溯体系试点建设】 2021年，翔安区纳入厦门市农产品质量安全追溯系统，完成主体备案的种植业生产主体170家。其中，购买检测仪器并正常开展工作的“一品一码”追溯点99个，新增18个追溯点；71家生产主体在系统完成主体备案，还未建立检测室。全年检测8622份，打印追溯二维码标签116.27万张，打印合格证5791张。

【农药残留抽检】 2021年，翔安区强化农残抽检工作，配合市农业农村局做好蔬菜农药残留抽检工作，抽检285份，合格率99%。委托第三方检测机构开展农产品质量安全检测。其中，开展监督抽检300批次，合格率99.7%；开展风险抽检300批次，合格率100%，镇（街）监测（检测）4373份，超额完成任务。完成流动车快速检测任务，检测1017份。

【都市现代设施农业建设】 2021年，翔安区农业农村局下达都市现代设施农业建设项目2个，完成银农都市现代设施农业建设项目，建设钢架连栋大棚2型6976平方米，简易钢架连栋大棚10560平方米；下达实施兴蔬苑都市现代设施农业建设项目，建设简易钢架连栋大棚15072平方米，进行新品种展示、示范和茄果类蔬菜生产。

【农业面源污染治理】 2021年，翔安区农业农村局推广应用测土配方施肥技术7533.33公顷次，推广应用商品有机肥和农家肥6533.33公顷次，种植豆科植物486.67公顷。全区测土配方施肥技术覆盖率95%以上，耕地质量等级提升0.2个等级。开展土壤肥效试验20个、商品有机肥示范片3片17.66公顷，稻草覆盖种植示范片1片6.33公顷，取土化验48份。合理应用商品有机肥补助资金179万元，补助33家经营主体应用商品有机肥超过3000吨，受益面积240公顷。

（翔安区农业农村局）

林　业

【概况】 2021年，翔安区林地面积1.07万公顷，森林面积1.03万公顷，森林覆盖率30.31%。森林面积中，乔木林面积7350公顷，占71.31%；竹林面积2.06公顷，占0.02%；国家特别规定灌木林面积2060公顷，占19.96%；非林地上片林面积900公顷。活立木蓄积574200立方米。其中，森林蓄积542300立方米，占94.44%；疏林蓄积10立方米，占0.0017%；散生木蓄积7810立方米，占1.36%；非林地上片林2.41万立方米，占4.2%。天然林面积3900公顷。其中，乔木林面积3890公顷，占99.56%；灌木林地面积20公顷，占0.44%；封育未成林地面积0万公顷，占0%。人工林面积6050公顷。其中，乔木林面积3470公顷，占57.34%；竹林面积0公顷，占0%；疏林地面积0公顷，占0%；灌木林地面积2210公顷，占36.48%；人工造林未成林地面积370公顷，占6.15%。

【造林绿化】 2021年，翔安区农业农村局扩大造林绿化成果，安排1.04亿元，实施森林培育等生态系统保护和修复工程。全区完成“三沿一环”环城森林景观带造林面积72公顷，乡村生态景观林建设造林面积19.07公顷，重点生态区位林分修复造林面积13.87公顷，合计完成104.93公顷，完成任务的112.4%。全年翔安区森林抚育任务266.67公顷，完成301.33公顷，完成任务的113.0%。

【森林防火】 2021年，翔安区全面加强森林火灾防控工作，实现森林零火灾目标。翔安区农业农村局开展森林防火宣传，全年组织宣传月活动3次，采取进社区、校园、进村入户、设卡及流动等宣传手段，分发印有森林防火标语的矿泉水1.8万瓶，更换森林防火警示宣传牌190块，下发《森林防火须知》10万份，宣传手册6万份，悬挂标语横幅185条，发送森林防火宣传短信80万条，利用4处LED电子屏幕、17辆流动宣传车、85个村（社区）广播开展森林防火宣传。区防火办派出107人次进行野外动态巡查，制止野外违章用火40次，消除森林火灾隐患62处；投入145.08万元对全区森林防火便道和生物防火林带进行维护维修；使用森林防火监控系统对森林火情远程监控，提高森林防灭火工作早预警、早处置能力。开展林区防火基础设施建设，投资647.88万元，完成6.3千米防火便道建设；投资473.91万元，完成护林巡查服务政府采购，新增护林员19人，全区护林员119人。

【森林病虫防治】 2021年，翔安区农业农村局投入松材线虫病除治与监理经费323.6万元。开展森林植物检疫执法检查，完成除治性及预防性采伐改造75.13公顷。翔安区通过政府采购服务，采取绩效承包森林病虫害防治，完成春秋季疫情普查4600公顷，全年完成清理各类松枯死木3.16万余株。采取松墨天牛综合防治，施放白（绿）僵菌粉剂4600千克，防治面积1226.6公顷；挂设诱捕器500套，诱捕松墨天牛9.79万只；设置诱木1000处；喷撒噻虫啉1000千克，防治面积133.33公顷；释放肿腿蜂50万只，防治面积50公顷。实现松材线虫病和松墨天牛发生面积逐年缩减10%以上，全区森林病虫害监测覆盖率100%。

【林政资源管理】 2021年，翔安区农业农村局执行林地定额管理，严格林地征占用审核审批，全年获批征占用林地项目43个，面积27.3公顷。实行林木采伐网上办理制度，办理发放林木采伐许可证126份，采伐林木3501.57立方米，出材量2539.62立方米，未突破采伐限额指标。抓好5520.86公顷生态公益林的保护与管理，做到责任、管护、资金到位，发放森林生态效益补偿基金451.86万元。

【林业执法】 2021年，翔安区农业农村局开展森林资源执法巡查、森林防火巡查工作，加大林业行政执法处罚力度。全年出动执法人员354人次，严厉打击滥伐林木、非法占用林地、非法野外用火等违法行为；完成省林业局督办案件查处工作，配合林政部门做好国家森林督查下发的疑似违法图斑核实处置及区林长制相关工作。全年处理各类涉林信访事项25起，办结行政案件3件。

（翔安区农业农村局）

畜牧业

【概况】 2021年，翔安区畜牧业产值55336.78万元。全年生猪存栏10.59万头，比上年下降1.4%；出栏16.68万头，比上年增长11%。牛存栏1010头，比上年增长1%，全年累计出栏1267头，比上年增加26.7%；家禽存栏37.13万羽，全年累计出栏117.63万羽。家禽养殖鸡存栏17.6万羽，出栏67.7万羽；鸭存栏17.9万羽，出栏49.38万羽。

【动物疫病防控】 2021年，翔安区农业农村局抓好全区非洲猪瘟防控工作，完成43场次疫情排查，出动人员60人次，排查生猪10多万头，排查病死猪1.79万头，排查生猪屠宰场检疫生猪2.4万头。对重大动物疫病疫情和病毒变异情况进行监测，每月10日开展一次动物疫情测报工作，重点对养殖场、屠宰场、农贸市场的畜禽生产、屠宰、流通环节进行流行病学问卷调查、病料采样、正常畜禽血样采集。全年开展12次动物疫情测报，采集棉拭子1260份、采集畜禽血样6310份，合格率90%；采集检测猪牛血样4080份，猪牛口蹄疫抗体合格率85%；采集检测牛羊血清120份，合格率90%。开展动物疫病免疫工作，对禽流感、猪牛羊口蹄疫、高致病性猪蓝耳病和猪瘟等疫病做到应免尽免，不留空当，免疫密度保持在100%。全年禽流感疫苗使用量145.13万毫升，免疫181万羽；牛羊口蹄疫二价灭活苗2.39万毫升，免疫0.6万头；小反刍兽疫疫苗0.2万头份，免疫0.2万头。

【动物及动物产品检疫】 2021年，翔安区农业农村局严把动物及动物产品检疫关。产地检疫依照《动物检疫管理办法》采取指定地点（即申报点）检疫工作方式，方便养殖户申报及检疫员检疫。加大对运出本区牲畜的检疫检验力度，落实完善"三同时一检验"工作制度，做到批批检验"瘦肉精"。全年开展产地检疫生猪13.5万头，家禽3.6万羽。加强家禽屠宰检疫监管，派出官方兽医在夏商银谷禽业有限公司驻场检疫，完善检疫工作制度，开展屠宰检疫禽类401.04万羽。养殖环节、屠宰环节、出区环节抽检"瘦肉精”（盐酸克仑特罗、莱克多巴胺、沙丁胺醇）3样、3063份，合格率100%。

【病死猪无害化处理】 2021年，翔安区农业农村局开展病死猪无害化处理工作，与全区43家规模生猪养殖场签订“病死猪无害化处理及规范使用兽药承诺书”，督促养殖企业履行承诺，引导养殖户提高自律意识。完善规模化养殖场养殖档案，督促养殖户建立无害化处理记录。设立举报电话，发动群众参与打击违法行为。全年无害化处理病死猪1.79万头，保障食品安全。

【饲料和兽药监管】 2021年，翔安区农业农村局对全区9家饲料生产企业开展覆盖式巡查，重点检查企业标准、标签、生产记录、原料追溯和人员持证上岗等是否符合相关法规，严格饲料生产许可管理，严查无生产许可证、无产品批准文号、无产品标签的“三无”饲料产品，敦促饲料生产企业严把产品质量关。加强对兽药经营和使用环节的监管，每季度对全区1家兽药生产企业和7家兽药经营企业进行全面检查，重点检查兽药经营进出仓登记情况，有无非法制售生物制品、经营禁用兽药及金刚烷胺等抗病毒药、经营人用药品等违法行为。

【动物卫生监督执法】 2021年，翔安区农业农村局开展打击非法生猪批发专项行动，使用无人机、远程侦拍、数据定位等创新手段，在新圩镇、内厝镇、马巷街道成功查获非法经营、运输生猪案件6起，捣毁非法生猪批发窝点5个，没收销毁生猪162头，涉案货值59.97万元，对涉案人员作出行政处罚13万元。会同区市场监管局、翔安公安分局等部门开展流通环节联合执法17次，查处经营未经检验、检疫畜禽产品案8起，无害化销毁生猪产品940千克，由区市场监督管理局作出行政处罚5.25万元。

（翔安区农业农村局）

渔 业

【概况】 2021年，翔安区拥有海域面积133.84平方千米。水产养殖面积696公顷，其中海水养殖445公顷，淡水养殖251公顷。全年水产品产量1.31万吨，其中海产品产量8963吨（养殖6940吨，捕捞2023吨），淡水养殖产量1940吨。全区拥有作业渔船483艘。全年翔安区渔业经济总产值16102.2万元，海水产值12951.15万元，淡水养殖产值3151.05万元。翔安区主要水产养殖品种有花蛤、南美白对虾、日本对虾、青鱼、草鱼、鲢鱼、鳙鱼、罗非鱼等，南美白对虾、日本对虾、青鱼、草鱼、鲢鱼、鳙鱼、罗非鱼主要养殖区集中在翔安区东坑湾。

【渔业安全生产】 2021年，翔安区农业农村局开展渔业安全生产百日攻坚战、整治涉渔“三无”船舶等各项重点工作，联合各涉海部门深入琼头、欧厝、刘五店和阳塘等重点渔业社区，召开“渔船民宣传教育大会”，深入各渔港、渔村张贴各类宣传标语、挂图、海报，宣传渔业安全生产、伏季休渔、海洋垃圾分类等相关法律法规和海上遇险自救等相关常识，引导渔民树立合法生产、安全生产观念。组织进村入户宣传活动100余次，开展海上执法宣传140余次，召开渔船民宣传教育大会16场次，发放宣传资料2300余份，悬挂宣传条幅70条，发送宣传短信1.2万余条，制作发放宣传品1000份。登临检查各类船舶210艘次，整治临水作业不穿救生衣等安全隐患26起，劝离垂钓休闲船只37艘次，查扣违法船只13艘。查处无证捕捞案件5起，违反作业类型捕捞4起，处罚金额8万元。

【海上执法巡查】 2021年，翔安区农业农村局贯彻执行《翔安区加强海防海管工作严防疫情海上输入工作细则》，按照“卡两端、管中间”原则，海上执法人员分小嶝海域防控、欧厝海域防控2组，开展24小时海上屯兵，不间断、拉网式巡查执法，守住海上最后一道防线。开展24小时海上屯兵执法9期157天，出动执法船艇363艘次，出动执法人员1632人次，航时1492小时、航程8780海里。重点巡查同安湾、刘五店、欧厝、赤礁至角屿海域，严防在册渔船、乡镇船舶等赴敏感海域从事捕捞活动，严防境外疫情从海上输入，实现“出海零漏报、海上零接触、上岸零失控、疫情零输入”目标。

【海上养殖回潮整治】 2021年11月30日，翔安区农业农村局完成辖区海域5万立方米海蛎石清理上岸工作，开展防止海域养殖回潮，巩固海域清退成果，通过“海上管、岸上巡”，坚持“露头就打、打早打小”的原则，加大海上巡查执法频次，对新增回潮养殖发现一起，打击一起，拆除一起。全年组织海上巡查执法270余次，航程1.5万千米。组织海上执法拆除行动39次，拆除养殖设施54.27公顷，保持海域养殖零增长。根据《翔安区在册养殖渔船及“海防识别牌”船只清退工作方案》，联合沿海街道开展在册养殖渔船和“海防识别牌”船只清退整治，全年拆解涉渔船只1312艘。其中，在册养殖渔船591艘、海防识别牌船只683艘，在册捕捞渔船38艘；协助凤翔街道拆解“三无”船舶21艘，转卖到外地船只21艘。

（翔安区农业农村局）

农业机械

【概况】 2021年，翔安区农机总动力18.61万千瓦。其中，柴油动力12.72万千瓦，汽油动力1.92万千瓦，电动机动力3.97万千瓦。拥有大中型拖拉机517台，小型拖拉机76台，手扶变型运输机73台，联合收割机6台，微耕机2454台，旋耕机878台，农用水泵1.99万台，动力喷雾机565台，电动喷雾器25台，马铃薯收获机71台，机动脱粒机380台，农产品初加工动力机械849台，农产品初加工作业机械577台，饲草料加工机械61台，增氧机4440台。

【农机购置补贴】 2021年，翔安区落实农机购置补贴资金252.54万元，完成指标确认书427份，受益农户325户，补贴机具485台。其中，担架式、推车式机动喷雾机83台，轮式拖拉机（不含皮带传动轮式拖拉机）53台，田园管理机54台，微耕机130台，旋耕机58台，增氧机100台，潜水泵5台，果蔬烘干机1台，自走履带式谷物联合收割机（全喂入）1台。

【农机安全管理】 2021年，翔安区农业农村局规范落实农机安全生产责任制，实行农机安全生产目标管理，全区拖拉机上牌率100%、持证率100%。全年与农机手签订安全行车承诺书185份，发送安全教育短信2.35万条，发放各类宣传手册和材料1055份。每月与区道安办、公安交警部门开展联合执法行动，出动执法检查32组82人次，实现农机交通安全零事故。

（翔安区农业农村局）

乡村振兴

【概况】 2021年，翔安区调整成立区委扶贫开发成果巩固与乡村振兴工作小组，翔安区乡村振兴局挂牌成立。全年翔安区召开15次乡村振兴调度会议，现场调研16次，印发《翔安区2021年实施乡村振兴战略工作要点》，制定《2021年翔安区实施乡村振兴战略实绩考核方案》。继续加快2020年试点示范和动线建设任务，择优推进2021年度内厝镇莲塘村等10个试点示范村和“新圩——蔬香古韵”等3条乡村振兴动线创建。大宅社区获评“福建省金牌旅游村”、莲塘村获评“全国乡村治理示范村”。“翔安乡村振兴”微信公众号推送乡村振兴专题报道79篇，协同市委乡村振兴办参与“乡村振兴云展播直播活动”3次，乡村振兴宣传获人民网点赞。

【农村土地经营权流转】 2021年，翔安区农业农村局继续做好农村土地经营权流转服务工作，以厦门市出台的农村土地经营权流转补助资金申报工作为指导，培育农业经营主体流转补助申报，有5家农业经营主体和442户农户、35.1公顷土地取得每年耕地流转补助资金21.01万元。

【东西部帮扶】 2021年，翔安区农业农村局优化东西部协作帮扶和省内帮扶工作机制，帮扶漳州市云霄县、龙岩市永定县、藏族自治区昌都市左贡县资金2300万元，组织采购云霄农特产品135万元。

【休闲农业】 2021年，翔安区农业农村局参与培育小嶝休闲渔村国家级休闲农业示范点和荣杰园台湾水果观光园、妙高山生态农业园、岩谷咖啡农场、大帽山寨4家省级休闲农业示范点。翔安区现有国家级休闲农业示范点1个，省级休闲农业示范点4个，市级休闲农业示范点6个；内厝镇莲塘村、锄山村2个省级最美休闲乡村，农夫公社城市菜地、大帽山三角梅园等7家省市级休闲农业示范点。

【农民专业合作社】 2021年，翔安区农民专业合作社稳步发展，登记注册农民专业合作社692家，合作社社员1.12万户；注册入股金额15.46亿元，带动农户1.25万户。全区培育农民专业合作社示范社国家级1家、省级4家、市级24家。全区农民专业合作社按行业分，种植业类360家，禽畜类136家，水产类100家，花卉类80家，农资类5家，菌菇类3家，休闲类6家，农机类2家；按区域分，民安街道33家，马巷街道40家，新店街道31家，香山街道43家，金海街道61家，凤翔街道147家，内厝镇140家，新圩镇188家，大嶝街道9家。

【家庭农场】 2021年，翔安区农业农村局培育家庭农场7家，家

2021 年 5 月 11 日，厦门市农村生活污水治理提升现场会在翔安大帽山社区召开
（朱毅力　摄）

庭农场总数 119 家。其中，省级家庭农场示范场 3 家，市级家庭农场示范场 12 家。

（翔安区农业农村局）

【市农村生活污水治理提升现场会在大帽山社区召开】 2021 年 5 月 11 日，厦门市农村生活污水治理提升现场会在翔安区大帽山社区召开，省委常委、市委书记赵龙，市领导陈秋雄等带领各区党政主要负责人和市直有关部门领导，实地察看大帽山社区山仔头自然村分散式污水处理站及农村生活污水治理工作情况，听取翔安区经验介绍。

【大帽山乡村振兴】 2021 年，翔安区大帽山农场是市级 8 个乡村振兴重点示范村之一。大帽山农场完成及在建 5 个项目总投资 6310.05 万元。其中，完成大帽山路（新圩—寨仔尾）提升改造工程，投入资金 2660.49 万元；寨仔尾、后炉、上部、罗田村区间道路照明路灯配套，投入资金 575.37 万元；大帽山三角梅园环路工程，投入资金 866.74 万元；大帽山埔顶片区美丽乡村（含雨污分流）工程，投入资金 1485 万元；在建大帽山尾桥溪和山后桥溪水系景观改造工程，投入资金 722.45 万元。

（翔安区大帽山农场）

水　利

【概况】 翔安区多年平均水资源量 2.07 亿立方米，多年平均降水量 1241 毫米，属于较为缺水地区。境内主要有九溪流域、东溪翔安段、龙东溪翔安段三大流域。其中，九溪流域为全区最大流域，厦门市第三大河，流域面积 102.54 平方千米，河长 44.89 千米；东溪翔安段流域面积 59.22 平方千米，河长 29.65 千米；龙东溪翔安段流域面积 17.5 平方千米，河长 8.24 千米。翔安区有小型水库 32 座，其中小（1）型水库 5 座、小（2）型水库 27 座。翔安区有水闸 47 座，按过闸流量分类，大型水闸 1 座（九溪挡潮闸），中型水闸 9 座，小型水闸 37 座。

【河长制全面推行】 2021 年，翔安区农业农村局健全落实河湖长效管理机制。“河长制”工作持续向村级推进，将小微水体纳入统一管理。设立民间河长，区法院、区检察院、翔安公安分局分别在河长办设立法官工作室、检察联络室和公安联动协作平台。一批治污和生态工程陆续启动，管网改造稳步推进，农村生活污水治理取得较好成效。全区 15 处考核断面平均水质达标率 100%，比上年提升 46.7%，其中 10—12 月连续 3 个月全区水质考核断面全面达标，实现历史性突破，消除劣Ⅴ类水体。全区 224 处小微水体整治工作基本完成。通过水利部“12314”、省河长办“96133”和市长热线“12345”举报平台，接受民众对河湖管理保护的举报，投诉比上年下降 87.5%。

【水利工程建设】 2021 年，翔安区继续完善水利基础设施建设。按照“已完待验项目抓扫尾，在建项目抓施工进度，未建项目抓前期，储备项目抓谋划”的总要求，抓好项目建设，夯实水利设施基础。全年续建、拟建水利建设项目 16 项，完工验收 10 项；开展防汛应急项目 15 项，完成工程投资 2100 万元，消除山塘、水库、水闸、河道防洪等安全运行隐患。

【生态河道建设】 2021 年，翔安区农业农村局安全生态水系建设任务 69.66 千米，项目总投资 1.3 亿元，覆盖东溪、九溪和龙东溪三大流域、15 条水系全部完成，达到河道水清、河畅、岸绿、景美、安全、生态的治理成效。完成溪流、干渠清淤 25 千米。分期分批实施溪流补水项目，推动建设银鹭污水厂尾水利用工程和内田溪及内垵溪生态补水工程完成。银鹭污水厂尾水利用工程已完成，尾水可调用约 4000 立方米 / 天；内田溪与内垵溪生态补水工程，经泵站分别加压补水至内田溪 4.0 万立方米 / 天，内垵溪补水 1.5 万立方米 / 天。张埭桥水库补水工程，日补水量 0.8 万立方米 / 天。完成内田溪及内按溪等生态修复工程。

【雨洪增蓄规划】 2021 年，翔安区农业农村局配合市农业农村局完成雨洪增蓄规划，梳理完善项目计划表，13 个项目，计划投资 0.69 亿元。古宅水库扩容清淤利用枯水季节完成应急工程。11 个水闸项目上报区政府专题会研究，列入水利重点工作任务，指导镇（街）开展前期工作。其中完成拆除何厝北洋新闸和蔡塘水闸，朱坑水闸已挂网招标即将开工；重要河段莲溪流域塘头、斗门及溪边后 3 座水闸完成初步设计报告；其余项目将按轻重缓急分期分年度逐年实施，力争"十四五"期间完成相应建设计划。

【水利设施防患排查】 2021 年，翔安区农业农村局重视水利设施安全生产工作，坚持行政首长负总责、分管领导具体抓、班子成员共同抓的"一岗双责"领导工作体系。组织 200 多人次，完成全区 32 座水库、15 座重要水闸以及 28 座水利设施管理用房、2 个在建工地用房的安全隐患排查，排查出 56 个隐患，全部完成整改。建立"回头看"制度，确保水利设施汛期安全。

【水土保持治理】 2021 年，翔安区农业农村局完成审批生产建设项目水土保持方案 25 件（报告书 15 件、报告表 10 件）、注销行政许可 2 件；会同区税务局核定水土保持设施补偿费 24 个项目，征收 459.63 万元；水土保持设施自主验收备案 68 件；开展监督检查 46 个，自主验收核查 14 个，督促建设单位自主报备 5 个；"天地一体化"监管和水土保持信息化逐步强化。完成水利部遥感监管 122 个图斑核查，委托第三方监督性监测项目 43 个，检查的问题全部跟踪整改到位，按规定将 3 家生产建设单位列入水土保持"重点关注名单"。完成水土流失综合治理 146.67 公顷，为林业部门实施林分修复和森林抚育，完成市级下达的水土保持工作任务。

【水利执法】 2021 年，翔安区农业农村局开展执法检查 101 批 317 人次，巡查河道长度 66.45 千米，巡查监管对象 127 个，现场制止违法行为 29 次，办结行政处罚案件 4 起，发出责令停止水事违法行为通知书 10 份，责令改正通知书 3 份，办结信访举报件 10 起。

【农业水价改革】 2021 年，翔安区农业水价改革是粮食安全生产考核指标之一，翔安区农业农村局编制《厦门市翔安区农业水价综合改革实施方案（2018—2025 年）》，全年翔安区农业水价改革任务面积为曾溪灌区 184.84 公顷，完成农业水价改革 97.13 公顷，安装用水量采集设备。

【溪流划界工作】 2021 年 5 月 11 日，翔安区农业农村局完成翔安区莲溪、内田溪、九溪以及 28 座水库管理与保护范围划定工作，管理范围线总长 88.9 千米，建立"范围明确、权属清晰、责任落实"的管理与保护责任体系。

（翔安区农业农村局）

工业　商贸服务业

工　业

【概况】 2021年，翔安区工业经济克服新冠肺炎疫情等因素影响，稳中有升。其中，全区规模以上企业408家，比上年净增39家，完成工业产值1699.58亿元，比上年增长8.4%；规模以上工业增加值434.54亿元，比上年增长6.2%。规模以上工业经济整体和单家企业个体规模均快速增长，累计产值亿元以上的规模以上企业144家，占全区规模以上企业数的35.3%。完成工业投资221.09亿元，占全区固定资产投资总额28.4%。调查挖掘规模以上经济新增长点，推动81家企业新纳入规模以上工业企业名单。规模以上工业消费用电34.73亿千瓦时。规模以上高新技术企业增至138家，全年完成产值597.2亿元，占全区规模以上工业产值的35.1%。

【机械制造业】 2021年，翔安区机械制造业企业超过300家，纳入规模以上工业企业统计名单的有77家。其中，翔安区属企业18家，火炬（翔安）产业区企业59家。机械产业规模以上工业产值近200亿元，主要产业包括传统机械制造产业（代表企业盈发实业、盛达凯嘉机器和亨东制动系统等），输配电设备产业（代表企业ABB工业中心、欣机电器和许继智能电力设备等）。

【冶金工业】 2021年，翔安区冶金企业纳入规模以上工业企业统计名单的仅有厦门赛道贵金属技术有限公司和厦门市舫坪金属有限公司2家。翔安区内的冶金工业企业数量和工业产值均较少，尚未形成规模，相关区属企业近10家。

【电子工业】 2021年，翔安区光电电子产业主要分布在火炬（翔安）产业区内，规模以上企业85家，规模以上工业产值912.4亿元，是翔安区规模最大的产业，也是国家半导体照明产业化基地的重要载体、科技部认定的全国唯一的光显示产业集群试点。由产业高度集群化所产生的强大吸附力，吸引众多研发生产及配套企业相继落户火炬（翔安）产业区。翔安区光电电子产业已经形成完整的成品研发、组装、生产、销售与各种零配件生产供应的上中下游产业链条，产业聚集优势明显，是翔安区经济社会稳定发展的强劲动力之一。

【建材工业】 2021年，翔安区从事建材生产、加工、销售及服务的企业接近230家。其中，纳入规模以上工业企业统计名单的有11家，累计工业总产值37.3亿元。规模较大的企业有厦门路桥翔通股份有限公司、厦门百城建材有限公司、厦门市三航伟业投资有限公司等。伴随新区的开发建设、基建设施大面积动工开建及房地产业的快速发展，翔安区建材产业的规模、效益和从业人数等已有质的提升。

【塑料工业】 2021年，翔安区从事塑料产业的企业50家，主要分布在巷北片区。其中，中广核瑞胜发、台亚塑胶等28家规模以上企业，涵盖原料改性、注塑、成品织造等多个环节，产值规模36.4亿元。通过拓展改性塑料应用链条，支持瑞胜发新材料厂房改造和设备升级，扶持本土塑料应用产业链条放射延伸，构筑中广核瑞胜发（改性塑料研制，占全球同类产品销售份额20%）、台亚（塑料管材）、龙胜达（LED照明）等初具规模的本土塑料产业链条，建立瑞胜发向立达信照明、星际电器与通士达等照明行业巨头的改性塑料供应网络。

【化学工业】 2021年，翔安区从事化工产业的区属企业接近70家。其中，纳入规模以上工业企业统计名单的有28家，累计工业总产值33.9亿元。化工企业规模较大的有科之杰新材料集团有限公司、厦门联合化学有限公司等。

【食品工业】 2021年，翔安区食品工业是传统工业产业，拥有长久的发展历史，在产值规模、稳定就业、吸纳劳力、贡献税收等方面创造巨大的经济和社会效益。翔安区从事食品加工贸易相关产业的区属企业、个体经营户有上千家（户），创造就业岗位2万个。其中，纳入规模以上工业企业统计名单的有28家，规模以上工业产值134.88亿元。产业细分主要包括以银鹭食品为龙头的罐装饮料制造业，年产值约60亿元；以如意情集团为龙头的农产品加工业，年产值约50亿元；以兴盛食品为龙头的面制品加工业，年产值约15亿元；以华普水产为龙头的传统水产品加工业，产值约15亿元。食品产业是翔安区传统果蔬种植、海产品养殖捕捞等第一产业与后续衍生的现代休闲观光农业等第三产业有机联系的重要枢纽，是社会稳定和经济发展的重要生命线。新引进的益和丰食品项目正式开工建设，达产后预计实现年产值20亿元。

【医药工业】 2021年，翔安区有医药产业规模以上工业企业3家，实现产值6.8亿元。翔安区依托创新孵化基地等创新创业平台，引进一批科研院所、高层次创新创业人才合作开展相关研究培育工作，新规划的厦门大学翔安校区厦大国家科技园的开发建设与后续引进培育现代医药研发生产企业，预计“十四五”期间产生的成果将实现医药产业新的飞跃。

【印刷、纸品、包装工业】 2021年，翔安区从事印刷、纸品、包装产业的规模以上企业有14家。其中，区属9家，火炬（翔安）产业园区5家，全年工业产值约44.4亿元。规模较大的企业有厦门金德威包装有限公司、辑美包装印刷科技（厦门）有限公司和祥恒（厦门）包装有限公司等。

【纺织服装工业】 2021年，翔安区从事纺织、服装加工制造的区属企业约40家，企业主要分布在巷北片区，包括象屿兴泓系列、延江新材料等15家规模以上企业，涵盖纤维、织造、成衣等多个环节，产值规模36.8亿元。

（翔安区工信局）

商贸服务业

【概况】 2021年，翔安区商贸流通经济总体呈现平稳发展的良好态势，商贸配套服务环境逐渐完善。新店商圈、马巷商圈、大嶝商圈、火炬产业园商圈有序运营，形成以马巷老街、邻里中心、黎安小镇、郑坂商业街、汇景—泰禾天街—新兴街，闽篮城市广场等多点开花的商业格局。翔安区强化粮食流通市场监管，加强粮油质量安全监督与检查，保障疫情防控期间粮食安全；调整完善粮食应急体系布局，确保粮食有效供给；开展粮食安全宣传，营造爱粮节粮良好氛围，倡导“节约光荣、浪费可耻”的良好社会风尚。全年翔安区粮油购销总量33.21万吨，保障粮食安全，平抑粮价，稳定粮油市场。

【国内贸易】 2021年，翔安区社会消费品零售总额129.82亿元，比上年增长7.7%，增速排名全市第四，比全省平均增速低1.7个百分点。其中，限额以上社会消费品零售完成71.2亿元，比上年增长8.9%。批发零售总额完成1478亿元，比上年增长60.6%，增速排名全市第三，比全省平均增速高17.6个百分点。其中，限额以上批发零售总额累计完成1414亿元，比上年增长65%。餐饮业营业额完成14.9亿元，比上年增长10.9%，增速全市排名第六，比全省平均增速低15.3个百分点。其中，限上餐饮业营业额完成4.6亿元，比上年增长4.5%。全区重点商贸平台建设日渐活跃，商贸载体品牌建设和市场开拓步伐加快，人流、人气快速聚集。

【南部新城核心区商圈】 2021年，翔安南部新城以闽篮城市广场为核心商圈，商业面积3.2万平方米，周边住宅、写字楼楼盘聚集，居住环境舒适、方便。商圈临近厦大翔安医院，辐射周边科技中学等多所院校，服务区域内常住人口超过10万人，是集购物、餐饮、文化、娱乐等多种功能为一体的社区型生活广场。商圈业态涵盖文化娱乐、中西餐饮、教育培训、儿童乐园、美容健身等生活配套。签约入驻的主力商家有闽篮超市、海底捞、麦当劳、金逸影院、85°、豪客来、醉得意等，整体入住率达96%，年营业额达2亿元。

【数字经济产业园商业街】 2021年，翔安区商务局出台商业配套扶持政策，吸引超市、便利店、餐饮、生活服务等业态进驻园区。华祥苑、万科铂寓等高端品牌已入驻园区，区域配套不断丰富。

【对外贸易】 2021年，翔安区进出口总额692.7亿元，比上年增长45.54%。其中，出口额351.1亿元，比上年增长30.46%；进口额

341.6亿元，增长65.16%。区商务局三级调研员李智文参与“局长陪您办”活动，以普通办事人身份，通过线上办件体验对外贸易经营者备案登记事项，从在福建省网上办事大厅查看办事指南到商务部业务系统统一平台提交备案，用“换位式”体验五星级“全程网办”审批服务。全年，区商务局受理对外贸易经营者备案190件，办结190件，办结率100%。

【商贸企业安全管理】 2021年，翔安区商务局委托第三方对46家重点商贸企业进行4轮次的安全生产检查。翔安区商务局组织检查78次，参加检查315人次，排查单位场所276家次；排查发现隐患416处，已完成整改401处，剩余15处要求在限期内整改完毕。

【第五届翔安缤纷购活动】 2021年12月24日，翔安区开展“旺城”计划之翔安缤纷购活动，启动为期4个月的缤纷购促消费活动，举办重点商圈消费满减、3.8元抢购饮品等活动，提振市场信心，刺激居民消费，拉动翔安区社会零售额稳步增长。开展“旺城”计划之汽车促消费活动，采取“政府搭台、企业唱戏”方式，补贴2批次、1931辆汽车，预计发放566万现金补贴，打造翔安汽车城概念，刺激全市乃至周边市、县到翔安购车欲望，累计拉动汽车消费10亿元。

（翔安区商务局）

【粮食应急工作】 2021年，翔安区完善粮食市场监测、应急体系，开展年度粮食应急体系建设专项资金申报，对辖区粮油企业调查摸底，协助符合申报条件的11家粮食应急加工企业与应急供应网点申报取得市级应急体系建设专项资金补贴20.5万元。健全粮食安全应急预警制度，动态跟踪疫情防控期间粮食市场供求形势和市场价格变化，加强粮食市场监测分析，了解研判粮食供求形势、质量、价格等信息，确保粮食供应充足。择优筛选合理布局粮油供应网点，应急供应网络已覆盖每个镇（街），辖区内现有粮食应急加工企业2家，粮食应急供应网点20家。

【粮油流通统计】 2021年，翔安区发改局加强粮油市场监管，对储备粮库存数量和质量、粮食收购资格、粮食经营企业最高、最低库存量开展监督检查。指导、检查和督促辖区7家从事粮食收购、销售、储存、加工的粮油企业报送统计报表，按时完成粮油经营、加工企业粮油购、销、调、存、加等各项统计指标的收集、整理、汇总，准确获取翔安粮食物流数据，分析上报，为上级提供决策依据。开展粮油企业统计业务培训工作，帮助粮油企业提高统计员综合素质。开展年度社会粮油供需平衡调查，完成18户城镇居民的住户统计调查和7家经常性调查企业的年度调查数据。

【粮食产销协作】 2021年，翔安区根据粮油供需的实际情况，保障翔安区粮油市场平稳运行。拓宽粮源渠道，牵线搭桥引导粮企与产粮区的联系，鼓励支持粮企开展多种形式的粮食经贸与合作，到河南、江西、安徽等地考察粮食生产加工及市场行情，建立长期稳定产销协作关系。开展签订粮食购销合同履约到粮情况的调研工作，相关粮企根据市场需求，从江西、湖南、湖北等省产粮区采购粮食，充实粮企库存。督促增加市场有效供给，开展元旦、春节、国庆等重大节日粮油库存和质量检查，督导粮油加工企业增加市场投放量，确保重大节日和重大活动期间粮油供应充足。

【储备粮油管理】 2021年，翔安区开展储备粮轮换工作，储备粮管理有限公司轮换小麦、晚籼稻谷，增储晚籼稻谷、应急成品粮油大米、大豆油，全面完成年度储备粮轮换任务。推进粮油仓储管理规范化，落实储备粮油管理措施，抓好检查整改，消除隐患。开展科学保粮和绿色储粮技术应用，推广环保节能保粮措施，不断降低吨粮费用比，确保储粮出库品质宜存率100%。

【粮油质量安全监管】 2021年，翔安区贯彻治理“餐桌污染”建设“放心食品工程”的实施意见，对粮油企业的粮油质量进行跟踪监督。全年深入粮油企业29家次，现场抽取原粮、米面、食用植物油等样品26个，将抽检结果进行公示，杜绝不合格粮油流入口粮市场，确保市民“舌尖上的安全”。

【粮食科普宣传】 2021年，翔安区开展粮食和物资储备科技活动周、第41个世界粮食日和全国食品安全宣传周活动，加强对《粮食流通管理条例》等法律法规的宣传，普及粮食科普知识，倡导爱粮节粮新风尚。

（杨新龙）

园区 示范区

综述

【概况】翔安工业园区位于海翔大道以北，总规划用地面积 55.08 平方千米，包括厦门火炬（翔安）产业区、厦门翔安工业集中区及同翔高新城翔安片区。翔安建区以来，历届区委、区政府坚持工业立区、工业强区的发展理念，探索发展现代工业的新思路，坚持一手抓好翔安区工业园区的拓展，一手支持厦门火炬（翔安）产业区做强做大，实现翔安工业由小到大、由弱到强的历史性跨越。2021 年，全区 408 家规模以上工业企业完成产值 1699.6 亿元，比上年增长 8.4%。形成以平板显示、半导体和集成电路、机械装备及新材料四大重点产业链为主导的产业体系，初步形成光电、集成电路、电子信息、电工行业、食品加工产业集群及轻工、精密装备制造等产业链。

【全球最先进的柔性 AMOLED 单体工厂】2021 年 12 月 6 日，“天马第 6 代柔性 AMOLED 生产线项目总包四标段工程封顶仪式”正式举行，标志着主体工程全部完工。天马第 6 代柔性 AMOLED 生产线位于溪东路与内垵大道交叉口西南侧地块，总投资共 480 亿元，是省、市重点项目，建设一条月加工柔性显示基板 4.8 万张的第 6 代柔性 AMOLED 生产线。项目占地面积 81.07 公顷，总建筑面积约 126 万平方米，是截至 2021 年国内单体最大、全球最先进的柔性 AMOLED 单体工厂。

【VR 光学镜头产业基地项目】2021 年 12 月，火炬（翔安）产业区由茂晶光电（厦门）有限公司投资的 VR 光学镜头产业基地项目开工建设，项目总投资 33.71 亿元，注册资本 1.1 亿元美元。茂晶光电是全球第一大 VR 光学镜头供应商。该次开工的茂晶光电 VR 光学镜头项目总投资 20 亿元，建筑面积 12.6 万平方米，主要建设标准化厂房及配套设施。

厦门火炬（翔安）产业区

【概况】2021 年，厦门火炬（翔安）产业区火炬（翔安）产业区占地面积 26.75 平方千米，该产业区为厦门火炬高新区最大的综合性园区。全年火炬（翔安）产业区 254 家规模以上工业企业完成产值 1243.8 亿元，固定资产投资 205 亿元。

【厦门普为光电智能化工厂项目】2021 年 3 月，火炬（翔安）产业区厦门普为光电智能化工厂项目动工建设。11 月，工厂封顶。该项目总投资 1.5 亿元，建筑面积 7.5 万平方米，将投资建成全球最大的管型灯生产基地。

【厦门亚锝智能有限公司厂房及配套设施项目】2021 年，火炬（翔安）产业区厦门亚锝智能有限公司建成投产，项目总投资 3.5 亿元，占地面积 35436.35 平方米，总建筑面积 72284 平方米。基地从事智能化产业和高端产品研发，引进自动化生产线，导入现有成熟规模化产品产能及正在研发的高端产品。厦门亚锝智能有限公司是厦门亚锝电子科技有限公司的全资子公司。该项目达产后，预计年产值 5 亿元，有利于扩大厦门市光电产业的生产规模，具有较高的市场经济效益。厦门亚锝电子科技有限公司主要从事 LED 电子控制器研发及生产，产品包括 LED 驱动器、可控硅及 DLI 调光驱动器、智能传感器等，拥有省级企业技术中心。

翔安工业集中区

【概况】2021 年，翔安工业集中区包括巷北、市头、银鹭、内厝四大工业集中区，规划总面积

11.8平方千米，开发面积6.47平方千米。引进光电及其配套行业、电器电工、纺织化纤、电子信息和食品加工等高产值、高效益、高附加值，低污染、低能耗的行业。全年翔安工业集中区落户规模以上企业133家，规模以上企业产值297亿元。

【翔安（银鹭）工业集中区】 2021年，翔安（银鹭）工业集中区开发面积1.21平方千米，入驻规模以上企业15家。该片区主要依托银鹭集团发展食品产业集群以及轻工、电子信息、装备制造等产业。全年完成规模以上工业总产值20.91亿元。

【翔安（巷北）工业集中区】 2021年，翔安（巷北）工业集中区开发面积3.53平方千米，入驻规模以上企业41家。该片区是以高投资强度、高附加值、高技术含量、低污染、低能耗的电子电工配套、纺织服饰、仓储物流等多种产业协同发展的综合型工业园区。全年完成规模以上工业总产值62.89亿元。

【翔安（市头）工业集中区】 2021年，翔安（市头）工业集中区规划开发面积1.07平方千米，入驻规模以上企业25家，重点发展电子信息、电力电工、装备制造等先进制造业，与火炬（翔安）产业区形成产业链配套。全年完成规模以上工业总产值75.53亿元。

【翔安（内厝）工业集中区】 翔安（内厝）工业集中区规划面积1.2平方米，已开发面积0.66平方千米，计划建设集仓储、专业市场、配送物流业、物流信息服务及商务服务业于一体的现代物流中心。2021年，延江新材料二期、龙胜达智慧家居照明、艾翔迪电子元器件、钜瓷科技项目等省、市重点项目与翔安区招商部门签约，落地翔安区内厝镇，项目规划用地面积15.67公顷，总投资13.8亿元。

同翔高新技术产业基地翔安片区

【概况】 2021年，同翔高新技术产业基地翔安片区（含内厝中航片区）位于翔安区内厝镇、马巷街道，规划用地面积11.78平方千米；东寮片区，规划面积6.48平方千米。翔安区工业区开发建设与管理委员会计划固投10亿元，建设20个项目。其中，财政投融资项目9个，省、市重点项目6个，全年已开工16个项目。工业园区加快推进利胜三期横一路、东寮一期东寮一路、内厝物流园市政基础设施配套工程建设。新开工建设的有延江新材料、晟腾祥、益和丰牛肉等项目。

【中航锂电二期】 2021年3月2日，中航锂电厦门二期项目正式开工，项目位于翔安区内厝镇，前期投资100亿元建设年产20千兆瓦时新型锂电池电芯生产线项目。中航锂电厦门二期项目拟按照行业领先的标准，建设高智能化，绿色环保的先进电池和电源系统产业基地。

【瀚天天成碳化硅产业园二期项目】 2021年，位于同翔高新城翔安片区的瀚天天成碳化硅产业园总投资6.3亿元，占地面积29002.02平方米。其中，一期项目建成投产，建筑面积18502.64平方米；二期项目规划建筑面积24133.03平方米。瀚天天成为国内首家、全球第4家可以生产销售6英寸碳化硅外延晶片的公司。该项目拟建设6英寸碳化硅外延晶片生产线项目，建成投产后预计年产值30亿元。

（工业区管委会）

数字经济产业园

【概况】 2021年，翔安数字经济产业园是全省首个数字经济产业园，是翔安区建区以来第一个区属主导产业、定位明确集中的园区，位居翔安核心区域，坐拥翔安大道、翔安隧道、多条地铁等多维交通，又处海峡两岸经济最前沿，天然地缘优势和资源优势显著。园区注重打造集人工智能、云计算、大数据应用、数字健康和生物医药等方向为一体的智慧园区，配套五星级悦华酒店、万科泊寓、智慧餐厅、商务休闲咖啡厅、公交场站等；设有党群服务中心、招商服务中心，为园区企业和商业的入驻运营提供“一站式”管家服务。强化“资”“智”对接，设立总额30亿元规模的产业引导母基金，推动产业升级，打造区域经济新增长点。园区总用地面积18.9万平方米，规划总建筑面积56.62万平方米，建成一期、二期31.11万平方米；拟续建三期项目，建筑面积25.51万平方米。

2021年，翔安数字经济产业园招商服务有限公司在中国共产党成立100周年之际，启动“党建领航、e+往无前”党建品牌战略，带动引领园区企业传承红色基因、赓续红色血脉，凝聚上下同心、团结奋进的创新创业力量。推出“党建领航、e+往无前”主题宣传片《青春恰时来》，展示党建引领下数字经济产业园的蓬勃发展和创新精神，塑造园区党建品牌形象，提升园区核心竞争力。该宣传片获“学习强国”转发。强化园区铂爵婚纱、智业健康、承葛生物等多家企业党建阵地建设。

【高科技创新创业培育】 2021年，翔安数字经济产业园招商服务有限公司打造“环境生态优美、服务便捷完善、新兴产业集聚、创新要素活跃”的数字产业创新平台与经济价值创造平台，做强做优产业园区管理品牌。4月，翔安数字经济产业园成为首批厦门大学校友创新创业园；10月，《厦门市产业空间布局指引（2021年本）》将翔安数字经济产业园列入“新兴服务业”产业功能区，主导产业为信息服务、数字经济，是翔安建区以来，首个列入产业空间布局、区属区建的产业园区。12月，翔安建区18周年“翔安成年啦”专题系列报道——新浪直播走进园区，“数”说创新翔安。直播观看人数71.7万人次，获点赞90万人。

【健康翔安智谷】 2021年，翔安区数字经济产业园新增企业210家，注册资本金39.58亿元，核心组团“健康翔安智谷”新增落地企业70家，注册资本金7.1亿元。其中，全球远程病理诊断及数字病理的先行者华银健康福建区域总部、专业从事分子诊断系统研发的国家高新技术企业及福建省科技小巨人领军企业致善生物、中国科学院直属独立全领域第三方检测企业中科检测福建区域总部、医疗AI第一股——港股上市公司鹰瞳科技福建区域总部、全球领先的肝病创新药研发企业维沃医药总部项目等一批科技型、创新型企业及总部项目落户园区，推动园区产业结构优化升级。

（翔安区商务局）

澳头海洋经济发展示范区

【概况】 2021年，翔安区围绕海洋文旅、海洋高科、海洋渔业三大主导产业，锚定空间改造、空间统筹利用、片区品质提升三大任务，推进澳头海洋经济发展示范区建设。澳头海洋经济发展示范区位于厦门海洋高新产业园南部的澳头社区和欧厝社区，总规划面积3.39平方千米，北至滨海东大道，南至海域，西至张埭桥水库，东至洪钟大道。翔安区招商集团与北京首创集团成立厦门市郎园招商管理有限公司（即平台公司），采用澳头片区工作组与平台公司运营机制，有14家成员单位。翔安区招商集团占股51%，北京首创集团占股49%。

【工程代建】 2021年，翔安招商集团下属郎园招商管理公司参与城市开发建设，承担工程项目代建19个，全年计划投资10430万元，实际完成投资10933万元，完成年度投资计划104.82%。重点实施欧厝“四统房”（统一规划、统一建设、统一分配、统一管理的住宅）、怀远湖补水工程、澳头社区旅游动线周边景观提升、超旷景石周边环境整治提升工程、红砖古厝文化园周转场一二期工程、闽南古厝旧材料收集二期项目、澳头女民兵哨所外立面及景观改造工程等建设项目。

【房屋收储】 2021年，澳头片区工作组完成澳头社区5栋、欧厝社区1栋古厝租赁（托管）签约与欧厝制冰厂协议收储工作。

【欧厝“四统房”】 2021年，澳头片区工作组推动欧厝新村项目开工建设。项目采用“四统房”模式，分2期建设，可为434户村民解决住房问题。9月1日，一期工程开工，总投资估算3.29亿元，住宅建设规模250户。

【怀远湖补水工程】 2021年4月，澳头片区工作组和翔安区环委办、河长办、区生态环境局、区市政园林局等部门开展新一轮截污整治，工程以招商集团下属郎园招商公司为代建单位，解决生活污水混接混排问题。启动怀远湖补水工程，实施中水“回用”返补，对怀远湖进行生态补水，增强水体流动性和河道自净能力，实现变废为宝和资源化利用，做到污水零排放、全利用、可持续。该项目工程总投资70万元，历时一个月完成补水投入运行。怀远湖位于翔安区金海街道澳头社区，水域面积3.3万平方米。

【招商引资】 2021年，澳头片区工作组围绕海洋文旅，推动澳头片区文旅产业发展，对接人民文创、首旅集团、北京城建、宋城演艺、深圳南山产业园、北京梨花渡等一批优秀企业客商资源，新引进落地企业7家，总投资2.27亿元。

【澳头VISION公共艺术与海洋经济发展论坛】 2021年5月16日，澳头VISION公共艺术与海洋经济发展论坛暨海洋文旅产业推进会在超旷美术馆开幕。该活动由中共翔安区委、区政府、厦门市海洋发展局主办，中共翔安区金海街道工委、翔安区金海街道办事处、区招商集团、郎园招商公司、厦门时代空间承办。多位雕塑界领军人物、专家、学者和院校师生相聚澳头，探讨澳头海洋文旅产业发展。推介会有15家文旅企业签订入驻协议，计划总投资20亿元。

（卓清秀）

交通 邮政

交 通

道路建设

【概况】 2021年，翔安区建设与交通局完成市级下放“农村公路项目初步设计、施工许可、竣工验收”3项审批事项承接、事项指南省网网上发布和区政务中心指南二维码上墙工作，牵头打通祥福一路、祥吴三路、西亭路3条“断头路”，解决交通堵点，带动经济发展。厦门市公路局翔安分局（以下简称公路局翔安分局）管养道路21条，总里程134.74千米。其中，国道35.81千米，省道14.89千米，县道84.04千米，3个养护标段。全年完成道路养护经费5460.34万元，其中日常养护工作量经费4458.73万元，小修经费完成1001.61万元。辖区道路公路综合好路率100%，干线公路好路率100%。

【农村公路建设养护】 2021年，翔安区建设与交通局实施“四好农村公路”建设，完成锄山第二通道改造工程、大帽山路（新圩—寨仔尾）提升改造工程、大帽山三角梅园环路工程、大帽山寨仔尾北环路工程建设；完成新圩镇后亭至溪口（X438线）、新圩镇新圩至古宅水库（X450线）、新圩镇松兜至庄垵（Y653线）、新圩镇东寮至岩后（Y607线）农村公路修复工程，合计35.5千米。列养农村公路206条（段）、334.33千米。完成全区41座农村公路桥梁检测，完成新一轮农村公路路网数据普查。

（翔安区建设与交通局）

【绿化补植提升】 2021年，厦门市公路局翔安分局紧抓翔安大道、滨海东大道和海翔大道的春季绿化补植，对友达片区、翔安大道的灌溉系统进行提升改造。完成民安大道、舫山西路、万家春路及翔安大道北段中分带灌溉系统的修复，根据苗木生长需要对各路段进行绿化有机肥施肥1900吨。

【道路移交】 2021年，厦门市公路局翔安分局配合代建单位做好道路移交内、外业各项工作，完成滨海东大道（同安大桥—东坑路段）绿化工程、滨海东大道（东坑路—翔安隧道段）绿化工程、滨海东大道（翔安隧道—澳头段）绿化工程、琼头立交绿化工程等新建工程的移交。

【交通设施完善】 2021年，厦门市公路局翔安分局响应翔安区人大代表建议，完善管养路段的交通设施，在翔安南路洪前天桥、翔安南路左侧海洋学院南门、新曦大道增设人行道，总面积161平方米；更换翔安大道沿线破损老化隔离网2700米；增设滨海东大道欧厝路口人行道，面积48平方米；提升改造和美村路口道路30米；在翔安南路（莲河—贤林大道）绿化带增设透水砖人行道，修整完善沿线井盖、路缘石。在翔安大道、国道324线、翔安南路等路段的13处地下通道内和两侧通道口，增设应急照明灯43盏。

【道路提升工程】 2021年，厦门市公路局翔安分局生成9个改造提升项目。其中，翔安大道入口节点彩化提升工程、友达片区隔离护栏完善工程、同新路人行道修复工程、翔安南路人行道设施完善工程及内垵互通F匝道下边坡挡墙应急抢险工程项目已完工。友达片区人行道修复及慢行道修复工程完成90%，马巷公路管理站进场道路及围墙工程项目正在施工，县道411内双线水沟完善工程已进场施工，翔安大道（X418线）限速值调整及设施提升工程已完成95%。

【行政许可管理】 2021年，厦门市公路局翔安分局推行前置审批和中介服务事项清单，实施动态管理，推进简政放权、优化服务。采取上门取件，快递送达等服务，编制审批告知承诺事项清单，提高审批效率。全年办理许可案件81件，收取公路赔偿费1234.37万元。加强许可项目事中事后监管，对施工现场进行监督指导，确保许可项目按照许可相关规定安全实施；对许可项目完工后进行验收，做好相应记录。

【路域专项整治】2021年，厦门市公路局翔安分局重点整治污染公路行为，走访项目工地，要求施工单位加强管理，净车上路，做到及时冲洗路面污染，在滨海东大道、翔安大道、翔安东路等污染较为严重路段查处污染车辆，整治公路污染75起。对324国道移动式广告牌、翔安南路和滨海东大道悬挂式广告牌进行拆除。加强桥下空间管理，对同安湾大桥翔安一侧桥下空间，被附近村民堆放废弃船只等杂物开展专项整治。加强占道堆物、占道经营整治，对翔安南路霄垄路段摆摊设点卖西瓜和翔安汽车城车店占用人行道停放车辆进行整治，清理占道堆物94处，劝离占道经营27起。

（林阿娜）

道路运输

【概况】2021年，翔安区共有道路运输及相关企业369家，车辆4678辆。其中，普通货物运输企业240家，车辆3391辆；危货企业5家，车辆46辆。普通货物运输车辆、危货企业车辆共3437辆、运力72224.29吨位，完成货运量年货运周转量266140.34万吨千米。有旅游客运企业3家，76辆车、3335个座位，年客运量29.48万人次。有公交企业1家，63条线路，462辆车，客运量519.44万人次。有汽车驾驶员培训机构10家，教练车703辆，教练员1053名，年培训学员6237人。有汽车维修企业36家，一类维修企业2家，二类维修企业10家。有货代配送企业74家、道路运输规模以上企业10家。全年完成经济指标38992.12万元。

【公交接驳专线】2021年，翔安区建设与交通局开通地铁3号线公交接驳专线10条，翔安公交共有16条公交线路途经（或始发）地铁3号线（翔安段）4个地铁站。7月12日，翔安区再投入19辆公交车，加密4条地铁接驳专线，增停7个站点，基本可以满足翔安群众地铁公交接驳出行需求。

【公交路线定制】2021年，翔安区建设与交通局开通学生定制公交线路15条，其他定制公交线路2条。

【道路运输监管】2021年，区建设与交通局排查企业408家次，其中排查货运企业173家次、客运企业25家次，维修企业66家次，驾驶员培训企业56家次。

【审批职能移交】2021年11月，翔安区建设与交通局涉及道路客运、货物运输、出租汽车、汽车租赁、机动车维修、机动车驾驶员培训、旅游客运、公共汽车等行业领域75项行政审批服务事项划转至翔安区行政审批局，保留行政裁决、行政确认和行政征收3个行政事项。

【翔安区首家网络货运平台】2021年12月24日，翔安区首家网络货运平台集智力（厦门）物流科技有限公司，经福建省交通运输厅等部门核准，获得运营资格，为优化货物运输资源配置，提升货物运输智能化水平和运输效率提供更广阔空间。

【鹭申通快递】2021年，厦门鹭申通快递服务有限公司为翔安区规模最大的快递运输企业，是道路运输规模以上企业中首家“三高企业”。公司共有营运车辆27辆，运力77万吨，全年营业收入14945.52万元。

（翔安区建设与交通局）

轨道交通

【概况】2021年，翔安区建设与交通局推动重点交通工程建设。轨道3号线厦门火车站—蔡厝站开通试运行；轨道4号线（翔安段）除大嶝段外，已全线洞通。5月，福厦高铁西溪特大桥进行无砟轨道施工。

【福厦高铁西溪特大桥合龙】2021年2月3日，福厦高铁最长桥梁西溪特大桥跨G15沈海高速连续梁全部合龙。西溪特大桥是福厦高铁最长桥梁，全长24.68千米，有732个桥墩，17座连续梁。

【厦门地铁3号线运营】2021年6月25日，厦门轨道3号线开通运营，翔安区进入地铁时代。全年翔安区林前、鼓锣、后村、蔡厝4个地铁车站，累计运送进站乘客294.66万人次，出站乘客277.51万人次；日均进站1.55万人次，日均出站1.46万人次。

（翔安区建设与交通局）

水路运输

【概况】2021年，翔安区有航运企业44家。其中，货运企业42家，有普通货船135艘、总运力2306342.38万载重吨、总功率51.23万千瓦、总箱位96825标准箱，主要从事国内沿海、长江中下游及珠江三角洲各港间货物运输；油品运输企业1家，有油船3艘、总运力3584载重吨、总功率1171千瓦，主要从事福建省内油品运输；客运企业1家，有客运船舶17艘、总功率3468千瓦、客位406个，从事大嶝至小嶝、大嶝至莲河、莲河至小嶝客渡航线及海上看金门旅游客运。全年航运企业完成货运量8168.83万吨，货运周转量1414.48亿吨千米；完成客运量1.14万人，客运周转量22.79万人千米。

【水路运输监管】 2021年6月23日，翔安区运输事业发展中心组织大嶝航运公司在大小嶝海域开展海上应急演练。排查航运企业88家次，发现一般隐患483处，均已限期整改到位。

【航运招商引资】 2021年，翔安区运输事业发展中心加大招商引资力度，引进航运企业19家，注册资金32468万元，新增航运船34艘、68.7万载重吨。

【航运企业营收】 2021年，翔安区入统规模以上航运企业20家，完成航运业营业收入6.18亿元。全年完成船舶固定资产投资38358万元。

（翔安区建设与交通局）

邮　政

【概况】 2021年，厦门市翔安邮政管理局（以下简称翔安邮政管理局）围绕“服务全领域、激活全要素，打造双高地、畅通双循环”工作思路，把握系统治理、依法治理、综合治理、源头治理原则，较好地履行职责。翔安区快递企业监管对象（含翔安独立许可企业）4家，分支机构7家，末端网点248家。邮政普遍服务网点9个，每个行政村都设置一个邮政委托直投到户点。邮政快递从业人员1069人。

【邮政业安全监管】 2021年，翔安邮政管理局完成全国两会、中国共产党成立100周年庆祝活动、“9·8”贸洽会、国庆节等重要节点保障任务。部署安全生产专项整治三年行动，开展打击枪爆物品、扫黄打非、塑料污染治理、实名收寄、消防安全、禁毒等专项行动。全年开展各类检查核查107次，累计出检人员217人次，配合市邮政管理局立案查处4起，罚款13.1万元。强化普遍服务监管，开展邮票发行监督、《人民日报》当日见报监测、建制村通邮、普服平信测寄等各类监督检查工作，督导邮政企业按照要求落实邮政普遍服务工作。全年开展邮政普服场所检查35家次，出检70人次；扫黄打非检查50家次，未发现收寄违禁品和销售非法出版物的问题；检查16个建制村，抽查投递段道30条，均符合规定。

【邮政业安全宣传】 2021年，翔安邮政管理局结合“3·15”消费者维权日、绿书签行动、安全生产月等主题，通过线上部署，线下送法进企、进校园、进社区等方式，开展形式多样的宣传活动，强化企业和从业人员安全防范意识，提高市民群众安全用邮意识。联合区依法治区办等部门组织快递企业代表在翔安区法治文化广场，开展“12·4”国家宪法日法制宣传活动。全年开展宣传反恐、禁毒等内容6场次，发放宣传资料2000余份、宣传品2400余份。

【寄递企业融合发展】 2021年，翔安邮政管理局助力寄递企业与制造业、农业等行业的融合发展。推动寄递企业服务大嶝对台小额商品贸易，全年产生快递业务量165万余件，快递业务收入378.16万元。推动厦门鹭申通快递服务有限公司与厦门中闽茗茶业有限公司开展茶叶寄递合作，全年实现快递业务量719.9万件，快递业务收入1485.4万元。推动顺丰速运服务燕之屋项目，实现快递业务量80余万件，快递业务收入3420万元；推动顺丰速运服务厦门弘信电子科技集团股份有限公司柔性电路板服务项目，产生快递业务量1.92万件，快递业务收入212.6万元。

【邮政业助力乡村振兴】 2021年，翔安邮政管理局多举措助力乡村振兴事业，推动翔安区农村公共基础设施管护体制改革试点工作，将农村邮政快递服务设施管护纳入政府年度财政预算，对在建制村和偏远山区设置邮政快递服务站点的企业给予每个网点每年5000元补贴，连续补贴3年。鼓励寄递企业通过驻村设点、抱团进村，邮快合作、建设末端公共服务网点等方式，完善农村快递服务网络，提升农村及偏远地区寄递服务水平，全年推动邮政企业完成建设“邮政驿站”自提点31个，在建制村设立9个，累计产生代投快件90.32万件，收入45.16万元。把建制村通邮便民落到实处，与建制村委会加强沟通，查询通邮情况，确保村民能便利享受邮政服务。

【邮政业绿色发展】 2021年，翔安邮政管理局按照“减量、循环、再利用”指导思想，聚焦瘦身胶带、可降解包装袋、可循环中转

2021 年 1 月 8 日，厦门市第一个农场驿站在大帽山农场揭牌运营。图为揭牌仪式现场　　（翔安区邮政管理局　供图）

袋（箱）等短板，推进行业绿色发展“2582”工程向纵深挺进。督促寄递企业做好邮件快件包装绿色治理和节能减排等各项工作，指导一线人员规范包装操作，避免随意包装和过度包装。鼓励邮政快递网点设置废弃物回收箱，快件处理中心投入使用可循环周转袋，辖区 240 余家社区菜鸟驿站每月引导客户回收纸箱 172 万个，二次循环使用 76 万个；邮政快递网点配备包装废弃物回收箱 130 个；厦门南洋学院、安防科技职业学院等服务站点开展快递包装集中回收，促进校园快递包装规范化建设；厦门申通分拨中心月均使用循环周转袋 22 万个。

【快递员（投递员）权益保护】 2021 年，翔安邮政管理局联合翔安区卫建局、团区委、区工会等部门开展关心关爱快递员“暖蜂行动”，为一线快递员免费核酸检测和疫苗接种；联合团区委和区公安分局开展“益起留厦，关爱快递小蜜蜂”、“亲子安全小课堂”活动、慰问送温暖等关爱活动。厦门鹭申通、京东等企业组织开展“六一”亲子活动、“关爱相伴　乐送清凉”等系列活动，提升快递员归属感。发挥快递物流业党员先锋模范作用，引导企业加强非公党建工作，提升快递员社会责任感与荣誉感。

【邮政业健康防疫】 2021 年，翔安区邮政管理局重视疫情防控，构筑核酸检测、疫苗接种、网点防控三位一体的防护体系，保障行业持续稳定。组织快递员按照“应检尽检，适时抽检”原则进行核酸检测，按市、区指挥部抽检频率安排检测，核酸筛查。实现疫苗接种全覆盖，加强针有序接种。疫情防控期间，全面部署实行“无接触”配送。

【消费者申诉处理】 2021 年，翔安邮政管理局办理市邮政管理局转办的信访转办件、局长信箱来件、公共安全指令单、“12345”便民服务平台等投诉寄递服务质量相关问题 292 个，均受理申诉，指定专人办理、跟进，向诉求人反馈处理结果，避免事态复杂化。

（林桂滨）

城乡建设

综　述

【概况】 2021 年，翔安区围绕居住、交通、水环境、风貌、管理 5 大类，17 项城市建设重点任务及 6 大样板工程项目，有序推进辖区内城市基础及公用设施建设。2021 年全区生成项目 70 个，年度计划投资 6.04 亿元，已累计完成投资 9.01 亿元，占年度计划投资 149.17%。重大片区重点项目供地划拨 80 宗，占全市近 30%。教育类项目农转用六个批次，总面积 31.801 公顷；公建及市政项目供地 427.29 公顷；市政工规 102 宗，为 21 年全市最多。轨道 3 号线火车站至蔡厝段于 6 月 25 日开通试运行。锄山第二通道和大帽山进场道路等 7 个项目建设完成并投入使用。完成“马塘山—大帽山”乡村振兴动线沿线和地铁 3 号线及翔安东路公交候车亭 31 座，开通地铁 3 号线公交接驳专线 10 条，累计新增及优化调整公交线路 23 条。

【村庄建设规划】 2021 年，厦门市自然资源和规划局翔安分局开展翔安区村庄建设规划，对 31 个村庄开展规划编制，其中 30 个取得翔安区政府批复。

【重大片区和重点项目服务】 2021 年，厦门市自然资源和规划局翔安分局推动完成重大片区内电气硝子四期、太古维修基地、厦航工业、豪享来酒店等地块的出让工作，新机场高速公路等项目农转用工作，新机场等项目的供地工作；借助“多规合一”平台，促进科学决策、民主决策、依法决策、绿色决策，启动协调 382 个建设项目，策划成熟 252 个项目，协调项目总数占全市项目的 18%。

【民生短板项目落地】 2021 年，厦门市自然资源和规划局翔安分局靠前服务，为民生短板项目提供保姆式服务，落实“项目门诊”与“绿色通道”理念，会同相关部门提前介入，指导项目用地及建设审批。全年完成教育类建设项目农转用 6 批次，总面积 31.8 公顷；公建及市政项目供地 427.29 公顷；市政工程规划 95 宗。

（自然资源和规划局翔安分局）

【福建省村庄规划与会人员到大帽山农场调研】 2021 年 7 月 7—8 日，福建省乡镇和村庄规划编制推进工作对接和现场会在厦门召开。8 日，全省各设区市自然资源主管部门及分管领导、部分乡镇和村庄规划业务部门及编制单位一行近 100 人到大帽山农场现场调研，听取大帽山农场规划编制情况与实施经验介绍。

（翔安区大帽山农场）

城镇建设

【概况】 2021 年，翔安区城镇建设加快步伐，围绕乡村振兴建设 11 个示范村、2 条乡村振兴动线。东部体育会展新城片区、环东海域翔安新城片区、厦门翔安新机场片区、同翔高新城翔安片区加紧施工，“四座新城”完成投资 725 亿元。

【东部体育会展新城片区】 2021 年，翔安区东部体育会展新城片区规划总用地面积 6.58 平方千米，涉及土地征收、房屋与育苗场拆迁。其中，涉及刘五店、东界、桂园、林头、下店 5 个自然村、1703 栋房屋拆迁、238.87 公顷土地征收和 59 家育苗场拆迁。开展东界、林头、下店 3 个自然村整村搬迁工作，涉及房屋 1010 栋，居民 1279 户 3314 人，拆除面积 36.9 万平方米；推进完成相关宫庙、宗祠与坟墓迁移工作，满足片区道路、办公、商业、酒店等配套服务设施开工建设需要。东界、林头、下店 3 个自然村签约商谈流水号 900 个，签约房屋 973 栋，签约率 96.34%；签约面积 36.88 万平方米，签约率 99.95%；拨付资金 2342 笔，发放征收补偿款 944 栋、36.8 亿元；交房 930 栋，拆除 927 栋，拆除面积 34.04 万平方米，完成年度任务 170.2%。6 月，翔安分指挥部启动滨海东大道（东坑路—翔安隧道段）道路工程项目，刘五店 84 栋房屋，征拆签约商谈流水号 27 个，签约房屋 28 栋，签约率 33.33%，签约面积 1.35 万平方米，完成腾空交房 3 栋。

会展嘉园项目　项目位于翔安区凤翔街道东界社区东北，地铁 3 号线东界站与洪坑站之间，东界路两侧。总用地面积 14.73 万平方米，总建筑面积 79.05 万平米，包括高层楼房 31 栋、房源 6151 套；地下室 2 层，建筑面积 23.65 万平米。项目总投资 846301.54 万元。项目分两标段同时开发建设，用于安置东部体育会展新城片区刘五店、东界等 5 个自然村的拆迁安置。2021 年，项目Ⅰ标段（1～3 号地块主体工程）16 栋主楼，4 栋完成封顶。1～3 号地块主体结构施工分别完成 95%、96% 和 90%。Ⅱ标段（4～6 号地块主体工程）15 栋主楼，11 栋完成封顶。4 号地块主体结构施工完成 86%，5～6 号地块主体结构施工完成 100%。会展嘉园项目在市建设局、市重点办 2021 年第一季度重点项目代建考评中获“优秀”，记入 C 类良好信用监管行为记录。

新体育中心项目　省、市重点项目新体育中心位于翔安区南部临海侧，与厦门岛五缘湾隔海相望，区位优势显著，坐拥湾海自然景观资源，项目总投资估算 85 亿，总用地面积 66.64 万平方米，总建筑面积 53.3 万平方米。2021 年 9 月，Ⅰ标段白鹭体育场主体结构完成封顶。Ⅱ标段白海豚游泳馆和凤凰体育馆完成钢屋盖和砌体施工，正在进行钢结构马道、幕墙、金属屋面及机电施工。其中，凤凰体育馆 A 区（比赛馆）一层幕墙龙骨安装完成 75%，二层幕墙龙骨安装完成 25%，金属屋面檩托安装完成 10%，机电主管线安装 35%；凤凰体育馆 C 区（训练馆）钢构马道安装完成 80%，一层幕墙龙骨安装完成 35%，二层幕墙龙骨安装 10%，金属屋面檩托安装完成，机电主管线安装 40%；白海豚游泳馆二层幕墙龙骨完成 35%，金属屋面檩托安装完成 50%，砌体工程完成 100%，机电主管线安装 35%。

新会展中心项目　厦门新会展中心项目总投资约 135 亿元，总用地面积约 81.87 万平方米，总建筑面积 106.4 万平方米，由展览中心、会议中心组成，是集展览、会议、休闲等多功能于一体的复合型会展综合体。2020 年 12 月，会展中心开工建设；2021 年 5 月，会议中心开工建设。Ⅰ标段钢结构施工安装完成 47142 吨，占 89%。Ⅱ标段正在进行地下室结构施工及展厅、东登录厅主体钢结构施工，能源中心地下室结构施工完成 19 块，占 65%；中央廊道地下室结构施工完成 86 块，占 92%；西登录厅地下室结构施工完成 11 块，占 55%；东登录大厅地下室结构已完成施工；钢结构安装完成 24961.1 吨，占 62%。会议中心 2021 年 5 月开工建设，完成基坑支护及土方开挖、底板施工、地下室钢柱安装。

（东部体育会展新城片区翔安分指挥部）

【环东海域新城翔安片区】 2021 年，环东海域新城翔安分指挥部坚持岛湾一体，推动新城建设，完成固定资产投资 141.7 亿元。新增落地企业 51 家，在库招商项目 85 个，总投资 255.48 亿元。全年完成土地征收签约 129.27 公顷、交地 125.6 公顷，分别完成年度任务的 177% 和 119%。全年完成房屋拆迁签约 191809.96 平方米、拆除 112159.79 平方米，分别完成年度任务的 73.77% 和 43.14%。其中，滨海浪漫线三期琼头段，完成签约 95 栋、拆除 73 栋；林前、后房、下钟宅、下庙整村搬迁完成 3 轮入户商谈动员和 276 栋房屋测绘，发布征收范围公告、人口权属公示。

2021 年，环东海域新城片区翔安分指挥部坚持以规划为引领，狠抓关键环节，推进项目建设。坚持长中短项目统筹、大中小项目配套，滚动谋划生成项目，新增翔安新城社区卫生服务中心、西炉医院、翔安区灾害应急救援中心工程等 47 个策划项目。建立高效协调推进机制，正排工序、倒排工期，锁定各环节时间节点，促进项目开工。滨海浪漫线三期澳头段取得概算批复，东山片区文化艺术中心项目完成可行性研究联评联审。全年计划开工项目 39 个，1 个提前开工、38 个按计划开工。下潭尾湿地公园二期水工部分和景观部分均已完成，新增红树林种植面积 36 万平方米，上岛栈道正在加快收尾。厦门双十中学翔安校区初中部、厦门实验小学翔安校区、翔城小学和翔城中学建成投用；厦门双十中学翔安校区高中部和首创奥特莱斯已竣工预验收，翔安体育交流中心正在内部装修，火炬实验学校主体已封顶。地铁社区二期和林前综合体已竣工，浯家公寓和洋塘三期正在内部装修，新浦嘉园安置房正抓紧施工。全年计划竣工项目 46 个，全部按计划竣工。

（赖章洪）

【厦门翔安新机场片区】 厦门翔安新机场位于翔安区大嶝岛与小嶝岛之间，距离厦门市中心28千米，距离泉州市中心44千米，距离漳州市中心72千米，距离金门岛8千米。2021年4月，国家发改委批复工程可行性研究报告；12月8日，自然资源部批复剩余造地工程用海手续；12月28日，新机场项目环评正式获市生态环境局批复。新机场功能定位为中国重要的国际机场、区域性枢纽机场和两岸交流门户机场。飞行区等级为4F，能满足空军各种机型的起降要求，也满足民用空客A380、波音747等大型飞机的起降要求。新机场核心区规划面积20.16平方千米，规划建设4条跑道、约90万平方米航站楼，预计旅客吞吐量可达8500万人次。新机场片区范围53.11平方千米，包括大嶝街道全域，金海、新店、香山3个街道部分区域，区域人口承载力26万人。航站楼主楼以厦门本土的闽南大厝和嘉庚建筑为元素，设计三重檐屋顶，形如白鹭展翅，延续了厦门高崎机场的城市建筑记忆。航站楼内主要节点空间以闽台海洋文化为设计主题，以海浪、船帆、花园、三角梅等城市元素为点缀。2021年，新机场片区土地房屋征收项目25个，完成项目21个，交地288.72公顷，占年度任务的127%；房屋拆除53.5万平方米，占年度任务的140%。新机场片区已入库入统项目86个，完成投资130.6亿元，占年度目标任务的87.1%，占翔安区2021年度固投入统完成总数776亿元的16.8%。招商引资任务50亿元。全年机场片区在库项目56个，总投资899.25亿元。

阳塘整村搬迁项目 2021年，厦门新机场翔安分指挥部协调翔安区政府相关职能部门正面回应阳塘社区村民普遍关心的43个问题，召开36次专题会议，研究涉及征迁原则问题84个，发布政策性解读公众号217篇，释疑具体问题400多个。调处88件矛盾纠纷，达成调解协议或缓解矛盾74件。协调大嶝中心小学整编制接受原阳塘小学164名生源与90名涉迁子女就近入园入学。帮助14292名失地失海农渔民自筹资金一次性缴纳15年基本养老保险费，专项发放207万元低保救助金和228万元困难补贴。举办7期缝纫车工和手加工技能培训，培养360余名技术骨干，提供140余个机床缝纫工作岗位。9次举行就业推进会，帮助463名居民和40名高校毕业生就业。

（厦门新机场翔安分指挥部）

示范村建设

【概况】 2021年，翔安区坚持农村农业优先发展，调整成立翔安区委扶贫开发成果巩固与乡村振兴工作领导小组，下设办公室，指导制定《翔安区2021年实施乡村振兴战略工作要点》等文件，用好“翔安乡村振兴”微信公众号，推动香山街道东园社区、茂林社区，内厝镇莲塘村、琼坑村、后田村、后垵村，新圩镇古宅村、凤路村、乌山村、云头村10个试点示范村和“新圩—蔬香古韵”“内厝—悠然原乡”2条乡村振兴动线建设，共生成48个项目，总投资2.51亿元。

【既有农房整治】 2021年，翔安区建设与交通局巩固拓展农村人居环境整治三年行动成果，落实农村人居环境整治提升五年行动，聚焦既有农房整治，结合乡村振兴重点区域整治，在乡村振兴试点村、动线沿线村庄和其他重点区域实施既有农房裸房整治。全年整治黄厝、埔尾下、深溪、东园、茂林等村庄既有裸房1558栋。

【产业发展】 2021年，翔安区内厝镇黄厝村探索走出一条打造“艺匠小镇”，用文化再造乡村、用艺术赋能乡业的乡村振兴新路。重点引进傲农、百利龙程等一批优质项目，现代农业招商项目入库19个，落地12个，总投资40.63亿元。全区划分红、蓝、绿3大主题，推出8条旅游路线，接待游客398万人次、收入10.3亿元。大宅社区获评“福建省金牌旅游村”。庄家宝蔬菜专业合作社郭防获评第四批全国农村创业创新优秀带头人。

【生态宜居】 2021年，翔安区加强全区588座农村公厕管护，配置126座生活垃圾转运平台，实现农村生活垃圾收集转运处理全覆盖。首创“三水”联治流域水环境治理模式，提升治理320个自然村。评选三星以上“美丽庭院”380户。新圩镇马塘村、内厝镇许厝村获“全国文明村”称号，文明村镇比例81.25%。推荐310户家庭参评市、区“文明家庭”，13户家庭参评省、市“最美家庭”。

（翔安区乡村振兴办）

土地房屋征收

【概况】 2021年，翔安区土地房屋征收中心与翔安区重大办、区征收办组织力量，收集2020年1月1日以来最高人民法院依据现行法律，尤其是修订后的《中华人民共和国土地管理法》作出裁决、裁定的682个土地房屋征收行政审判案例，逐案归纳整理裁判要点，根据案例类型和土地房屋征收工作的实际需要，汇编成权属认定类、征收实操类、行政协议类、行政决定类、信息公开类、行政强制类、行政复议类、行政诉讼类、行政赔偿类、征收相关类10个编目，形成7卷《最高人民法院土地房屋征收行政审判案例指导丛书》。翔安区计划征收土地396.27公顷，实际交地391公顷，完成征收土地任务的98.7%；计划拆除84.5万平方米，实际拆除78.6万平方米，完成房屋拆除任务的93%。省、市重点项目市对区绩效考核得分位居全市第二。阳塘、东界、林头、下店4个村庄整村搬迁工作基本完成。

【靠前服务】 2021年，翔安区土地房屋征收中心针对整村搬迁项目，派遣业务骨干常驻各项目工作组靠前提供服务保障，直接介入项目指导；经常深入片区统筹协调，平衡统一各片区间的征收政策，开展事前审查及事后审核工作，提高协议签约、审核及进度款拨付效率。

【整体督查】 2021年，翔安区土地房屋征收中心严格按照市、区下达的土地房屋征收年度任务及分月计划要求，以及市、区领导关注的征收问题进行每月通报，督促各镇（街）对照需加快推进事项，倒排工作计划，责任到人到事，确保按时完成任务。保持项目督查高压态势，传达市、区领导对项目相关要求、指出存在问题，协调镇（街）及代建单位解决矛盾，推动征拆工作落实。

【前期工作】 2021年，翔安区土地房屋征收中心签订77个项目土地征收工作协议，涉及征收土地334.07公顷；发布87份项目征收土地预公告，59份补偿安置方案，7份房屋征收公告；核定8个项目安置房指标90万平方米；出具91份土地房屋征收完成证明，涉及用地面积582万平方米。

【审核把关】 2021年，翔安区土地房屋征收中心坚持“事前预审、过程指导、事后严审”，以政策为依据、严把政策关。全年核定各镇（街）申报的核销资金26.87亿元，审结63个项目征收费用148亿元。

（翔安区土地房屋征收中心）

城管管理

【概况】 2021年，厦门市翔安区城市管理局（以下简称翔安区城管局）围绕翔安区“十四五”起步开局和高颜值城区建设，坚持为人民管好城市的工作理念，融入岛外高质量发展大局，推动城市管理水平提升。新增凤翔、民安、金海、香山4个驻街道行政执法中队。承担“两违”治理、市容提升及宜居宜业城市管理专项工作，依法行使行政处罚权553项。按照区委、区政府部署要求，保障重点项目推进，在急、难、险、重任务中发挥“第一梯队”作用。

【“两违”综合治理】 2021年，翔安区城管局结合全省新一轮“两违”综合治理专项行动，制定农村乱占耕地建房问题整治、“天上看　地上查　网上管”科技控违、农村建房整治、新增“两违”整治、自然保护地“两违”整治、集中式饮用水水源保护区“两违”整治、非法侵占河湖“两违”整治七大攻坚战方案，由翔安区治违办牵头，按照应拆尽拆、能统尽统的原则，推进年度目标完成。督促镇（街）履行治违主体责任，落实建房“四到场”、建房挂牌公示、巡执分离等制度机制，源头防控新增违建。通过“金牡丹”流动工作站模式，推进农村住宅建设矛盾纠纷调解，化解矛盾纠纷28次。全年翔安区拆除“两

2021年9月7日，翔安区城管局拆除位于凤翔街道井头社区的一处“两违”建筑。图为航拍“两违”拆除现场　（翔安区城管局　供图）

违”面积235.97万平方米，完成年度目标任务的214.53%，拆除总量位居全市第一。厦门市下发疑似新增“两违”2565宗，核销2558宗。

【建筑废土消纳】 2021年，翔安区城管局针对建筑废土乱倾倒问题，利用预征地投入340万元新建2处区级建筑垃圾消纳场，总容量近11万立方米，解决农村拆迁、民宅翻新、违建整治等产生的大量建筑垃圾消纳问题。

【重点项目保障】 2021年，翔安区城管局在重点项目征拆、疫情防控保障等工作中统筹执法力量，服务市、区重大项目建设。精心部署、快速处置，在翔安南部新城、新机场、新体育中心、新会展中心等重大项目建设中，出动3000余人次助力阳塘、琼头和东界等社区征地拆迁。

【乱占耕地建房问题整治】 2021年7月14日，翔安区城管局进行首次全区“两违”执法现场普法直播，超过145万人次观看2场直播，普法效果明显。全年守住耕地红线，防止耕地“非农化”“非粮化”，不等不靠、主动作为，推进农村乱占耕地专项整治。翔安区第一阶段产业类违法图斑整治基本完成；第二阶段农村乱占耕地建房住宅类图斑292宗，立案65宗，复耕200宗，拆除率77.7%，处置率100%，整改完成率68.5%；乱占耕地整治、省“看管查”图斑整治进度超90%。

【静夜守护行动】 2021年5月20日，翔安区城管局开展城市夜间噪声扰民专项整治行动，区域全覆盖巡查，检查工地夜间施工472处，责令整改109起，立案处罚10起，处罚金额18.4万元，噪声投诉件下降80%。

【城管执法宣传】 2021年，翔安区城管局发送城市管理宣传短信152万条，在《福建日报》、《厦门日报》、东南网、“学习强国”等平台刊登报道17篇，利用微信公众号推送城管执法信息140余篇，依托城市平台、公交平台、厦门电视台，滚动播放1分钟“两违”动漫宣传片和《翔安资讯——城市管家在服务》5000余次。组织进村“面对面”宣传13场，发放宣传品2200份，张贴宣传海报3500张，引导市民树立“城市管理人人参与，美化城市家家受益”共建共享理念。

（雷培蓓）

市政公用事业

市政建设

【概况】 2021年，厦门市翔安区市政园林局（以下简称翔安区市政园林局）完成市、区政府为民办实事9项，打通“断头路”2条。推广垃圾分类“翔安模式”，承办全市生活垃圾分类现场会；首创“三管截污、分户验收”工程做法及“一户一卡、管理到家”建管机制，开展景观湿地、尾水回用、智慧化运维等新工艺，举办市农村生活污水现场会。提升市政配套建管水平，改善城乡人居环境。

【公共停车场建设】 2021年，翔安区建设与交通局加快推进公共停车设施项目建设。全年完成5个项目、1110个公共停车位建设。启动马巷、新店街道928个路内公共停车泊位收费管理。

【路灯建设与管养】 2021年，翔安区市政园林局完成翔安区农村亮灯工程建设工作，安装琼头片区小街巷路灯2370盏，解决农村路灯照明问题。管养市政路灯及小街巷路灯20574盏，全年维修路灯7326盏，更换时控器29个，拆回被撞灯杆30杆。

（池哲晔）

【市政道路提升】 2021年，翔安区市政园林局完成翔安X2011XD04储备用地配套道路工程等5条道路建设，新增配套道路1.4千米。完成国道324线、马头山路、古垵路3条道路排水系统提升，总长2.6千米。完成翔安区莲亭路、新城中路、洪钟大道、翔安西路、洞庭路、沙美路6条道路隔离护栏建设，新增车行护栏10千米。推动新市桥路、翔安X2011XD05储备用地配套道路、洪前中路、翔安新城14号和15号道路、莲塘北路5个配套道路进场实施。启动滨海北地块北侧支路、Eg41城市二级加油站配套、新溪尾小学周边配套、沙美南支路与沙美西支路、电力基地东侧配套、彭厝村北侧片区配套等12条道路建设；启动巷东路、城隍路和城隍南路等5条道路提升改造。

（李丽娟）

【道路保洁管养】 2021年，翔安区市政园林局做好管养范围352条道路的保洁工作，保洁面积610.86万平方米。全区道路划分为9个片区，实行网格化管理。

（陈鸿浩）

供　电

【概况】 2021年，国网厦门供电公司翔安供电中心（以下简称翔安供电中心）各项工作和指标取得新进展。翔安区用电量 59.92 亿千瓦时，比上年增长 11.23%，在厦门市 6 个区排名第一；完成 10 千伏高压业扩送电 184 个，上升 4.95%；送电容量 27.40 万千伏安，上升 11.01%。电网投资提速，配网建设工程项目投资 0.9 亿元。

【用电安全】 2021 年，翔安供电中心落实“四个管住”，累计执行 10154 份工作票和操作票，自查发现 41 份不合格票。落实公司生产现场到岗到位工作规范要求，到岗到位 522 人次，检查施工作业现场 280 个，自查自纠发现违章 13 个，查处施工队伍违章记 44 分、考核 1.4 万元。开展“五查五严”风险隐患排查整治、春秋检等专项行动，累计排查安全隐患 223 处，整改率 100%；完成中国共产党成立一百周年、中高考、疫情防控保电，安排 2 名骨干驰援郑州抢险救灾。

【电网运维】 2021 年，翔安供电中心推进快速抢修工作机制，故障时户数压降 30% 以上；对接区政府，建立电力杆线整治工作机制。建立“一线一案”“一台区一方案”闭环消号年度高故障线路、重过载、低电压台区及各类频停用户等负面清单。全年完成低电压治理 114 处，治理重过载台区 94 台。实施配网建设项目经理和关键要素节点双负责人制度，累计新增配变 133 台。

【供电营销】 2021 年，翔安电力中心深挖停电大数据，跨平台搭建营配抢快速反应协同平台，构建基层服务管控体系，建立属地供电群 123 个，全市排名第一；保持频繁停电“零”投诉，百万客户投诉量和频繁停电投诉量均排名公司第一、全省第一、国网第一。全年反违窃追补电费 270.98 万元。网格服务深度融入街道、社区、物业、电工，完成签订客户需求响应容量 55030 千瓦，改造新电价政策高压计量装置 283 架。

供　水

【概况】 2021 年，翔安区居民所用的自来水原水水源来自于同安汀溪水库与九龙江流域，原水抵达翔安后，需在水厂进行静置沉淀、过滤、消毒等多项工序，达到饮用水标准后，通过自来水管道输送到千家万户。

【自来供水保障】 2021 年，舫山水厂三期、翔安水厂二期投入使用。翔安水厂供水每日可达 37.5 万吨；西水东调二期原水供应能力达到每日 25 万吨，通过启用西水东调反供泵站（每日 5 万立方米），舫山水厂基本实现双水源；新圩给水泵站如期启用，实现舫山水厂的清水调水进新圩，新圩片区用水“孤岛”问题得到根本解决。

【农村自来水管网】 2021 年，翔安区市政园林绿化中心推进农村自来水管网建设。5 月 5 日，新店街道洪前社区山前、前边 2 个自然村自来水改造工程开工建设，工程有多条给水管道、33 个水表表箱及 158 个入户水表等项目。9 月底，自来水改造工程完工并正式通水。8 月，大嶝街道嶝崎社区自来水改造工程进场施工。

（孔凡育）

排　水

【概况】 2021 年，翔安区市政园林局完成翔安西路等 6 个易涝点改造。落实防汛物资、做好应急抢险准备，组织开展应急演练 4 场；完成雨水管道清淤 66 千米，清淤 560 立方米。启用排水防涝应急指挥平台，对易涝点、低洼地带实时监控，杜绝城市内涝。

【农村生活污水治理】 2021 年，翔安区 320 个自然村开展生活污水雨污分流提升治理，总体完成 90%。探索“三管接户精细化、三水联治资源化和三方共管智慧化”翔安农村生活污水治理模式。2021 年厦门市农村污水现场会在翔安大帽山农场召开，翔安经验在全市推广，得到省、市领导的肯定。

（陈　强）

【城镇污水管网建设】 2021 年，翔安区新增建设污水管道 30 千米，完成投资 7500 万元。翔安区市政园林局完成污水管道清理 54.6 千米，补齐局部污水管网短板。

【污水厂建设】 2021 年，翔安区澳头污水厂二期扩建项目投入使用，新增污水处理能力 3 万吨 / 日，日处理规模达 4 万吨，提高翔安区污水集中处理能力，为后续流域生态补水创造条件。翔安区市政园林局推动内田污水厂一期工程施工，处理规模为 6 万吨 / 日。

（陈聿铭）

燃　气

【概况】 2021 年，翔安区有瓶装燃气供应站点 13 个，瓶装燃气用户 51551 户。其中，居民用户 47764 户，餐饮用户 3787 户。翔安区有翔安门站、三荣高中压调压站、厦门华达石化工程有限公司新圩储罐站 3 个燃气场站；燃气高压管道 16 千米，中压管道 254 千米，低压管道 133.3 千米。燃气管道居民用户 49269 户，工业用户 70 户，商业用户 55 户。

【燃气安全监管】 2021 年，翔安区市政园林局全年排查市政燃气管道 1.44 千米，餐饮场所用户 1.89 家次，居民用户 3.58 万家次，供应站点 143 家次，燃气场站 19 家次，发现隐患 2860 处，全部完成整改。全年查获送气工违规储存瓶装燃气行为 1 起、用户违法使用“黑气”行为 9 起，违法储存“黑气”行为 2 起，收缴瓶装燃气 278 瓶。

【燃气安全宣传】 2021 年，翔安区市政园林局开展燃气安全使用宣传工作，全年悬挂各类宣传横幅 18 条，发放宣传单 5.45 万份，发送燃气安全手机宣传短信 200 万条，开展培训 24 场、参加人员 670 人次，开展燃气应急演练 22 场，一线工作人员应急处置能力和群众燃气安全意识得到提高。

（陈素梅）

园林绿化

【概况】 2021 年，厦门市翔安市政集团有限公司（以下简称翔安市政集团）养护 159 条道路及退线绿地（3.04 万株行道树）、14 个公园街头广场绿地（含翔安大道带状公园）、2 个儿童公园、2 个高速退线防护林、1 个高铁退线防护林、3 条溪流退线绿化、朱坑退线绿地 1 片，绿化养护总面积 406.01 万平方米，总养护经费 4561.75 万元；公园及道路绿化小修项目 1180.22 万元。全年承接 32 个代建绿化项目，完成投资总额 2680 万元，包括全国文明城市创建及全国卫生城市创建应急项目 5 个，庆祝中国共产党成立 100 周年花化彩化布置工程，24 万平方米批而未供边角地绿化工程。

【园林绿化建设】 2021 年，翔安区新增及改造园林绿地面积 110 公顷，其中公园面积 26.5 公顷。完成区政府大道南侧街头公园、翔安区交警大队周边环境整治工程、祥吴街心公园、宋坂街心公园、陈塘村小游园 5 处口袋公园建设；新增绿道 11 千米，完成滨海旅游浪漫线二期翔安绿茵港段特色园林风情道路建设，提升城区绿化美化与宜居环境水平。

【绿化养护】 2021 年，翔安市政集团加强“精细化”管理，根据各类园林植物的习性、季节要求，制定合理的月、周养护计划，做到调整有序、修剪及时、病虫害发现防治，根据绿植特性进行专景的精修与管养，开展园林绿化养护管理工作。全年绿化公园及道路绿化考评成绩良好，翔安西路（海翔大道—西亭路段），在全市 157 条道路考评中，多次进入前十名，受到市考评团的好评。

【花化彩化工程】 2021 年，翔安区市政园林局推广市花三角梅的应用，在城区 17 条主干道路、1 个交叉路口、1 座人行天桥、5 座公园、2 座广场以及翔安大道带状公园，种植三角梅灌木球 2.14 万株、片植三角梅 2.08 万平方米，主要品种有同安红三角梅、紫花三角梅、多彩三角梅等，提升城区绿化彩化景观效果。翔安市政集团绿化工程公司庆祝中国共产党成立 100 周年，在鼓锣公园、劳动公园、祥福儿童公园以“不忘初心，牢记使命”为主题进行绿雕和草花布置，采用梅花、燕子、山水田野等二十四节气设计元素，以市花三角梅围合主题雕塑，体现春耕祥和幸福的美好景象，展现中国共产党强大生命力。

【绿化带改造】 2021 年，翔安市政集团绿化工程公司提升绿化景观效果，针对绿化苗木老化、黄土裸露、部分植物缺株断档等问题，更换耐旱、易修剪、易成活、病虫害少的苗木品种，改造提升重要道路及路段绿化带，将祥吴一路已经老化的苗木品种红叶石楠更换为黄心梅，将海鸣路干枯的扶桑更换为黄金榕，美化道路环境，利于后续养护；将部分扶桑球、红叶石楠球因病害出现枯死的植物更换为三角梅球，在洪钟大道补种三角梅球，解决缺株断档问题，实现道路的花化、彩化。

（蔡慧雯）

【公园围护设施增设】 2021 年，翔安市政集团绿化工程公司在宋坂公园 22 处通道口加装不锈钢护栏，在公园四周草坪和道路交接处加装 700 米长的铸铁护栏，修砌 50 米的结构板材贴面座凳。在公园入口施划电动车、摩托车停车标线，实现公园人车分离，解决开放式公园绿化带被车辆碾压的现象，规范管理公园。

【“口袋公园”建设】 2021 年，翔安市政集团绿化工程公司利用城区边角地、废弃地、闲置地，在美地雅登四里西北侧和招商雍华府西侧建造祥吴街心公园与宋坂街心公园 2 个“口袋公园”。其中，祥吴街心公园面积 2534 平方米，宋坂街心公园面积 2368 平方米。种植小叶榄仁、鸡蛋花、黄花风铃木等乔木，设有疏林草地、休闲广场等供周边居民休憩娱乐。

【公益活动】 2021年，翔安市政集团绿化工程公司组织40多名干部职工、8部作业车及修剪机械，对新店执法中队、翔安区彭德清纪念室、区人民武装部、内厝镇政府、新圩镇政府等进行院内绿化整理，修剪乔木、灌木180多株、修剪草坪近200平方米、修剪绿篱1500平方米。开展植绿复绿工作，补植马尼拉草450平方米，防疫消杀面积2000平方米，打造洁净、优美的办公环境。

【香山花海种植项目】 2021年，翔安市政集团绿化工程公司以春节、“五一”、国庆为节点，完成香山3.33公顷土地的整地播种、除草施肥、筛苗等一系列程序，进行三季香山花海种植，营造美好浪漫的自然景观，让游客在节假日尽情感受香山花海的魅力。1月，油菜花盛开，花期持续到2月底；4月中旬，粉色波斯菊陆续开放，花期维持到5月底；9—11月，向日葵最佳赏花期，花期维持到10月底。

（施淑敏）

市容环卫

【概况】 2021年，翔安区城管局制定翔安区城市综合管理工作要点，内容涵盖机制体制创新、智慧城管建设、市容环境优化、文明城区创建，形成《加强城市综合管理工作十条措施》。翔安区城管局成立9个下沉小组，出动近500人次，参与文明交通督导、市容环境净化、文明宣传、进村净村等志愿服务行动。

【市容环境卫生管理】 2021年，翔安区城管局发挥高位统筹指导作用，提出“4321”工作目标，打造交通、生活、生态、海岸“四线”，建设老旧城区、新城片区、工业园区“三区”，围绕地面和立面“二面”开展综合整治，绘制高颜值翔安“一张图”。注重精细管理、精准施策，针对占道经营、“门前三包”、共享电单车乱停放、不文明晾晒、工地未设置围挡、建筑外立面污损、乱排放污水、乱扔烟头垃圾、不文明养犬、“三乱”十大重点问题，对症下药，逐一破解。开展“点线面”立体式治理，“天上＋地上”全方位清理，落实“分片—划线—包点”街长制，确保市容管理无死角、无盲区。发挥以考促治、以查促改作用，组织高频次的处级领导走街“一二一”行动和市容考评，推动重点问题立查立改。全年印发工作通报32份，反馈652个市容环境问题，整治各类市容问题12万件。年度市容考评成绩排名全市第三，集贸市场、公园、城乡接合部等8项举措与管理亮点获市考评正向激励加分。

【市容环卫整治】 2021年，翔安区城管局对村（社区）环境卫生以“宣传引导＋共创共建＋执法保障”模式整治提升，清理卫生死角2000处，治理脏乱差道路20余千米，清除各类垃圾1500吨。推进华天学院“摊规点”等500多个摊位投入使用运营，促进民生就业，规范市容环境卫生秩序。针对鼓锣地铁站非机动车乱停放问题，协调设置非机动车停车位2000余个，引导市民规范停车。推动新建电动充电设施210个，清理设计违规停放电动车场所54处。

【城市管理“范本”打造】 2021年，翔安区城管局精准定位，探索新举措、提升新品质，打造翔安特色的城市管理“范本”。打造鼓岩社区城市精细化管理街区样板，推动市容秩序、环境卫生、停车秩序、立面改造、小区管理、街区风貌等提升，以人为本、视觉清朗、空间协调、管理有序、整洁优美的街区样板受到市考评专家和市民群众的一致认可。召开老旧物业小区文明创建现场会，以龙翔峰景为样本，明确“管什么、谁来管、怎么管”，推动文明创建进小区。创造推广工地铺设“抖车带”，推行净车上路，从源头治理路面遗撒漏问题，扬尘治理成效在《福建日报》专版和“学习强国”平台刊载。

【扬尘管控工作】 2021年，翔安区城管局保持扬尘管控高压态势，考评办召开8场工地扬尘污染防治工作部署会，针对六大类型工地，培训800余人次。建立扬尘联合查处机制，对污染严重的工地适用《中华人民共和国大气污染防治法》实施处罚。坚持严管重罚，渣土办、城管局协同交通执法部门每周开展渣土车联合检查不少于2次。全年查扣违法违规渣土车辆8440辆，处罚754.99万元。

（雷培蓓）

【环卫设施建设】 2021年，翔安区市政园林局贯彻“爱心厦门”工作部署，推进建设10座爱心驿站，重新启用翔安大道7座道班房，为户外露天劳动者提供遮挡烈日、躲避暴雨的休憩场所。解决凤翔街道周边市民“如厕难”问题，在宋洋公园旁边建设1座钢结构环卫公厕，公厕建设周期短、智能化程度高。8月21日，该项目在《厦门日报》刊登。

【生活垃圾收运处理】 2021年，

翔安区生活垃圾采取“镇（村）收集、区转运、市处理”模式，全区有4座清洁楼、119座农村生活垃圾临时转运平台，实现生活垃圾转运全覆盖。翔安区的生活垃圾转运至东部固废处理中心进行无害化处理，做到生活垃圾日产日清。

（陈鸿浩）

【垃圾分类收运】 2021年6月9日，厦门市垃圾分类现场观摩会在翔安区召开。翔安区市政园林局围绕垃圾源头分类实现垃圾资源化、减量化目标，探索垃圾分类新模式，创新“生厨余垃圾制成有机肥”垃圾分类处理新路子。12月3日，翔安区以垃圾投放点位提升改造、建设垃圾屋，践行“我为群众办实事”的经验做法在《福建日报》刊登，被国家级主流媒体新华社转发，当天获100多万点击量。翔安区设置913个户外生活垃圾分类投放点和303个生活垃圾分类接驳点，垃圾分类收运实现全覆盖。全年转运其他垃圾19.53万吨，餐厨垃圾1.25万吨，厨余垃圾1.7万吨，有害垃圾12.42吨，大件垃圾2.62万立方米，玻璃陶瓷572吨，低值可回收物712吨。

（肖剑平）

【垃圾收费工作】 2021年，翔安区市政园林局有序开展生活垃圾处理费征收工作，授权代征物业13家，签订征收协议书近250家。做好全区相关单位生活垃圾排放申报工作，发放表格500多份，回收490多份，申报率98%。全年征收城市生活垃圾处理费372万元。

（朱凤兰）

【海岸线陆上岸带保洁】 2021年，翔安区制定《厦门市翔安区海岸线陆上岸带保洁工作方案》，明确全区海岸线陆上岸带保洁工作体制机制，实现保洁全覆盖，提升环境卫生水平。其中，12段海岸线由厦门乾翔大管家企业服务有限公司负责保洁工作，其余岸段由沿海街道，委托厦门市翔安建发城建集团实施保洁工作。12段海岸线纳入市对区考评，综合考评成绩位居全市第二。

2021年11月10日，厦门环卫科普馆在翔安区新圩镇揭牌开馆。图为馆内回廊

（业翔民安公众号供图）

【厦门环卫科普馆】 厦门环卫科普馆坐落于翔安区新圩镇东部固废中心内，总建筑面积973平方米，室外景观设计约3400平方米，馆内展示从垃圾产生到资源再利用的全过程，是一座展现厦门环卫发展历程、垃圾分类及处置成效、未来发展方向的综合性大型环卫科普馆。馆中的时空长廊，以时间为轴，图文并茂展现了改革开放以来，厦门环卫不断取得进步的发展历程。展馆以“创新·探索·美丽”为主题，共设有五大展区，分别是“形象序厅”“重新认识垃圾”“垃圾分类是新时尚”“荣耀与未来”和“观影区”。2021年，厦门环卫科普馆共接待参观19次，接待人数439人。

（陈鸿浩）

建筑业

【概况】 2021年，厦门市翔安区建设与交通局（以下简称翔安区建设与交通局）新引进入统建筑业企业43家，新增上海建工设立的厦门上建建设集团有限公司与湖南建工设立的福建省文淮建筑工程有限公司两家高能级企业。全年全区在库建筑业企业208家，完成建筑业产值459.65亿元，比上年增长16.8%，高于全市4个百分点。翔安区建设与交通局贯彻落实新安全生产法“八个一”活动，线上组织辖区建筑工地、运输企业、物业服务企业集中开展全覆盖学习教育，播放视频17938次；线下邀请专家对翔安区建设与交通局机关各科室、事业单位的安全生产管理人员、监管一线执法人员进行一轮全员专题培训；通过LED滚动播放安全生产公益宣传片，悬挂宣传标语和张贴宣传画201条；组织与生产经营单位主要负责人签订新安全生产法学习贯彻承诺书320份，印发致生产经营单位与监管部门一封信320份。开展扫黑除恶常态化整治督导工作，集中宣传活动34场次，参与人员535人次。通过日常监督验收、“双随机”检查，对建筑施工领域乱象乱点进行摸排整治，涉及129个项目、534人次。

【土地储备】 2021年，翔安区建设与交通局开展18宗区级用地收储工作，总用地面积112公顷。取得1宗土地红线收储批复，用地面积8.12公顷。出让4宗区级用地，总用地面积14.37公顷，成交总价38.82亿元，其中经营性地块3宗、11.86公顷，工业地块1宗、2.51公顷。

【工程招投标】 2021年，翔安区建设与交通局监管招标项目155个，总中标价91116.1万元。其中，公开招标项目75个，施工标招标项目66个，中标总价7.42亿元；勘察设计招标3个，中标总价653.52万元；监理招标6项，中标总价1057.51万元。限额以下区内招标项目中标备案80项，施工标招标项目79个，中标总价1.52亿元；监理招标1项，中标总价57.14万元。

【招投标监管】 2021年，翔安区建设与交通局强化招投标活动监管和行风整治。开展围标、串标乱象整治，对电子投标文件雷同3次以上的3家投标单位予以行政处罚，罚款175.98万元，记入信用监管P2档各一次；对电子投标文件雷同1次的2家投标单位予以曝光，记入信用监管P6档各一次。依托省工程领域招投标在线监管平台运用大数据技术，开展“双随机一公开”抽查工作2次，抽查项目9个，对2批线索项目涉及市场主体开展调查，同步进行约谈警示教育。针对2个项目存在招投标不规范问题，约谈招标人法定代表人及项目负责人、代理单位，对1家招标人及1家招标代理，记入信用监管行为P6档次各一次。开展招标代理行业突出问题专项整治，对工程招标代理机构备案行为开具招标文件整改意见书7份，配合市建设局开展招标代理考评工作，规范工程建设项目招标代理机构的从业行为。强化招投标投诉处理监管，依法对未严格履行评审职责的5位评标专家记录不良行为，各处理记分10分。

【监理信用监管】 2021年，翔安区建设与交通局加强建筑行业信用管理，实施《翔安区工程监理企业信用管理办法》，对监理企业开展信用评价。全年有61家监理企业在翔安区开展经营活动，监理企业信用A级31家、B级9家。

【施工资质管理】 2021年，翔安区建设与交通局落实“放管服”，加强事中事后监管，根据省、市要求，对福州自贸区迁入翔安区的25家建筑业企业资质进行动态核查，针对核查发现的问题，发出23份整改通知书；对资质申请时申报业绩存在弄虚作假情形的2家企业进行行政处罚，撤销其相关专业资质。

【建筑劳务管理】 2021年，翔安区建设与交通局结合“双随机”检查，开展在建工程劳务管理检查及施工企业合同履约行为动态评价。全年开展劳务管理检查项目150个（次），发出责令整改通知书108份，劳务检查覆盖率100%；开展施工企业合同履约行为评价项目230个（次），对施工企业累计记分635分。

【工程质量监督】 2021年，翔安区建设与交通局监管房建与市政工程158个，总建筑面积592.19万平方米，总造价123.57亿元。办理建筑工程施工许可证89个项目（合并办理监督申报），建筑面积163.28万平方米，工程造价40.48亿元。

【工程验收】 2021年，翔安区建设与交通局受理工程竣工验收监督申请83个项目，建筑面积202.96万平方米，工程造价40.81亿元，发出责令改正通知单159份。验收城建档案56个项目，档案入库3706卷。

【消防验收】 2021年，翔安区建设与交通局开展76个项目消防验收（含备案），组织2场消防技术培训，相关业务人员及相关企业人员187人次参加培训。

【“双随机”检查】 2021年，翔安区建设与交通局开展质量安全“双随机”监督执法检查，抽查抽测建筑材料与实体质量。每季度全覆盖检查所有区管工程。全年检查170个项目次，发出责令改正通知单165份，记项目经理1557.25分、记施工单位1557.25分、记总监1115.04分、记监理单位1115.04分。

【“安全生产月”活动】 2021年7月28日，翔安区在得佳胜工业厂房举办建筑工地火灾事故应急救援演练观摩会。该次演练由区质安站、区消防大队主办，区管主要施工阶段建设单位负责人、项目经理及总监50余人参加。

【建安隐患排查治理】2021年，翔安区建设与交通局委托第三方飞检浙江荣阳工程评估咨询有限公司对翔安区所有在建项目现场企业质量安全行为、基坑、边坡、外脚手架、模板支撑、建筑起重机械、临时用电、临时消防设施、高处作业等现场实体开展安全隐患排查，检查200个项目次，检查问题清单报送翔安区安委办汇总，抄送相关监管单位督促整改。

【扬尘防治现场观摩会】2021年7月21日、9月7日，翔安区建设与交通局分别在滨海东大道改造工程B标项目与马巷X2020P01项目工地，举办建筑工地扬尘防治现场观摩会，邀请翔安区生态环境局、区渣土办、区考评办等部门领导到场指导，对全区工地扬尘防治工作进行强调部署，两次观摩会约70个项目、220人参加。

【工程质量投诉处理】2021年，翔安区建设与交通局将投诉登记、调查处理和结果反馈规范化、制度化，每件投诉件指定负责人处理。负责人接到投诉件后，进行调查处理，将调查处理结果向投诉人答复，保障投诉人的权益。全年处理工程质量投诉31件。

（翔安区建设与交通局）

房地产

【概况】2021年，翔安区房地产在库项目67个，全年完成房地产销售146.68万平方米，占全市比重24.7%，比上年增长19.7%，增速排名全市第一，高于全市24.3个百分点。后滨安置房二期D1区、厦门天马微电子有限公司公共租赁房等12个项目、6556套，纳入国家保障性安居工程建设任务，完成房源配售配租5540套。

【安置房建设管理】2021年，翔安区安置房项目12个。其中，完成竣工备案的11个项目，总建筑面积88.69万平方米，住宅建筑面积66.24万平方米，住宅5906套；后滨安置房二期D1区项目已竣工。全年向67个房屋征收项目配售安置房4403套。

【保障性住房建设】2021年，翔安区开工建设的保障性住房项目12个，总建筑面积414.62万平方米，住宅41809套（间）。其中，洋唐居住区、东方新城一期、东方新城二期、九溪小区、黎安居住区、新店保障房地铁社区一期6个项目、21219套交付使用；新店保障房地铁社区林前综合体、新店保障房地铁社区二期2个项目、5516套竣工；浯家公寓进行装修工程施工；洋唐居住区三期项目一标段完成竣工备案、二标段进行各项竣工验收、三标段进行景观工程施工；珩边居住区进行上部主体结构工程施工；东园保障房进行土方开挖工程施工。

【社会保障性住房申请受理】2021年，翔安区开展5批次、725户保障性租赁房和保障性商品房（含人才批次）申请户的申请受理审核工作。全年按时发放3520户保障性租赁房住户租金补贴1369.41万元。

【区级公共租赁住房出租】2021年，翔安区后滨区级公租房456套，招租11批次，出租448套，出租率99%。

【新就业大学生租房】2021年12月10日，翔安区启动新就业大学生5折租房申请，申请实行线上受理、全程网办。首批保障方式采取发放租金补贴，补贴标准为翔安区每人每年5000元，保障期限最长不超过5年。

【物业管理】2021年，翔安区建设与交通局开展物业服务质量星级评定工作，对辖区45个物业项目开展星级评定，评出五星项目11个，四星项目10个，三星项目18个，二星项目5个，一星项目1个。该项工作促使物业服务企业加强行业自律，规范经营行为，鼓励物业服务企业提升服务品质。

（翔安区建设与交通局）

生态环境

综　　述

【概况】 2021年，厦门市翔安生态环境局（以下简称翔安生态环境局）是厦门市生态环境局派驻翔安区机构，协助翔安区人民政府组织实施大气、水、海洋、土壤、噪声、光、恶臭、固体废物、重金属、化学品、机动车等项目污染防治管理。立足新发展阶段，贯彻新发展理念，坚持污染防治攻坚，常态化疫情防控，提升生态环境质量。全年“12345”“12369”双平台投诉量降幅位列全市第一，成功磋商厦门市首例涉刑且数额特别巨大的生态环境损害赔偿案件。东部固废片区24小时实时监管系统被评为2021年社会治理智能化建设创新应用项目。国家生态文明建设示范区创建通过省级预审。首创“三水”联治模式受到省、市领导批示肯定，“澳头怀远湖整治”“宋洋水环境综合治理”被列入厦门市水环境治理样本工程。

【空气质量】 2021年，翔安区坚持污染减排和生态扩容，推动臭氧、颗粒物和氮氧化物协同控制，促进减污和降碳协同增效。全年空气质量综合指数为2.45，空气质量优良率99.7%。

【水环境质量】 2021年，翔安区流域水质监测断面平均水质首次实现全面达标，水环境功能区达标率100%，比上年上升46.67个百分点。集中式饮用水水源地水质达标率100%。近岸海域8个省控点位水质优良（Ⅰ、Ⅱ类）比例为100%。

【土壤环境风险防控】 2021年，翔安区土壤环境风险有效防控，年度危险废物规范化环境管理综合评定和规范化考核得分均位列全市第一，生活垃圾无害化处理率100%，医疗废物集中处置率100%。辖区核与辐射安全总体形势保持稳定。

（李丽芳）

环境保护监察

【概况】 2021年，翔安区生态环境局按照“快、严、实、细”要求，紧盯涉疫垃圾处置管理、涉疫污水消杀处理2条主线，强化核酸检测点、医疗废物处置单位、定点医院、发热门诊、异地封控点、隔离酒店、第三方核酸检测机构、涉外码头等涉疫重点单位涉疫垃圾污水处置监管，逐家规范涉疫污水消杀和涉疫垃圾收集、贮存、转运等工作。全年安全处置全市医疗废物1.25万吨、涉疫冻品113.78吨。

【企业服务优化】 2021年，翔安生态环境局服务重点项目，创新探索服务保障机制，打造店小二“保姆式”服务模式。全年为128个项目提供优质服务，节省各类审批时间523个工作日；强化全要素服务，减轻企业环保投入资金1800万元；解决企业各类突出环境问题超50个，节省污染治理资金近500万元。保障中航锂电、天马显示、电气硝子等一批重点项目提速增效，形成可复制可推广的典型经验。“全周期服务　促项目提速”被市委党史学习教育办评为“我为群众办实事”十佳优秀案例。

【大气环境监察】 2021年，翔安区生态环境局成立环境空气质量提升工作领导小组和4个控尘专班，推进扬尘防治“一张图”管理机制，落图工地258块，道路530条。强化扬尘管理培训教育，组织开展30场培训、培训460人次。组织开展13轮联合执法和11轮颗粒物走航监测，发出扬尘考评通报49份，查处213起扬尘污染违法案件，罚款217万元。推进臭氧、氮氧化物协同管控，落实146家工业重点排放企业巡查全覆盖，完成非道路移动机械监测执法。建立健全轻微污染天气应急响应联动机制，启动应急响应662次。5项污染物平均浓度实现下降。

【水环境监察】 2021年，翔安区生态环境局创新“溯、治、补、管”四步法，解决辖区突出水环境问题，流域水质监测断面平均水质首次实现全面达标。加强入河排口动态巡查管控，巩固治理成果。开展蔬菜清洗行业污染防治专项督导、劣Ⅴ类水体整治专项行动，检查554家次，处罚6家次，罚没款69.59万元。开展5轮饮用水水源地保护专项行动，强化饮用水安全保障。

【土壤环境监察】 2021年，翔安生态环境局健全污染地块联动监管机制，完成受污染耕地安全利用类项目面积42.27公顷。督促指导6家省、市级重点监管企业完成土壤污染自行监测和隐患排查，完成重点监管企业周边区域土壤环境调查。深化固废监管平台管理运用，开展第三方技术辅导项目，完成产废企业现场入户指导506家次，辖区危险废物处置率99.63%。完成264家区管医疗卫生机构专项检查，监督覆盖率100%。推进“小箱进大箱”工作，建立5家卫生院“大箱”机构，全区医疗机构100%签订协议书，实现全区医疗废物全部无害化处置。危险废物规范化考核全市第一。

【环境监管执法】 2021年，翔安区生态环境局推行非现场监管方式，落实监督执法正面清单31家企业远程调度，对14类轻微环境违法行为实行清单制管理。开展环保专项执法行动和环境执法大练兵，打击环境违法行为，立案77家次，下达责令改正决定书32件，依法行政处罚42家次，处罚金额254.94万元。成功磋商翔安区首例刑事移送兼生态损害赔偿案——张厝西南池塘生态环境损害赔偿案，最终与赔偿义务人就110.18万元的赔偿款及36.66万元成本的异地修复方式达成合意。

【环境信访化解】 2021年，翔安生态环境局坚持“立、管、情”三字工作法，化解关乎群众切身利益的生态环境问题。建立信访隐患定期分析、领导包案下访服务、重点信访每日调度等长效机制，分析问题症结，制定精准措施，及时解决问题，消除重复投诉。矛盾化解用心用情、主动作为、靠前服务，全年处理环境信访投诉996件，比上年下降33.73%。4件“治重化积”信访工作提前9个月完成。

【环境安全保障】 2021年，翔安生态环境局执行生态环境安全监管，印发《2021年环境安全隐患排查整治工作方案》，建立全区80家重点环境风险企业名单，开展多轮检查，发现隐患问题11个，及时督促整改。实施核与辐射安全隐患排查和监测，加强放射诊疗机构辐射安全管理。组织完成翔安区2021年度突发环境事件应急演练，督促52家重点企业开展应急演练，23家企事业单位完成环境应急预案备案；71家企业购买环境污染责任险，保费187.7万元，保额累计19750万元。

（李丽芳）

2021年11月19日，翔安生态环境局到中航锂电公司开展执法检查

（林锋铭　摄）

生态环境整改

【概况】 2021年，翔安区主办的77件第一、第二轮中央环保督察交办信访件全部完成整改，第二轮交办信访件提前近2个月完成验收销号。4月，第一轮中央环保督察涉及翔安区10项具体问题完成交账销号程序，巩固整改成效。第二轮督察反馈的污水全收集全处理、污水处理能力不足、近岸海域水质下降、能耗“双控”、海域退养、近岸海域污染防治不到位、油品管控7项任务基本完成

2021 年 7 月 26 日，小光山生态复绿 （许芳文 摄）

整改。11 月 29 日，翔安区组织召开中央生态环保督察反馈问题整改工作第三方监督评估小组现场会，根据评估小组提出的评估意见和建议，推动中央生态环保督察整改工作落实落细。

【入海污染整治】 2021 年，翔安区生态环境局建立入海排口整治专班，开展检查监测执法，入海排口水质达标率 81.6%，提升 13.5 个百分点。率先印发实施《厦门市翔安区湾（滩）长制实施方案》，推动建立岸滩环卫保洁队伍，建成“分段包片”式海漂垃圾岸滩保洁机制，清理处置 1369 吨海漂垃圾，构建海漂垃圾收集、打捞、运输、处理体系。试点开展入海排口水质自动监测及海漂垃圾视频智能监控，打造下潭尾海洋生态环境综合管理示范点。

【规划外海水养殖清退】 2021 年 11 月 30 日，翔安区完成辖区海域海蛎石清理上岸工作，总工程量 6.46 万立方米，涉及翔安区同安湾、欧厝、大小嶝等海域面积 26.56 平方千米。12 月 29 日，海水养殖清退通过市级验收。

【小光山生态复绿】 2021 年，翔安区完成小光山矿区一期生态复绿，复绿面积 15.3 公顷完成竣工验收；二期复绿工程已完成投资 2300 万元，复绿矿区面积约 39.4 公顷，占总投资 48.20%，完成年度投资计划 115.0%。

【翔安农村生活污水治理实现全覆盖】 2021 年，翔安区城镇污水处理能力持续提升，全区 4 座水质净化厂污水处理能力从 6 万吨 / 日提升至 14.55 万吨 / 日，尾水全部实现生态补水资源利用。全面启动建成区正本清源改造工程，完成 4.4 平方千米，30 千米污水管道改造，农村生活污水治理实现 320 个自然村全覆盖。完成全区 209 处小微水体整治。实施正本清源。

（李丽芳）

气　象

【概况】 2021 年，厦门市翔安区气象局（以下简称翔安区气象局）筑牢气象防灾减灾第一道防线，推进基层气象防灾减灾建设工作，加强为农气象服务，建立标准化、规范化的防灾减灾工作制度。通过开展气象信息员培训，发挥基层气象信息员在预警信息传播、组织群众避灾转移和气象科普中的重要作用。联合区应急局开展全国综合减灾示范社区建设，指导大嶝街道小嶝社区开展相关创建活动。

【气象观测预警】 2021 年，翔安区气象局做好防灾减灾决策气象服务，提升监测能力，建成 33 个自动气象观测站，包括 19 个多要素站和 14 个单要素站；气象局院内海峡大气探测基地设有风廓线雷达、微波辐射计、大气成分站、X 波段相控阵雷达、电离层观测等 16 套观测设备，提供三维立体精细化大气探测数资料，多设备科学组网、精密监测，为防灾减灾提供基础气象数据支撑。其中，新增毫米波云雷达和激光能见度监测仪，并入海雾观测网，明显提升海雾监测能力。翔安区气象局严密监视天气变化，提前做出准确预报，启动 16 次暴雨应急响应、9 次台风应急响应、1 次低温应急响应，及时向区委、区政府和有关部门汇报最新天气预警和实况信息，为政府部署工作、防灾救灾提供决策建议。全年发布重要天气预警报告185期、气象信息内参259期、专题气象服务18期、重大突发公共卫生事件应急响应气象服务专报12期；向防汛责任人发布预警短信654条，接收64.55万人次。

【公共气象服务】 2021年，翔安区气象局利用短信、传真、微博、微信、《翔安气象》月刊、福建省突发事件预警信息发布系统等信息发布渠道，及时发布灾害性天气预警信号、日常预报、乡镇精细化预报等多方面气象服务信息。通过“翔安预警”发布官方微博和微信公众号发布气象预警信号519次，采用“线上＋线下”相结合的方式，开展“3·23”世界气象日和“5·12”防灾减灾日、“安全生产月”气象科普宣传。

【气象为农服务】 2021年，翔安区气象局开展乡村振兴气象服务，推进基层气象防灾减灾标准化建设，利用微信、微博、短信等手段，实现气象服务进村入户。应用福建省突发事件预警信息发布系统，建立气象灾害预警信息发布与传播机制，形成乡村预警信息发布传播“一张网”。开展面向新型农业经营主体针对性的农业气象服务，智慧农业气象服务手机客户端发展注册用户已覆盖40%以上新型农业经营主体。全年制作发布农用天气预报47期、专题农业气象服务3期、春耕春播气象服务专报8期，通过“厦门气象”微信公众号发布《翔安气象》月刊12期。

【人工影响天气】 2021年，翔安区降水844.1毫米，较常年平均降水量异常偏少，且降水分布不均，南部地区降水737.4毫米，较常年平均偏少43%，北部地区降水918.1毫米，较常年平均偏少39.8%。水库库容严重告急，对农业灌溉、森林防火也造成不利影响。翔安区气象局抓住有利作业时机，在古宅水库、曾溪水库、出米岩等作业点开展人工增雨作业5次，发射增雨火箭弹45枚，有效地缓解了旱情。

【气象灾害安全管理】 2021年，翔安区气象局行政执法大队对辖区内15家易燃易爆监管对象开展全覆盖防雷安全检查和执法工作，对辖区开展升放气球巡查51次，对违法施放气球执法宣传1次。全年为政府部门和企业提供28份气象资料。其中，为翔安区消防救援大队提供9份气象资料，为翔安公安分局刑事侦查大队提供1份气象资料、为翔安区应急管理局提供2份气象资料，协助开展相关调查。

【行政审批制度改革】 2021年，翔安区气象局推动“放管服”改革，结合翔安区实际，推行审批服务事项“双向邮寄”，提高行政服务效能，增强群众和企业获得感。通过“政务服务事项管理系统（办事指南类）”完成单位权责范围事项的办事指南与“五级十五同”标准化目录关联绑定，统一办事指南十五个要素基础标准，对雷电防护装置设计审核和竣工验收权责清单进行更新，将雷电防护装置设计审核承诺时限压缩为1天，雷电防护装置竣工验收承诺时限压缩到2天。按照区行政审批局、区工信局和厦门市气象局相关要求，做好电子证照建设、加强省网办事大厅应用、开展信用承诺审批优化营商环境工作、提升政务服务能力。全年综合审批办件9件，其中雷电防护装置设计审核4件、竣工验收5件。

（胡雅君）

教　育

综　述

【概况】 2021年，厦门市翔安区教育局（以下简称翔安区教育局）围绕创建“教育强区”目标，以促进公平、提高质量为主线，以改革创新为动力，扩大学位供给，推动学前教育普惠优质发展，促进义务教育均衡发展，推进高中教育特色发展，开创教育高质量发展新格局。翔安区65所中小学被认定为福建省“义务教育管理标准化学校”，通过率97.01%。

【教育课题研究】 2021年，翔安区教师进修学校加强过程督导，深化课题研究。全年申报全国教育科学规划课题2项，推荐申报省级课题49项，立项省级课题13项。申报市级课题26项，立项市级课题6项。组织全区中小学幼儿园、区进修学校相关科室和区教育集团申报翔安区教育科学“十四五”规划2021年度课题，评选出立项课题83项；组织对68项翔安区教育科学“十三五”规划2019年度课题开展结题鉴定工作。翔安区教师进修学校教研员参与的2项课题获省级基础教育教学成果奖项目一等奖。

【教科研训活动】 2021年，翔安区教师进修学校继续打造“印斗高地教育论坛”，开展“名家讲堂”“中考名师面对面”“名师课堂”3个系列活动，举办39场活动，近3700人次参加。举办翔安区第二批30个名师工作室建设培训，开展多种形式的研修活动。协同组织厦门市特级教师协会翔安工作站第二批培养对象汇报活动，签约为期3年的第三轮合作期。每学年安排不少于15学时的区级教研活动。组织22项培训活动，7000余人次参训，每人次参加集训4～7天。开展新入职教师见习期培训，完成2020年403名新招聘教师的分学科培训及考核工作。

表6　　2021年翔安区各级各类学校基本情况表

项　目	学校数（所）	毕业生数（人）	招生数（人）	在校生数（人）		教职工数（人）		平均每专任教师负担学生数（人）
				合计	女生	合计	专任教师	
合计	243	18059	24756	93883	28458	6059	4983	19.31
中等职业学校	1	421	809	1905	776	43	36	52.92
普通中学	13	3708	5627	18867	7079	1035	1286	15.43
小学	73	5105	8833	46337	20408	1981	2011	23.25
幼儿园	144	8370	9469	26241	—	2877	1583	16.58
特殊教育学校	1	7	18	118	—	22	20	5.9
成人学校	11	448	—	415	195	84	47	8.83

【教育督导】 2021年，翔安区教育督导评估事务中心开展校园新冠疫情防控督查评估。8月10—12日，组织4个督查小组对全区70所直属中小学、幼儿园及集团办幼儿园开展督查。8月30—31日，组织4个督查小组，对全区39所完小、54所集体办幼儿园、4所新开办的中小学、幼儿园，进行秋季开学前疫情防控专项督导。9月24—27日，组织专职责任督学对19所中小学、幼儿园进行疫情防控重点督导。9月28—30日，组织6个督查小组，深入全区中小学、幼儿园、在翔高校开展疫情防控及线上教学工作专项督导，检查34所中小学、7所幼儿园、5所在翔高校，发出整改通知书35份，列出问题清单71条，全部督促整改到位。开展幼儿园办园行为督导评估，对23所公办、集体办幼儿园和59所民办幼儿园进行办园行为督导，督促幼儿园加强管理，提高保教质量。

【督导督学】 2021年，翔安区遴选第四届中小学幼儿园责任督学，由区政府督导委印发通知，聘任许文礼等55名为第四届翔安区中小学校责任督学，林燕青等75人为第四届翔安区幼儿园责任督学，对全区79所中小学、146所幼儿园进行全覆盖挂牌督导。专职职责督学挂牌督导9个校外培训机构，加强对校外培训机构的监督指导，确保“双减”工作落实到位。

【教育质量监测】 2021年，翔安区教育督导评估事务中心组织中小学参加省市春秋两季义务教育质量监测。5月21日，组织内厝中学，巷南中学、新店中心小学、金山小学4所中小学各30名中小学生参加春季省义务教育“体育与健康”质量监测。6月3—4日，组织全区24所小学五年级学生参加市级义务教育“语文、数学、英语、品德”发展水平监测。6月3日，组织6所中学（含市属校2所）初二年学生参加市义务教育“英语、数学、人文素养、艺术”发展水平监测。11月16日，组织内厝中学、巷南中学、新店中心小学、金山小学4所中小学各30名中小学生参加2021年秋季福建省义务教育质量“体育与健康”质量监测。11月18日，组织全区24所中小学参加省义务教育“语文、数学、科学”学科质量监测。

【招生考试】 2021年，翔安区教育招生考试中心做好中高考组织工作，新增“厦门市科技中学翔安校区”考点为普通高考考点。组织全区2053名高考考生报名。全区设翔安一中、新店中学、科技中学翔安校区3个考点、84个考场。组织全区3845名初三考生中考报名，全区设14个考点，共132考场；初二报名4125名，共143考场。

【教师队伍建设】 2021年，翔安区教育局招聘录用在编教师202名。其中，应届公费师范生23名、公开招考中小学教师76名、2020年校招优秀毕业生103名。秋季省外高校直招签约优秀毕业生108名。教育集团招聘各类岗位人员194名，其中专任教师94名。

【高层次人才引进和培育】 2021年，翔安区教育局招聘录用高层次教育人才3名、骨干教师9名，柔性引进教育指导专家6名。厦门市特级教师协会翔安工作站根据2019—2021年协议开展工作，对31名骨干教师进行培训培养；30个区级名师工作室、4个市级名师工作室、小学骨干校长培育工作室依照计划推进名师、骨干校长培育工作。全年，翔安区陈良州获评市第十一批拔尖人才，9人入选2021年市中小学学科带头人培养对象，5人获评区第五批拔尖人才；5人获评翔安区杰出人才。

【教师校际交流】 2021年，翔安区教育局完成2021—2022学年教师校际交流，有36名教师（中学14名，小学22名）进行校际交流。对完小校长、中层干部进行轮岗交流，实现同一学校任期满8年的重要岗位中层领导轮岗交流全覆盖。

【教育补短扩容】 2021年，翔安区教育事务中心补短扩容教育项目51个，完成年度投资10.77亿元。其中，新开工项目15个，续建项目21个；计划竣工项目15个，实际竣工18个，新增学位15150个（幼儿园4320个，小学7830个，初中3000个）。推动全市高中学位扩容项目建设，蔡厝高中主体结构封顶、翔安职业技术学校新校区主体结构全面施工。提升项目质量安全管理，宋坂小学、第三实验小学2个项目获厦门市建设工程鼓浪屿杯奖。全年各校修缮提升建设、添置教学设备，投入1.05亿元。加强校园食品安全监管，安排2912万元用于区属学校食堂大宗食品集中定点采购。提升翔安区教育信息化水平，翔安区教育身份认证平台和教育信息展示中心建设，投入125万元。推进学校智慧校园试点建设，5所学校获厦门市第二批智慧校园达标校。

【教育采购】 2021年，翔安区教育事务中心健全采购内控机制，印发《关于规范翔安区教育系统小额采购项目实施指导意见》。安排 7982 万元用于新校开办及中小学设施设备采购和功能室建设。做好学校防疫物资的采购及调配工作，为学校做好防疫提供物资保障。做好学校资产管理，督促学校做好新增设备设施及时办理入账，做到账物相符。

【教育宣传】 2021 年，翔安区教育局累计在《中国教育报》《福建日报》《厦门日报》《厦门晚报》《海峡导报》《海西晨报》等多家媒体推介翔安区教育信息 69 条。福建电视台、厦门电视台电视报道翔安教育新闻 16 次，“学习强国”多次刊登翔安区教育信息。

【依法治校】 2021 年，翔安区教育局推进依法治校达标校和示范校创建，提高依法治校水平。全区有 20 所学校被确认为第三批厦门市依法治校达标校，9 所学校被确认为第三批厦门市依法治校示范校，聘请 10 位检察官担任学校法治副校长，推动学校法治化治理现代化。12 月，翔安区教育局联合区司法局等部门在翔安第一实验小学举办宪法日宣传活动。全年翔安区有 56773 名中小学生参加宪法小卫士活动，参与率 95% 以上。组织推荐 7 名优秀中小学生参与“学宪法 讲宪法”知识竞赛市级决赛，3 名学生获得市级决赛二、三等奖。

【教育对口帮扶】 2021 年，翔安区实验学校、舫山小学与宁夏回族自治区彭阳县城阳中学、红河中心小学建立对口帮扶关系，签订结对帮扶协议，常态化开展线上研讨交流、帮扶活动 17 场。4 月，翔安区组织中学名师到宁德市屏南县开展送教（培）下乡活动；11 月，屏南县教育局选派骨干教师到翔安区新店中学和翔安第一实验小学进行为期 1 个月的跟岗交流学习，开展互动专题课例研讨、互动学习交流等活动 6 场。11 月，翔安区与云霄县教育帮扶，双方互派 3 名骨干教师进行校园管理、课例研讨、社团活动等交流活动 7 场。

【教育系统专题培训】 2021 年 7 月，翔安区委党校协助翔安区委教育工委在厦门城市党建学院，举办 2 期教育系统党组织书记、组织委员党务工作专题培训，共 122 人参加培训。

【助教奖学】 2021 年，翔安区教育资助管理中心完成学前教育、义务教育、高中教育和职业院校教育等各学段补助申请审核及其补助资金的下拨。全年发放助学金 1470.9 万元，受资助学生 16207 人次。1 月，翔安区教育资助管理中心被授予全省“学生资助与育人优秀单位”称号。

【教育基金会】 2021 年，翔安区教育基金会做好教育基金募集，开展以资助贫困学生，奖励优质学校与优秀教师为主要职能的各项活动，促进翔安区教育事业发展，加快翔安教育强区建设。全年募集教育基金 1805 万元。基金会联合翔安区教育局资助中心资助低保家庭在校大学生 75 人，每人 1 万元；低收入家庭在校大学生 41 人，每人 5000 元或 3000 元，发放在校大学生助学金 92.9 万元。对新店中学、内厝中学参加高考的 50 名家庭困难准大学生每人资助 6000 元，共发放助学金 30 万元；在全区各中、小学评选奖励 100 名品学兼优“德孝好学生”，每人 600 元；为 650 名困难学生配制“阳光视线”近视眼镜（每副 300 元）；奖励中高考文、理科前 6 名优秀学子，发放奖励金 4.9 万元；春节慰问病重教师 26 人，每人 2000 元；救助 2 名患白血病的学生，救助金共 4 万元。设立“高考奖”“中考奖”“小学综合奖励”“进修学校指导奖”“技能竞赛奖励”“优秀管理团队奖”“在翔市直属校奖励”7 个奖项，奖励优胜学校和优秀教师，奖金达 225 万元。做好教育基金的保值增值工作，累计投资理财 7500 万元，理财收入 702 万元。

【学校更名】 2021 年 8 月，翔安区 7 所中小学、幼儿园更名。巷东中学，更名为鸿渐中学；巷南中学，更名为民安中学；巷西中学，更名为志翔中学；特殊教育学校，更名为启航学校；新店中心小学，更名为金海小学；新店第二中心幼儿园，更名为金海第一中心幼儿园；新店第三中心幼儿园，更名为金海第二中心幼儿园。

（翔安区教育局）

学前教育

【概况】 2021 年，翔安区有公办幼儿园 15 所（含 3 所分园），集体办幼儿园 51 所，教育集团办幼儿园 18 所，民办幼儿园 60 所，教职工 2877 人，在园幼儿数 2.62 万人。学前三年幼儿入园率达 99.26%，完成全市适龄儿童学前三年入园率指标要求。

【省、市示范性幼儿园创建】 2021 年，翔安区教育集团阳光城、海翼、曾林 3 所幼儿园创建市级示范性幼儿园，金海第一中心幼儿园、民办东方剑桥幼儿园2所创建省级示范性幼儿园。全区区级示范性幼儿园21所，市级示范性幼儿园13所，省级示范性幼儿园4所，在各级示范园就读幼儿达55.4%。

【民办幼儿园师资培训】 2021年，翔安区教育局制定实施方案，采用网络研修的方式，开展民办幼儿园园长、教师网络研修活动，提升园长规范办园能力和教师保教实践能力。通过60学时的网络课程学习、作业提交等培训，引导参训园长、教师深入学习。

【普惠性幼儿园学位供给】 2021年秋季学期，翔安教育集团新开办天成幼儿园等3所公办性质幼儿园，将领翔小金星幼儿园转为普惠性幼儿园，增加普惠性幼儿园学位1440个。

【集体办幼儿园整改】 2021年，翔安区落实市委巡查办关于乡村振兴整改的通知精神，聚焦15所重点整改的集体办幼儿园开展整改工作，从硬件改造、软件提升和搬迁整合等方式入手。其中，东园幼儿园、霞浯幼儿园等9所幼儿园完成改造项目，阳明幼儿园、嶝崎幼儿园2所集体办幼儿园整合到大嶝中心幼儿园（田墘园）。

【民办幼儿园评估工作】 2021年，翔安区教育局发挥学前教育片区管理工作机制，根据翔安区示范性幼儿园创建及定级评估工作要求，发布《关于优化2021年度翔安区民办幼儿园保级评估工作的通知》，由各片区基地园组织评估人员对申请保留原有级别的民办幼儿园进行评估，将民办园保级评估工作与片区日常指导工作相结合，帮助民办幼儿园规范办园行为、提升保教质量。

【翔安教育集团幼儿园办学】 2021年，翔安教育集团开办海滨、吕塘、山亭、许厝、阳光城、海翼、曾林、中澳城、滨海、东方新城、九溪、福翔、祥美、海丝、科技、天成、鹭翔、金域18所幼儿园，开设169个教学班，招收5426名幼儿，提供6600个普惠学位。学前教育资源覆盖近60个住宅小区、工业社区和农村社区。翔安教育集团创新托幼一体化改革，在东方新城、福翔、天成、金域4所幼儿园创办全日制托育试点，开设11个试点班，提供普惠托位180个，通过市级试点和省级试点验收。翔安教育集团获“2021年省委省政府为民办实事省级普惠托育试点单位”称号。教育集团3所“18翔创园”获评市级示范性幼儿园，8所“19翔新园”和“20翔时园”获评区级示范性幼儿园。新增各级立项课题9个，累计25个。全区共有全国足球特色幼儿园10所，其中阳光城幼儿园被评为全国足球特色幼儿园示范园和试点园。

（翔安区教育局）

小学教育

【概况】 2021年，翔安区有小学73所。其中，中心小学5所，区直属小学27所，基层完小39所，教学点4个。教职工1981人，在校学生数4.51万人。

【四所小学被认定省义务教育管理标准化小学】 2021年11月，厦门市翔安区蔡厝小学、井头小学、内垵小学、庄垵小学4所小学，经过区级核查推荐、市级评估和省级实地抽查，被认定为福建省“义务教育管理标准化学校”。

【小学招生】 2021年，翔安区教育局研究出台《翔安区2021年秋季进城务工人员随迁子女小学积分入学办法实施细则》《厦门市翔安区2021年秋季小学招生工作意见》《翔安区2021年小学毕业和初中招生工作意见》，六年级毕业生5105人；秋季招收一年级新生8833人，新增小学生4453人。安排学位做好随迁子女入学工作，确保符合条件的进城务工随迁子女100%派入公办学校。

【课后服务】 2021年，翔安区教育局制定《翔安区推进小学和幼儿园开展课后延时服务工作实施方案》，开展课后服务。以“双减”工作为切入点，推进课后延时服务。全区71所小学参加午间托管、下午课后服务、晚间自习管理3项课后服务，参加课后服务学生45068名，教师1971名。

【翔安区翔城小学开办】 2021年秋季，厦门市翔安区翔城小学开办。学校位于翔安区南部新城鼓锣西路388号，占地面积29221平方米，总建筑面积33810平方米。学校办学规模48个教学班，可提供2160个优质小学学位。建有专用教室、教学综合楼、食堂、体育馆、室外运动场及地下活动空间等，满足学生个性化学习和多元化发展的需要。

【厦门实验小学翔安校区开办】 2021年，厦门实验小学翔安校区位于翔安区石厝、浦边之间，占地3.8万平方米。学校办学规模48个教学班，2160个学位。

（翔安区教育局）

中学教育

【概况】 2021年，翔安区有普通中学13所。其中，初中校8所，完全中学2所，九年一贯制学校3所，教职工1035人，在校学生数1.5万人。

【刘五店中学被认定省义务教育管理标准化中学】 2021年11月，厦门市刘五店中学经区级核查推荐、市级评估和省级实地抽查，被认定为福建省“义务教育管理标准化学校”。

【中学特长生招生】 2021年秋季，厦门市翔安第一中学高中面向全市招收6名男子和6名女子特长生。厦门市新店中学向同翔片区招收田径、男子篮球、足球体育特长生35名。

【普高特色项目建设】 2021年，翔安区教育局制定《翔安区普通高中多样化特色发展计划》，推进新店中学高中体育特色，内厝中学高中艺术教育特色。2021年高考，翔安区高三毕业生1159名，市下达期望目标数本科70名，上线443名；专科上线人数1158名，超额完成上级下达的指标。新店中学、内厝中学被确认为首批厦门市普通高中特色项目建设校。

【合作办学】 2021年，翔安区实验学校、新圩学校、大嶝中学分别与厦门外国语学校、五缘实验学校、科技中学签订新一轮合作办学；新增翔城中学与厦门外国语学校、振南中学与厦门双十中学合作办学。

【厦门市翔城中学开办】 2021年9月，厦门市翔城中学开办。翔城中学位于翔安南部新城洞庭南路369号，学校占地面积4.38万平方米，总建筑面积3.22万平方米，办学规模48个教学班，可提供2400个优质初中学位。

【厦门双十中学翔安校区初中部开办】 2021年8月，厦门双十中学翔安校区初中部开办。学校位于金海街道石厝和浦边之间，占地4.8万平方米，办学规模48个教学班，提供学位2160个。

（翔安区教育局）

中等职业教育

【概况】 2021年，厦门市翔安职业技术学校（以下简称翔安职校）是翔安区唯一区属职业教育学校。翔安职校在校学生1905人，教职工84人（含外聘41人）。翔安区教育局与厦门工商旅游学校签订新一轮委托合同，委托管理翔安职校，坚持做强做大特色专业，实行差异化办学。

【职校办学质量提升】 2021年，翔安职校办学规模不断壮大，办学水平不断提升，学生毕业就业率达100%。组织参加高职招考，本科上线率1.96%、专科以上上线率95.3%。职校教师参加厦门市课堂教学比赛和福建省教学能力比赛，16人次获省、市各类奖项。学校新媒体运营和仓储物流2门省级精品课程立项，年底验收。组织学生参加厦门市中职学生职业技能大赛，16名学生获市三等奖；4名学生获厦门市第二届中小学创客大赛二、三等奖。

【职校新校区建设】 2021年6月5日，翔安职业技术学校新校区开工建设。学校选址内厝镇溪东路东侧、内厝中学南侧，项目用地面积12.76万平方米，建筑面积14.13万平方米，建设规模120个班，6000个学位，总投资6.98亿元，征地拆迁费7654.03万元，合计7.74亿元。该项目为厦门市“7+2”重点教育项目，是补齐厦门市中职学位缺口的重要项目。

（翔安区教育局）

特殊教育

【概况】 2021年，翔安区特殊教育形成以普通学校随班就读为主体、特殊教育学校为骨干、送教上门为补充的特殊教育办学模式。翔安区有义务教育阶段适龄残疾儿童少年321人。其中，随班就读生167人，特殊教育学校118人，残疾学生入学率99.4%。翔安区特殊教育学校更名为翔安区启航学校，有13间资源教室。

【残疾学生入学台账】 2021年，翔安区教育局与区卫生、残联等部门数据对接共享，对全区特殊儿童档案信息进行管理和追踪，建立适龄残疾儿童少年台账。12月，组织残疾人专家委员会对适龄残疾儿童少年进行鉴定评估与安置。并将残疾儿童少年接受义务教育情况纳入督导范围。

【特殊学校标准化建设】 2021年9月，翔安区投入2000多万元，按省级特殊教育学校标准化建设标准对新校舍进行提升改造，投入使用。

【特殊学校资源教室管理】 2021年，翔安区教育局制定《厦门市翔安区普通学校特殊教育资源教室建设管理方案》，为资源教室的资金预算、管理使用，采购资源教室教学服务提供文件依据。通过翔安区启航学校采购资源教室、教学服务，配备专职资源教师9名，服务资源教室管理工作。成立特殊教育巡回指导工作小组，定期到随班就读学校巡回指导。

（翔安区教育局）

社会教育

【概况】 2021年，翔安区构建区、镇（街）、村（社区）三级社会教育体系，完善区文化馆、图书馆、青少年宫、青少年活动中心、老人大学，镇（街）文化中心、转产就业培训基地、社区书院、农家书屋、乡村文化体育场地、文化园等场地设施建设。翔安区下达2021年终身教育专项经费75万元。

【翔安区老年大学】 2021年，翔安区老年大学推出"'1+3'教学，打造五大课堂，加强智慧校园建设"的创新教学模式，为翔安区终身教育和老年教育体系提供动能。推行"1+3"教学模式，即"学校加手机、电视和电脑"学习模式；打造"初心讲堂""非遗精品课""线上课堂""精品课堂""辅导课堂"五大课堂；加强智慧校园建设，打造品牌课程。全年新增4个基层教育点，有14个基层教学点。

【社区教育活动】 2021年，翔安区以厦门市终身教育活动日为契机，推动全民学党史、全民爱健身，促进全区老干部、老党员、老年学员身心健康。立足社区，依托中小学、社区书院、文化园等开展社区教育、文体活动，举办"庆祝中国共产党成立100周年"系列活动。依托区老年大学、9个镇（街）社区教育网点，236个村（社区）教育学习网点，开展社区教育活动，城区居民参与率81.52%，农村居民参与率65.35%。

（翔安区教育局）

高等教育

【概况】 2021年，翔安区共有6所高校，其中包括公办院校厦门海洋职业技术学院、厦门技师学院2所；民办院校包括厦门华天涉外职业技术学院、厦门演艺职业学院、厦门南洋职业学院和厦门安防科技职业学院4所。在校生48694人，教师2665人。

【厦门海洋职业技术学院】 2021年，厦门海洋职业技术学院（以下简称海洋学院）有航海学院、海洋生物学院、海洋机电学院、信息工程学院、国际商贸学院、海洋文化与旅游学院、公共教育学院、马克思主义学院、继续教育学院9个二级学院，筹建海洋工程学院，在校学生1.3万人，非学历教育学生每年2万多人次。建有大型船舶操纵模拟器等校内实训室及各种仿真实训室173个、校外实习实训基地257个。其中，中央财政支持的实训基地3个，省级财政支持的实训基地12个。拥有馆藏图书55.69万册，电子图书65万种。海洋学院获评2018—2020年度福建省文明校园、福建省高校毕业生就业创业先进单位、福建省高水平职业院校和专业建设计划立项建设单位、厦门市绿色校园等称号。2021年校友会艾瑞深全国高职院校排行榜中，位列行业类高职院校第三十五名，福建省高职院校第一名。中共航海学院党总支获评全省高校先进基层党组织、厦门市委教育工委先进基层党组织；中共信息工程学院电子教研室党支部获评厦门市先进基层党组织。海洋学院教职工获评全省高校优秀党务工作者1名，厦门市委教育工委优秀共产党员2名、优秀党务工作者2名。

2021年，海洋学院在全国职业院校职业技能竞赛中获得一等奖1项，三等奖1项；在福建省职业院校技能竞赛中获一等奖8项、二等奖19项、三等奖39项；在第七届中国国际"互联网+"大学生创新创业大赛（职教赛道）获铜奖3项；承办福建省"互联网+"大学生创新创业大赛（职教赛道），获金奖7项、银奖1项、铜奖4项、十佳人气奖4项、最佳创意奖1项。在福建省第十四届大学生职业规划大赛获一等奖1项、三等奖1项。学校帆船队代表厦门市参加2021中国帆船城市超级联赛（青岛站）获冠军，获"一带一路"国家帆船赛长航赛冠军、第十四届全国学生运动会帆船比赛银牌，2021年福建省大学生龙舟锦标赛女子组冠军。

"福建省高水平职业院校和专业建设计划"立项建设单位　2021年6月24日，海洋学院入选福建省高水平高职院校（A类）立项建设单位，水产养殖技术、轮机工程技术2个专业群入选福建省高水平专业群建设项目。承担教育部《职业教育提质培优行动计划（2020—2023年）》任务（项目）34项；牵头编制《厦门职业院校增强服务"一带一路"能力的实施方案》。中国智慧渔业产业技术研究院等多个项目入选厦门市推进海洋经济高质量发展重点项目。

师资队伍建设　2021年，海洋学院制定修订博士津贴发放办法、引进台湾地区高层次人才暂行办法等。公开招聘工作人员46名，引进高层次人才19名，聘请客座、特聘教授（专家）等19名。新增省级职业院校教师教学创新团队1个，1位教师被授予“厦门市第十一批拔尖人才”称号。教师在2021年福建省职业院校教师教学能力比赛中获一等奖2项，二等奖2项，三等奖3项；在首届“汉华博文”杯全国职业院校国际中文全真课堂教学能力大赛获一等奖1项。

海洋特色专业建设　2021年，海洋学院推进水产养殖技术、智能终端技术等国家级职业教育专业教学资源库项目建设，在水产养殖技术、轮机工程技术、机电一体化技术等若干骨干专业探索试办本科层次职业教育。获省级精品在线开放课程立项2项、省级虚拟仿真实训基地立项1项、2021年福建省职业技术教育中心职业教育教学改革研究课题立项3项。获评“物流管理职业技能等级证书优秀试点院校”。在2021年金平果排行榜中，学校“渔业类”专业居全国第一，水产养殖技术、水族科学与技术2个专业位列全国第一，有12个专业位列全国前十。

省级职业教育教学成果特等奖　2021年1月29日，海洋学院《基于知行耦合、四维再造的“三创型”蓝色工匠培育模式改革与创新》获福建省职业教育省级教学成果特等奖。该成果通过以政校行企所五位一体协同育人为机制保障，对组织、课程、路径、师资进行优化再造，通过校内、园区、产业三阶段的精准培养，培养具备创新精神、创业素养和创造能力的高精专技术技能人才“三创型”蓝色工匠，解决海洋职业教育人才培养与海洋产业转型升级不匹配等一系列关键问题。学校推进“二元制”、现代学徒制、协同创新班、“A+雏鹰计划”等多元人才培养模式改革项目，打造帆船等海洋特色体育项目。新增6个“1+X”证书制度试点。改进船员教育和培训质量管理体系。

产教融合　2021年5月27日，海洋学院与厦门弘信电子科技集团股份有限公司创办福建省首个柔性电子产业学院——弘信产业学院，获福建省第三批高职院校产业学院试点立项。学校完善福建海洋职业教育集团、福建省海洋行业职业教育指导委员会、翔安区校企合作联盟、办学理事会等产教融合载体平台建设。与厦门港口管理局及厦门各大港航企业共建产学研合作基地，与厦门市海洋发展局共建“大学生帆船实践基地”，与厦门火炬高技术产业开发区管委会共建职业技能提升中心，获福建省人力资源和社会保障厅、省财政厅批准备案。

科研创新与社会服务　2021年，海洋学院在研科研项目148项。其中，在研纵向课题136项，有1项为国家自然科学基金委立项项目；在研横向课题12项。培育建设陈嘉庚教育研究中心、海上丝绸之路茶文化研究传播中心等校内科研平台；海洋生物技术公共研发中心、跨境电商综合服务协同创新中心等校内创新平台。成立“乡村振兴学院”，调整优化新型职业农民培养培育，联合社区打造“送教到家＋考证＋上岗”培训模式，渔民考证通过率100%。与四川大学等多家优质高校合作建设学历提升平台，学校现代远程学习中心获评“2021年度中国高校现代远程教育优秀校外学习中心”。

中国水产技术非洲国家教育培训中心　2021年，海洋学院与宏东国际（毛塔）渔业发展有限公司共建“中国水产技术非洲国家教育培训中心”。智慧渔业应用技术人才培养项目获教育部批准为教育援外项目，获专项资金支持。获批为“厦门金砖新工业能力提升培训基地”、“一带一路”国家院校和企业交流协会中方理事会“中文＋职业技能”海外基地。举办国际汉语师资培训班，选派教师为哈萨克斯坦、乌兹别克斯坦国家学生开展在线汉语教学。

（杨境安）

【厦门技师学院】　2021年，厦门技师学院（以下简称技师学院）是厦门市唯一一所国家重点公办技工院校，建有3个中央财政支持建设的实训基地，3个国家级高技能人才培训基地和厦门市制造业实训基地，教学设施设备总值2.1亿元。技师学院设有机械工程系、车辆工程系、建筑工程系、电气工程系、电子光电工程系、信息技术与文化创意系、文化基础部7个系部，35个专业（层次）。技师学院有在校生近8000人，教职工375人。其中，全国技术能手2人，福建省第二届杰出人民教师1人，福建省技术能手9人，福建省五一劳动奖章获得者1人，福建省优秀教师3人，福建省黄炎培杰出教师奖1人，厦门市五一劳动奖章获得者6人，厦门市技术状元4人。2021年，技师学院获福建省2018—2020年度文明校园称号。

厦门技师学院建校60周年庆典　2021年，技师学院在60周年校庆期间，建成校史馆、创作极具学院文化特色的校歌《蝶之变》，成立校友会；以节俭庄重为原则，开展校友访谈、校庆征文与校庆“云展播”等系列庆祝活动，较好地展示学院的办学历程、办学理念和办学成就。

“厦门金砖新工业能力提升培训基地”联盟首批成员单位　2021年，技师学院挂牌“厦门金砖新工业能力提升培训基地”，成为培训基地联盟首批5个成员单位之一。技师学院承办2021年“一带一路”暨金砖国家技能发展与技术创新大赛（厦门赛区）增材制造等3个项目竞赛，完成针对金砖及“金砖+”国家的增材制造等4个培训项目课程体系和3个专业留学生课程体系建设。

闽西南协同发展区技工院校校企合作联盟　2021年，技师学院发挥闽西南协同发展区技工院校校企合作联盟平台优势，开展建筑类分盟首届论坛会、信息类、交通类及电子类分盟研讨活动，集结闽西南企业、学校代表及精英，通过签约授牌、专题讲座、实训基地参观、专场招聘会、产教融合研讨等多项活动，多方面、全方位开展互助合作、校企共建。

第七届技能文体艺术节　2021年，技师学院在职业教育活动周期间举办第七届技能文体艺术节，组织开展教师组20个项目、学生组91个项目技能竞赛，4552名师生参与；邀请企业专家到校开展职业生涯规划讲座，组织社团集市、五球联赛、影视作品赏析、沉浸式沙龙、心理嘉年华、急救安全定向赛等形式多样的文化艺术活动，为全体师生提供能力、魅力展现的平台。

一体化教学改革　2021年，技师学院修订一体化专业人才培养方案与课程标准，在专业课程标准中融入课程思政的内容；完成“安全教育”“劳动教育”课程网络资源建设及“图形图像处理”等7门精品课程申报；新开设美容美发与造型（美发方向）等专业5个，汽车钣金与涂装等提升培养层次专业6个，推进课程结构及专业建设优化。

竞赛佳绩　2021年，技师学院组织班主任参加厦门市中职班主任能力比赛，2人获二等奖，1人获三等奖；1人参加全国职业院校技能大赛中职班主任能力比赛获二等奖。组织学生参加第二届全国技工院校学生创业创新大赛获二等奖、参加“2021年‘一带一路’暨金砖国家技能发展与技术创新大赛”，获一等奖3个、二等奖3个和三等奖1个，技师学院获突出贡献奖。

（技师学院）

【厦门南洋职业学院】　2021年，厦门南洋职业学院（以下简称南洋学院）有13个二级学院、42个专业，组建9个与福建、厦门经济紧密对接的专业群，在读学生1.2万余人，教职员工600余人。学校坚持“以人为本、特色办学、全面育人”的办学理念，打造创新型、创业型、开放型办学特色，多个党建和教育教学项目受到教育部表彰，列入国家、省、市教改项目和典型案例，学校成为全国“黄炎培职业教育杰出校长奖”学校、中国民办教育“优秀学校”、全国家政服务“领跑学校”和省第一届“文明校园”。9月1日，在2021年福建省职业院校教师教学能力比赛中，南洋学院牛婧君等3位教师的作品《音乐语言下的多感官体验式教学》、汤雪峰等4位教师的作品《织染冬奥——箱包面料设计与再造》获专业课程组二等奖。在厦门市教育局主办的全市高等职业院校技能竞赛中，南洋学院学生代表取得一等奖4项、二等奖3项、三等奖22项；学校承办“导游服务”“英语口语”“园艺”“大数据技术与应用”“学前教育专业教育技能”等多个赛项，获突出贡献奖。

南洋学院获福建省职业教育教学成果特等奖　2021年1月29日，南洋学院《“教、产、创”三位一体特种机器人职业教育基地建设与实践》获福建省职业教育教学成果特等奖。

国务院研究室原主任魏礼群会见鲁加升　2021年4月3日，国务院研究室原主任魏礼群会见南洋学院董事长、校长鲁加升教授。魏礼群肯定南洋学院的办学思路和人才培养模式，对鲁加升回报家乡兴办教育寄予厚望。

南洋学院入选第二批全国示范性职教集团（联盟）培育名单　2021年，南洋学院牵头组建的厦门市旅游职教集团代表福建省入选教育部公布的第二批全国示范性职教集团（联盟）培育名单。全国149家职教集团入选，福建省3家入选。

福建省民办高职院校党建与思政工作座谈会　2021年6月25日，福建省民办高职院校党建与思政工作座谈会在南洋学院召开。福建省民办教育协会会长袁德俊，秘书长郑元鼎，副会长、南洋学院董事长、校长鲁加升以及全省13所民办高职院校党委书记、党委部门负责人参加会议，以“加强党的建设，推动民办高等教育事业高质量发展，按照新时代党的建设总体要求，学习和研讨交流我省民办高职院校党建和思政工作等”为主题进行交流与研讨。

南洋学院新增14名“鹭江讲坛”报告人　2021年，厦门市社会科学界联合会公布“2021年‘鹭江讲坛’增聘报告人名单”，南洋学院施水成、康乃美、鲁晓芹、李振杰、蓝德森、崔筱力、侯红科、黄芸、李建清、刘艳艳、毛琛、邹少琴、李娜、许欣欣 14 名候选人全部入选。

南洋学院教师获"全国服装行业技术能手"称号 2021 年 10 月 31 日，南洋学院艺术设计学院服装教研室教师刘艳艳在 2021 年全国纺织行业"富怡杯"服装制版师职业技能竞赛中获"全国服装行业技术能手"称号。

南洋学院无人机产业学院入选省第三批高职院校试点项目 2021 年，南洋学院无人机产业学院入选福建省第三批高等职业院校产业学院试点项目。南洋学院与福建省无人机协会、福建方圆翔飞航天科技有限公司战略合作，于 2016 年创办全国首批无人机应用技术专业，共同成立无人机学院。

南洋学院第二届潘懋元教育思想研讨会 2021 年 11 月 27 日，厦门南洋学院和厦门大学教育研究院联合举办第二届潘懋元教育思想研讨会。潘懋元针对高考提出"还要不要高考"问题，对高考制度进行解读。鲁加升、王洪才、赵婷婷、陈宜安、董圣足、陈武元等 16 位专家、学者进行研讨。

南洋学院获评"厦门市绿色学校" 2021 年 12 月 17 日，根据《厦门市教育局厦门市发展改革委员会关于印发厦门市绿色学校创建实施方案（2020—2022 年）的通知》要求，经申报、区级审核推荐、市级评估，南洋学院获评"厦门市绿色学校"。

省民办幼儿园园长论坛 2021 年 12 月 18 日，福建省民办幼儿园园长论坛在南洋学院召开。论坛由福建省教育学会、福建省民办教育协会主办，南洋学院承办。论坛以"民办幼儿园教学、管理与建设研究"为主题，旨在搭建对话交流平台，提升民办幼儿园教育教学和管理水平，开拓新思路，推动福建省幼教事业更快、更好地发展。

第二届应用型电影人才培养高峰论坛 2021 年 12 月 29 日，第二届应用型电影人才培养高峰论坛在南洋学院仙岳报告厅举办，5 位影视行业的资深从业者会聚一堂，共同探讨新时代电影教育如何为行业输送高水平、高素质、专业化的人才。

（吴恬恬）

【厦门华天涉外职业技术学院】

2021 年，厦门华天涉外职业技术学院（以下简称华天学院）设置 32 个专业，全日制在校生 8000 余人，教职工 649 人。其中，专任教师 379 人，副高级以上职称 106 人，硕士及以上学位 148 人。图书馆馆藏图书 69.4 万册。校内实验（训）室 133 间，校外实训基地 147 家，教学仪器设备总值 5098.06 万元。华天学院党委获"厦门市先进基层党组织"称号。

新年音乐会 2021 年 1 月 7 日，华天学院党委宣传部主办，教育艺术学院承办，学生处、后勤保卫处协办的 2021"音你而乐"新年音乐会在图书馆报告厅上演。执行董事陈锋，党委委员、副校长许永辉，党委委员、校长助理王海峰，教育艺术学院院长严万跃等领导与师生欢聚一堂。教育艺术学院溯光合唱团、溯艺舞蹈团、木兰合唱团、望雨戏剧社、溯创美术手工坊以及华韵舞蹈团的师生们以热情、精湛的技艺倾情演绎 10 个节目。

第三批厦门市依法治校示范校 2021 年 2 月，华天学院获批第三批厦门市依法治校示范校，是示范校中唯一一所民办高职院校。

民办职业教育高质量发展座谈会 2021 年 10 月 26 日，厦门市中华职业教育社推动民办职业教育高质量发展座谈会在华天学院召开，会议由厦门市政协委员、市职教社副主任翁玉华主持，市教育局、市人社局等领导及厦门民办职业院校领导参加。华天学院校长张剑辉介绍学院办学情况与未来发展规划，与会领导和嘉宾就如何推动厦门市民办职业教育高质量发展展开交流和讨论。

校企合作二级学院成立 2021 年，华天学院与腾讯云、慧科集团以产—校—企联合共建的模式打造腾讯云互联网学院，开展动漫制作技术（虚拟现实方向）、软件技术（人工智能方向）专业共建；与中兴教育共建中兴智慧学院，开展智能互联网络技术、计算机应用技术（5G 方向）等基于产业前沿技术的创新发展实践教学。2 个二级学院于 2021 年秋季开始招生。

中国职业技术教育学会重大课题立项 2021 年 7 月，华天学院经济管理学院副教授雷晓琴负责的"中国特色现代学徒制研究"项目，获批 2021 年度中国职业技术教育学会重大课题立项。该项目立项是学院质量工程培育建设项目的重大成果之一。

专业群建设 2021 年 6 月，华天学院电子商务专业群入围"福建省高水平职业院校和专业建设计划"建设单位名单，高水平高职专业群（A 类）。9 月，"酒店管理与数字化运营专业"现代学徒制项目获批厦门市职业院校示范性现代学徒制建设项目。

"1 + X"证书制度试点项目 2021 年 12 月，华天学院共运行建设"1+X"证书制度试点项目 24 个，覆盖招生专业 21 个。12

月 22 日，副校长林水生代表学校到厦门市教育局针对“1+X”证书制度试点工作进行经验分享。

（李光锐）

【厦门安防科技职业学院】 2021 年，厦门安防科技职业学院（以下简称安防学院）现有在校生 5000 余人，教职工 200 余人。学校设立教育与健康管理学院、航空学院、软件设计学院、体育商学院、智能产业学院、基础教育学院、马克思主义学院。开设建筑智能化工程技术（楼宇智能化）、消防工程技术、空中乘务、软件技术、社会体育、护理等 28 个高职专业。其中，国家级骨干专业群 1 个，省级示范专业 2 个，省级创新创业教育改革试点专业 2 个，市级重点专业 1 个，市级现代学徒制试点专业 1 个，省级精品资源共享课 3 门。学校以立德树人为根本，以服务发展为宗旨，以促进就业为导向，走内涵式发展道路，推进产教融合、校企合作，建成涵盖 28 个高职专业实训室 32 间，与厦门特房建工集团、上海浦东国际机场、澳大利亚思比科集团等 30 多家单位建立紧密合作型校外实训基地，有校外实训基地 30 多个。

思政典型案例汇编　2021 年 11 月 4 日，安防学院党委形成具有安防学院特色的课程思政建设工作新格局，提升人才培养质量。首批遴选 10 个课程思政教学设计典型案例，编辑首部《三全育人　五育并举——厦门安防科技职业学院课程思政典型案例汇编》。

教学“四个一点”　2021 年 9 月 24 日，安防学院副校长陈益健携教务处和部分二级学院负责人与教学督导组成员开展线上教学专项检查，抽查 6 门课程的线上教学情况。分组进入学生宿舍了解学生听课情况，听取同学对线上教学的意见和建议。陈益健对该次巡查工作进行总结，对线上教学总体情况表示满意，并提出“四个一点”的具体要求（教学进度再慢一点、教学难度再低一点、教学方式再活一点、教学内容再丰富一点）。

第十八届“职教杯”职业院校篮球赛　2021 年 5 月，安防学院女子篮球队在教练员的精心指导下，参加厦门市中华职业教育社举办的第十八届“职教杯”职业院校篮球赛，获“职教杯”女子组冠军。

（安防学院）

【厦门演艺职业学院】 2019 年 3 月，厦门演艺职业学院（以下简称演艺学院）新校区位于翔安区翔安东路 1995 号，校园占地面积 13.33 公顷，总规划面积 16 万平方米。演艺学院首期近 6 万平方米校舍建成投入使用，有琴房 126 间，舞蹈练功房 20 间，多媒体教室 2 间，动漫和舞美工作室 2 间，摄影棚、录音棚 2 间，1 个可容纳近 1100 人的实习实训实验剧场。演艺学院获评教育部重点建设专业 1 项、省级服务产业特色专业群 1 项、省级创新创业教育改革试点专业项目 2 项、省级现代学徒制项目 1 项、“二元制”技术技能人才培养模式项目 1 项、市高职重点专业 1 项。

“伟大征程”排演　2021 年 3—7 月，演艺学院 73 名学生和 5 位教师接受文旅部选调，赴北京参加庆祝中国共产党成立 100 周年大型情景史诗“伟大征程”的排练和演出工作，演艺学院学生参加第一篇章“浴火前行”中的歌舞《土地》，第三篇章“激流勇进”的合唱和舞蹈《行进的火炬》的排演工作。

庆祝中国共产党成立 100 周年合唱作品音乐会　2021 年 6 月 29 日，由中共厦门演艺职业学院委员会主办，音乐系党支部承办的“前进吧！中国共产党——庆祝中国共产党成立 100 周年合唱作品音乐会”在演艺学院实验剧场上演。音乐会上《东方红》《十送红军》《南泥湾》《唱支山歌给党听》《在希望的田野上》《在灿烂阳光下》《前进吧，中国共产党》等 10 余首经典合唱作品，引领台下观众与在场全体师生重温百年征程、厚植国家情怀。

庆祝厦门经济特区建设四十周年　2021 年 12 月 21 日，演艺学院舞蹈系、戏剧与音乐剧系 100 多名学生参加的《“踏浪高歌”庆祝厦门经济特区建设四十周年情景音诗画》在闽南大戏院上演，演艺学院参加四个剧目排演工作。庆祝活动由中共厦门市委、厦门市人民政府主办，中共厦门市委宣传部、厦门市文化和旅游局、厦门市文学艺术界联合会联合承办。

庆祝中国共产党成立百年红色剧目　2021 年，演艺学院师生举办庆祝中国共产党成立 100 周年师生合唱作品音乐会，与厦门闽南神韵艺术团联合创作排演舞台剧《厦门精神》，与湖里区委宣传部联合排演舞台剧《神山旗手》，与厦门小白鹭民间舞艺术中心合作排演《碧海红帆》等多场庆祝中国共产党成立百年的红色剧目。

（黄献苏）

科技和信息化

综　述

【概况】 2021年，翔安区科技创新工作围绕区委、区政府工作部署，实施创新驱动发展战略，深化科技交流与合作，持续优化创新创业创造环境，有力提升区域创新体系整体效能，推动科技创新实现新突破、取得新成效。全区R&D经费投入超过25亿元，占GDP比重3.56%，新认定通过高新技术企业140家，高技术产业增加值占规上工业增加值达53%，超全市13个百分点。生物制品省创新实验室获批建设，策划布局海洋领域省创新实验室。

【科技特派员】 2021年11月11日，翔安区召开科技特派员总结交接座谈会。第三批15名“下派制”科技特派员分享一年的工作成交和经验体会，为新一批科技特派员树立榜样。第四批科技特派员27名，均自翔安区各行各业，在翔安区工信局的指导下继续做好科技特派员工作，助力乡村振兴与农民增收致富。

【“厦门市生成考核清单”核对】 2021年9月16日，翔安区工信局为提高厦门市电子证照在全省考核的排名成绩，减少电子证照生成考核部分被无故扣分，各单位在向省网办推送办件信息的时候，要按照《福建省网上办事大厅与市县（区）行政服务中心系统对接改造技术指南》的相关要求，将生成的电子证照信息一并推送给省网办。同时核对生成考核清单相关信息。

（翔安区工信局）

科技项目与成果

【概况】 2021年，厦门市翔安区工业和信息化局（以下简称翔安区工信局）围绕实施创新驱动发展战略，营造创新环境，推动大众创业，万众创新，出台科技专项扶持奖励资金。国家、省、市级重点实验室、工程技术研究中心、企业技术中心，博士后科研工作站、博士后科研流动站或院士专家工作站，省、市级科技企业孵化器与培育高新技术企业的孵化器，可以申请科技专项奖励资金，最高200万元。翔安区实施创新发展战略，分2批对16个双百项目企业给予区级资金扶持。

【科技经费扶持】 2021年，翔安区工信局为促进科技进步及技术创新，扶持企业技术创新，对企业研发费用给予补助，在企业享受市级研发经费补助的基础上，按照市级补助金额的60%再予以补助。全年翔安区工信局对企业研发费用申报材料进行审核，对符合条件的55家企业补助1354.41万元。

【农业智能灌溉】 2021年，翔安科技特派员马巷工作站推动专业助农建设项目“农业智能灌溉系统”完成施工建设。农户只需使用手机或电脑终端，操纵智能灌溉控制系统，随时远程预设和控制农田的喷灌、查看田间的气象环境、水电用量等综合数据，智能、便捷的操作节省浇水灌溉的劳动力，节水节电。

（黄海泳）

科技创新体系

【概况】 2021年，翔安区实施创新驱动发展战略和“三高”企业倍增行动，促进科技成果转化。翔安区财政安排4000万元科技经费，推动企业技术创新，扶持高成长科技型企业，提升企业创新能力，依靠科技进步推动全区经济社会协调可持续发展，取得较好成效。

【“三高”企业】 2021年，翔安区认定（含重新认定）国家高新技术企业 140 家，比上年增长 22.80%；国家高新技术企业总数 312 家，增长 18.63%。翔安区有“三高”企业 358 家，新入库 58 家。翔安区服务“三高”企业工作排名全市第四。

【高新技术企业补助】 2021 年，翔安区工信局关于印发《翔安区关于鼓励创新驱动发展的实施办法》，对 22 家翔安区 2020 年认定（含重新认定）的翔安区属国家高新技术企业进行补助，每家补助 20 万元，合计 440 万元；对 19 家翔安区 2020 年认定（含重新认定）的翔安区属市级高新技术企业进行补助，每家补助 10 万元，合计 190 万元。

【企业技术中心认定奖励】 2021 年，翔安区工信局对 3 家 2020 年通过的企业技术中心进行奖励，每家奖励 100 万元。其中，福建红珊瑚景观建设有限公司企业技术中心和中铁一局集团厦门建设工程有限公司企业技术中心于 2020 年 12 月 24 日获得省级企业技术中心认定；厦门龙胜达照明电器有限公司技术中心于 2020 年 11 月 11 日获得市级企业技术中心认定。

（黄海泳）

【校企科技合作】 2021 年，新圩工作站科技特派员帮助庄家宝合作社对接华侨大学化工学院，签署校企合作共建协议书，打造科技小院。科技小院是田间地头的课堂和实验室，集种植试验田、农作物废物综合利用科普园、安全培训基地等于一体。

【翔安区第四届创新创业大赛决赛】 2021 年 12 月 20 日，翔安区第四届创新创业大赛决赛在翔安区数字经济产业园举行，吸引厦门、漳州、泉州、福州地区多家企业及学生团体超 150 个项目报名参赛，内容涵盖人工智能、数字经济、农业旅游等多个领域，其中 40 组进入决赛。大赛评选出创新翔安、活力翔安、生态翔安、开放翔安、幸福翔安 5 组一、二、三等奖各 1 名，优胜奖各 5 名。

（翔安区工信局）

电子证照建设

【概况】 2021 年，翔安区工信局做好电子证照库技术支撑、满足各部门证照生成及调用的需求，开展电子证照库建设推进工作。全年发布 28 家单位，完成 432 类证照调研、梳理与核查，证照模板配置，证照目录登记，证照信息表单制作（证书 190 类、批文 242 类），有效存量入库 38.16 万本，实现区级 245 类电子证照增量生成。

【电子证照生成工作推进】 2021 年 1 月 5 日，翔安区工信局按省数字办通知，要求翔安区各有关单位对照厦门市—福建省待确认、待登记、待生成、待反馈证照类型清单详情—20210105（厦门部分 29 项）表格，继续推进电子证照生成工作。

【生成考核补充清单信息填报】 2021 年 3 月 23 日，翔安区工信局收集生成考核补充清单（市县级）表中事项的省网事项名称和省网事项编号，收集到的信息作为 2021 年福建省电子证照考核清单。

【“福建省未生成证照类型清单”核对】 2021 年 9 月 16 日，翔安区根据省数字办《福建省数字福建建设领导小组办公室关于开展电子证照专项提升工作的通知》要求，翔安区各单位按照国家考核类证照清单责任分工，对所负责证照进行存量电子化生成。核实“福建省未生成证照类型清单”中 533 类证照的存量生成情况，根据实际情况填写表中信息。

（翔安区工信局）

通　信

【概况】 2021 年，翔安区通信用户总数 57.3 万户，宽带用户总数 26.5 万户，其中，电信固定电话 5 万户。翔安区 3 大通信公司开展 5G 网络基础建设，5G 站点实现主城区核心区域、城中村的连续覆盖与镇（街）业务热点区域的有效覆盖。其中移动通信基站 1900 个，其中 5G 站点 367 个。联通的 5G 用户到达 3 万户。

【中国电信厦门翔安分公司】 2021 年，中国电信厦门翔安分公司（以下简称电信翔安分公司）坚持“以人民为中心”的发展理念，发扬国企担当，紧抓网络信息安全、提速降费与服务提升。翔安天翼用户超过 15 万户，固定电话用户近 5 万户，宽带用户近 13 万户，高清电视用户近 5 万户，总用户超过 37 万户。全年未出现重大服务事件。开设“爱心翼站”服务老人、孕妇、残障人士等特殊群体 676 人次；组织户外“爱心翼站”主题活动 11 场、服务 278 人次。

2021 年 9 月，电信翔安分公司成立新冠疫情防控通信保障先锋队，组建一支 58 人的突击队，完成林前地铁社区、洋塘保障房、新店地铁二期等封控点近 9000 部宽带、高清、监控及门磁的通信保障任务及防控卡口、核酸检测点等重点区域网络保障工作。

（电信翔安分公司）

【移动通信翔安分公司】 2021年，中国移动通信集团福建有限公司翔安分公司（以下简称翔安移动公司）4G网络覆盖率99.5%，4G网络平均下载速率提升至20兆位/秒，5G站点实现主城区核心区域、城中村的连续覆盖与镇（街）业务热点区域的有效覆盖。

2021年，手机上网流量资费比上年下降32.1%，中小企业宽带和专线目录价资费分别下降50%、49%。

2021年9月，翔安移动公司启动应急预案，成立“网络+政企+铁通”跨线条联合党员突击队，组建6支党员先锋队，参与志愿活动312人次。为全区隔离点、核酸检测点与封控区域开通15条临时专线、346条企业宽带、336路视频监控。

（翔安移动公司）

【厦门联通翔安分公司】 2021年，厦门联通翔安分公司（以下简称联通翔安分公司）下设1个社区网格，1个政企网格，1个建维网格，公司全口径人员34人。全年创新收入1356万元。建设部署翔安本地MEC边缘云1个，移动通信基站1900个，其中5G站点数367个，4G基站数966个；宽带端口容量4.03万个，其中FTTH端口3.7万个，占比91.3%，千兆端口数2.1万个，占比52.1%。全年累计完成主营收入7663万元。

2021年，联通翔安分公司基础业务完成5966万元。移网出账用户6.2万户。其中，5G用户到达3万户，5G用户累计净增1.4万户，5G整体渗透率49.2%。5G登网用户1.58万户，5G登网率59.5%。移移及移宽融合用户1.1万户，占移网比17.63%。固网出账用户5367线，累计净增1307线。流量规模累计完成1551万G，户均月使用流量21.9G。其中，5G网络流量户均月使用流量13.85G。

厦门联通工信部满意度年度得分86.25分，比上年提升4.25分；移网NPS客户口碑得分20.2分，超目标15.9分。月均客户投诉率84.7次/万户，比上年下降12.06%；工业和信息化部申诉率年度为104.1次/百万户，比上年下降33.21%。

（联通翔安分公司）

【数字乡村建设】 2021年，电信翔安分公司完善农村信息化基础设施建设，实施数字乡村发展战略，扩大农村互联网建设规模。借助“数字乡村平台”助力乡村信息化管理，提供“疫情防控、平安监控、智慧党建、村务通知”等应用服务，加快建设平安乡村达标村和示范村。在城市区域及所有行政村、自然村100%建成全光网的基础上，持续提升千兆光网能力，全年完成24个新住宅小区千兆网络接入，新增1.6万个千兆宽带端口，光宽占比超99.5%，提升广大农村区域宽带网络覆盖能力，为客户提供更优质的产品与服务。

（电信翔安分公司）

【5G应用创新】 2021年，翔安移动公司与翔安区多家单位开展5G项目合作，物联网应用达25项。危险化学品监控、水质监测等实现多项5G技术应用落地，入选省级示范项目2个。加快信息化和5G应用创新，依托5G技术，搭建翔安区卫生和计划生育监督所5G智慧水质监测系统项目。该项目运用5G、物联网、大数据等技术手段，建立实时水质监测系统，提高翔安区水厂出厂水卫生安全监管水平，随时了解水质情况，及时发现潜在的水质安全风险。通过在线水质监测系统获取大量水质数据进行统计、分析，掌握各水厂水质管理稳定性和可靠性，筛选出管理水平相对较弱的水厂，为强化监督管理工作提供客观科学的数据支撑，形成良性管理环境，提高竞争意识。

【“智慧健康养老”模式】 2021年，翔安移动公司通过探索“村民+村委+运营商”3方共建、共治、共享的模式，通过“平安乡村”+“智慧养老”双向赋能，以数字化助力乡村振兴。携手村（社区）委会联合挂牌成立蔡浦社区、乌山村、莲塘村、莲前村、古宅村、新垵村6个村（社区）养老示范点，为各村安装宽带、监控摄像头，提升综合治安水平，为3646名60岁以上老人带来中屏音箱在线诊疗、血压计测量、SOS一键呼叫、魔百盒电视戏曲节目等“银发服务”。

（翔安移动公司）

【智慧河长平台建设】 2021年1月8日，翔安区河长制办公室召开“智慧河长系统”观摩会议，会议邀请翔安区各镇（街）相关负责人到场观摩。厦门联通（供应商）解决方案工程师对智慧河长项目的建设内容与实现功能进行详细的介绍。马巷镇智慧河长系统包含视频监控、水质监测、水位监测、智慧喇叭系统，通过建设一套流域水环境物联感知监控网络，实现前端软硬件的实时交互，推动河长制工作的规范化，促进河流管理协同工作的高效化，实现执法监督工作的实时化。

（联通翔安分公司）

文 化

综 述

【概况】 2021年，翔安区文化和旅游局围绕文化惠民、文化遗产保护、文化市场管理等方面，开展一系列文化惠民活动。做好疫情防控，全民艺术普及免费培训运用“云上教学”与线下相结合的方式，开展500多节线上课程和10个班200次线下教学，开启公共文化服务新模式，丰富人民群众精神文化生活。构建非遗数据库，优化闽南文化生态保护环境，推进闽南文化活动进基层。全年翔安区编排原创高甲现代小戏《送枪》参加第三届“华东六省一市现代地方小戏大赛”获金奖。8幅漆画作品入选福建省第七届漆画大展，其中2幅获优秀奖，1幅入选省第八届艺术节美术书法优秀作品展，4幅作品入选文旅部举办的美术创作征集展示活动。翔安区农民画成果2次被文旅部授予“中国民间文化艺术之乡”称号。

【文化队伍建设】 2021年，翔安区各镇（街）综合文化站均配备3名文化干部或文化服务人员，村（社区）文化室配备1名享受财政补贴的文化协管员。新圩镇作为农村“六大员”整合试点，每个村（社区）配备1名大专以上学历的村居综合工作者，各村（社区）发掘和培育文化志愿者，协助日常开放、管理、维护和各项文化工作，鼓励群众参与建设和自我管理。

【文化保护】 2021年，翔安区文化和旅游局根据《厦门经济特区闽南文化保护发展办法》调整完善翔安区闽南文化生态保护实验区工作领导小组，由分管文旅工作的副区长为市闽南文化生态保护实验区工作领导小组成员，翔安区文化和旅游局局长为领导小组办公室成员。翔安区文化馆设立非遗部，评选民俗文化人才30名，培养和评审省级传承人6人，市级传承人16人，区级传承人25人。4月，翔安区文化馆加挂“厦门市翔安区文物保护中心”牌子。

【青少年校外培训】 2021年，翔安青少年宫校外培训稳中有进，根据疫情防控形势，恢复春季、暑期、秋季3期校外培训。开设音乐舞蹈、美术书法、科技航模、基础教育等项目332个培训班，培训4500人次。

（翔安区文化和旅游局）

【文化市场管理】 2021年，翔安区文化和旅游局抓好文化市场整治工作，突出黑网吧治理，以“主动出击、全面整治”为原则，坚持日常监管和集中整治相结合、教育与处罚相结合，发挥文化、公安部门的合力，形成对黑网吧的高压态势，接受上级转办及群众举报无证娱乐场所、无证网吧、旅游市场、非法卫星安装等35起，全部核实办结。全年文化执法查处娱乐场所超时营业2起，无证无照娱乐场所2家，无证网吧1家，查扣电脑主机20台，显示器20台，罚款1万元；出动执法人员2714人次，检查文化市场经营单位1106家次，查缴非法图书、音像制品100盘（册）。

【“双随机、一公开”抽查】 2021年，翔安区文化市场综合执法大队建立检查对象名录库，全区所有文化市场经营场所按要求录入“文化市场监管与服务平台”，除特殊情况外，直接从平台选取经营场所，实行随机检查；建立执法检查人员名录库，所有在编执法人员信息全部录入平台，通过平台随机抽取检查人员；制定“双随机”抽查制度，合理调配一线执法检查力量，提高检查水平，把随机抽查监管落到实处。全年抽查互联网经营单位13家，文保单位5家，出版物经营单位3家，电影院5家，卫星电视接收单位1家，娱乐场所8家，印刷企业3家，检查情况及时在翔安区政府网站公示。

【“扫黄打非”工作】 2021年，翔安区文化和旅游局开展“扫黄打非”工作，将封堵和查缴非法出版物作为市场监管工作的重中之重，保持高压态势，封堵政治性有害出版物。针对境外邪教组织刊印23种书籍用于传教的情况，开展网上排查，加大对农村、校园周边等重点区域印刷企业、书店、打字复印店的巡查力度，全面清理邪教书籍及有害信息。在全区21家娱乐场所曲库开展关于查堵“音集协”反宣音像内容，对涉及反党反社会、“台独”、“港独”、涉黑涉黄违法违规音像内容进行全面排查，加强对娱乐场所、KTV点播设备提供商、网络音乐平台等的巡查监管，督促文化市场经营单位落实主体责任，加大对歌曲内容的自审自查力度。开展“扫黄打非”进基层，全区完成“扫黄打非”基层站点融入新时代文明实践中心（所、站）建设任务；结合“护苗·2021”专项行动，开展“扫黄打非”进校园，在全区各中小学举行“护苗·2021”专项行动系列宣传活动126场次，制作发放“绿书签”2.6万张。利用宣传栏、LED显示屏、微信公众号等形式宣传推广“绿书签行动”形象标识、内涵理念。通过主题班会活动方式，上好“护苗”网络安全开学第一课117场次，听课学生5.75万人，普及网络安全知识，倡导青少年绿色阅读、文明上网。

（翔安区文化市场综合执法大队）

文艺创作

【概况】 2021年，翔安区文化和旅游局文学艺术事业坚持面向基层，服务大众。翔安澳头“小螺号”合唱团成立，编排歌曲《在灿烂阳光下》参与中国共产党建党百年庆祝活动，打造翔安区现代特色青少年精品合唱团。在福建省教育学院附属翔安第一小学、内厝镇文化中心、邻里商业中心、后村教育促进会等地开展舞蹈、长笛、硬笔、航模等文化艺术兴趣班32个，培训学员750人次。

【农民画（漆画）创作】 2021年元旦、春节，翔安区文化馆举办农民画线上展览4场，文化和自然遗产日举办农民画漆画线上展览4场，举办线下庆祝中国共产党成立100周年书画作品笔会、书画展共3场。编辑出版《闽风翔画》翔安区美术作品画册一套7本，汇集翔安本土美术家佳作近600幅。

【翔安区书画作品展】 2021年，翔安区文化和旅游局与翔安区老年大学邀请王增嘉、陈其园2位书画家共同举办“翰墨丹青颂党恩”书画展，为党的百年华诞献礼。举办“以艺抗疫”书画作品展，采用线上形式在翔安区文化馆微信公众号展示以抗击疫情为主题的文艺作品。参展作品形式多样，有书法、国画、水彩、农民画、装饰画等静态艺术作品。

【文学创作】 2021年，翔安区加强文物活化利用，策划中共同安县委旧址布展工作；梳理刘五店老街历史文化，提出拟申请不可以移动文物15处，编写“印象刘五店”文化丛书，拍摄“翔跃东岸话海丝”系列短视频，拍摄党课微视频“翔安文物篇”。挖掘地方文化，编辑出版“翔安红色记忆”“翔安历史名人”等系列连环画和《千年金柄》《翔安宗祠》等文化书籍，转化开发为乡村党校、纪念馆、研学项目、旅游项目等以文促旅优质文旅产品，助力乡村振兴。

（翔安区文化和旅游局）

群众文化

【概况】 2021年，翔安区文化和旅游局举办文化活动，丰富群众精神文化生活，提升人民文化素养。举办翔安区“街头”艺人评选活动，“永远跟党走”翔安区文化惠民演出活动4场和“翔安红·心向党”庆祝中国共产党成立100周年光辉历程专场演出；举办新春“送春联”活动1场；举办“民风绘翔安”民间书画艺术展；组织“人民的非遗　人民共享”为主题的非遗宣传展示传承活动，翔安区3位省级非遗传承人黄呆、卓圣翔、吴腾达及其团队参加市“文化和自然遗产日”非遗宣传展示暨闽台文化交流展演展示启动仪式表演。翔安区图书馆按照“以文塑旅、以旅彰文”“宜融则融、能融尽融”“共建共享、提质增效”的总要求，以“融文旅”的概念和线上线下融合的工作思路，找准图书馆全域服务与全域旅游的最佳连接点，创新机制开展工作，以科技赋能，打造“翔安旅图”品牌，推进文旅团队、场馆、平台、业务、项目、活动等融合发展，探索文旅公共服务机构功能融合高质量发展的路径和方法，推动文旅资源共享、优势互补、服务互促、协同并进，促进翔安文旅深度融合高质量发展。翔安区图书馆被选定为国家级“县域文旅公共服务机构功能融合试点单位”。

【文化下乡】2021年，翔安区文化馆持续做好文化提升活动，组织“永远跟党走”2021翔安区文化惠民演出走进新圩镇大帽山农场、金海街道澳头社区、马巷街道滨安社区、香山街道大宅社区等开展4场活动。5月，翔安区文化馆举办五一劳动节街头艺术展演活动、乡约欧厝音乐会、“翔安红·心向党”庆祝中国共产党成立100周年光辉历程专场演出。协办澳头超旷美术馆、南音馆“劳动成就最美——音乐照亮梦想”特辑公益活动。

【文化培训】2021年，翔安区文化馆全民艺术普及免费培训，结合翔安区群众文化实质需求，在疫情防控常态化背景下梳理开课情况，合理调整教学进程，开展线下春、秋2季全民艺术普及课程7个项目142节课，培训学员260余人。运用“云上教学”方式，录制36节线上课程滚动播放，艺术培训课程线上线下相结合，开启防疫线上公共文化服务新模式。

【文化赛事】2021年，翔安区文化馆举办2021闽南（翔安）好声音歌手大赛84场赛事，观看人数突破190万人次，累计点赞数170万次。完成闽南（翔安）好声音配套活动“好声音训练营”8期，完成配套活动闽南（翔安）好声音之少儿语言艺术大赛1场。11月8日至12月6日，翔安区文化馆微信公众号“看闽南”发布赛事报道26篇，微信视频号“看闽南”发布赛事短视频近100条，浏览量突破40万人次，点赞数3.7万次。选送18名优秀选手参加厦门市文化馆主办的第十三届厦门市少儿讲故事大王比赛，获得幼儿组银奖2个、铜奖3个；小学低年级组银奖2个、铜奖3个；小学高年级组银奖2个、铜奖4个；小品组铜奖1个。

【免费书赠春联】2021年春节前夕，翔安区文化馆以线上预约报名、线下定时定点领取的方式，邀请翔安本土书法家现场限量免费为翔安群众书赠春联活动，向翔安区人民送上节日祝福。

【阅读体验空间升级开放】2021年2月1日，翔安区图书馆电子阅览区经过2个月的改造，升级为阅读体验空间，向读者全面开放。新开放的阅览空间包括政务公开查询区、视障人士阅览区、文化信息资源共享（电子阅览区）、数字阅读体验区、数字展览区、地方文献区、名家名作专柜、本土作家专柜、馆编图书专柜、新书推荐柜、好书推荐柜及主题图书专柜等，为读者带来全新的阅读体验。

【“疫起留厦　书香过年”活动】2021年春节期间，翔安区图书馆举办“我们的中国梦　文化进万家”书香过大年系列活动。馆内举办“留厦过年　我在翔图”新年趣拍活动，精心设计拍照墙和拍照手持版，凡进馆皆可在主题背景板前拍照打卡；举办翔图阅读本“阅读锦鲤、新春阅读养成计划”活动，借阅读本可以抽取幸运礼品，通过阅读本记录个人累计阅读时长，兑换礼品；举办“我爱你，中国——最美中国年画展”、“赏春意　品书香　暖万家”中国年俗文化展。

【“92580”三送活动】2021年4月20日，翔安区图书馆在新圩镇庄垵村举办“92580”就业我帮您“三送”进社区暨文化下乡活动。图书馆组织文化志愿者开展现场办证借书、“掌阅翔图”移动图书馆推广、图书馆宣传、《中华人民共和国公共图书馆法》宣传、《中华人民共和国公共服务保障法》宣传、“峥嵘岁月　百年荣光”毛泽东诗词展览、垃圾分类宣传、百种好书推荐、创业指导丛书推介等，倡导全民阅读，推动书香翔安建设。

【红色革命故事分享会活动】2021年4月24日，翔安区图书馆新圩分馆举办红色革命故事分享会活动。由老师挑选《红色记忆》中的一篇绘本故事进行讲述，小读者上台分享英雄人物事迹。该活动让学生学习革命先烈大无畏的英雄气概，领悟幸福生活来之不易，树立正确的世界观、人生观、价值观，丰富课余生活。

【“小手拉大手　阅读一起走”绘本展演】2021年5月12日，翔安区图书馆联合翔安区教师进修学校举办“小手拉大手　阅读一起走”绘本展演比赛。该活动也是厦门市图书馆“快乐绘本秀——家庭经典阅读推广大赛”初赛。绘本展演比赛由亲子家庭的父母和孩子共同参加，采取视频海选的方式，收到翔安区公办、民办幼儿园选送的视频作品90余部，由主办方遴选出25支优秀队伍参与现场展演竞逐，14支队伍脱颖而出。他们代表翔安区参加厦门市图书馆2021年第八届“快乐绘本秀——家庭经典阅读推广大赛”复赛，7支队伍获得十强进入决赛，5支队伍获最佳潜力奖，2支队伍获优秀奖。

【第四批“翔安红色记忆”连环画发行】2021年7月30日，翔安区图书馆在澳头超旷美术馆举

2021 年 7 月 30 日，翔安区图书馆在澳头超旷美术馆举行“翔安红色记忆”系列连环画（四）首发仪式 （翔安区图书馆 供图）

行“翔安红色记忆”系列连环画（四）首发仪式。第四批连环画包括《鳌海歼敌》《康仲仁的故事》《彭春夏的故事》《大帽山的故事》《山侯亭的故事》5 本。

（翔安区文化馆、图书馆）

文化遗产保护

【概况】 2021 年，翔安区文化遗产保护贯彻落实“政府主导、社会参与，活态传承、保护优先，

表 7　　2021 年翔安区图书馆少儿读书创作活动一览表

活动名称	活动内容与目的	适应年龄	参加人次	场次	活动时间
国学系列活动	国学系列活动主题分别为“弘扬国学经典，共创美好未来”“说文解字　喜迎牛年趣解牛字家族”“激活经典　熔古铸今”等，通过吟诵、分享、讨论、答惑等方式，由浅入深，引导亲子共读经典，既提升读者对经典的认识，又开拓德能教育的思维，促进亲子情感沟通	家长、学生	860	11	周六
快乐阅读　轻松习作	主题是“坚持不懈，才能成功”，训练重点“人物对话”。邀请优秀语文教师林淑彬在报告厅指导小读者阅读写作	9～12 周岁	635	4	5 月 22 日 5 月 26 日 6 月 5 日 6 月 19 日
智绘书	“智绘书”系列活动主题分别为“小学生如何写好期末考试作文”“喜阅童谣　亲子智绘书”“飞鱼的梦想是天空”等，引导和帮助孩子塑造美好高尚的品德，发挥自己的聪明才智画出立体手作故事书，活动聘请福建省作家协会会员，厦门市剧本创作交流中心签约编剧，儿童文学作家香橼作为授课老师，在引导阅读馆藏绘本的基础上鼓励孩子们进行故事原创，动手制作手工书，把图书馆作为他们的创作基地	9～12 周岁	770	11	周六
儿童水墨画传习体验	弘扬中华民族优秀传统文化，活跃思维、启迪智慧，增加小读者对中国水墨画的兴趣爱好，增强对文化艺术作品不同角度的见识，丰富其课余生活	8～12 周岁	100	1	11 月 20 日

表 8　　2021 年翔安区图书馆专家讲座一览表

时间	地点	专家	讲座内容	听众
4 月 8 日	翔安区第三实验小学	力　禾	相约共读论语	一年级学生
5 月 14 日	翔安区图书馆二楼报告厅	高　雅	“文旅融合”系列培训会	总馆、分馆、邻里书屋全体工作人员
6 月 29 日	翔安区鸿渐小学	谢绍鹢	朱子同安兴学与同安籍门人	老师

续表 8

时间	地点	专家	讲座内容	听众
7 月 27 日	厦门乾翔大管家企业服务有限公司	王　刚	以史为鉴、开创未来的行动指南——习近平总书记“七一”重要讲话精神解读	干部职工
7 月 30 日	翔安澳头文学馆	王玉君	手机摄影课程	总馆、分馆、邻里书屋全体工作人员
12 月 13 日	翔安区图书馆二楼活动室	九　山	“翔安旅图”平台 OSA 工作坊	总馆、分馆、邻里书屋全体工作人员
12 月 24 日	翔安区图书馆二楼报告厅	谢月水	“翰墨书香传雅韵，丹青溢彩贺新春”国画艺术沙龙	艺术爱好者

分类指导、创新发展”的原则，以文化遗产普查申报为基础，以管理考核为手段，宣传展示为载体，以实现“遗产丰富、氛围浓厚、特色鲜明、民众受益”为目标，推进翔安区非物质文化遗产法保护和传承工作。

【非遗经费保障】 2021 年，翔安区文化和旅游局把非遗专项工作经费纳入财政预算，申请非遗专项工作经费 73.88 万元，对传承人、传习所开展传习活动给予工作经费扶持，给予省、市、区传承人工作补贴，对区级民俗文化人才实行公费体检，开展各项非遗活动和培训。为翔安区非遗项目、非遗传习点争取省、市级非遗保护专项资金，其中农民画项目获得省非物质文化遗产保护传承专项资金 20 万元。

【非遗传承申报】 2021 年，翔安区文化馆组织指导祭祖习俗（翔安丁瓯）等 5 项市级非遗项目申报省级第七批非物质文化遗产代表性项目，祭祖习俗（翔安丁瓯）通过评审认定为福建省第七批省级非物质文化遗产代表性项目，翔安区新圩镇古宅村民委员会通过评审确定为第七批省级非物质文化遗产代表性项目保护单位。推荐闽南唢呐演奏等 6 个项目申报第六批市级非物质文化遗产代表性项目，申请增加金海街道彭厝社区居委会、赵岗宋江阵技艺传习所、益尔寿佛具有限公司分别为市级项目闽南传统建筑营造技艺、五祖拳、传统香制作技艺（厦门闽南天然香制作技艺）的保护单位。

2021 年 4 月，翔安区民俗文化人才、非遗代表性传承人培训会

（翔安区文化馆　供图）

【非遗传承保护】 2021 年，翔安区文化馆结合文化和自然遗产日开展宋江阵文化、农民画夏令营、南音传习、拍胸舞等系列传承保护活动。发动全区中小学校师生和群众创作闽南新童谣，收到稿件 212 篇，遴选出 47 篇优秀作品推荐参加厦门市文化馆举办的闽南新童谣征文活动。组织传承人团队参加厦门市“文化和自然遗产日”非遗宣传展示暨闽台文化交流展演展示活动启动仪式表演。

【文物修缮】 2021 年，翔安区文化馆对全区文物保护单位和未定级不可移动文物进行全面摸排，制定保护工作方案，22 个项目纳入历史文化遗产集中保护修缮专项。全年翔安区完成东园张氏宗祠、李长庚故居、林君升墓等 13

处不可移动文物修缮工作，加强历史文化遗产集中保护。

【文物审查委员会成立】 2021年3月，翔安区成立文物审查委员会，并召开第一次文物审查委员会会议，会议决定公布第二批翔安区不可移动文物219处，文物审查委员会成立，开启翔安区文物保护管理工作规范化、制度化的工作机制。

（翔安区文化馆）

文化产业

【概况】 2021年，翔安区文化和旅游局开展招商引资，培养本土特色文创企业，加快推进文化领域供给侧结构性改革。翔安区的特色文化产业推陈出新，闽南风格的茶具木雕工艺，古朴传统的舞龙舞狮等各类民俗文化资源向产业化转型。福春姜母鸭、澳头蚝干粥、蒜蓉枝、石花冻、手工面线等传统非遗美食项目，通过“旅图推荐官”“来翔图游翔安”“来翔图游厦门”等旅游推介会，开展对外交流活动，推动文化旅游产业融合发展。第十四届海峡两岸文化产业博览交易会受新冠疫情影响未能如期举办。翔安区有网吧12家，娱乐场所21家，文艺表演团体11家，出版物零售经营单位67家（其中音像制品经营单位1家，图书经营单位66家），印刷业57家，卫星传送的境外电视节目接收单位1家，电影发行放映场所5家。

【影视创作基地】 2021年4月10日，厦门影视文化产业协会创作基地和江小鱼导演工作室在澳头社区举行揭牌仪式，落户花间民宿，推动翔安澳头的影视产业发展。

【文旅产业推介与签约】 2021年5月16日，由翔安区委、区政府，厦门市海洋发展局共同主办，翔安区金海街道、翔安招商集团、时代空间共同承办的公共艺术与海洋经济发展论坛暨海洋文旅产业推介会在澳头超旷美术馆举行。15家企业现场签约入驻，投资总额超20亿元。

（翔安区文化馆）

文化场馆

【概况】 2021年，翔安区文化馆履行公共文化场馆免费开放相关工作要求，做好剧场、展览厅、宣传廊、漆画室、电子阅览室、舞蹈（综合）排练室、独立学习室（音乐、书法、美术、曲艺等）、娱乐活动室等公共空间设施场地的免费开放。疫情防控期间，对公共文化场馆采取“错时、延时服务制”，落实服务“时间差”举措。翔安区9个镇（街）均建有独立综合文化服务中心，均设置书报阅览室、电子阅览室、教育培训室、棋牌室、体育健身室、多功能活动厅、综合展示厅，配备相应器材设备。115个村（社区）建有200平方米以上达标文化室。翔安区文化馆调研镇（街）、村（社区）基层公共文化设施管护现状，编制翔安区农村公共文化基础设施管护设施目录、任务清单和《厦门市翔安区基层公共文化设施管护体制改革实施细则》，完成公共文化服务体系示范区复核工作，指导督促镇（街）实施基层文化设施免费开放和开展文化活动。

【翔安区图书馆】 翔安区图书馆位于区文化活动中心A区一楼，面积6488平方米，采取大开间。通透设计，共划分为普通文献借阅区、报刊阅览区、电子阅览区、盲文阅览区、少儿阅览区、读者自修区、读者休息区7个功能区域。设置阅览座位405个，配备覆盖全域的中央空调、广播系统、监控系统、无线网络等，采取藏、借、阅、查一体的免费服务模式，

2021年，翔安区图书馆电子阅览区经过两个月的改造，升级为阅读体验空间。图为2月1日拍摄的数字阅读体验区　　（翔安区图书馆　供图）

表 9　　2021 年翔安区公共图书馆基本情况表

	单位	实绩
机构数	个	1
公共图书馆藏书	册	743651
书架单层总长度	米	2374.76
累计发放借书证数	本	45172
图书流通情况人次	人次	586459
图书流通情况册次	人次	893822
为读者举办各类活动次	次	220
参加人次	人次	55479
总收入	万元	868.2
总支出	万元	874.2
新增藏量购置费	万元	164.6
固定资产原值	万元	17927
公用房屋建筑面积	平方米	6488
# 书库	平方米	712
阅览室	平方米	628
阅览室座席数	个	405

为辖区群众提供舒适的学习、阅读环境和贴心、优质的服务。翔安区图书馆馆藏资源 24.68 万种 74.37 万册。订阅期刊 735 种，电子资源 33.82 万亿字节，总办证量 4.52 万张；全年新增图书资源 2.28 万种 6.37 万册，总分馆流通量 58.65 万人次、借还图书 89.38 万册次、新增借阅证 7055 张。组织、开展阅读推广、讲座、培训、阅读指导、展览、电影展播等线上线下活动 220 场次，5.55 万人次参与。

【翔安区文化馆】 翔安区文化馆位于区文化中心三楼，设有无障碍设施，内外部环境优美，具有浓厚的文化气息。馆内设有排练厅、合唱室、联谊厅、曲艺室、健身房、翔安农民画基地等文化活动厅室；书画摄影展厅等多功能厅，能较好地满足展览、交流、参观等多种需要；影剧院位于区文化活动中心 B 区三楼，面积 2131 平方米，拥有 756 个室外观众席位、标准的室内舞台、先进的电脑灯光、专业的演出音响。优质的中央空调等硬件设备；C 区三楼的宣传栏和广场大型 LED 作为区文化馆对外宣传窗口，定期更换宣传内容，常年播放政府宣传视频和馆办活动影像资料。

【翔安区青少年宫】 翔安区青少年宫位于新店镇顶曾路 360 号 C 区 4～6 层，场馆面积 2830 平方米，内设青少年科学工作室、乒乓球室、跆拳道室、舞蹈厅、联谊厅、青少年绿色网吧等多种公共文化服务设施和 9 间文化艺术培训标准教室，配套建设露天儿童活动娱乐场、市民文化广场、和露天标准舞台。各种培训教室功能齐备、设施配套完善，培训硬件居厦门岛外前列。区青少年宫的建设定位为青少年道德教育阵地、课外文体活动中心、业余特色培训基地、社会科普教育平台。

【翔安区文化馆（新馆）揭牌】 2021 年 6 月 4 日，翔安区文化馆（新馆）举行揭牌仪式。新文化馆位于翔安区马巷街道印斗山南路，紧邻翔安一中和翔安老年大学，建筑面积 1.31 万平方米。馆内设有 500 座剧场，书画、非遗等各类展厅，合唱、培训等功能性教室。

（翔安区文化和旅游局）

旅　游

综　述

【概况】 2021年，厦门市翔安区文化和旅游局（以下简称翔安区文化和旅游局）围绕“旅游＋乡村”发展思路，以新冠疫情防控工作保障为前提，推动全区旅游事业和旅游产业复工复产提质升级。翔安区全年接待国内游客434.01万人次，旅游业收入63.03亿元。全区入统限额以上住宿业10家，限额以上住宿业累计实现营业额1.10亿元，比上年增长26.59%，增长率全市排名第一。

【旅游项目招商】 2021年，翔安区文化和旅游局旅游住宿业招商落地2个项目。益材酒店、豪享来酒店商业街等酒店总部项目取得用地开发建设。

【定点酒店隔离医学观察】 2021年，翔安区文化和旅游局按照翔安区委、区政府关于做好疫情防控工作的相关要求，牵头翔安区卫健局、翔安公安分局、翔投集团等单位，根据“一点一方案”“一点一专班”的要求，组建10个定点隔离酒店专班和3个异地封控点工作专班。全年翔安区定点酒店收留集中医学观察对象9400余人，其中境外回国人员3100余人，异地封控点人员3587名，密接次密接人员1300多名。定点酒店工作专班全程零错放、零漏放。

【第五届“乡约翔安”乡村旅游季推介活动】 2021年，翔安区文化和旅游局举办第五届“乡约翔安”乡村旅游季推介活动，以“红色（革命文化之旅主题路线）、蓝色（海洋文化之旅主题路线）、绿色（生态文化之旅主题路线）”三大主题串联相关景区景点，推出8条旅游路线。

（翔安区文化和旅游局）

旅游资源开发

【概况】 2021年，翔安区文化和旅游局坚持“文化＋旅游”文旅融合发展，提升全域旅游品牌，加强旅游资源开发建设。全年推动香山林相、战地观光园、古宅十八弯、锄山村等景点的提升改造。

【旅游设施建设】 2021年，翔安区推进旅游基础设施建设，完成2021年度旅游厕所评定和国家旅游厕所管理系统填报工作，追加发放2020年区级厕所补助经费，全区新建旅游厕所3座；实地考核A级旅游厕所，复核完成“百度地图”App定位和编号标记。落实春节、“五一”劳动节、国庆节香山花海种植，完成香山木栈道栏杆提升改造、林相改造等项目建设，推动乡村旅游提质升级。

【旅游品牌提升】 2021年，翔安区文化和旅游局启动福建省乡村旅游“百镇千村”提质升级三年行动计划。香山街道大宅社区获评福建省金牌旅游村，金海街道澳头社区获评三星级乡村旅游休闲集镇。

（翔安区文化和旅游局）

旅游管理

【概况】 2021年，翔安区文化和旅游局做好辖区内旅游企业疫情防控、复工复产及安全生产各项工作，排查管控各类安全风险，对全区景点、娱乐场所、网吧、电影院加强日常巡查。全年翔安区旅游行业运转正常安全有序，未发生旅游安全生产事故。

【旅游安全生产】 2021年，翔安区文化和旅游局围绕旅游行业安全管理，做好安全工作。开展常态化安全检查和专项整治，组织辖区A级景区、星级酒店、旅行社等旅游企业签订安全生产与消防安全责任状。开展安全生产月宣传活动 5 场次，组织各景区、酒店开展反恐安全及消防安全演练 4 场次。

【旅游安全检查】 2021 年，翔安区文化和旅游局制定《翔安区景区景点安全管理专项整治工作方案》，集中排查治理各类事故隐患，组织开展元旦、春节、“五一”黄金周等重要节点旅游市场秩序综合大检查，会同相关职能部门到各景区、宾馆、旅行社现场检查。全年辖区景区景点、星级酒店、旅行社排查整改安全隐患 54 处。对全区旅行社进行摸底、内务档案检查，开展旅行社租赁旅游包车专项治理行动。制定出台《翔安区旅游市场长效监管机制工作方案》，落实属地管理，部门联动执法，牵头开展联合执法 28 次，检查重点涉旅场所 310 家次，现场开具警告处罚单 3 单，立案 11 件。

【旅游安全整治】 2021 年，翔安区文化和旅游局参与涉海整治专项行动，摸查旅行社涉海业务，通过定期打电话问询、现场检查等方式对旅行社进行宣传、督查，汇报检查工作情况和平安情况。全年翔安区旅行社均无经营海上看金门海上游业务。

【旅游文明创建】 2021 年，翔安区文化和旅游局持续开展文明旅游宣传活动，组织星级饭店开展生活垃圾分类示范饭店创建，组织旅游行业开展文明诚信宣传活动。处理游客投诉，按时办理上级部门转来的投诉件，组织开展全区旅游购物场所专项整治行动。

（翔安区文化和旅游局）

旅游推广

【第五届翔安乡村旅游季活动】 2021 年 12 月 16—17 日，翔安区文化和旅游局主办第五届翔安乡村旅游季活动和“诗意厦门四季生活之旅”翔安专场活动，组织 40 余名旅游界网红对翔安区澳头社区、大宅社区、黄厝村、大帽山境等乡村旅游景点和乡村文创旅游产品进行网红直播，支持翔安旅游业推广和旅游业网红经济发展。

【节假旅游主题活动】 2021 年，翔安区文化和旅游局联合厦门广电集团拍摄 10 期《翔安旅游专题节目》，在厦门和泉州两市公交车、厦门 3 条地铁、BRT 及厦门政务楼宇城市平台播出，向厦门、泉州两地市民游客宣传翔安旅游景区景点。

【旅媒合作网络营销】 2021 年，翔安文化和旅游局旅游微信公众号推送旅游宣传信息 687 条。其中，旅游景点、路线推介及相关旅游活动介绍 266 条，疫情防控资讯 210 条，文明旅游 26 条、垃圾分类 24 条、旅游安全 30 条，非法集资 3 条，宪法推广 1 条；阅读数 29.32 万人次，点赞数 952 人次，好看数 1089 次，头条平均阅读数 1033 人次。

【旅游会展促销】 2021 年，翔安区文化和旅游局邀请全区酒店、景区和旅游公司参加第十七届海峡旅游博览会和 2021 福建旅游交易会，通过视频与手绘地图等资料全面展示翔安旅游资源与风采，推出系列特价套餐与惠民福利。5 月 16—21 日，“诗意厦门　闽韵翔安”（湖北、江西）旅游推介会走进湖北宜昌、武汉和江西九江，为厦门、宜昌、武汉和九江 4 地旅游企业搭建旅游交流与合作平台，扩大翔安旅游品牌在当地的知名度和影响力。

（翔安区文化和旅游局）

旅游景点

香山省级风景名胜区

【概况】 香山公园景区位于翔安区东部，紧邻南安，西依九溪，北望鸿渐山，南面大海，处厦、漳、泉“闽南金三角”中心地带，与金门岛一衣带水，风光秀美，风景怡人。景区占地 10.38 平方千米。香山景区遍布古迹，人文景观博大精深，有千年古刹香山岩寺和徽国文公祠，有南宋著名理学大儒朱熹登临香山留下的“真隐处”等石刻，有“乐谷窝”、“九车十八驴驼”、“东西雨亭古道”石刻等遗址，有具有传奇色彩的“娘仔墓”、“一品夫人”古坟等古迹，有九溪“状元桥”、西林“太监碑”（厦门第一碑）、“望洋阡”石刻、狮球石石刻等。

【景观规划】 2021 年，翔安区文化和旅游局打造香山公园别样之美，实施花海项目，分别于春节、“五一”、国庆前，通过多年生植物与播种季节性花卉相结合，单次种植面积 3.33 公顷。根据气候挑选适宜栽种的油菜花与波斯菊 2 个植物品种，以沉浸式景观营造花海场地，为市民游客带来醉于花香的舒心旅程。6 月，启动香山公园秋季绿化补植与市政提升改造项目，涉及提升改造面积近 8 万平方米，绿化补植约 2000

平方米，市政道路硬化约 100 平方米。

【景区形象提升】 2021 年，翔安区文化和旅游局通过日常走访，发现香山景区商铺经营混乱，存在违规占用、线路老旧等安全隐患，商户缺乏环保意识，对香山环境造成破坏等问题。区文化和旅游局牵头联合街道、社区、公安、消防、民宗、卫健、翔安建发城建等相关职能单位，成立工作领导小组，坚持“疏堵结合、整体提升”原则，制定行动方案，对违法违建情况进行摸底排查，规范摊规点商户，建立健全长效机制，保障景区安全生产，提高景区整体形象。

【景区活动】 2021 年 9 月 9 日，翔安区文化和旅游局以“感恩敬老与登高赏秋”为主题，在香山景区举办重阳登山节，参与人数 150 人。紧抓乡村振兴，以景区旅游路线为依托，串联大宅、黄厝等周边社区，实现引流目标，带动周边民宿、火龙果等特色产业链经济，促进共同发展。

（翔安区文化和旅游局）

大帽山境

【概况】 厦门特房集团和翔投集团选址大帽山农场共同开发田园综合体项目，包括寨仔尾里、后炉林间、上廊雅境、罗田溪语、三角梅园 5 个子项目。2018 年 4 月 28 日开业至 2021 年年底，项目一期、二期累计入住、用餐、商业馆体验等超过 60 万人次，入住率 36% 左右。景区依托自然山地与生态资源，以生态修复为核心，围绕休闲农业主题，布局生产、旅游、休闲、运动、教育、养生、养老等产业，规划形成“三天两夜”旅游线路。大帽山境成为福建省养生旅游休闲基地、福建省中小学生劳动教育实践基地、厦门市乡村振兴重点示范村、厦门市人居环境试点示范村、厦门市中小学生研学教育实践基地、厦门市在职干部保健疗养指定单位、厦门城市党建学院实训基地、厦门市职工疗休养基地。2021 年，大帽山境做好绿色环保排放工作，获评厦门市近零碳景区称号。

【景区提升】 2021 年，大帽山境景区增加射箭场、高空拓展、高空滑索等户外运动设施和大型户外拓展园区，解决景区度假体验感较弱的问题。深入打造项目品牌“大帽山境”、民宿品牌“宛厝”、餐饮品牌“山遇”、各项“网红”农产品，营造温馨体验氛围。

【村民转产就业】 2021 年，大帽山境景区促进农民就业增收，帮助大帽山农场原村民转产转岗 150 人，其中大专以上学历 17 人，在岗原村民 64 人。景区管理企业长期开展民宿、餐饮、果蔬生产、苗圃生产、现代农业大棚管理等技能及管理培训，促进农民就业技能提升；扩大固定岗位帮扶范围，长期提供日常临时工、兼职岗位，优先录用农村村民，为农民提供更多就业机会。

【景区活动】 2021 年，大帽山境结合各月度市场特点，提供放心、贴心、暖心、舒心、开心“五心”服务，打造“新春游园会”“山境采摘季”“山境番薯节”“春风十里”“童梦山境”“七夕游园会”“诗意国庆”“冬日盛典三重奏”等系列文旅活动，推出“遇见春日”“趣享田园”“悠夏田园”“年中特惠”“仲夏之旅”“山境之旅”“古厝与花”等各类月度包价套餐，提升旅游产品吸引力。

（翔安区文化和旅游局）

英雄三岛战地观光园

【概况】 英雄三岛战地观光园由翔投集团下属全资子公司厦门翔安旅游发展有限公司运营管理，园区占地约 8 万平方米，园区内有省文物保护单位“大嶝海峡之声前线广播电台旧址”及厦门市第六批文物保护单位和第三批涉台文物古迹“大嶝八二三炮战旧址群”。英雄三岛战地观光园获国家 AAA 级旅游景区称号；福建省省级爱国主义教育基地、国防教育基地、党史教育基地、党史学习教育参观学习点、中小学生研学实践教育基地、社会科学普及教育基地、妇女爱国主义教育基地、文物保护单位称号；厦门青少年爱国主义教育基地、海防教育基地、海洋文化产业与海洋意识宣传教育研学基地称号，是全国唯一面向金门，以统一祖国大业为主题，以战地观光为内容，融爱国主义教育、国防知识教育、军事科普教育于一体的多功能参观学习、游览胜地。全年入园游客近 30 万人次。

【景区建设】 2021 年 3 月 26 日，园区英雄三岛精神主题馆开馆。该主题馆打造英雄三岛精神研学综合体，是“英雄三岛精神”的现实载体之一。中国人民解放军陆军某部及相关院校赠予英雄三岛战地观光园 59 式坦克、59 式 57 高射炮、83 式 122 榴弹炮和 63 式装甲输送车 4 件重型退役武器，充实园区红色资源。12 月 7 日，福建省妇联发布《关于命名“福建省妇女爱国主义教育基地”的通知》，英雄三岛战地观光园入选首批“福建省妇女爱国主义教育基地”。

【景区活动】 2021年5月20日，由翔安区委文明办、区教育局主办，大嶝中心小学、英雄三岛战地观光园承办的“学党史、悟思想、弘扬英雄三岛精神”快闪活动在英雄三岛战地观光园举办。7月13—14日，英雄三岛战地观光园接待2021年获“翔安好少年”称号的学生，开展“党的光辉照我心”翔安好少年党史研学实践活动。

（翔安区文化和旅游局）

悠然锄山

【概况】 翔安区内厝镇锄山村是厦门市实施乡村振兴战略试点村之一，也是厦门市革命老区之一，涌现出宋公铺、宋代、宋温、苏深渊4位抗日烈士。村里一座由碎石砌成的两层古楼“竹篙楼”是地下武装斗争旧址。锄山乡村党校暨内厝革命老区史迹馆，是厦门市委党校及翔安区委党校授牌的乡村振兴干部实训基地。锄山革命圣地兼具田园之美，拥有山地田园、民兵水库、峡谷、花海、茶园、古树、溪流等自然资源。景区打造集餐饮住宿与拓展为一体的“锄山公社”，运营“归锄·山居”山野民宿。

【红色旅游创建】 2021年，锄山村以革命历史、传统文化和非遗手工相结合，探索红色党建、绿色乡建相结合的乡村振兴之路，带动锄山发展。7月，由中共厦门市党史和地方志研究室、厦门日报社联合编撰的建党百年献礼专辑《踏寻厦门红色足迹》，将锄山村作为厦门红色足迹收录记述。9月，锄山村入选福建省国资委命名的首批福建省国有企业爱国主义教育基地。

【景区活动】 2021年，“悠然锄山”结合党建、团建需要，推出半日、1日和2日的定制行程活动，结合党员植树、悠然采菊、春耕助农等特色主题，打造一系列红色艺文手工课程。开创“云海深处”福建省首个红色实地沉浸式互动剧场。

（翔安区文化和旅游局）

红珊汽车文化公园

【概况】 2021年，厦门红珊汽车文化公园占地38.93公顷，是集汽车运动、展览发布、星级酒店、汽车商贸、汽车服务、专业培训、户外休闲、亲子教育于一体的综合性汽车文化主题公园。项目位于翔安区内厝镇，地处厦漳泉中心位置，距离厦门岛内仅25分钟车程，距离泉州、漳州市区仅需40分钟车程，翔安国际机场投入使用后，从公园出发至机场仅需10分钟车程。

【公园建设】 2021年，红珊汽车文化公园厦门国际赛车场获国际汽联（FIA）四级赛道认证，是全国第14条通过国际汽联认证的赛道，是海峡西岸经济区首条获得FIA认证的国际赛道。厦门国际赛车场定位为综合性、专业性、公益化、社会化、市场化的文体旅游综合体，在赛事产权及文化产权上，创新比赛形式，以房车赛道、越野道路、赛事广场、儿童卡丁车区为基地，开展红珊车王系列赛事。以赛道文化属性为核心延展，开展多元化的赛车运动、青少年研学活动，向公众传递赛车知识，营造赛车文化，形成涵盖中青少年的赛事产权体系。赛车场项目自2018年3月对外运营，累计开展汽车驾控体验、新车发布会、安全驾驶培训、安全驾乘教育、赛道驾驶体验等活动400余场，参与体育旅游体验人数突破30万人次。红珊汽车文化公园获2020中国体育旅游十佳精品景区、2021年厦门市体育示范项目和2021年中国体育旅游精品景区等称号。

【赛事活动】 2021年，厦门国际赛车场策划举办红珊车王挑战赛

2021年10月30日，红珊车王挑战赛R5站开赛（红珊汽车文化公园　供图）

R1～R6站。其中，比赛包含红珊车王挑战赛TA赛、红珊车王挑战赛——圈速赛、红珊POLO挑战赛、红珊88千米耐力赛、红珊场地挑战赛——赛宸体育杯冲刺赛、红珊明日之星儿童卡丁车大赛等赛事。

【夏令营活动】 2021年6月29日，红珊汽车文化公园创新启动厦门国际赛车场研学，举办明日之星赛车夏令营。厦门国际赛车场针对青少年发展夏令营体验课程，让青少年了解赛车运动文化发展历程、汽车与卡丁车的构造观摩，让青少年近距离观摩汽车构造，了解汽车知识。

【“潮玩，潮弄，潮起来”赛道活动】 2021年4月13日，举办厦门大学管理学院精英专属赛道“潮玩，潮弄，潮起来”活动，将拓展训练与汽车文化、汽车驾驶体验融合，设计出符合中国企业文化及个人职业生涯规划特点的培训课程，打破企业培训与现有体验式培训的固有瓶颈，创新特色团队素质拓展训练课程体系。

（翔安区文化和旅游局）

繁星基地

【概况】 2021年，翔安区内厝镇黄厝村繁星基地共有入驻艺术家、文创团队26家（砖雕、漆画、雕塑、玉雕、国画、空间美学、木艺等），入驻社会组织10个，推动5个项目孵化；成立合作社、引进产业公司加大农民创业力度，发展“庭院经济”带动“家庭旅馆”“家庭餐饮”发展，解决村民转产就业、创业难问题，带动村民全面致富。3月11日，厦门翔安繁星基地开展以“植下希望　爱我家乡美”为主题的植树节活动，组织内厝新联会、繁星之家志愿服务队志愿者与村民一起参加植树活动。

【环境提升】 2021年，繁星基地推进环境提升改造工程建设。黄厝旅游动线（2期）周边景观提升、黄厝村石坝池塘及周边景观提升工程、文创核心区环境提升改造工程、紫云大街风貌改造项目、黄厝水渠改造及景观提升项目、翔安区青少年法治教育基地6个项目完工。黄厝村海翔大道至东坑路防火便道改造提升工程、黄厝紫云田园项目、红砖埕果蔬合作社3个项目启动前期程序。

【党建主题馆建设】 2021年，繁星基地发挥芳华礼堂“不忘初心、牢记使命”红砖党建主题馆作用，弘扬“红船精神”“井冈山精神”“延安精神”，开展“又红又砖·泥土芬芳”主题党建活动260余批次，参加人员近3000人次。3月15日，繁星基地被中共厦门市委组织部、厦门城市党建学院授予“2020—2021年厦门城市党建学院实训基地”称号。

【公益课堂】 2021年，繁星基地组织开展公益培训班和夏令营活动，每周为黄厝村80余名学生开设常态公益绘画课，全年举办150多期。成立繁星妇女微家平台，定期组织开展面向老人、妇女、少儿的各类活动。

面前埔田园综合体

【概况】 厦门市面前埔田园综合体投资有限公司是首家翔安区属国企和民企混改成立的乡村振兴开发运营公司，涉及4个村庄，面积5.17平方千米。面前埔田园综合体项目是福建省乡村振兴试点项目、厦门市乡村振兴市级重点示范项目、厦门市城市党建学院实训基地。

2021年，厦门三五丘乡村旅游有限公司党支部获评翔安区先进基层党组织。公司负责人吴泗海获评文化和旅游部乡村文化和旅游能人、福建省乡村文化和旅游能人称号。

【综合体运营】 2021年，面前埔田园综合体项目在一期三五丘七彩田园运营的基础上，提质升级，着力种业小镇的建设和海峡两岸种子种苗博览会的筹备，与中国农业科学院蔬菜花卉研究所等单位达成合作意向。面前埔村产业以小农户种植为主，应对市场风险，创新实施小农户抱团发展，成立庄家宝、庆烨果蔬、海澄专业合作社等9家农民合作社，吸引50家农户加入，160人实现家门口就业，年销售蔬菜利润250万元。庄家宝合作社发展成为厦门蔬菜的一个“金字招牌”，种植的蔬菜、水果等，成为市民餐桌上的“放心食品”，年销售额超2000万元。

（翔安区文化和旅游局）

卫生健康 体育

综 述

【概况】2021年，厦门市翔安区卫生健康局（以下简称翔安区卫生健康局）坚持大健康、大发展理念，科学精准抓好疫情防控工作，深化医药卫生体制改革，推动健康产业发展，提升医疗卫生服务能力。加强医疗行业监管，整顿和规范医疗机构执业行为，依法严肃查处违法违规乱象，强化医疗机构依法执业意识，保障医疗质量和医疗安全，维护人民群众健康权益。2021年6月，中共翔安区卫生和计划生育监督所党支部被授予“全省先进基层党组织”称号。

夯实群众体育基础，投入区级体彩公益金250万元提升全区部分体育设施，新增6所学校体育馆（场）实现对外开放，实现人均公共体育场地面积2.74平方米。

表10　　2021年翔安区卫生事业基本情况表

	总计	按机构属性分			按机构类别分							
		国有	集体	私营	医院	社区服务中心	卫生院	门诊部	妇幼保健所	疾病预防控制中心	诊所	其他机构
一、机构数（个）	278	57	110	111	5	1	4	23	1	1	85	158
二、床位数（张）	2095	1475	0	620	1895	25	175	0	0	0	0	0
三、病床使用率（%）	23.55	14.82	0	24.14	47.02	0	0.38	0	0	0	0	0
四、工作人员（人）	3945	2447	314	1184	2732	28	326	238	61	29	177	354
（一）卫生技术人员	3403	2101	314	988	2319	24	275	196	49	15	171	354
执业医师	1230	841	43	346	820	16	128	82	26	8	88	62
执业助理医师	160	19	101	40	15	0	9	19	4	0	11	102
注册护士	1469	949	48	472	1180	4	84	75	3	0	55	68
药剂人员	159	104	0	55	100	3	27	9	3	0	17	0
检验人员	97	62	0	35	59	1	15	7	10	5	0	0
其　他	288	126	122	40	145	0	12	4	3	2	0	122
（二）其他技术人员	143	124	0	19	99	2	26	10	3	0	3	0
（三）管理人员	248	120	0	128	213	3	9	14	4	6	1	0
（四）工勤人员	206	102	0	104	156	1	16	18	5	8	2	0

【"三医联动"改革】 2021年，翔安区卫生健康局完善公立医院管理运行机制，推进医疗服务价格动态调整，落实国家、省、市组织药品耗材集中带量采购工作。全年各医疗机构与医保部门签订6批次的中选药品，中选药品执行带量采购，按照指标要求进行采购与使用。

【健康医疗大数据产业发展】 2021年，翔安区医疗健康核心组团"健康翔安智谷"新增落地企业70家，注册资本金7.2亿元。引进国内领先的肝病创新药研发企业"维沃医药"总部项目、专注于骨骼与关节疾病领域干细胞新药研发的"骨本生物"等优质企业，推动产业结构优化升级。以活动促发展，利用厦门大学百年校庆全球校友招商大会、九八投洽会、第十九届海创会等举办契机，对接目标企业，推介厦门翔安健康医疗大数据产业生态。

【医疗基础设施建设】 2021年，翔安区卫生健康局改善就医环境，加速推进厦门市第五医院一期扩建项目（总投资1.85亿元）、市第五医院发热门诊建设项目、市第五医院院区东南部道路维护及绿化建设等项目建设，筹划推动翔安区妇幼保健院、民安街道社区卫生服务中心2个建设项目，推进12家社区卫生所建设。

【卫健系统专题培训】 2021年12月，翔安区委党校协助翔安区卫健局在厦门城市党建学院，组织卫健系统基层党务骨干进行专题培训，培训围绕中共十九届六中全会精神解读、党史学习辅导等课程开展，共33人参加培训，提升卫健系统基层党务骨干党建工作水平。

【疫情防控】 2021年，翔安区卫生健康局坚持精准防控，做好疫情防控工作。针对本土疫情，开展全方位核酸检测，调配医护人员5431人次，完成全区5轮全员核酸采样，检测334.6万人次；派出医护人员523人次，支援同安区核酸采样；紧急调配71名医护人员，组成翔安区3个异地封控点医疗专班；做好流调消毒工作，集中力量成立流调组，开展流行病学调查及终末端消毒。截至12月31日，翔安区累计接种新冠疫苗127.05万人次。每周开展2轮食品、环境监测，累计检测冷链从业人员1.22万人次，完成核酸标本检测1.17万份；加强医疗机构管理，落实"四早"措施，在厦门市第五医院、厦门大学附属翔安医院和莲花医院设置发热门诊，落实病人登记报告制度，对发热患者实施闭环管理，对从药店购买发热咳嗽类药物人员实行健康管理；加大排查管控力度，做好境外人员、国内中高风险地区和其他重点地区来翔安人员，实行集中或居家医学观察及核酸检测，落实中高风险岗位人员及其共同居住人健康管理。

（翔安区卫生健康局）

公共卫生服务

【概况】 2021年，翔安区专业公共卫生机构核编163人，在岗117人；基层医疗卫生机构核编377人，在岗282人；全区乡村医生313人。翔安区围绕促进经济社会发展，加强公共卫生服务，坚持"外防输入、内防反弹"总策略，控制局部聚集性疫情，打好疫情防控阻击战。

【健康管理】 2021年，翔安区卫生健康局落实国家基本公共卫生服务项目，城市居民建档率55.78%，农村居民建档率88.51%，城市老年人建档率90.47%；6岁以下儿童预防接种建卡率100%；儿童保健管理率97.84%；孕产妇系统建册率95.75%；老年人健康管理率69.47%；高血压规范管理率85.01%，糖尿病规范管理率79.02%，重性精神病管理率88.03%。

【疾病预防与控制】 2021年，翔安区报告各类法定传染病2769例，发病率478.86/10万。其中，乙类传染病1295例，丙类传染病1474例，无甲类传染病病例报告。学校、托幼机构等集体单位传染病聚集性疫情17起，其中水痘疫情5起，诺如疫情4起，疱疹性咽峡炎6起，手足口病疫情1起，其他感染性腹泻1起。艾滋病、结核病、血吸虫病等重点传染病得到有效控制。全区免疫规划疫苗应接种14.89万人次，实际接种14.87万人次，接种率99.9%；持续巩固氟中毒、碘缺乏病等地方病防治成果。按照严重精神疾病管理治疗要求，开展各项精神卫生工作，报告患病率居全市第一位、全省前列。首次开展学生视力和常见病调查，筛查4所学校、24个班级、1176名学生。开展各类卫生主题讲座、活动各8场，制作控烟宣传横幅1条，发放"禁止吸烟"标识100张、相关宣传材料400份。完成发放、张贴新冠肺炎疫情防控知识宣传折页9.28万份，宣传册5900本。

【妇幼卫生保健】 2021年，翔安区卫生健康局加强妇幼保健管理，履行妇幼公共卫生职能，全面落实免费"两癌"筛查，增补叶酸预防神经管缺陷，免费产前筛查诊断及预防艾滋病、梅毒、乙肝母婴传播等重大公共卫生项目，持续开展婚检孕检“一站式”服务、妇女儿童各期保健、出生缺陷综合防治、免费计划生育技术服务等。各项任务指标达到“两纲”要求，婚检率96.04%，孕产妇系统管理率96.07%，7岁以下儿童健康管理率97.98%，5岁以下儿童死亡率2.59‰，无孕产妇死亡病例。

【卫生监督执法】 2021年，翔安区卫生健康局以疫情防控监督检查为主线，组织开展打击无证行医、职业健康等18个专项监督检查，完成国家和厦门市“双随机一公开”工作。全年出动卫生监督员1711人次803车次，检查监管单位2299户次、开具卫生执法文书624份，责令整改593户次。立案查处各类违法案件34件，罚没金额11.84万元。

【爱国卫生运动】 2021年，翔安区坚持以做好常态化疫情防控外环境消杀工作为重点，以迎接国家卫生城市复审为契机，改善城乡环境卫生面貌。开展爱国卫生统一行动，通过国家卫生城市复审；加大控烟宣传，新建16家“无烟党政机关”、2家“无烟单位”及19家“无烟学校”；创建卫生乡镇，巩固新圩镇国家卫生乡镇创建成果，推荐内厝镇创建省级卫生乡镇，推荐新店社区等27个社区参评省级卫生社区；落实农村“厕所革命”工作要求，新改建农村户厕68户；做好病媒生物防治，降低鼠、蚊、蝇和蟑螂密度，预防病媒传染病传播，引导市民养成文明健康的生活习惯，打造健康宜居翔安。

（翔安区卫生健康局）

医疗服务

【概况】 2021年，翔安区卫生健康局围绕提升医疗服务水平，深化“三医联动”改革，加快医联体建设，推动公立医院改革，加强基础设施建设，引进高层次人才，医疗服务水平稳步提升。全区医疗卫生机构276个、床位1909张，其中厦门市第五医院医护人员核定数1341人、在岗1194人。全区执业（助理）医师1390人，注册护士1469人。厦门市第五医院获福建医学科技奖三等奖1项，福建省科学技术进步奖三等奖1项；中国康复医学会科学技术奖一等奖、二等奖各1项。

【医政管理】 2021年，翔安区卫生健康局批准设置53家医疗卫生机构，全年医师执业注册187人次，医师多机构执业备案26人次，护士执业注册196人次。公立基层医疗机构诊疗100.04万人次，医疗业务量比上年增加11.3%，其中厦门市第五医院门急诊78.96万人次，比上年增长14.45%；住院3.33万人次，比上年增长14.32%。全区家庭医生签约服务13.43万人，签约覆盖率34.01%。其中，高血压患者签约2.58万人，签约率91.11%；糖尿病患者签约9006人，签约率111.88%；65岁以上老年人签约2.93万人，签约率71.61%。

【医联体建设】 2021年，翔安区卫生健康局出台《推进松散型医联体紧密型管理工作方案》，医联体机制体制有创新，实现与托管经费、挂职副院长绩效拨付和基层医疗机构年度综合激励考评“三挂钩”，提升各方参与医联体建设的积极性和主动性。组织医学博士、专家开展义诊25次，义诊100人次，护理75人次。开展健康讲座3场，发放就医指南、健康宣传材料1500多份，服务社区居民1250余人次。全年公立医院派出专家下乡到翔安各卫生院1338人次，诊疗7234人次，讲座35次，带教2300人次。实现资源共享，医联体平台上转2362人次，下转939人次。

【公立医院改革】 2021年，翔安区卫生健康局发挥厦门市第五医院党委“把方向，管大局”作用，建立健全医疗质量安全管理制度，重新制定2021年院级和科级质量改进目标，以及短、中、长期医院学科建设发展规划与学科建设和重点专科奖励实施办法。厦门市第五医院年度绩效考评获948.7分（满分1000分）。

【社会资本举办医疗机构】 2021年，翔安区社会办医疗机构158家，新增53家。7月1日起，翔安区卫生健康局率先实施诊所备案制，同步精简审批材料和办理时限，鼓励社会资本开办民营医疗机构。民营医疗机构莲花医院、康翔综合门诊部、平安道医院等能够提供职业健康、护理、康复、精神卫生等个性化医疗服务。

【医学科研】 2021年，厦门市第五医院申报开展新技术、新项目55项。市第五医院康复医学科获批2021年度厦门市临床重点专科建设项目；呼吸与危重症医学科获评国家级PCCM科规范化建设达标单位；获批设立栗占国名医工作室，获批继续设立燕铁斌名医工作室；通过国家VTE防治体系建设项目，获全国肺栓塞和深静脉血栓形成防治能力建设项目血栓防治中心达标单位称号；市第五医院打造胸痛中心、创伤中心、卒中中心三大中心。推进省、市级两个院士专家工作站、3D打印工作室及基因诊断方向中心实验室的运行，开展科研工作。组织申报国家、省、市级科研项目53项，立项30项。

（翔安区卫生健康局）

计生服务

【概况】 2021年，翔安区总人口55.20万人，户籍总人口39.84万人，流动人口15.36万人。出生4194人，出生人口性别比115.19，户籍人口出生率10.66‰，人口自然增长率6.07‰。大嶝街道、内厝镇获评市级2021年人口监测一级达标镇（街）。翔安区金山小学母婴室被评为2021年度福建省“我最喜爱的妈妈小屋”；厦门乾翔大管家企业服务有限公司、翔安教育集团祥美幼儿园2家母婴室被评为2021年厦门市“示范母婴室”。

【普惠托育】 2021年，翔安区卫生健康局与翔安区教育局跨部门协作，在翔安教育集团所属的金域、天成2家幼儿园打造托幼一体化省级托育试点，共享优质资源。翔安区金域、天成托育园联合申请省级普惠托育试点，新增80个托位；博雅托育园申请市级普惠托育试点，新增100个托位。全区0～3岁婴幼儿托育服务机构40家，指导完成备案7家，婴幼儿托育人数700人。翔安区卫生健康局协调翔安区总工会开办职工暑托班，为3家提供托育照护的企业补助14万元；翔安区卫健局机关工会与博雅托育中心签订共建协议，提供医疗保健服务，解决居民子女入托需求。

【管理制度改革】 2021年，翔安区卫生健康局做好“三孩生育”政策阐释解读工作，执行取消社会抚养费等制约措施，清理废止相关处罚规定，将入户、入学、入职等与个人生育情况全面脱钩。修订完善《翔安区关于进一步改善和保障民生工作的实施意见（2019年修订版）》计生相关条款，促进惠民政策与生育政策有效衔接。加强标准化母婴设施建设，在全区机关单位、学校、公共场所和企业建成7家标准化母婴设施；厦门市第五医院、新店中心卫生院在原有母婴室基础上改造升级为多性别母婴室。

【优生优育服务】 2021年，翔安区卫生健康局做好免费婚前保健和孕前优生健康检查服务，全年完成孕前优生健康检查2962人次；全区总建卡数6220例，户籍人口早建卡率93%，常住人口早建卡率88%，高危产妇数4908例，高危筛查78.91%。落实母婴安全五项制度，开展重点高危孕产妇追踪20例，转诊危重孕产妇1例，高危管理100%，确保辖区孕产妇零死亡。做好疫情防控期间孕产妇管理工作，印发《致翔安区孕产妇的一封信》《关于加强疫情期间孕产妇管理工作的通知》，明确孕产妇紧急就医预案流程，严格落实孕产妇在册服务管理制度，保障母婴安全，摸排重点管理孕妇403例。

【家庭稳定发展】 2021年，翔安区卫生健康局及时发放计生优惠奖励资金，全年发放农村奖励扶助、城镇奖励扶助、计生特殊家庭特别扶助、农村二女夫妇奖励费等资金2237.89万元。开展特殊家庭系列扶助行动，制定挂钩人联系制度，建立一户一档，实时掌握计生特殊家庭生活情况，推进计生特殊家庭就医绿色通道畅通，协助办理医疗救助补助和家庭医生签约服务应签尽签。开展“暖心行动”，落实精神慰藉、走访慰问、志愿服务、保险保障4项制度，全年慰问计生困难家庭、失独家庭、独生子女伤残困难家庭、流动人口困难家庭218户，发放慰问金36.3万元。开展生育关怀项目，为全区3.57万计生家庭投保意外伤害保险、金秋助学等项目649.08万元；投入12.33万元为全区计生特殊家庭成员411人，购买每人每年300元的重大疾病保险。

【流动人口服务管理】 2021年，翔安区卫生健康局加强流动人口计生信息管理清查，争创人口监测信息质量一级达标单位。举办各类健康服务活动，协助辖区企业做好防疫咨询、健康宣教、医疗服务及疫苗接种等工作。开展流行病学调查与随访，定期开展传染病防治宣传6场次。2021年11月，翔安区卫生健康局联合厦门市卫健委开展2021“鹭岛健康潮”企业职工健康关爱活动，举办专家义诊和健康讲座，为企业职工宣传健康常识、职业病防治等知识。结合疫情防控，走进企业宣传优生优育、计生奖扶政策。提高企业员工急救自救能力，在达运精密工业有限公司、如意情有限公司、厦门天马微电子有限公司、冠捷有限公司等企业开展心理健康讲座2次，现场急救培训7次，600余人参加。

（翔安区卫生健康局）

群众体育

【概况】 2021年，翔安区文化和旅游局深入开展全民健身运动会活动，举办翔安区中小学体育联赛暨三大球联赛、老人新春健步行活动、职工乒乓球赛、村（社区）气排球赛、村（社区）乒乓球赛、村（社区）3人篮球赛、村（社区）羽毛球赛、广场舞大赛、“中建海峡杯”首届青年篮球赛、职工趣味运动会等各种体育赛事100多场。推动区级体育协会的成立与发展，发挥体育协会作用，参与全区体育事业建设。落实健康福建及全民健身国家战略、倡导文明健康生活方式、促进全民健身与全民健康深度融合，群众体育工作迈上新台阶。

【老年人健步行】 2021年3月10日，翔安区文化和旅游局主办的“2021年老年人新春健步行”启动仪式在下潭尾湿地公园举行，马巷街道36个社区的200余名老年人会聚在公园游轮码头广场，参加健步行活动。3月11日，新店分会场活动在新店街道香山郊野公园广场举行，新店老体协组织330人参加该次活动。翔安区老年人新春健步行分为7个会场，共有1000余名老年人参与。

2021年4月28日，职工趣味运动会在翔安区人民体育场举行。图为趣味运动会“龙行天下”项目比赛现场　（翔安区文化和旅游局　供图）

【社会体育指导员培训】 2021年，翔安区文化和旅游局举办3期三级社会体育指导员培训班，有379名体育爱好者参加培训，获得三级社会体育指导员资格。

2021年3月30日至4月6日，首届“中建海峡杯”青年篮球赛举行。图为决赛颁奖现场　（翔安区文化和旅游局　供图）

【老年人体育交流】 2021年4月27日，翔安区老年活动中心组织7名优秀乒乓球选手参加厦门市老年活动中心举办的乒乓球交流活动，获铜奖1枚。6月27日，组织5名选手参加同安区老年活动中心举办的老年台球交流活动，获银奖1枚。6月28日，组织3名优秀台球选手参加厦门市老年活动中心举办的老年人台球交流活动，参加8号球、斯诺克2个项目的交流，获2枚金奖、1枚银奖。

【首届“中建海峡杯”青年篮球赛】 2021年3月30日，由翔安团区委、区文化和旅游局、中建海峡建设发展有限公司联合举办的“中建海峡杯”首届青年篮球赛在翔安区青少年校外体育活动中心开赛。翔安区区直机关221名青年干部，组成19支队伍、历时8个比赛日，进行48场比赛。

【翔安区全民健身运动会暨职工趣味运动会】 2021年4月28日，由翔安区总工会、区文化和旅游局主办的2021年翔安区全民健身运动会暨职工趣味运动会在翔安人民体育场开赛，运动会内容包括“龙行天下”“欢乐同行”“齐心协力”“和谐并进”“平原战车”“80分”6个分项，近500名职工报名参加。

【火炬（翔安）产业区“邻里杯”篮球联赛】 2021年5月22日，由翔安区文化和旅游局、翔安区总工会指导，厦门火炬高新区产业园联合党委、翔安邻里商业中心主办，福建上若工程技术有限公司冠名赞助的2021火炬（翔安）产业区上若检测“邻里杯”篮球联赛总决赛暨闭幕式在翔安邻里商业中心落幕。建发房产、上若检测等16支企业球队参赛，赛程历时12天，经过32场对决，天马微电子、翔安投资集团、建发房产分获冠、亚、季军。

（翔安区文化和旅游局）

竞技体育

【概况】 2021年，翔安区文化和旅游局加强体育后备人才培训基地建设和管理，加大对后备人才基地的扶持，壮大教练员队伍，促进体育后备人才的培养和输送。翔安籍运动员张彬彬获2021年全国冠军赛气步枪个人第四名；2021年全国射击锦标赛步枪项目10米气步枪混合团体第四名。

【竞技体育后备人才基地】 2021年，翔安区下拨40万元扶持竞技体育后备人才训练基地建设和发展，翔安区巷西中学、新店中学、实验学校、第一实验小学4所学校（5个项目）被列为市级后备人才基地。下拨10万元用于田径、射击、棒球、重竞技等传统项目训练、参赛及购置训练器材。翔安区逸夫小学被市竞体中心确定为水上运动项目后备人才训练基地。

【厦门市中小学中职学生田径锦标赛】 2021年12月2—5日，厦门市中小学中职学生田径锦标赛在厦门市体育中心田径场举行，翔安区田径队以新店中学运动员为主，派出初中组运动员20名、高中组运动员16名以及小学联队组运动员40名参加本届锦标赛。高中组以232分蝉联团体总分冠军，获金牌11枚、银牌6枚、铜牌2枚；初中组以188分蝉联团体总分冠军，获金牌6枚、银牌5枚、铜牌4枚；小学组以156分获团体总分第五名，获金牌4枚、银牌3枚、铜牌4枚。

（翔安区文化和旅游局）

体育设施

【概况】 2021年，翔安区持续加大资金投入，建设和完善公共体育设施，截至2021年底，共有体育场地数1077个，其中体育场3个，体育馆1个，运动场50个，小运动场722个，足球场52个，室内外游泳池8个，有固定看台灯光球场22个，各类训练房219个。满足全民健身需求，投入区级体彩公益金250万元提升全区部分体育设施。实现“15分钟健身圈”，人均公共体育场地面积2.74平方米。

【基层体育设施建设】 2021年，翔安区文化和旅游局侧重“三下乡”提升项目，完成村（社区）篮球场提升（铺设硅PU塑胶地面、安装围网），健身路径安装；下拨38万元完成翔安第一个智慧健身房“祥美社区智慧健身房”建设，健身房配备人脸识别智慧预约系统、智慧监控设施、智慧电子屏幕、智慧储物柜、10件室内智慧健身器材，对居民免费开放。下拨32万元建设顶曾路口街心公园和祥福三路口街心公园的体育设施。

【学校体育设施开放】 2021年，翔安区新增莲河中学、刘五店中学、巷南中学、巷西中学、新店中心小学、翔安进修学校附属小学6所学校的体育设施免费对外开放。全区15所学校免费对外开放。

（翔安区文化和旅游局）

社会生活

就业创业

【概况】 2021年，翔安区人社局按照“六稳”“六保”工作要求，坚持以“服务发展、服务民生、服务社会”为主线，落实民生保障政策，提升公共就业创业服务水平，开展农村富余劳动力转移就业，促进农渔民转产增收，提高城乡居民人均可支配收入。全年完成农村富余劳动力转移就业2428人，失业人员再就业1.75万人，城镇就业困难对象再就业1895人。城镇新增就业综合增长率完成2046人，完成任务数1580人的129%。全年通过专场专类招聘会、校企对接会、创业推介会，宣传翔安区人才优惠政策，落实各项奖补措施，发放应届毕业生社保补贴146.68万元，高校毕业生租房补贴67人次、31.85万元，高技能人才津贴1195人次、118.77万元。

【就业招聘平台】 2021年，翔安区人社局在翔安区（火炬）人力资源市场举办各类现场招聘会132场，4388家次企业提供近11万个岗位；深入东部体育会展新城、环东海域等片区举办专场招聘会7场，170家企业提供就业岗位5900个；针对春节后的用工高峰，举办以“春风送岗位、就业暖人心”为主题的大中专毕业生、劳动力转移暨“春风行动”专场招聘会，140家企业提供就业岗位7360个。在厦门市人才网开展“春风行动”网络招聘会以及“群英领翔·招才引智”校园云招聘；通过小鱼网平台举办2场“人才登‘鹭’·C位无限——翔安区直播带岗引才”活动，打造用人单位与人才线上对接新平台。

【就业帮扶】 2021年，翔安区人社局聚焦低保、低收入群众等困难群体，优化完善公共就业服务，开展一次上门走访调查，一次培训推荐，二次就业推荐的“112”精准就业帮扶机制。开发公益性岗位，落实社保补贴、社保补差等民生优惠政策，促进困难群体稳就业，做好民生保障工作。调查走访3.36万人，对有就业意愿的失业人员推荐岗位信息5357条。全年困难群体5057人，无就业条件2436人，有就业条件2621人，实现就业2513人，就业率95.88%。

【转产就业】 2021年，翔安区人社局在大嶝街道建立转产就业集中区，引进劳动密集型手加工业务，让辖区农渔民实现家门口就

2021年3月12日，翔安区2021年大中专毕业生、劳动力转移暨“春风行动”专场招聘会在翔安区（火炬）人力资源市场举行 （林冰冰 摄）

业。全年有6家企业入驻集中区，吸纳周边300多名农渔民就业，辐射带动1600人次家中就业。6月，翔安区人社局牵头相关部门印发《翔安区关于进一步鼓励和支持被征地农民和海域退养渔民转产就业工作的扶持措施（试行）》，围绕促进全方位就业、引导多渠道转产、扶持创业促就业、关注重点群体4个方面，加大对农渔民的帮扶力度，宣传落实翔安区就业创业民生保障政策，发放企业招用就业困难人员社保补贴376万元，招用厦门市农村劳动力社保补差4380万元。709家企业自主招工招才奖励317万元，翔安户籍奖励58.19万元，企业招用翔安富余劳动力（新增劳动力）工资补贴38人、8.2万元。

【就业培训】 2021年，翔安区人社局按照技能提升助转移就业思路，面向被征地农民和海域退养渔民等重点群体，开展以市场需求和岗位要求为导向的项目制培训。各镇（街）深入退养社区调查农渔民培训意愿，结合片区重大项目建设、周边企业用工需求以及社区手加工产业类型，举办市场需求大、就业前景好的培训课程，提升农渔民就业能力。全年举办各类项目制培训45期，1613人参加培训。

（林冰冰）

【招才引智】 2021年，翔安区人社局开展“智汇厦门·梦想起航”翔安区招才引智“1+4+5”（1场重点高校大型推介会，4场招聘宣讲推介会，5场校园专场招聘会）活动，赴吉林长春，广西南宁、桂林，湖北武汉，福建泉州、莆田、武夷山等省内外7个城市10所高校；厦门大学翔安校区、厦门海洋职业技术学院等辖区高校开展招才引智活动，举办12场线下大型校园招聘会，组织翔安区153家次企业参与，提供9177个岗位，收到简历1108份。

【校企合作】 2021年，翔安区加强与厦门大学的战略合作，制定《“十不我待，职翔你来”——厦门大学、翔安区招才引智三年行动计划》，组织省内外22所知名高校就业指导老师与部分高校的优秀学子到翔安区重点项目、优质企业参观考察，促进高校毕业生来翔安、留翔安就业创业。翔安区人社局举办“为群众办实事，送贴心微服务——惠才惠企小课堂”，向辖区企业介绍市、区引才政策，为企业引才聚才提供政策保障。

（冯海宁）

居民生活

【概况】 2021年，翔安区全体居民人均可支配收入4万元，比上年增长10.1%。其中，工资性收入2.06万元，经营净收入1.30万元，财产净收入3234元，转移净收入3222元。全体居民人均消费支出2.68万元，其中食品烟酒支出8650元，衣着支出1271元，居住支出5842元，生活用品及服务支出1611元，交通通信支出4599元，教育文化娱乐支出2801元，医疗保健支出1057元，其他用品和服务支出943元。

【城镇居民收支】 2021年，翔安区城镇居民人均可支配收入4.77万元，其中工资性收入2.79万元，经营净收入1.54万元，财产净收入3871元，转移净收入526元。全体居民人均消费支出3.01万元，其中食品烟酒支出1.18万元，衣着支出1725元，居住支出5711元，生活用品及服务支出1843元，交通通信支出4056元，教育文化娱乐支出2831元，医疗保健支出1235元，其他用品和服务支出982元。

【农村居民收支】 2021年，翔安区农村居民人均可支配收入2.70万元，其中工资性收入1.22万元，经营净收入8790元，财产净收入2174元，转移净收入3832元。全体居民人均消费支出2.16万元，其中食品、烟酒支出6004元，衣着支出884元，居住支出5145元，生活用品及服务支出1288元，交通通信支出4266元，教育文化娱乐支出2422元，医疗保健支出832元，其他用品和服务支出801元。

（统计局）

劳动关系

【概况】 2021年，翔安区人社局（翔安区三方办、翔安区治欠办）着眼构建新型和谐劳动关系，加强劳动关系领域普法宣传、动态监测、矛盾调处、监督执法、典型培树等工作。全年未发生需列入劳动关系预警的案件，劳动关系总体保持和谐稳定。翔安区人社局、工信局、总工会、工商联四部门共同制定《厦门市翔安区劳动关系“和谐同行”能力提升三年行动计划》，明确未来三年翔安区金牌协调劳动关系社会组织和金牌劳动关系协调员培育，服务新企业、指导重点企业用工、企业薪酬指引等目标任务。

【劳动关系协调】 2021年，翔安

区人社局组建协调劳动关系专家服务团队，编发《企业规范用工指南》，有1家社会组织被评为厦门市2021年度金牌协调劳动关系社会组织，5名个人被评为厦门市2021年度金牌劳动关系协调员，19家企业被评为厦门市2021年度劳动关系和谐企业。

【依法治欠保支】 2021年，翔安区治欠办召开19次治欠工作例会，围绕工程建设领域部署开展5项行动，工程建设领域人工费用拨付及使用情况专项检查、迎建党百年“护薪”行动、规范劳动用工专项行动、无欠薪项目部暨评定无欠薪标杆项目活动、“大数据＋根治欠薪”专项行动，实现对翔安区205个在建工程项目督导检查全覆盖，评出17个2021年度无欠薪标杆项目、5个保障农民工工资支付工作先进单位。全年，翔安区劳动保障监察大队受理各类劳动关系投诉、举报6833件，涉及农民工1.4万余人，追回拖欠工资款1.2亿元。

【劳动保障诚信等级评价】 2021年，翔安区人社局根据双随机抽查、日常巡查与专项检查情况，组织开展企业劳动保障（含工资支付行为）守法诚信等级评价、经营性人力资源服务机构事中事后监管评价，评出劳动保障A级守信企业11家，A类人力资源服务机构62家、B类机构2家。

【劳资专管员轮训】 2021年4月、10月，翔安区人社局采取线上线下相结合的方式，深入各镇（街）组织2轮13场在建项目劳资专管员业务培训。培训由翔安区劳动保障监察大队承办，围绕《保障农民工工资支付条例》《福建省工程建设领域保障农民工工资支付

2021年3月18日，翔安区2021年根治欠薪动员部署会在轨道交通3号线蔡厝车辆基地项目部召开 （赵剑勇 摄）

规范化管理指导手册》等内容展开，对日常巡查、专项检查中发现的问题进行解读剖析，参与培训295人。

【根治欠薪集中接访日】 2021年12月11日，翔安区治欠办牵头区建设局、市场监管局等17家单位，在新店街道泰禾广场举办“根治欠薪法治宣传暨集中接访日”活动，通过分发普法宣传手册、法律法规咨询、劳资纠纷受理等方式，宣传政策法规，为群众解难释问、提供法律援助服务，吸引500名居民群众参与。

（唐 斌）

社会保障

【概况】 2021年，翔安区职工基本养老保险参保18.06万人，失业保险参保18.62万人，工伤保险参保18.73万人，机关事业单位养老保险参保6203人，分别比上年增长5.46%、12.24%、12.00%、7.9%。被征地人员基本养老保险累计参保8.36万人。全年新增参保2876人，其中贴息贷款参保175人；区财政参保补助支出5324.76万元，其中贷款贴息504.42万元。全年出具养老保险缴费凭证619份，办理城镇职工基本养老保险关系转移接续申请4642笔，机关事业单位养老保险关系转移接续申请5笔，城乡居民基本养老保险关系转移接续申请9笔。农民合同制工人一次性生活补助申领211人次、发放24.8万元。失业保险金发放2.41万人次、3881.34万元。办理丧葬补助金、抚恤金申领862笔，办理个人账户一次性待遇申领230笔，办理职工正常退休（职）申请1197笔。办理参保人员工伤保险待遇核发1605笔、4419.4万元。全年翔安区机关事业单位退休人员1262人，发放机关养老待遇1.49万人次、1.19亿元。各项业务办结率100%。

【被征地人员养老保险】 2021年，翔安区政府落实被征地人员基本养老保险“财政补助＋银行贷款＋国企担保＋政府贴息”参保扶持模式，减轻群众参保负担。翔安区人社局协调厦门农商银行翔安

支行开展被征地人员参保贷款业务，扩大贷款对象，延长贷款年限，增加还款方式。全年被征地人员养老保险新增参保 2876 人，新增退养按月领取养老金 3026 人；累计参保 8.36 万人，累计退养 5.32 万人。

【退役军人养老保险】 2021 年，翔安区人社局完成翔安区退役士兵养老保险缴费 79.47 万元，接收军人退役养老保险关系转移、未就业随军配偶养老保险关系转入。

【社保基金管理】 2021 年，翔安区人社局召开全区安全警示教育动员视频会，学习传达全省社保基金管理警示教育会议精神，观看警示教育专题片，举办社保基金管理风险防控专题讲座、社保基金管理风险防控分析会，把警示教育传达到基层一线工作人员，累计印发宣传海报 265 张、宣传手册 1.2 万份。制定《翔安区社保经办和社保基金安全专项整治行动实施方案》《关于社保基金管理风险排查工作的实施方案》，规范业务流程、健全工作制度、堵塞管理漏洞，防范和化解业务经办管理风险，提高风险防控能力和水平，确保社会保险基金安全。通过排查和专项整治，未发现工作人员违法、违纪问题，结合“点题整治”工作追回养老保险各项待遇 60 人、18.51 万元；追回失业保险待遇 11 人、9.66 万元；追回工伤保险待遇 3 人、6.43 万元。

【养老保险补助】 2021 年，翔安区人社局实施翔安区 16～59 周岁城乡居民参保进行最低缴费标准补助政策。全年城乡居民养老保险参保 6.78 万人，参保率 99.98%，拨付参保补助资金 1277.28 万元，连续 4 年基本实现全民养老目标。

【区级民生补贴】 2021 年，翔安区人社局落实区级民生保障措施，增强辖区群众获得感和幸福感。2021 年累计发放老人养老补助 4.25 万人次、1275.68 万元，发放保障性就业补贴 29.83 万人次、8982.72 万元。

【机关事业单位养老保险职业年金】 2021 年，翔安区人社局协助市财政核对机关事业单位养老保险职业年金清算，清算金额 282.66 万元。完成全区机关事业单位养老保险网上申报系统单位与经办信息采集，涉及 163 家单位和 326 个经办人员信息，为机关事业单位养老保险业务网上办理做好相关准备。

【失业保险扩围政策】 2021 年，翔安区人社局发放失业补助金 1250 人，发放临时生活补助金 472 人，发放普惠性稳岗返还 2340 家、271.77 万元。

【大帽山农场养老保险补缴后待遇重算工作】 2021 年，翔安区人社局完成大帽山农场政策性补缴人员中，762 名已退休职工待遇重算及待遇调整工作，人均增资 1987.81 元 / 月。完成已退休职工档案清理移交退休人员服务中心。

（沈金发）

民政事务

【概况】 2021 年，厦门市翔安区民政局（以下简称翔安区民政局）践行以人民为中心的发展思想，聚焦群众急难愁盼，统筹推进民生保障和疫情防控，在连民心、办实事、惠民生中助力推动翔安区“十四五”规划开好局、起好步。根据地域分布、人口日流量等情况，将翔安区调整划分成 550 个网格单元，绘制电子信息地图，依条件设立社区网格工作室。发动社区工作力量，按照一个网格至少 1 人的标准配备网格管理员，建立网格化工作队伍，开展社区工作者人员整合、招聘及调薪工作，加强社区网格工作力量，推动社区网格化运行。

【困难群体救助】 2021 年，翔安区民政局开展困难群体救助工作，落实各类救助、补助政策。全年为 2025 户 3239 人发放低保金 2495.39 万元，为 296 名特困人员发放供养金 665.92 万元，为 1.65 万人次发放临时救助金 691.15 万元，发放残疾人“两项补贴”10.58 万人次 4097.77 万元，为入住区福利中心的 59 名特困人员发放床位费、生活费等补贴 196.91 万元。结合“爱心厦门”建设，开展扶贫济困等慈善活动，发放慰问金 146 万元，慰问物资价值 109.72 万元，累计慰问困难群众 7400 人次。

【儿童福利帮扶】 2021 年，翔安区民政局摸底排查困境儿童 980 人，农村留守儿童 2 人，将 565 名困境儿童的家庭纳入最低生活保障；按时发放孤儿生活补贴 13 人 33.69 万元，事实无人抚养儿童生活补贴 140 人 270.22 万元；开展“福彩圆梦·孤儿助学工程”，为 5 名符合条件的孤儿发放助学金 6.5 万元。

【农村幸福院建设】 2021 年，翔安区民政局立足区情实际，着眼翔安区农村老人“家门口养老”

服务需求，加大财政投入，加快农村幸福院建设进度。全年投入1050万元，新、续建9个农村幸福院。其中，幸福院6个竣工，3个完成修缮改造，提升农村养老服务水平。

【省级示范点社区近邻服务创建】2021年，翔安区民政局以金海街道鼓岩社区为省级示范点目标，启动社区近邻服务创建工作，建设邻里驿站，围绕近邻党建、近邻敬老、近邻济困、近邻扶幼、近邻协商、近邻队伍6个方面，探索创建社区“近邻”服务模式，营造党群互动密切、邻里团结友爱、家园温馨和谐的近邻新风尚。

【三社联动】2021年，翔安区民政局根据村（社区）“人、文、地、景、产”资源禀赋不同的特点，因地制宜定制“一村一案”，投入400万元，在20个村（社区）开展“三社联动”试点项目。通过项目运作，采用专业技能，链接村（社区）内外资源，回应居民需求，确保农村社会工作向纵深拓展，推动基层社会治理转型升级。

【社工服务站建设】2021年，翔安区民政局结合区情实际，制定《翔安区街（镇）社会工作服务站建设实施计划》，指导9个镇（街）按照有场地、有设备、有人员、有服务功能、有工作流程、有规章制度等标准，高质量建设镇（街）社工服务站；在香山街道东园社区等8个村（社区）开展社工室建设试点工作。

【革命老区工作】2021年，翔安区民政局推进沐风社工等社会组织与赵厝社区等革命老区村“阳光1+1”牵手计划，签订87个帮扶协议，针对老区实际开展困难群众帮扶、助老养老等服务。提高“五老”人员及“五老”遗偶定期生活补助标准，从每人每月1740元、930元提高至每人每月1870元、1000元，为114名“五老”人员及“五老”遗偶发放定期生活补助金、护理费、慰问金196.05万元。挖掘翔安区本土红色资源，完成《翔安老区革命发展史》编撰及出版工作。

【社会组织管理】2021年，翔安区民政局规范社会组织登记管理，全年新登记社会组织24家、变更34家、注销5家，有318家社会组织参与年报，参与率92%；对34家社会组织和养老机构开展“双随机”执法检查，对5家慈善组织开展专项审计；落实教育培训机构“双减”措施，对阳光彼岸等5家教育培训机构实施“营改非”；开展打击非法社会组织专项整治行动，完成7家“僵尸型”社会组织整治。

【社会组织党建】2021年，翔安区民政局举办社会组织庆祝中国共产党成立100周年等系列党建活动，结合“双随机一公开”检查监管模式，走访翔安区跆拳道协会等20家社会组织，摸排社会组织党建情况，推动组建新三岛图书馆、微祥安志愿服务中心2家党支部，推进党组织、党建活动两个覆盖。抓好典型示范带动，推荐马巷青年创业促进会党支部书记陈清滨获评厦门市第三批非公党建领军人才，成为全市唯一社会组织党建领军人才代表。

【对口帮扶工作】2021年，翔安区民政局加大宣传力度，发动社会力量参与闽宁协作，动员翔安区建筑业协会等社会力量筹集物资408.24万元；组织翔安区新店青年创业促进会等5家社会组织与彭阳县举行视频签约仪式，线上签订结对帮扶协议，鼓励社会组织发挥自身优势，创新帮扶模式。

【区划地名管理】2021年，翔安区民政局牵头开展镇（街）调整后续工作，及时核定内厝镇、香山街道等3条镇级行政区域界线；编印出版“厦门市翔安区行政区划图”，组织开展清理不规范地名，标准化建设路名牌双语标志标识，增设16个单杆式路名牌，移交552个路名牌，完成“欧洲城”等居民点和171个单杆式路名牌整改；完成38家企业门牌申请及36个新地名申报，更新完善国家地名信息库数据24条；强化二维码地址管理，全年制作梯位牌、室牌3.15万块。

【国际社工日活动】2021年，翔管好区民政局组织12家社工机构，开展“汇聚社工力量　助力乡村振兴”国际社工日论坛，探索社工机构在助力翔安乡村振兴中的路径与作用，展示全区社会工作发展成果。

【婚姻登记管理】2021年，翔安区民政局实行结婚登记“全省通办”，落实离婚登记冷静期制度，全年办理结婚登记2421对，办理离婚登记735对，补领结婚证299对，补发离婚证55对。深化婚俗改革，购买专业社工服务，驻点提升婚姻登记心理服务质量，开展婚姻心理讲座10场，为1959对夫妻开展婚姻危机干预，劝合或暂缓离婚386对夫妻。联合翔安区妇联举办“秋收爱情、邂逅幸福”交友联谊活动，为适龄单身男女搭建平台；创新结婚颁证服务形式，邀请局领导、政协委

2021 年 7 月 1 日，翔安区民政局创新结婚颁证服务形式，邀请局长张福祥（右一）到婚姻登记中心为新人颁证（洪燕秋 摄）

员等为新人颁证，增强仪式感。

【殡葬改革】 2021 年，翔安区民政局推动殡葬改革，提前谋划清明祭扫方案，在仙境陵园设置追思墙，免费发放鲜花 3 万朵，引导祭扫群众改变焚烧纸钱、燃放爆竹等传统习俗，打造“无烟陵园”。清明期间，接待祭扫群众 4.5 万人次、车辆 7980 辆。加大财政投入，改善殡葬基础设施，投入 100 万元推进 125 家村（社区）骨灰室运营管理；投入 984 万元建成仙境陵园三期智能格位和防雷监控系统，新增骨灰格位 1.9 万个；投入 76.96 万元购置 2 部殡仪车，出车 1794 次。落实惠民殡葬政策，减免无丧葬居民基本殡葬费用 87.62 万元。

【村（社区）换届选举】 2021 年，翔安区民政局坚持高线择优，聚焦“双好双强”和“四个过硬”，拓宽选人视野，抓实流程规范，完成 120 个村（社区）“两委”换届工作，做到一次性选举成功率 100%，“一肩挑”比例 100%，实现班子年龄学历等“五升二降”。

【基层疫情防控】 2021 年，翔安区民政局牵头承担翔安区应对疫情指挥部基层防控组工作任务，制定社区网格化疫情防控方案，建立响应联动机制；指导社区工作者、网格员采取网格化、地毯式逐村逐户摸排人员。制定完善冬春季和春节期间疫情防控工作应急处置预案，指导民政服务机构按照“防控指南”落实各项措施，开展机构内人员核酸检测“应检尽检”工作，民政窗口“不见面”审批，为群众做好电话解释工作，避免人群聚集。号召各社会组织参与疫情防控工作，动员 812 名社会组织志愿者协助村（社区）开展核酸检测、卡口管控等工作；链接各慈善类社会组织资源，搭建爱心桥梁，支援一线防疫工作，筹集爱心捐赠物资 800 万元。

（王阿玲）

老龄工作

【概况】 2021 年，翔安区 60 岁以上人口 6.29 万人，占总人口的 10.9%；65 岁以上人口 4.09 万，占总人口 7.1%。全区 65 岁以上老年人家庭医生签约 2.93 万人，签约覆盖率 71.61%。

【老年人社会福利】 2021 年，翔安区做好高龄津贴发放工作。其中，百岁老年人每月发放 1100 元高龄津贴，90～99 周岁老年人每月发放 200 元高龄津贴，80～89 周岁老年人每月发放 100 元高龄津贴。全年翔安区为老年人划拨高龄津贴、基层活动经费 1458.52 万元。组织新年度老年人幸福安康险招投标工作，为户籍登记在翔安区年满 60 周岁以上的老年人购买幸福安康险，配套设置意外伤害住院护理补贴，保障老年人的合法权益，提高老年人抵御意外风险能力。全年翔安区幸福安康险赔付老年人意外伤害 345.81 万元。

【老年康养近邻服务】 2021 年，翔安区卫健局开展医疗机构与养老机构协议合作，基层卫生院、三级医院与辖区幸福院或日间照料机构签约 33 家。其中，新店中心卫生院签约 4 家、马巷卫生院签约 1 家、新圩中心卫生院签约 8 家、内厝卫生院签约 15 家、厦门市第五医院签约 2 家；促进医疗机构与医养结合机构签约，厦门市第五医院与翔安区敬善养老院、厦门恩慧新霞健康管理有限公司签约；平安道医院、新店中心卫生院与翔安区敬善养老院签约，加强老年人公共医疗卫生服务及个性化需求服务医疗保障力量，将老有所养、老有所医深入社区、走进家庭。抓好第二批医养结合工作试点的遴选工作，经厦门市卫健委、厦门市民政局联合开展实地评估考查，确定翔安区内厝镇卫生院与翔安区内厝镇莲塘幸福老人服务中心为市级医养协作试点单位。

【老年人健康管理】 2021 年，翔安区卫健局开展送义诊、送健康志愿活动。针对老年人高血压、脑血管障碍等常见疾病，内厝镇老龄办与莲塘村助老员，入户关怀老年人，发放健康知识宣传手册，为老年人测量血压，嘱托老人要营养膳食健康运动，提高老年人的健康意识。8 月 3 日至 11 月 30 日，在全区各疫苗接种点配备人工智能眼底照相机，全区有 1.71 万名老人参加糖尿病视网膜病变及相关风险筛查，发现有健康风险 6427 人。开展家庭医生签约服务、远程会诊、分级诊疗，建立基层医疗机构与市第五医院联合诊疗机制，打造“15 分钟医疗健康服务圈”，让老年人享有便捷的基层卫生服务。

【敬老助老宣传】 2021 年，翔安区卫健局开展“关注口腔健康，品味老年幸福”为主题的健康宣传周活动，宣传《厦门经济特区老年人权益保障规定》，协调新闻媒体在报纸、网站、微信公众号刊登《百岁老人每月领 1100 元》《执子之手与子偕老 68 对老人庆金婚》《儿子拒绝赡养，老人如何维权》《109 岁岛外“第一寿星”在翔安大嶝》等报道，营造尊老、助老、敬老的社会氛围。加强创建全国示范性老年友好型社区建设，指导内厝镇莲塘村参加全国示范性老年友好型社区创建。开展爱心慰问走访活动，动员党员干部及社会各界力量开展多种形式的走访慰问活动，倾听老年人心声，关心老年人生活，重点深入高龄、留守、失能失智、失独老年人家庭，送关怀、解难事、办实事。协调保险公司赠送全区 31 户特困老年人价值 500 元的食用油、大米等慰问品，让困难群众感受节日的温暖。中秋节前夕，慰问辖区 76 户失独家庭及困难伤残家庭，每户 500 元。

2021 年 10 月 14 日，翔安区党员干部和志愿者走访慰问老人活动

（翔安区融媒体中心　供图）

【居家养老服务】 2021 年，翔安区民政局投入 2610 万元购买居家社区养老服务、农村幸福院专业化运营服务以及老年人配送餐服务，构建翔安区居家、社区、机构相协调的养老服务体系，实现居家社区养老服务全覆盖；运用“创新 + 公益”力量，开办社区老年人食堂，解决老年人做饭、吃饭难题，全区每日助餐老年人 1500 人以上；实现配送餐服务全区 120 个村（社区）全覆盖，让老年人足不出户享受温饱。

【机构养老工作】 2021 年，翔安区民政局对翔安区福利中心分别投入 146 万元、65 万元开展修缮提升和“正本清源”，消除安全隐患，强化民生保障；引入厦门大学附属翔安医院康养医学中心、同享恩医养服务有限公司、恩慧新霞健康管理有限公司等养老机构，提高翔安区每千人养老床位数，为辖区老人提供多元、多选择、多层次的养老服务；培育养老服务产业市场，引入北京国寿养老产业投资基金，确定九溪高端养老地块监管协议，完成地块挂牌出让。

（翔安区卫生健康局）

【离退休人员社会化服务】 2021 年，翔安区人社局服务退休人员 6.9 万人、享受抚恤对象 306 人。

全年移交退休人员 4489 人，社区接收退休人员 4685 人，退休人员死亡减退 1467 人，接收退休人员档案 1366 份。慰问重病住院退休人员 8278 人，慰问死亡退休人员家属并办理养老金继承及领取丧葬费 1385 人。全年翔安区退休人员领取养老保险待遇资格认证率 100%，完成数字化档案 1000 份。

【退休人员业余生活】 2021 年，翔安区人社局组织文化、科技、卫生“三下乡”活动与年度退休人员文体健康活动。其中，开展太极拳培训 12 场、健康知识讲座 48 场、智能手机操作培训 38 场、文艺演出 2 场、门球比赛 1 场。

（林修齐）

慈善事业

【概况】 2021 年，翔安区慈善总会东西部对口帮扶、市慈善总会拨款、定向捐款资金、政府拨款和利息收入等项目资金收入 292.04 万元，开展“新春慰问”“雨露育青苗”“实物补贴发放”“东西部对口帮扶”和“爱心飞翔”等活动，救助 4850 多人次，发放救助金 187.04 万元。

【千元千户活动】 2021 年，翔安区慈善总会联合市慈善总会、南普陀慈善基金、特房慈善基金、建发房产慈善基金等爱心单位开展新春慰问困难户活动，慰问翔安区困难户 510 户，每户发放慰问金 1000 元及慰问品，共计 58.2 万元。

【慈善年夜饭活动】 2021 年春节之前，翔安区慈善总会联合市慈善总会及爱心企业开展新春送慈善年夜饭活动，为全区 600 户困难家庭每户送上价值 400 元的年夜饭及油、米等慰问品。

【助孤助困活动】 2021 年，厦门市慈善总会联合翔安区慈善总会开展“雨露育青苗”结对帮扶活动，为翔安区 300 名孤困儿童找到结对帮扶的爱心单位。爱心单位每年资助其挂钩儿童 2500 元扶助金。

【东西部对口帮扶活动】 2021 年，翔安区慈善总会落实闽宁协作第二十五次联席会议精神，筹措资金 43 万元，用于对口帮扶宁夏回族自治区固原市彭阳县困难群众，助力彭阳县乡村振兴。

【慈善爱心超市】 2021 年 12 月，翔安区慈善总会依托区慈善超市启动爱心物资发放工作，为全区低保户、特困户及孤儿每人发放价值 100～200 元的实物补贴，共采购 6800 袋大米（5 千克 / 袋）、3400 瓶食用油（5 升 / 瓶）、1450 床棉被。

【金柄村帮扶活动】 2021 年，翔安区慈善总会联合厦门国贸控股集团有限公司，提供 20 万元为新圩镇金柄村修建新圩食尚小镇电动汽车充电桩。

【“爱心飞翔”活动】 2021 年，翔安区慈善总会开展“爱心飞翔”活动，救助翔安区 4 名困难重大疾病患者，帮助他们解决燃眉之急。

【“情暖童心·筑梦成长”活动】 2021 年“六一”儿童节，翔安区慈善会联合区关工委到小嶝小学和翔安区特殊教育学校走访慰问，送上助学金和关爱礼品 1.2 万元。

（谢志鹏）

【爱心救助】 2021 年，翔安区各慈善组织开展救助募捐、爱心助残、爱心敬老、爱心济困、爱心扶幼等一系列活动，助力“爱心厦门”建设。全年支出救助款 204.1 万元，帮扶救助困难群众 5327 人次。

（王阿玲）

应急管理

综　述

【概况】 2021年，厦门市翔安区应急管理局（以下简称翔安区应急局）开展安全生产隐患大排查大整治和安全生产专项整治“三年行动”，牵头负责景区和非景区景点安全管理专项整治工作，统筹推进疫情防控和复工复产工作，做好危险化学品、烟花爆竹、重点行业安全监管。翔安救援大队召开全区安全工作会议，开展重大节日消防安全隐患检查，推进消防安全整治三年行动。

【应急普法宣传培训】 2021年，翔安区应急局采取多种方式，定期通过公众号、微信群发布事故案例和短视频、特种作业常见问题系列解答等传播安全法规、安全常识。举办《中华人民共和国安全生产法》(新修订)(以下简称《安全生产法》)学习培训会19场次，参加培训企业1097家、负责人1200人次；组织企业签订承诺书，发放致企业的一封信、安全生产法单行本、宣传海报和宣传碟片等宣传材料。针对有限空间、粉尘涉爆和食品保鲜卡生产企业的特点，召开3场安全培训和告知会，邀请厦门市安委会专家授课，180余名企业安全负责人参加培训。开展送法进企业、进园区宣讲8场，累计培训企业安全负责人150余人。把企业《安全生产法》的贯彻落实情况，纳入日常监管执法和重点督导检查内容，边检查边普法、边执法边督导，向企业主要负责人、安全管理人员、一线员工进行普法宣传。

【应急专题培训】 2021年6月1—4日，翔安区委党校协助区应急局，开展森林消防指挥和队伍专题培训。翔安区应急局相关领导及各镇（街）林业站、护林员，共120人参加培训。

【应急救援演练】 2021年，翔安区应急局督促企业配备应急物资器材，加强应急教育和培训，依法组织开展应急预案演练。全年组织应急救援演练3次。5月21日，开展烟花爆竹零售店标准化建设暨应急救援演练。6月18日，在中石化森美加油站组织全区危险化学品火灾事故暨反恐应急救援综合演练。7月13日，组织厦门味之素来福如意食品有限公司液氨泄漏应急救援演练。为区级液氨应急救援技术支援组相关人员购买团体保险，投入1.48万元更新应急救援技术支援组的救援器材。

【应急队伍建设】 2021年2月28日，翔安区应急局联合福建省森林消防总队厦门市驻防分队、厦门曙光救援队开展森林防灭火综合演练。5月25日，翔安区参加市、区、镇（街）、村（社区）四级联动演练，演练单位投入各型装备75辆（艘、台、套），其他设备237件（套），参与演练842人，转移236人，提升应急处置和抢险救灾能力。6月1—4日，翔安区应急局邀请5名驻防分队骨干进行授课，对区、镇两级一线指挥员和队伍100人进行组织指挥、技能素养和扑火安全知识集中培训。

【抗疫保生产】 2021年，翔安区应急局直面新冠肺炎疫情防控需求和安全生产底线，为全区企业安全生产保驾护航，指导企业抓好复工复产工作。依托官方微信公众号，促进企业和职工主动学习复工安全生产知识和新型冠状病毒肺炎防控知识；推出复工复产知识培训专栏，用线上方式替代以往的线下集中培训，让企业、员工接收疫情防控与安全生产知识。9月，翔安区应急局协助新圩镇上宅村、新圩社区、金柄村、后埔村、面前埔村和后亭村6个点位开展疫情防控，出动200余人次参与村口、重要路口防控布控、卡口值守、测温验码和登记复查工作，出动60余人次参与全员核酸检测工作。

（翔安区应急局）

安全生产监督管理

【概况】 2021年，翔安区应急局强化隐患排查和风险治理，加强道路交通、建筑施工、危险化学品、消防安全、房屋安全、水上和渔业船舶、特种设备、城市建设安全等重点领域安全生产专项治理。全年出动检查人员1412人次，检查翔安区各类企业699家次，发现隐患479处，开出责令整改指令书165份，隐患全部完成整改。安全生产立案29次，其中行政立案19次，处罚企业18家、罚没91.21万元，处罚个人7人、罚没2.44万元；事故立案10件，处罚企业10家、罚没350万元，处罚事故责任人11人、罚没34.33万元。

【危化行业监管】 2021年，翔安区应急局抓好重点时段、重点环节危险化学品安全监管，开展非法违法小化工、危险化学品、危险化学品领域安全生产新情况新问题、危险化学品与化工安全、安全评价机构执业行为、危险化学品经营安全等专项整治。全年检查排查涉危企业1300家次，约谈危险化学品企业5家次，受理举报件5件，立案查处4件，处罚款20.95万元；危险化学品经营许可证受理10件、烟花爆竹办证44件、应急预案备案9件、第三类易制毒备案1件，安全评价备案6件。

【工贸行业监管】 2021年，翔安区应急局开展工贸领域“严执法、强攻坚、促提升”专项行动，围绕“从根本上消除事故隐患”目标任务，按照“全覆盖、严执法、零容忍、重实效”的工作要求，依照工作职责和分工，预判安全风险，主动作为，开展“控事故、保安全、迎建党百年”集中攻坚专项行动，聘请专家开展“解剖麻雀式”“问诊式”执法检查，突出粉尘涉爆、有限空间、危化品使用等重点领域专项执法，突出查纠重大事故隐患，与非法违法行为较真碰硬，按照“对于屡犯者顶格处罚”和“处罚一家、警示一片”要求，运用通报、约谈、曝光、警示等措施，让违法行为得到应有处罚，压紧压实企业安全生产主体责任落实。全年立案调查15起，约谈13家企业负责人和安全负责人，给予15家企业行政处罚、罚款43.3万元，对负有责任的6名直接主管人员处罚款1.9万元。

（翔安区应急局）

防灾减灾

【概况】 2021年，翔安区应急局坚持“防”“治”相结合的原则，以“零伤亡、少损失”为底线，注重从减少灾害损失向全力化解防汛抗灾风险隐患转变，压实责任、精细部署、狠抓落实，推进各项工作，构建自然灾害防治体系。对水库堤防、在建工地、城区排涝、路水电网设施等重要部位抢险配备专业技术人员和稳定的抢险队伍。全区成立38支抢险队伍、2972名应急人员，与曙光、安能、鲲龙3支社会专业救援力量建立抢险救援长期合作关系，确保迅即能动。突出防汛组织指挥和业务能力提升，全区组织防汛演练185场次3372人次。

【抗旱保供水】 2021年8月13日，翔安区应急局根据气象预测和防汛抗旱形势会商，执行市防指抗旱保供水措施，与舫山水厂、水务集团沟通协调，督促其建立长效管养机制，确保舫山水厂三期扩建工程、新圩泵站以及美东、后埔、村尾村应急加压泵站等设施设备运行正常、供水稳定。4—5月，区应急局关注气象监测预警，抓住有利气象条件，开展2次人工增雨作业，缓解翔安区农业旱情。落实中水回用、错峰蓄用水、尾水回灌等节水举措，加强节水用水宣传。督促区水利部门做好水库防洪调度运用计划执行，加强水情监测和水库管理，持续做好水库蓄水工作。

【防汛防台】 2021年，翔安区应急局落实以行政首长负责制为核心的各项防汛责任制，明确全区9个镇（街）、120个村（社区）、32座小（2）型以上水库、15座水闸、6个片区建设指挥部等各类责任人。按响应等级要求，分级落实气象预警预报时机、密度，整合办公自动化（OA）、传真、短信、微信、村级综合预警平台（LED显示）等信息发布手段。全年启动防御暴雨台风响应24次，全区无发生明显灾情险情。翔安区分管领导召开专题会、会商会和防御部署会30余次；区主要领导、分管领导率队下沉一线，开展检查督导20余次，现场调度解决防汛抗旱存在困难和问题。入汛前，全区累计排查隐患945处，查出隐患61处，完成整改58处。7月26日至8月25日，翔安区应急局开展为期1个月拉网式大排查大整治，排查隐患396处，完成整改386处，其余10处制定专项整治方案，落实应急处置措施。

【防震减灾】 2021年，翔安区应急局开展地震易发区房屋设施加固工程统计、房屋设施抗震设防信息采集、11个地震避难场所设施整治、121个地震预警信息终端维护管理；通过横幅、宣传车、宣传单、橱窗广告、广播、微信、短信等进行防震减灾知识普及；“5·12”国家减灾日和“10·13”国际减灾日，全区社区、校园、重要企业公司等单位开展地震逃生演练。针对地震预警信息终端，专门建立微信群，成立信息联络机制，确保预警系统有效运用；针对地震避难场所，配合市地震局对每个场所设施情况进行细致检查，全区11个避难场所总体能够达到应急保障需求。

（翔安区应急局）

2021年6月10日，翔安区消防救援大队指导区农渔民转产就业集中区项目消防工作（郑茜　供图）

消防救援

【概况】 2021年，翔安区消防救援大队推进党史学习教育，贯彻落实上级党委决策部署，围绕“主业更精、队伍更强、基础更牢、形势更稳”的总体目标，真抓实干、攻坚克难，确保社会面消防安全和队伍形势“两个稳定”。4月，翔安区消防救援大队被应急管理部消防救援局授予集体三等功。

【消防安全责任落实】 2021年，翔安区政府组织对全区9个镇（街）、17个部门2020年度消防工作完成情况进行考核并通报情况，下发《关于大嶝街道阳塘北二里168—1号“1·17”火灾事故调查报告的批复》。在消防工作联席会议基础上成立翔安区消防安全委员会，完善消防安全工作机制。

【消防基础设施建设】 2021年，翔安救援大队完成新圩小型消防站建设，将原有办公楼改造为小型消防站，原有小车车库改造为消防车车库及相关配套设施。火炬小型消防站已完成室内工程建设的80%。组织巡查消防栓，发现故障消火栓334座，修复198座，处理18座被圈占消火栓，在城乡接合部和城中村增设8座消防栓。

【火灾隐患整治】 2021年，翔安区消防救援大队以消防安全专项整治三年行动作为主线，集中开展“除隐患保平安、迎建党百年”、“三类场所”、制香及废品回收场所、纺织、涉疫场所、电动自行车、高层建筑等10余个专项整治工作，联合各部门推进6个行业标准化创建工作。督促完成整改马巷市场荣华楼消防通道严重堆杂、五星二里10号楼消火栓配件缺失等8份通报内容。依托全区镇（街）消防工作站、社区消防工作室，推进“两站一室一队”基层治理模式。全区累计安装114个智能监控系统，6783个简易喷水灭火系统，2099个独立式感烟报警探测器，为群众筑牢消防安全屏障。全年检查单位3003家次，下发责令改正通知书947份，下发行政处罚决定书28份，罚款53.05万元；督促整改隐患1552处，排查整治一批火灾隐患和消防违法行为，构建平安的消防环境。

【灭火实战演练】 2021年，翔安区消防救援大队遵循战斗力标准，以实战出发开展岗位练兵，成立练兵工作领导小组，重点开展体、技能及装备操作训练，定期开展训练考核工作，巩固加强全队人员及基础体能训练。完成全区147家重点单位灭火救援预案和“六熟悉”工作，开展实战演练270余次；与社会单位、微型消防站开展联勤联训280余次。联合多部门在中交三航预制场码头，举办海上突发事件综合应急演练；5次开展地下轨道熟悉演练及防消联勤工作。全年组织开展2次多种形式消防队伍比武竞赛。在疫情防控进入最关键的时刻，大队组织救援人员协助核酸信息录入、核酸采样、消杀、物资运送、现场志愿服务等一线志愿服务。全年接警出动 980 起（含增援），出动车辆 2210 辆次，出动人员 13349 人次。其中，火灾扑救 506 起，抢险救援 254 起，社会救助 174 起，公务执勤 2 起，其他 44 起。

2021 年 11 月 8 日，翔安区首个消防主题公园开园。图为幼儿园老师带领幼儿参观主题公园　　（郑茜　供图）

【消防宣传教育】 2021 年，翔安区消防救援大队首推消防宣传进地铁，打造全市首个消防主题地铁专列上线运行；开创消防培训首次进党校、首次将消防安全教育纳入全区公务员网络考试内容。为多所幼儿园派驻消防副园长，受聘高校消防安全辅导员，负责学校消防安全工作。制作的电动车防火微电影《不可小觑》在“学习强国”播放 16.92 万次，点赞 1933 次；邀请专业机构，策划制作涵盖生命通道、网格员 2 种重点宣传领域的类型化宣传动漫片；联合厦门移动电视，录制一期电动车火灾风险防范警示宣传片。全年 4 次组织全区 400 多家规模以上工业企业、50 余家区属工业园区企业、14 家危化品重点监管企业、405 家工信系统企业单位负责人进行安全生产和消防安全培训。

【翔安区首个消防主题公园开园】 2021 年 11 月 8 日，翔安区打造的消防主题公园在陈塘回民社区古榕公园举行揭牌仪式，标志着翔安区首个集教育、亲子互动、消防文化于一体的消防主题公园正式对外开放。消防主题公园内设消防车、“火警 119”、英雄事迹文化长廊、消防主题长廊、消防宣传栏、消防人偶、消防员镂空拍照造型等设施。

（郑　茜）

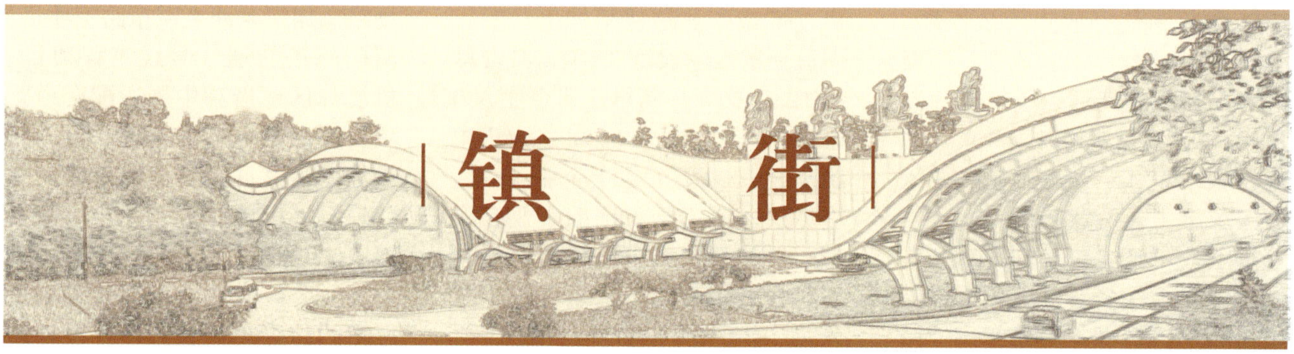

镇　街

大嶝街道

【概况】 2021年，大嶝街道位于厦门市翔安区东南部，隔海北与南安市石井镇毗邻，南与金门岛相对，西南与厦门岛相望，由大嶝（13.2平方千米）、小嶝（0.88平方千米）、角屿（0.19平方千米）3个岛屿组成，海岸线25.15千米。翔安新机场建设，新增造地面积约15平方千米。2021年，大嶝街道下辖10个社区、18个自然村，户数1.07万户，户籍人口2.79万人。

【经济建设】 2021年，大嶝街道压实协税护税工作责任，财政总收入10265.51万元，比上年增长13%。加大招商引资力度，新增入库项目11个，9个项目完成落地，总投资额达14.61亿元。

【产业结构】 2021年，大嶝街道依托“英雄三岛”精神主题馆，串联金门县政府旧址、战地观光园等资源，打造红色研学旅游新亮点、新品牌，接待研学团210个4143人次；战地观光园接待旅游17.5万人次，比上年增长31.33%。聚焦乡村振兴，结合大嶝街道旅游产业发展规划，联合厦门象屿集团有限公司策划乡村振兴旅游动线，彰显战地海岛旅游特色，盘活旅游经济。

【文化事业】 2021年3月26日，大嶝街道“英雄三岛精神”主题馆正式揭牌开馆。聚焦党史学习教育活动，组织开展“老年人健步行活动、重阳节老年人文体展示、唱红歌颂党恩·观照片忆党史”等活动11场次，参与居民近5000人次；开展“我们的节日”主题活动，挖掘节日文化内涵。

【社会民生】 2021年6月，大嶝街道结合新机场开发建设，推动翔安区农渔民转产就业集中区正式投产运营，制定出台《翔安区转产就业集中区配套奖励政策》，实现新增就业与失业再就业人员1123人次。聚焦群众获得感、幸福感、安全感，加大兜底帮扶力度，发放残疾人生活补助金、低保金等救助金1250万元。推动田墘新村工程，嶝崎、田墘社区服务中心和田墘社区文化旅游提升项目等民生基础工程12个。清查整治存在安全隐患的在建农房80栋、公房3处，危房处置率100%，保障居民的住房需求和住房安全。

【宜居环境】 2021年，大嶝街道辖区海域海蛎石、海域养殖设施清运299.06公顷；推动4个雨污分流项目全面建设和10个入海排口整治；加大辖区海域海漂垃圾清理，清理海漂垃圾300余吨。对社区人居环境进行全面清理整治，开展72场清洁行动，清理农村生活垃圾854吨，推动辖区厕所改造34座；强化文明施工督查，查处工地污染、渣土车案件53件。

【平安建设】 2021年，大嶝街道主动创稳，结合街道实际，借鉴新时代“枫桥经验”，建成1个街道信访评理室与9个社区信访评理室，开展信访评理28次，排查调解各类矛盾纠纷287起，调解成功率100%。聚焦海上疫情防输入风险点，在双沪、东埕、阳塘、小嶝等重点码头增设值班点10个，增加巡逻力量50人次。

【征地拆迁】 2021年，大嶝街道统筹推动阳塘整村搬迁与其他机场配套建设项目21个，实现土地征收签约150.4公顷，清表交地61.33公顷，坟墓迁移2265座，完成年度任务的117%；完成房屋拆除50.9万平方米，完成年度任务的124%。

【疫情防控】 2021年9月，大嶝街道发挥“大党工委”优势，联合区级派驻单位、项目驻场单位、社区等党组织力量，建立健全指挥体系，调整疫情防控指挥部，组建11个工作小组。成立9个疫情防控临时党支部，压实“四方责任”，合理封堵路口109个，规范设置卡口15个，排查中高风险区域旅居人员及密接、次密接等重点人员近4.5万人次，工作指令排查2万多条、溯源系统流调2618人次。推动疫苗第一针接种1.88万人，接种率107.94%；第二针接种1.61万人，接种率85.37%。

（大嶝街道）

新店街道

【概况】 新店街道为翔安区行政中心驻地，东邻翔安东路，南接翔安南路，西连翔安大道，北通海翔大道，总面积18.14平方千米。新店街道办事处驻祥吴社区，下辖祥吴、祥美、曾坂、新兴、洪琳湖、新店、东兴、洪前、陈塘、溪尾、蔡厝11个社区、26个自然村、21个小区，户籍人口4.22万人，常住人口6.82万人。有基层党组织52个（非公党组织18个），党员1041人。

【经济建设】 2021年，新店街道加强宏观经济形势与财政收入形势研判，对建筑业、房地产业等重点行业进行税源分析，科学研判收入走势，建立部门联动合作机制，强化沟通协调，完善协税护税信息共享平台，提高收入管理质量。全年实现税收收入19亿元，比上年增长67.43%。试点推行“一窗受理、集成服务”审批服务，优化营商环境，聚焦主导产业，优化招商服务，盯紧盯实入库项目，对接在谈项目，服务签约项目，全程帮办落地项目，推进产业招商精准化。新店街道新增入库项目73个，投资总额123.3亿元。新增注册企业380家，合同利用内资66.68亿元。注册资金1000万元以上企业40家，重点引进厦门国贸同韵实业有限公司、每日菜场恒泽（厦门）网络科技有限公司、嘉乐科技有限公司。其中，落地项目53个，总投资90.45亿元；内资实际到位金额3亿元。引进高能级落地项目1个，项目投资总额0.4亿元。

【项目建设】 2021年，新店街道紧盯时间节点，倒排计划、挂图作战，保障固投落地见效。全年有39个项目建设任务，交地52.81公顷，完成41%；房屋征收6.02万平方米，完成105%。洪前西北地块项目完成签约任务，房屋拆除1.8万平方米、土地清表6.26公顷。九溪养老地块排洪渠迁改项目和翔安新城港汉流域市政配套工程（东片区）一期工程（新店段），新店中学东侧招拍挂一期地块完成清表10.77公顷。蔡厝片区二号收储地块（国际学校）项目涉及蔡厝社区完成清表交地3.5公顷。厦门新机场蔡厝片区城场路（翔安东路至溪东路）项目、厦门轨道交通3号线工程项目、机场片区蔡厝高中周边配套道路项目涉及蔡厝社区土地、厦门新机场蔡厝片区翔安西路（翔安东路—滨溪南路）分别完成清表交地7.72公顷、10.86公顷和3.71公顷、9.49公顷。厦门新机场片区珩边保障房周边市政配套道路及绿化工程签订补偿协议0.49公顷，将用地移交业主单位管理。实施辖区“断头路”畅通工程，打通祥福一路、祥吴三路2条断头路，完善辖区交通路网。

【乡村振兴】 2021年，新店街道打好污染防治攻坚战，推进农村雨污分流和城区正本清源改造，打造生活污水治理典型。推进10个社区的房前屋后环境卫生提升改造和雨污分流建设，开展农村人居环境“一革命四行动”。推动农村生活污水治理，投入1.87亿元完成前岑、赤土埕等27个自然村截污纳管工程；投入100万元建设顶曾等4个自然村生活污水提升治理工程；投入8960.87万元实施后山、宋坂、溪尾、金沙、宋厝等28个村农村生活污水雨

地铁3号线新店街道蔡厝站项目建设　（王协云　2021年摄）

污分流管网建设工程，总体完成96%。其中，主管完成91%，支管完成92%，完成接户94%；污水治理提升整治的7个自然村分布于4个社区，总体完成86%。社区自来水改造加快推进。投入61.8万元实施亮灯工程，完成社区路灯安装2.8万盏。新改建城乡公厕3座，181座农村公厕实施“厕所长”责任制。推行林长制，完成省挂牌督办重点案件祥吴清泉岩汽车训练场占用林地问题整改，开展打击毁林专项行动暨林业违法图斑分类整治工作。

【城市建管】 2021年，新店街道抓好全国文明典范城市创建工作，对存在的问题迅速响应，火速整改。提升城市建管水平，加快新店农贸市场提标升级，推进翔安中心公园、新店社区集体发展用地商业综合体建设及翔安东路景观绿化提升，推动信息技术与城市管理深度融合，打造精细化管理样板街区，完善城区形象，提升城区内涵，增强城市吸引力与承载力。在东兴社区九溪小区试点垃圾收集屋改造提升，脏臭垃圾投放点变身环保小木屋。推动翔安首个集教育、亲子互动、消防文化为一体的消防主题公园在陈塘古榕公园建成开园，《人民日报》刊登报道。

【民生保障】 2021年，新店街道兜牢民生底线，增进民生福祉。抓好被征地农民和海域退养渔民等重点群体就业增收及高校毕业生就业支持，完善公租房及保障房租配管理，补齐民生事业短板。发放各类救助资金43.18万元，惠及5782人次，居家养老服务实现全覆盖。被征地人员养老保险新增参保1050人，城乡居民养老保险参保补助标准提高至每人每年200元，养老保险参保率100%。为计生家庭投保意外险30余万元。完成农民工技能提升培训93人。强化退役军人服务保障，为符合条件的家庭悬挂光荣牌，发放抚恤金、补助金等90万元。

【公共服务】 2021年，新店街道对接名校跨岛发展战略，加大财政支持力度，强化教育项目用地保障，推动中小学综合实力提质增效，蔡厝高中部新建、新店中学扩建工作稳步推进。投入52.49万元支持教育事业，其中“六一”儿童节活动经费补助39.76万元，教师节表彰奖品4.23万元，困难学生补助2.5万元，高考奖励金6万元；完善分级诊疗体系，推动辖区医疗卫生资源优化配置，配齐配全社区标准化卫生所，满足广大群众日益增长的多元化健康需求，蔡厝等7个社区完成乡村卫生所标准化建设。

【社会治理】 2021年，新店街道推进扫黑除恶斗争，查处治安案件233起。健全社区网格管理系统，受理信访件3924件。其中，“12345”平台3251件，人民网等来信、来访673件，按时办结率100%。成立稳控专班开展“除隐患、保平安、迎建党百年”百日行动，排查企业166家，排查隐患1551处，聘请专家进行隐患整改指导，整改率100%。排查涉氨企业1家，加油站2家、烟花爆竹等企业5家，工贸商贸企业11家；检查餐饮场所燃气安全1050家，隐患673处；整改道路交通安全隐患300余处。建立健全农村集体聚餐食品安全工作机制，开展超市等重点区域专项检查5次，受理小餐饮备案登记63家。

【近邻党建模式】 2021年，新店街道以祥美社区为试点，推进近邻党建实践，从陌邻到近邻、睦邻、芳邻，完成三层转变。通过打造社区公益项目，开办讲座和公益义诊等项目，推广健康理念和健康常识。翔安近邻党建现场会在祥美社区召开，近邻党建模式获市、区领导肯定。

【疫情防控】 2021年，新店街道创新设立疫苗接种院地联合党支部、启动临时接种点。开展辖区全员核酸检测，5轮检测44.3万人次。发挥群防群控力量，启动地毯式摸排，转运隔离密接、次密接人员271人，对518名外地到厦门对象实施14天酒店隔离加7天居家隔离。组织近70名志愿者和20名医护人员对口支援思明区莲前街道莲怡社区第三轮全员核酸检测工作；集结120余名志愿者驰援同安第四轮全员核酸检测。

（蔡　梅）

凤翔街道

【概况】 凤翔街道位于翔安区西南部，西南与厦门本岛、集美、同安隔海相望，东与金海街道和新店街道毗邻，北连民安街道。辖区内有东部体育会展新城、环东海域新城、中奥游艇码头、规划东部市级中心、东坑湾等重要片区，系明朝理学名宦林希元、明朝刑部侍郎洪朝选等历史名人的故里，有普陀岩寺、白云寺等重点文化场所。2021年4月24日，凤翔街道挂牌成立，下辖17个社区，辖区面积37.04平方千米，总人口5.87万人，其中，常住人口4.89万人，流动人口9790人。

【经济建设】 2021年，凤翔街道实现招商入库项目172个，总投资238.78亿元，完成固投195.6亿元。推动东部体育会展新城、环东海域新城、中奥游艇码头、东坑湾等重大片区开发建设；配合推进新体育中心、新会展中心、会展嘉园、滨海浪漫线三期等项目全面施工，加大保障房地铁社区一、二期、林前综合体等公共设施建设配套，保障轨道3号线通车运营、轨道4号线全线贯通，正式迈入地铁时代，厦门第二东通道加快建设，经济发展成果更好地惠及民生。

【产业结构】 2021年，凤翔街道推进产业招商精准化，加快做大总部经济、金融商务、文旅会展等现代服务业，借助宅经济、夜经济、直播经济等新业态激发消费潜力。依托新体育中心、新会展中心两大发展引擎，融合滨海浪漫线建设，推进片区文体会展产业园规划建设，做实做细产业策划，开展酒店等服务配套项目招商，主动出击，争取国内外体育、会展、文化等相关产业头部企业落户片区，聚焦产业链发展。

【项目建设】 2021年，凤翔街道全年有25个征拆退项目。其中省、市重点项目11个，市重大片区项目8个。凤翔街道拓展有力度、有速度、有温度的“三度”征拆模式，抽调62人组成项目突击队，强化项目一线攻坚，全年完成房屋征收签约面积63.13万平方米，年度房屋拆除面积42.3万平方米，征地面积192.52公顷，完成宋洋水库景观提升工程项目征收。东界、林头整村搬迁签约879栋、签约率97.99%；琼头片区签约302栋签约率86.04%；刘五店整村搬迁100%抽取商谈流水号，15天时间内完成52个流水号签约，签约率67%。

【乡村振兴】 2021年，凤翔街道贯彻乡村振兴20字总要求，开展“我为群众办实事”实践活动，加快补齐民生短板，推进乡村振兴，探索形成乡村振兴与城市化相融合的发展模式，打造乡村振兴样板。响应特色现代农业高质量发展“3212”工程和“一村一品”专业村发展计划，选送洪厝社区为胡萝卜专业村。培育社区农村创新创业带头人，推荐蔡浦社区厦门中厦蔬菜种籽有限公司洪再选、厦门台友宏展种苗有限公司洪金条为福建省农村创新创业带头人。组织“洁净家园”统一行动和爱国卫生运动，推进村庄雨污分流项目，雨污分流项目在建自然村17个，总体进度93%。加强辖区内农村道路巡查管养，辖区内通自然村道路硬化率100%。

【民生保障】 2021年，凤翔街道落实各项惠民政策，开展精准帮扶工作，发放低保补助金、特困补助金、临时救助金等社会救助资金1021万余元，办理城乡居民基本养老保险8071份，办理城乡居民医疗保险3.45万人，实现城乡居民医疗、养老保险参保率100%。推动政府购买服务，在蔡浦、窗东、东坑开展三社联动，加大对退役军人、残疾人等各类对象的优抚工作。强化技能培训，根据农渔民就业特点与就业意愿，引导社区和企业引进珠绣等手工业到农渔民社区，在家门口实现就业。从资金、政策、服务上帮助各类人群实现转产就业、自主创业，发放保障性就业补贴753.54万元。逐步解决危房户、无房户和住房困难户住房问题，新受理D级危房翻建（修）或维修加固申请66宗，保障房申请17宗，按照分类整治原则，落实危房拆除、修缮加固、翻修翻建等解危措施，加强危房巡查管理，群众住房持续改善。扶持小微企业发展，增加居民收入，收到19家小微企业提交的税收奖励扶持申请资料，兑付扶持资金47.44万元。

【社会治理】 2021年，凤翔街道强化风险摸排，建立信访联席制度，排查梳理宅基地信访等5类社会领域风险隐患36件，全部包案到人。加强源头预防、人员稳控工作，研究制定变上访为下访工作方案，组成联合接访组到信访比较突出的东界、刘五店、垵山等社区设立接访点，3个接访点接待、登记群众来访195件、260人次。对辖区1412艘在册养殖渔船开展清退拆解工作，投入25万元在重点位置设置4G监控等，全时段掌控岸上、海上动态，锁牢海防安全管控，抓获偷渡犯罪嫌疑人1人。推动禁毒工作，从打击和管控两方面入手，开展“励兵斩毒”“昆仑行动”等活动，查处贩毒案件3件。

【基层党建】 2021年，凤翔街道建立社区“两委”与困难户“一对一”结对帮扶，社区“两委”与114户困难户建立帮扶关系，解决194个生活问题；推动其他惠民利民实事，25个“我为群众办实事”项目全部得到落实。为全街道158名老党员颁发“光荣在党50年”纪念章。召开街道党代会，选举产生出席中共翔安区第五次代表大会代表18名。推动社区党组织、区级人大代表、社区居委会换届选举工作，选出新一届社区“两委”114名。其中，党组织委员72名，居委会委员59名，交叉任职17名，新增2名女性主干。“两委”平均年龄39.03岁，中专及以上学历94名，占82.46%，11名大学生党建组织员进入“两委”，100%实现一次性成功选举和“一肩挑”。在区级人大代表换届选举中，选出23名区级人大代表（含寄选6名），其中妇女代表5名，占29.4%；党外代表11名，占64.7%。

2021年，凤翔街道纪工委围绕街道中心工作，夯实工作基础，发挥纪检监察职能，稳步推进各项工作。全年开展街道、社区两级警示学习36场，节日监督检查5次，送达廉洁过节提醒短信655条。开展全覆盖宣传监督，完成16个社区、4轮以上走访。对疫情防控期间玩忽职守、不履职不尽职问题严肃查办，立案4件4人，办结3件；给予政务记过处分1人，开除党籍处分2人。

【疫情防控】 2021年，凤翔街道在疫情防控期间召开“强作风战大疫勇当先锋”动员会议，制定“五个严禁五个严格落实”规定，230余名干部下沉社区加强防控，组建招之能来、来之能战的志愿队伍。推进疫苗接种工作，完成疫苗第一针接种3.98万人，完成率102.77%；第二针接种4.04万人，完成率101.51%，超额完成翔安区疫情指挥部下达的接种任务。合理设置检测台43个、组织动员750余名干部、志愿者，进行五轮全员核酸检测。临时集结近100名干部支援思明莲云核酸检测、集结83名干部支援同安核酸检测，选派3名干部驻点支援林前综合体、地铁二期隔离点。开展“党旗飘扬践初心　疫情防控当先锋”活动，成立16支临时党支部，各社区设置路口检查卡口52个，设置宣传喇叭106个，安排值守人员300多人，辖区疫情防控平稳有序，未出现病例，创建首批3个“无疫小区”示范点。

（蔡福林）

金海街道

【概况】 金海街道位于翔安区最南端，紧邻翔安隧道，北、东北与新店街道毗邻，东南与大嶝岛、金门岛隔海相望，西南与厦门岛相瞩，西与凤翔街道相邻。2021年4月，新店街道析出澳头、西滨、欧厝、彭厝、前浯、浦边、后村、鼓锣、浦西、浦园、鼓岩、洪钟、滨港、鼓翔、浦滨15个社区，置金海街道，以辖区道路“金海路”得名，“金海”寓意厦金融合，人民生活富裕、幸福，体现滨海特色。金海街道办事处驻洪钟社区，辖区总面积28.07平方千米，户籍人口3.67万人，常住人口4.19万人。澳头社区蒋庆堂、蒋苗旋家庭获省级“绿色家庭”称号。

【经济建设】 2021年，金海街道推进“看招商、看工地、比进步、比贡献”专项活动，招商引资落地项目约90个，注册资本总额33.45亿元，年产值5447.12万元。引进豪享来酒店商业1个“重点促落地项目”，双促项目实到资金1.06亿元。高能级落地项目投资总额4亿元，名列全区第一。

【产业发展】 2021年，金海街道打造以海洋经济、总部经济、海洋文旅为核心，以翔安中央商务区为定位的高新产业布局，高标准建设宜业、宜居、宜游、宜养、宜学的品质生活圈。突出重点方向与重点领域，培育前沿产业，提升发展现代服务业，依托澳头、欧厝多元海洋文化内涵，融入服务厦门海洋高新产业园规划建设，澳头海洋经济发展示范区高速发展，29个区级投融资项目推进。

【项目建设】 2021年，金海街道围绕“发展是硬道理、项目是硬支撑”主线，树立“抓项目就是抓发展”理念，储备潜能，积聚后劲，完成土地签约75.52公顷，完成率98.46%；提交用地64.94公顷。下店自然村整村拆迁，轨道交通3号线配套用地、电力高压检修等3个项目推进，山头幼儿园、新城后村小学等补短扩容教育项目取得进展。

【文化事业】 2021年，金海街道组织开展文体活动，丰富居民文化生活，以建党百年为主题，结合疫情防控、征拆任务等工作，拍摄《潮起金海　献礼建党百年》《信仰的声音》《“声”情告白　“红”心抗疫》3部快闪宣传短片。开展“讲党史　悟思想——奋斗百年路　启航新征程”金海街道理论宣讲轻骑兵进社区活动，在11个社区掀起学党史的热潮。

【社会民生】 2021年，金海街道落实特殊群体帮扶制度，发放低保金、奖扶金等各类补助金216万元，发放保障性就业社保补贴496.81万元，率先在全区举办失业和就业困难人员项目制培训，培训115人，促进失业人员、退养渔民等重点群体就业。深化和谐劳动关系示范街道建设，主动调解8起劳资纠纷，动员4个在建项目申请“无欠薪标杆项目”。开展“六一”送读、春蕾计划、妇女创业就业技能培训等活动，惠及辖区百余名妇女儿童。推荐“美丽庭院 + 文化文明”“美丽庭院 + 美丽经济”“美丽庭院 + 社会治理”创新模式，打造具有示范带动作用的省、市美丽庭院 40 户。

【社会治理】 2021 年，金海街道依法规范信访秩序，实施重大决策风险评估，加大初信初访办理和积案化解力度，受理信访件 1896 件，办结 1725 件，办结率 90.98%。其中，调解案件 401 件，涉及金额 588 万元。加强外来流动人员管理，办理暂住登记 588 人，报备出租屋 112 间。海上疫情防控和渔船民管控工作相结合，创新采用“民警 + 辅警 + 保安”海岸线巡逻新模式，落实出海船舶“三报备”工作要求。

【疫情防控】 2021 年，金海街道坚持新冠肺炎疫情防控“外防输入、内防反弹”原则，构筑联防联控、群防群治的严密防线。组织 5 轮全员核酸检测，检测 30.7 万人次，为行动不便个人提供上门采样 640 人次，实现应检尽检。对辖内所有社区、小区实行闭环管理，落实网格化、地毯式防控要求，设立 11 个社区、46 个网格，建立“无疫小区”典型 9 个，设置小区体温检测点 94 个。开展入户宣传 2.31 万户次、发放传单 1.1 万份、张贴海报 1800 张、悬挂防疫标语 280 条；发挥新媒体平台宣传优势，在街道“潮起金海”微信公众号上推送权威信息、各级通告、防疫知识等内容 60 篇。

（金海街道）

香山街道

【概况】 2021 年 4 月 24 日，新店街道析置香山街道，以辖区地理实体“香山”为街道名。街道位于翔安区东南部，东接南安市，西衔新店街道与马巷街道，南与大嶝街道隔海相望，北连内厝镇，依山傍海、人杰地灵，具备与泉州地区互联互通的地缘优势。辖区土地面积 34 平方千米，下辖吕塘、茂林、大宅、沙美、东园、珩厝、霞浯、霄垄、莲河、大学 10 个社区，20 个自然村，89 个小组，户籍人口 3.2 万人，常住人口 5.2 万人。香山街道大宅社区老体协获评 2021 年度福建省“老年人健身康乐家园”。

【经济建设】 2021 年，香山街道完成交地 78.64 公顷，完成房屋征收 4866.9 平方米，含省、市重点项目厦门新机场莲河片区防洪及排水除涝工程、厦门大学附属翔安实验学校工程。招商引资落地项目 14 个，注册资本总额 11.7 亿元，预计投资总额 46.8 亿元，完成实际利用外资 1500 万美元，推动入统企业数 7 家，招商项目效益产值 2756.1 万元，税收收入 36.31 万元。区属规模以上工业企业 4 家，产值 1.36 亿元。全年安排固投项目 32 个，项目总投资 252.14 亿元，完成 61.08 亿元。

【产业结构】 2021 年，香山街道产业结构调整升级，发挥香山风景区等辖区优越自然地理条件、丰富历史人文资源，将农业与旅游业深度融合，发展现代都市农业，把绿色资源转化为产业资源，提升知名度与竞争力。基本农田提供胡萝卜、马铃薯、水叶菜等优质农产品，乡村振兴试点示范村大宅社区频获中央电视台、《人民日报》等媒体点赞。与厦门大学翔安校区共建，促进辖区科技、高新技术等企业孵化。厦大科技园建成投用、抓紧招商。12 月 25 日，福建省生物制品科学与技术创新实验室（翔安创新实验室）举行奠基仪式。厦门海洋职业大学正在筹建。辖区毗邻厦门（翔安）国际机场，莲河片区是翔安临空经济产业园重要组成部分，共享厦门未来科技城的虹吸效应，承载机场空港的枢纽功能，重点发展临空产业圈层，包括航空工业园、保税物流、科教研发和总部经济。

【文化宣传】 2021 年，香山街道挖掘地方特色文化，保护历史风貌建筑，聚焦“海镜石刻”“鸢鸟贪荔”石刻、红砖古厝等特色历史资源，着力修旧如旧，形成历史文韵可品、自然景观可赏的文化村（社区）。弘扬闽南优秀传统文化，传承高甲戏、咏春拳、宋江阵等特色文化活动。运用“香山家园”微信公众号发布相关工作动态 141 篇、阅读量近 15 万人次，全年街道特色工作、社区典型经验被《人民日报》、《光明日报》、人民网等媒体报道 20 余篇，原创歌曲《We Will 香山》音乐短片观看量突破 10 万人次。香山街道综合服务中心获评全区精神文明和文化宣传工作先进集体。

【社会民生】 2021 年，香山街道以服务人民为导向，探索解决辖区群众急难愁盼问题新思路。加大公益性岗位开发支持力度，完成灵活就业年度复核 87 人，新增办理失业登记复审 17 人，注销 39 人。完成 6407 名退休人员的人脸识别资格认证工作。新增移交社会化管理350人。敬老节慰问6711人次100.67万元，敬老节慰问困难人员93人次5.78万元，退休人员住院慰问补贴428人次8.56万元。6月29日，莲河派出所业务窗口开进厦门大学翔安校区学生事务大厅，推出无违法犯罪记录证明、外籍师生居住证明2项现场办理业务，实现厦大师生少跑路，解决学生急难愁盼问题。

【乡村振兴】 2021年，香山街道围绕乡村振兴20字总要求，提升发展后劲，推进乡村振兴串点成线、串珠成链。策划乡村振兴试点示范村茂林社区、东园社区，生成6个重点建设项目、总投资4180万元。推广大宅社区党建引领共富、一二三产共融、海峡两岸产业共建、多元力量共促、专注一颗火龙果的“四共一专”发展模式，推动大宅社区“田间党校”品牌建设。全年大宅旅游收入600万元，第一产业年产值4500万元，居民人均收入3.5万元。

【宜居环境】 2021年，香山街道落实“一革命四行动”，实施“村容村貌攻坚”专项行动，推进农村人居环境整治工作，推行城乡环卫一体化，铺开生活垃圾分类工作。农村生活污水提升治理工程覆盖辖区所有自然村，8个自然村在建项目总体完成97%，其余自然村继续提升治理项目，100%进场实施，接户率92%，总体完成95%。全年香山街道有12户获评美丽庭院省级示范户，60户获评市级美丽庭院。

【基层党建】 2021年，翔安区香山街道党工委全年新发展党员9名，严格排查辖区党员1300多名，处理违反党纪党规的党员14名。开展党史学习教育，活动覆盖50个党支部、1340名党员。宣传团社区宣讲报告2轮18场，举办庆祝建党百年文艺演出4场，拍摄特色党建微视频《向往的生活》《红色沙美》2部。抓好非公党建“两个覆盖”，整改空壳支部，撤销无实际运行党支部1个，新建非公党组织2个。辖区有厦门市亿恒鑫（厦门）建设集团有限公司党支部、厦门市翔安区富美大宅火龙果专业合作社党支部等非公组织党支部9个。

（张亚彬）

马巷街道

【概况】 马巷街道位处翔安区中部，是“闽南四大古镇”之一，也是闽南重要的侨乡和台胞祖籍地之一。2021年1月20日，经省、市政府批复，马巷镇更名为马巷街道。4月24日，马巷街道析置，下辖友民、滨安、五美、五星、舫阳、舫星、后许、后滨、后亭、三乡、曾林、朱坑、沈井、黎安、桐梓、郑坂、西坂、市头18个社区，面积24.48平方千米，人口总数15.19万人，户籍数2.18万户，户籍人口6.26万人。2021年，社区换届选举后，有114个基层组织（含社区下辖党支部），党员1902名。其中，7个社区党委、11个社区党总支部、35家非公党组织。社区“两委”干部134人，18个社区“两委”干部实现“一肩挑”。马巷街道办事处获评厦门市“爱心厦门”建设工作先进集体。

【经济建设】 2021年，马巷街道统筹疫情防控和经济社会发展，主动融入翔安区发展大局，做好“六稳”工作，落实“六保”任务，狠抓项目建设、产业提升和社会治理，财政总收入33.32亿元，实现各项指标平稳运行。对标先进城市和地区营商水平，深化“放管服”改革，靠前解决企业融资、用工困难。全年合同利用外资7941万元，合同利用内资61.11亿元。

【项目建设】 2021年，马巷街道以文化街区风貌提升为目标，进行巷西路立面改造，改造建筑立面面积近4.5万平方米，成为翔安区城市整治提升的标杆。坚持抓项目就是抓发展的理念，推动11个区级财政投融资项目，完成总投资2845万元。挖掘项目红利，辖区159个固定资产投资项目完成101.53亿元，完成率120.9%。

【产业发展】 2021年，马巷街道引导企业转型升级，发挥辖区市头工业区、巷北工业区等产业园区辐射作用，发展平板显示、电子信息等先进制造业，与火炬（翔安）产业区、同翔高新产业新城形成产业链配套，辖区内55家规模以上企业全年实现产值123.88亿元。开展农业供给侧结构性改革，加大对街道14家国家、省、市级重点农业龙头企业的扶持服务力度，发展农业总部经济。辖区有注册资本200万元以上种子经营企业11家。其中，3000万元以上3家，具备种子进出口经营资质的3家，省级重点农业产业化龙头企业1家，省级重点种子企业3家。提升现代服务业发展能级，打造“马巷商圈”体系，舫阳商圈、滨安商圈、黎安小镇闽篮里周边餐饮、购物、休闲娱乐等生活配套设施逐步完善。

【征地拆迁】 2021年，马巷街道强化用地要素保障，27个征拆项目完成土地征收34.24公顷，房屋征收7.03万平方米。集中开展轨道平衡储备用地、新324国道（翔安段）提升改造工程（马巷段）等地块项目攻坚。8个省、市重点项目之一的海翔大道提升改造工程（翔安）段提前1个月完成签约，聚焦项目攻坚提升质效，做好天马N项目前期准备工作。

【人居环境】 2021年，马巷街道实施“一革命四行动”，开展农村市容环境卫生考评、农村人居环境整治行动和文明创建工作，推进农村生活污水治理，各社区雨污分流项目、截污纳管及末端截流项目陆续开展，在建项目总体完成91%。其中主管完成率94%，支管完成率95%，完成接户率89%；提升项目总体完成率70%，完成接户率68%。

【生态保护】 2021年，马巷街道落实河（湖）长制，将农村小微水体治理纳入河（湖）长工作机制，加强对街道辖区的入河排口排查。盯紧内田溪（朱坑水闸上游）水体治理项目与龙东溪后溪溪段、北洋溪段水体生态修复治理项目，调查摸底农村受污染小微水体，开展治理。辖区小流域水质稳步提升，入河入海排口治理成果明显。

【疫情防控】 2021年，马巷街道做好疫情防控工作，构筑辖区138个网格，落实网格化管理机制。疫情防控期间为各社区居民制作出入证13万余张。开展辖区群众核酸检测，五轮平均完成13万余人。超额完成翔安区下达的18岁以上人群疫苗接种任务，全年接种第一剂11.67万人，第二剂11.17万人。

【文化事业】 2021年，马巷街道以新时代文明实践所（站）为主平台，开展党史学习教育活动，创新设立马巷街道理论宣讲轻骑兵团进基层宣讲，在党史学习教育宣传报道中，2篇报道被“学习强国”平台采纳。加强文明创建长效机制建设，推进志愿服务，助力“爱心厦门”，马巷街道注册登记18个社区志愿服务队、志愿者近7000人。强化街道、社区文化阵地建设，依托文明实践站着力打造南音、舫山社火等文化品牌，滨安社区书院成立全市首个区级社区书院指导中心。启动第三批文物修缮项目，配合区文化和旅游局做好林芳德宅、陈允济故居、文昌阁、栖云楼等修缮。

【民生保障】 2021年，马巷街道完善友民、五美社区幸福院建设，为老人提供健康指导与托养服务。疫情防控期间开设临时救助电话受理热线，受理临时救助228单，发放救助金47万元。助力创新创业，发放创业补助，推进复工复产，对接辖区50余家企业，提供1000多个岗位，联系区属国企，设立公益性岗位。

【社会治理】 2021年，马巷街道做好街道析置各项工作及风险防范，建立专班制定工作方案，保障新街道各项民生工作不断档。

【安全生产】 2021年，马巷街道坚持人民至上、生命至上，统筹发展和生产安全。开展“三合一”场所消防安全排查整治，举办“消防安全月”等安全生产宣传活动10场。开展景区与非景区景点安全管理专项整治，倒逼责任主体主动发现问题、及时整改。组织170人参加有限空间、粉尘涉爆安全生产专题会、新安全生产法解读会等。开展道路安全隐患专项排查52次，完成街道权属道路安全隐患整治52个。

【换届工作】 2021年，马巷街道把社区“两委”换届选举作为一项重大政治任务，完成18个社区“两委”换届选举，选出新一届社区党组织班子成员83人，平均年龄40.99岁，为基层组织输送新活力。班子成员中专（高中）以上学历78.31%。优化新一届党委（总支）班子的整体结构，实现年龄、学历一降一升，女性委员人数增加，比上届增长4.84%。

（谢夏瑜）

民安街道

【概况】 民安街道位于翔安区西部，东邻马巷街道，南接凤翔街道，西北与同安相瞩，坐拥海翔大道、翔安大道、沈海高速公路和多条地铁等多维交通，天然地缘与资源优势明显。2021年4月，翔安区区划改革，从马巷街道析置民安街道，以历史地名民安里命名，下辖山亭、亭洋、后莲、内垵、垵边、前庵、内官、何厝、洪溪、同美、西炉、赵厝12个社区。辖区总面积25.42平方千米，户籍人口3.35万人，常住人口5.69万人。

【产业经济】 2021年，民安街道有企业3000余家，规模以上工业总产值807亿元。有数字经济产业园、火炬高新区、健康翔安智谷等高新企业。数字经济产业园为全省首个以数字经济定位的产业园，园区落地企业547家、注册资本金246.74亿元。其中，国家级高新技术企业14家，厦门市级高新技术企业 16 家，双百人才企业 16 家，科技型中小企业 13 家，科技小巨人企业 3 家，专精特新企业 2 家，瞪羚创新企业 2 家。

【宜居环境】 2021 年，民安街道辖区公厕实现 100% 通水通电；所有自然村完成垃圾分类，12 个社区保洁移交翔安区市政集团管养，基本实现城乡环卫一体化。推进 12 个社区、43 个自然村农村生活污水治理提升工程，总体完成 90%。开展“守护蓝天百日攻坚”行动，引导社区居民禁燃烟花爆竹，加强焚烧秸秆日常巡查工作，制止露天焚烧垃圾及秸秆等行为，提升辖区空气质量。

【乡村振兴】 2021 年，民安街道提升 10 个社区新时代文明实践站，完成同美农贸市场改造、何厝村容村貌环境整治项目、同美社区道路修补等“我为群众办实事”实践活动项目 20 个。谋划生成山亭村环村综合整治项目、山亭商业街骑楼建设工程、何厝农贸市场改造等 7 个区级项目，提升村庄整体风貌。山亭社区环村综合整治项目，总投资 505.69 万元。全年农村生活污水在建项目 23 个，提升项目 21 个；在建项目总体完成 86%，其中主管完成 97%，支管完成 92%，完成接户率 80%。

【征地拆迁】 2021 年，民安街道土地房屋征收计划任务数 24 个，应征地 65.91 公顷，签约 19.49 公顷，交地 13.41 公顷；拆迁房屋 2.44 万平方米，签约 7773.4 平方米，拆除 6819.2 平方米。巷西卫生服务中心工程、逸夫小学扩建、西炉西路、翔安 X2018C004 储备用地民安段（桐梓片区一期）、下潭尾污水处理厂、垵边幼儿园、如意情土地及附属物拆迁（民安段）7 个项目完成。

【社会民生】 2021 年，民安街道实现城乡居民基本医疗保险、城乡居民基本养老保险全覆盖。其中，被征地养老保险参保人数 183 人，计生补贴金额 323.08 万元；城乡居民基本养老保险参保 4914 人，补贴金额 98.28 万元，参保率 100%；就业困难认定人数 26 人，灵活就业社保补贴 28 人，发放低保补贴 1636 人，特困补贴 210 人。做好保障性住房与农村村民住房服务，登记 24 户保障性租赁房申请。新建宅基地审批 150 宗、翻建审批 165 宗。开展街道在建房安全检查，完成 509 栋房屋安全隐患排查，悬挂危房警示牌 407 栋。

【文化事业】 2021 年，民安街道加强文化阵地建设、培育挖掘人才队伍，丰富群众文化生活，满足人民群众日益增长的文化生活需要。街道所辖 12 个社区均设置文化室，配套多功能活动室、体育健身室、乒乓球室、棋牌室。2021 年，民安街道举办首场全民健身运动会“民安杯”篮球联赛。

【社会治理】 2021 年，民安街道探索社区治理共建共管新模式，发挥警民调解室作用，做好涉房地产、征地拆迁、宅基地审批、工程款纠纷和拖欠工资等重点领域的矛盾纠纷和信访问题化解。全年调处纠纷 76 起，化解信访积案 2 起；受理来信来访件 398 件，人民网 33 件，“12345”便民平台转交办件 1361 件，办结率 100%。

【基层党建】 2021 年，民安街道有 60 个基层党组织，党员 1279 名。换届选举产生社区党组织成员 61 名、居委会成员 46 名，交叉任职 15 名，一次性选举成功率 100%，“一肩挑”比例 100%。选举产生居务监督委员会成员 42 人，小组长 117 人、居民代表 658 人。探索党建富民强村项目，推动充电桩、停车场和农贸市场等项目落地。

【疫情防控】 2021 年，民安街道成立新型冠状病毒感染肺炎疫情防控工作领导小组，推进疫苗接种工作，新冠疫苗第一针接种 6.11 万人，完成率 103.24%；第二针接种 5.74 万人，完成率 103.27%。开展五轮全员核酸检测。红十字会开展急救培训 12 场次，1272 人参与培训。

（民安街道）

内厝镇

【概况】 内厝镇位于翔安区东部，东连南安市、西接马巷镇、北临新圩镇、南交新店镇，是厦门经济特区东部门户。镇域面积 70.15 平方千米，山地面积 2666.6 公顷，耕地面积 1223 公顷。内厝镇下辖 1 个社区、16 个行政村、69 个自然村，户籍人口 4.86 万人，常住人口 5.26 万人。辖区内自然旅游资源丰富，山清水秀，妙高山、鸿渐山、香山等景色怡人，九溪分布于内厝镇，带来大片肥沃土地，农业发展条件得天独厚。人文底蕴悠久深厚，拥有大量的物质和非物质文化资源，“泥土诗人”鲁黎、宋江阵“武林大会”等享誉海内外。产业结构以第一、第二产业为主，辖区内中创新航和天马显示科技两大行业龙头企业正式投产，发展潜力较大。莲塘村获“全国乡村治理示范村”和“全国示范性老年友好型社区”称号。2021年，内厝镇蝉联福建省文明乡镇；前垵村、黄厝村、莲塘村获评“福建省文明村”，美山村、锄山村、霞美村、琼坑村、获评“厦门市文明村”，黄厝村获评厦门市学雷锋志愿服务“最美志愿服务社区”。

【经济建设】 2021年，内厝镇坚持以实体经济为支撑，以项目建设为重点，推进新旧动能转换。全年财政总收入4.16亿元（含非税），比上年增长27.3%，连续四年突破4亿元。辖区内固定资产投资97.79亿元，比上年增长191.39%；规模以上企业实现产值46.89亿元，增长58.6%。合同利用内资71.99亿元，比上年增长77.6%；合同利用外资4.82亿元，增长116.3%。丰晓供应链（厦门）有限公司等276家企业落户内厝镇，厦门广宸建筑工程有限公司等80家企业增资拓产。全镇33家规模以上企业，23家实现产值提升。

【项目建设】 2021年，内厝镇招商引资结合实际出实招、用实劲，抓好要素保障，促进重大项目早落地、早开工、早见效，完成翔安职校新校区、福厦高铁预留通道、同翔高新基地8号地块等11个项目征拆任务。启动推进东岗——内官220千伏线路舫山变电工程内厝段、福厦高铁翔安北牵引站外部供电工程2个项目征地拆迁。全年完成征地75.27公顷，拆除建筑物6523平方米。

【社会民生】 2021年，内厝镇社会民生支出增加，占财政支出的96%。发放低保、特困、孤儿等各类民政补助帮扶资金近800万元。办理失地农民养老保险462人，补助资金843.72万元；发放保障性就业财政补贴2796人，补贴资金761.09万元；发放老人养老补助金360人，补助资金92.98万元。开展就业技能培训，帮助1248名就业困难人员实现就业。

2021年12月21日，翔安区内厝镇田中央自然村“大路朝阳”侨史馆揭牌。图为侨史馆大院　（内厝镇　供图）

莲塘、后垵2处“老人之家”运营成熟优化。

【文化事业】 2021年，内厝镇组织开展文体活动，丰富居民文化生活。内厝镇图书馆落成，向公众开放，总投资300万元；许厝村新时代文明实践站提升改造，总投资160万元，宣传阵地建设得到完善；开展老年人健身康乐家园创建。黄厝村举办“生活在野，艺展黄厝——创艺生活节”“生活在野，漆饕黄厝文化周”。

【人居环境整治】 2021年，内厝镇开展农村人居环境整治行动，提升村容村貌，留住绿水青山。全年清理农村生活垃圾3.21万吨、土头垃圾1191立方米、大件垃圾4045件。查处整治农村乱占耕地住宅类图斑行为21起，推进52个农村污水治理提升工程，纠治辖区各类污染破坏生态环境情况。

【乡村振兴】 2021年，内厝镇深化典型引路、文化赋能和产业构建战略，落实乡村振兴，发展壮大富民强村产业，打造锄山村、黄厝村、莲塘村和许厝村等一批乡村振兴示范村。推进“茂林—黄厝”“莲塘—锄山”2大乡村振兴动线建设，惠及沿线村（社区）。依托大卓品厂房，通过“政府搭台、企业经营、村（社区）入股”的方式，推动各村集体经济实现增收。全镇村（社区）全部完成20万元收入任务，4个行政村收入突破50万元。

【社会治理】 2021年，内厝镇坚持压紧压实各方安全职责，开展安全生产大整治三年专项行动，开展各类安全隐患大整治大排查，排查商贸企业271家、各类责任场所158处，发现存在二级以上安全风险41处，按规定完成整改；开展道路交通安全整治百日攻坚，查处各类交通违法行为4155起，减少辖区交通安全事故。矛盾纠纷多元化解机制不断健全，群众诉求表达、利益协调、权益保障通道更加畅通，群众合理诉求得到及时解决，全年办结各类信访件1422件、公共安全工作指令100起，化解矛盾纠纷311件。

【疫情防控】 2021年，内厝镇坚持常态化新冠肺炎疫情防控，思想不松、标准不降、力度不减、措施不弱，构筑“外防输入、内防反弹”的坚固防线。全镇18周岁以上全程接种疫苗3.45万人次，接种率94.1%。9月，疫情再次袭击厦门，全镇60余名志愿者支援同安抗疫前线，200余名各级机关干部携手600余名村（社区）干部、志愿者、工作人员下沉防控一线，建立起17个临时党支部，发动各村（社区）做好地毯式摸排，开展5轮26.9万人次核酸检测，检测结果均为阴性。70名密接者均严格按要求实施隔离，无一人确诊感染，“零确诊”纪录继续保持。

（内厝镇）

新圩镇

【概况】 新圩镇位于翔安区北部，北接南安市，南与同安区洪塘镇和翔安区马巷镇、内厝镇接壤，西临同安区五显镇。全镇总面积101.03平方千米，下辖14个村、4个社区居委会、75个自然村，户籍人口5.58万人。新圩有着丰厚的人文积淀和久远的商贸传统，以及众多的文物古迹和丰富的民俗风情。辖区属半山区，自然、旅游资源丰富，山清水秀，森林覆盖率56.75%。新圩镇坚持新发展理念，推动高质量发展，坚持疫情防控与经济社会发展共同推动，坚持乡村振兴和新型城镇化双轮驱动。2021年，新圩镇获福建省第十四届文明乡镇、福建省城市生活垃圾分类示范片区先进集体称号。云头村、古宅村获福建省第十四届文明村称号；新圩社区、凤路村、金柄村、乌山村、面前埔村获厦门市文明村（社区）称号。

【经济发展】 2021年，新圩镇全年财政总收入3.92亿元，完成工业总产值57.63亿元，固定资产投资7.84亿元。落实各项产业扶持与惠企政策，帮助企业稳产达产，招商引资“质”“量”双提升，引进企业902家，合同利用内资31.3亿元，比上年增长103%。产业涵盖食品、轻工、现代仓储物流业、生物、循环经济等多领域，产业集群逐步形成。

【农业发展】 2021年，新圩镇发挥北部生态优势，引导农村传统产业转型升级，鼓励发展乡村生态产业。加大农地非农化、耕地非粮化排查整治力度。全年完成粮食播种面积363.33公顷、蔬菜种植面积2319.27公顷，高标准农田规模提升至134.2公顷。全年培育新型农业经营主体232家，庄家宝合作社、猪小惠生态农场等成为新型引领者。农业品牌化步伐稳步推进，“一村一品”优势愈加凸显。傲祥现代化生猪养殖场建成投用，年增生猪供应5万头。

【生态环境】 2021年，新圩镇19.47公顷“三沿一环”森林景观带、4.27公顷生态景观林以及145.87公顷森林抚育等年度造林任务全面完成。19个入河排口整治、5条河流安全生态工程完成建设。古宅水库饮用水源稳定保持在Ⅱ～Ⅲ类水质，东溪后田洋断面全年平均保持在Ⅴ类水质以上。大帽山社区通过区级低碳社区和近零碳示范工程试点创建验收。污水治理项目有序推进，18个自然村新建项目总体完成95%，55个自然村提升项目总体完成85%，

新圩镇马塘村“马塘精神”主题馆　（谭婷　2021年7月摄）

集镇整治提升工程启动建设。加速推进6个“正本清源”项目，垃圾分类示范片区高质量创建，面前埔村垃圾就地减量做法被人民网、《中国建设报》报道。厦门市生活污水治理工作现场会和全市垃圾分类现场会在新圩镇举办。

【文明创建】 2021年，新圩镇实行“巡查、抄告、整改、销号”制度，推进文明城市创建，抄告问题79项，整改销号率100%。出动劳力1.01万人次，清理垃圾1900余吨，土头70吨、清理“三乱”600余处。专项投入200万元完成镇驻地周边路面提升改造。新圩镇区级以上文明村（社区）提升至76%。

【安全生产】 2021年，新圩镇深化安全隐患大排查大整治，全年完成排查处置隐患318处。开展既有房屋和在建房屋安全隐患排查，排查房屋1.35万栋，59栋在建农房施工安全隐患全部消除。做好住房保障服务工作，审批宅基地新、翻建206宗，受理保障性商品房、租赁房意向登记579户，完成1户贫困户危房兜底改造。加大安全生产投入，防火、防汛、道路等领域安全保障队伍与应急保障设施设备优化，实现全年辖区景区（含非景区景点）、道路、消防等各领域总体安全稳定。新圩镇消防专职队获翔安区消防比武竞技第一名。

【文化旅游】 2021年，新圩镇农村文体设施更加完善，新改建农村文体设施工程6个，镇图书馆新设盲人阅读专区。文物保护有序推进，2批文物完成修缮。落实“双减”政策，常态化开展校外培训机构治理和规范工作。奖教奖学机制有效运行，全年发放奖助学金54.6万元。农村文体活动更有质量，全年组织开展“三下乡”活动31场次、文体活动30余场。面前埔三五丘田园和大帽山境引流效应明显，全年接待游客近30万人次，旅游收入2350万元。其中，三五丘田园直接为村集体创收30万元，大帽山境直接吸纳148名村民就业。

【社会保障】 2021年，新圩镇开展低保、五保、助医、助残、住房困难等底线民生工作，全年发放各类贫困补助564万元。城乡居民医疗、养老保险及东部固废周边村民重大疾病医疗保险实现全覆盖。探索推广“政府＋企业”培训模式，精准对接镇内企业用工需求，全年开办各类培训班7期、培训260人次，实现就业183人。落实就业保障政策，全年发放1.91万人次、558万元就业补贴。

【基层治理】 2021年，新圩镇坚持科学民主依法决策，听取社会公众意见，办理人大代表建议和议案22件。落实公开制度，全年办理村务公开770件，发送村务公开短信近10万条。挂牌成立新圩镇综合执法办公室，整合专业执法力量，提升依法行政水平。加大隐患排查处置力度，防范化解涉稳风险隐患。建立和完善协调劳动关系三方机构，构建和谐劳动关系。全年办结信访件148件、“12345”便民服务平台转办事项1371件，处置欠薪案件14起，追发工资近50万元。新圩镇获评厦门市扫黑除恶斗争工作先进集体。

【疫情防控】 2021年，新圩镇压实“四方责任”、落实“四早要求”，做好人员排查、疫苗接种、隔离管控、社区防控等各项工作，实现全年“零输入”“零病例”。9月，同安区本土疫情爆发，新圩镇与同安区毗邻，启动应急响应、激活指挥体系，落实闭环管理和社会面防控，切断疫情输入传播渠道。全年开展五轮逾23万人次的核酸检测，完成3.69万人次全程疫苗接种，完成率位居翔安区各镇（街）第一。流调溯源、交通转运、后勤保障人员坚守岗位、日夜奋战，保障128名密接、次密接者管控到位。“三用三防”（严用物防、活用群防、巧用技防）工作举措受到市、区指导组一致肯定。

（新圩镇）

人物 荣誉榜

表 11　　翔安区第五批拔尖人才名单

名　字	所在单位	名　字	所在单位
丁丽丽	厦门市第五医院	陈龙杰	厦门市翔安区农林水技术推广中心
王景毅	厦门市第五医院	林　琳	厦门市翔安区实验幼儿园
李希龙	厦门龙胜达照明电器有限公司	卓祥景	厦门乾照光电股份有限公司
杨经葵	厦门市翔安职业技术学校	柳开阳	厦门市翔安区新店中心卫生院
吴　玲	厦门天马微电子有限公司	施彩虹	厦门市翔安区逸夫小学
邱淑瑜	厦门市翔安区实验学校	唐　锋	福建宏泰智能工业互联网有限公司
张健莉	厦门市第五医院	黄辉鹏	厦门市新圩学校
陆凌云	厦门市第五医院	梁金龙	厦门市第五医院

表 12　　2021 年翔安区获市级及以上表彰先进集体一览表

单位名称	荣誉称号	授奖单位	授予时间
新圩司法所	全国模范司法所	司法部	2021.1
翔安区应急管理局	应急管理新闻宣传及学报用报先进单位	应急管理部、中国应急管理报社	2021.1
厦门市第五医院	PAC 优质服务医院	中国妇女发展基金会伊爱基金	2021.5
国家税务总局厦门市翔安区税务局第一税务所（办税服务厅）	全国“青年文明号”	共青团中央	2021.8
厦门市内厝镇莲塘村	全国乡村治理示范村	中央农村工作领导小组办公室等部门	2021.9
国家税务总局厦门市翔安区税务局机关党委	福建省先进基层党组织	中共国家税务总局委员会	2021.9
厦门市内厝镇莲塘村	全国示范性老年友好型社区	国家卫生健康委、全国老龄办	2021.11
厦门市翔安区人民法院	“数助决策”专题研究示范应用特等奖	最高人民法院办公厅	2021.12

续表 12

单位名称	荣誉称号	授奖单位	授予时间
厦门市公安局大嶝派出所	福建省“枫桥式公安派出所”	福建省公安厅	2020.12
厦门市翔安区内厝镇武装部	征兵工作先进单位	福建省征兵工作领导小组	2021.1
大宅社区大宅自然村	福建省“金牌旅游村”	福建省文化和旅游厅、省发展和改革委员会、省住房和城乡建设厅	2021.1
国家税务总局厦门市翔安区税务局第一税务所（办税服务厅）	福建省三八红旗集体	福建省妇联	2021.3
厦门市自然资源和规划局翔安分局	福建省文明单位	中共福建省委、福建省人民政府	2021.4
厦门市翔安区内厝镇黄厝村	福建省文明村	中共福建省委、福建省人民政府	2021.4
厦门市内厝镇莲塘村	福建省文明村	中共福建省委、福建省人民政府	2021.4
中国人民政治协商会议厦门市翔安区委员会机关	福建省文明单位	中共福建省委、福建省人民政府	2021.4
新圩镇人民政府	福建省文明乡镇	中共福建省委、福建省人民政府	2021.4
新圩镇古宅村	福建省文明村	中共福建省委、福建省人民政府	2021.4
新圩镇云头村	福建省文明村	中共福建省委、福建省人民政府	2021.4
厦门市翔安区委组织部	福建省文明单位	中共福建省委、福建省人民政府	2021.4
厦门市翔安区就业中心	甘肃省脱贫攻坚先进集体	中共甘肃省委、甘肃省人民政府	2021.5
内厝镇退役军人服务站	全国示范型服务中心	福建省委退役军人事务工作领导小组办公室	2021.5
厦门市翔安区委组织部组织科	福建省扫黑除恶专项斗争先进集体	福建省扫黑除恶专项斗争领导小组	2021.5
中共翔安区卫生和计划生育监督所党支部	福建省先进基层党组织	中共福建省委	2021.6
大宅社区党委	福建省先进基层党组织	中共福建省委	2021.6
厦门海洋职业技术学院航海学院党总支	福建省高校先进基层党组织	中共福建省委教育工委	2021.6
厦门市第五医院康复医学科	福建省“五一先锋号”	福建省总工会	2021.8
翔安区人民检察院第一检察部	全省检察机关扫黑除恶专项斗争（2018—2020）优秀集体	福建省检察院	2021.8
新圩司法所	福建省五星司法所	福建省司法厅	2021.9
香山街道大宅社区老体协	福建省“老年人健身康乐家园”	福建省体育局、中共福建省委文明办、福建省卫生健康委员会、福建省民政厅、福建省老年人体育协会	2021.12
新圩镇人民政府	福建省城市生活垃圾分类示范片区	福建省住房和城乡建设厅	2021.12
国家税务总局厦门市翔安区税务局	厦门市城乡共建先进单位	中共厦门市委	2021.3
厦门市公路局翔安分局	厦门市文明单位	中共厦门市委、厦门市人民政府	2021.3
翔安区教育局	厦门市文明单位	中共厦门市委、厦门市人民政府	2021.3

续表 12

单位名称	荣誉称号	授奖单位	授予时间
厦门市翔安区人力资源和社会保障局	厦门市文明单位	中共厦门市委、厦门市人民政府	2021.3
翔安区人民检察院	厦门市文明单位	中共厦门市委、厦门市人民政府	2021.3
厦门市翔安区司法局	厦门市文明单位	中共厦门市委、厦门市人民政府	2021.3
厦门市翔安区人民法院	厦门市文明单位	中共厦门市委、厦门市人民政府	2021.4
中共翔安区金海街道澳头社区	厦门市文明村	中共厦门市委、厦门市人民政府	2021.3
中共翔安区金海街道鼓岩社区	厦门市文明村	中共厦门市委、厦门市人民政府	2021.3
中共翔安区金海街道浦西社区	厦门市文明村	中共厦门市委、厦门市人民政府	2021.3
中共翔安区内厝镇琼坑村	厦门市文明村	中共厦门市委、厦门市人民政府	2021.3
中共翔安区内厝镇锄山村	厦门市文明村	中共厦门市委、厦门市人民政府	2021.3
新圩镇凤路村	厦门市文明村	中共厦门市委、厦门市人民政府	2021.4
新圩镇金柄村	厦门市文明村	中共厦门市委、厦门市人民政府	2021.4
新圩镇面前埔村	厦门市文明村	中共厦门市委、厦门市人民政府	2021.4
新圩镇乌山村	厦门市文明村	中共厦门市委、厦门市人民政府	2021.4
新圩镇新圩社区	厦门市文明村	中共厦门市委、厦门市人民政府	2021.4
厦门翔安旅游发展有限公司	厦门市文明风景旅游区	中共厦门市委、厦门市人民政府	2021.4
中共厦门市翔安区新圩中心卫生院党支部	厦门市先进基层党组织	中共厦门市委	2021.6
中共翔安区金海街道鼓岩社区委员会	厦门市先进基层党组织	中共厦门市委	2021.6
中共翔安区内厝镇黄厝村委员会	厦门市先进基层党组织	中共厦门市委	2021.6
中共翔安区新店街道洪前社区委员会	厦门市先进基层党组织	中共厦门市委	2021.6
中共翔安区新店街道曾坂社区支部委员会	厦门市先进基层党组织	中共厦门市委	2021.6
后埔村党总支	厦门市先进基层党组织	中共厦门市委	2021.6
中共厦门华天涉外职业技术学院委员会	厦门市先进基层党组织	中共厦门市委	2021.6
厦门海洋职业技术学院信息工程学院电子教研室党支部	厦门市先进基层党组织	中共厦门市委	2021.6
厦门海洋职业技术学院航海学院党总支	中共厦门市委教育工委先进基层党组织	中共厦门市委教育工委	2021.6
厦门市自然资源和规划局翔安分局	厦门市直机关先进基层党组织	中共厦门市委市直机关工作委员会	2021.6
中共翔安区委政法委员会综合科	厦门市政法工作先进集体	中共厦门市委、厦门市人民政府	2021.8
厦门海洋职业技术学院工会委员会	厦门市“五星职工之家”	厦门市总工会	2021.8
厦门市翔安教育集团	厦门市教育工作先进集体	中共厦门市委、厦门市人民政府	2021.9

续表 12

单位名称	荣誉称号	授奖单位	授予时间
翔安区教育局	厦门市扫黑除恶专项斗争先进集体	厦门市扫黑除恶专项斗争领导小组	2021.9
翔安区农业农村局	厦门市扫黑除恶专项斗争先进集体	厦门市扫黑除恶专项斗争领导小组	2021.9
厦门市自然资源和规划局翔安分局执法监察科	厦门市扫黑除恶专项斗争先进集体	厦门市扫黑除恶专项斗争领导小组	2021.9
厦门市翔安区人民法院刑事审判庭	厦门市扫黑除恶专项斗争先进集体	厦门市扫黑除恶专项斗争领导小组	2021.9
凤翔街道综治办	厦门市扫黑除恶专项斗争先进集体	厦门市扫黑除恶专项斗争领导小组	2021.9
翔安区司法局社区矫正与安置帮教科	厦门市扫黑除恶专项斗争先进集体	厦门市扫黑除恶专项斗争领导小组	2021.9
中共新圩镇委员会	厦门市扫黑除恶专项斗争先进集体	厦门市扫黑除恶专项斗争领导小组	2021.9
翔安区扫黑办	厦门市扫黑除恶专项斗争先进集体	厦门市扫黑除恶专项斗争领导小组	2021.9
厦门市社会保险中心	厦门市“五一先锋号”	厦门市总工会	2021.3
厦门市第五医院泌尿外科	厦门市“五一先锋号”	厦门市总工会	2021.3
厦门市翔安区人民法院司法警察大队	厦门市“五一先锋号”	厦门市总工会	2021.3
厦门海洋职业技术学院信息工程学院数媒教研室	厦门市“五一先锋号”	厦门市总工会	2021.3
厦门市第五医院中医科、康复医学科	厦门市“五一先锋号”	厦门市总工会	2021.5
厦门市翔安投资集团有限公司建设管理部	厦门市“五一先锋号”	厦门市总工会	2021.11
厦门市第五医院急诊科	厦门市“五一先锋号”	厦门市总工会	2021.11
厦门市翔安投资集团有限公司建设管理部	厦门市“五一先锋号”	厦门市总工会	2021.11
厦门市翔安教育集团行政管理中心	厦门市“五一先锋号”	厦门市总工会	2021.12
新圩司法所	厦门市“五一先锋号”	厦门市总工会	2021.12
翔安区农业农村局	厦漳泉护林防火联防先进单位	厦漳泉护林防火联防委员会	2021.12
翔安区人大常委会法制内务司法工作委员会	厦门市人大工作先进集体	中共厦门市委	2021.12
翔安区马巷街道滨安社区人大代表联系群众活动站	厦门市人大工作先进集体	中共厦门市委	2021.12
厦门市公安局翔安分局治安大队	厦门市政法工作先进集体	中共厦门市委	2021.12
厦门市翔安区人民法院	厦门市政法工作先进集体	中共厦门市委、厦门市人民政府	2021.12
马巷街道人大工作委员会滨安社区人大代表联系群众活动室	厦门市人大工作先进集体	中共厦门市委办公厅	2021.12
马巷街道办事处	厦门市“爱心厦门”建设工作先进集体	中共厦门市委办公厅	2021.12

表 13　　2021 年翔安区获市级及以上表彰先进人物一览表

姓名	性别	荣誉称号	工作单位	授奖单位	授予时间
江　涛	男	二级英雄模范	厦门市公安局翔安分局刑侦大队	公安部	2021.1
邓　奕	女	全国百佳税务所长	国家税务总局厦门市翔安区税务局第一税务所（办税服务厅）	国家税务总局	2021.6
林立忠	男	全国自然资源系统“七五”普法工作中成绩突出个人	厦门市自然资源和规划局翔安分局	自然资源部	2021.6
陈海云	女	第五批全国农村创业创新优秀带头人	大宅社区	农业农村部乡村产业发展司	2021.11
林良菽	男	中华孝亲敬老楷模提名奖	内厝镇莲塘村	全国敬老爱老助老主题教育活动组委会	2021.12
吴南回	男	福建省法院先进个人	厦门市翔安区人民法院	福建省高级人民法院、福建省人力资源和社会保障厅	2021.1
吴南回	男	福建省法院扫黑除恶专项工作表现突出个人	厦门市翔安区人民法院	福建省高级人民法院	2021.1
戴爱珍	女	福建省检察机关优秀办案检察官	区检察院	福建省检察院	2021.1
许清勉	女	福建省政法委系统先进工作者	中共翔安区委政法委员会	中共福建省委政法委、省人力资源和社会保障厅	2021.2
戴爱珍	女	福建省三八红旗手	区检察院	福建省妇联	2021.3
郭振江	男	个人二等功	厦门市公安局翔安分局刑侦大队	福建省公安厅	2021.4
蔡伟强	男	福建最美农业专家	翔安区农业农村局	福建省农业农村厅	2021.4
陈　亮	男	福建省见义勇为模范	厦门市翔安区市政公用建设工程有限公司	福建省人民政府	2021.5
谢侨建	男	福建省扫黑除恶专项斗争先进个人	厦门市公安局翔安分局刑侦大队	福建省扫黑除恶专项斗争领导小组	2021.5
许文跃	男	福建省优秀党务工作者称号	翔安区风景旅游事务中心	中共福建省委	2021.6
陈鸿兴	男	福建省优秀共产党员	厦门市翔安区司法局	中共福建省委	2021.6
陈树林	男	福建省优秀党务工作者	新圩镇马塘村党委	中共福建省委	2021.6
李硕嘉	女	福建省高校优秀党务工作者	厦门海洋职业技术学院	中共福建省委教育工委	2021.6
林水生	男	福建省高校优秀党务工作者	厦门华天涉外职业技术学院	中共福建省委教育工委	2021.6
邱华军	男	福建省检察机关扫黑除恶专项斗争优秀个人	区检察院	福建省检察院	2021.8
蒋庆堂 蒋苗旋 家庭		福建省绿色家庭	金海街道澳头社区	福建省妇女联合会、福建省生态环境厅	2021.11
颜卫东	男	厦门市文明市民标兵	金海街道办事处	中共厦门市委、厦门市人民政府	2021.3

续表13

姓名	性别	荣誉称号	工作单位	授奖单位	授予时间
王希星家庭		厦门市文明市民家庭	金海街道浦西社区	中共厦门市委、厦门市人民政府	2021.3
彭水山家庭		厦门市文明市民家庭	金海社区彭厝社区	中共厦门市委、厦门市人民政府	2021.3
黄国文	男	厦门市文明市民标兵	内厝镇黄厝村	中共厦门市委、厦门市人民政府	2021.3
王　颖	女	厦门市文明市民标兵	翔安区委区直机关工委	中共厦门市委、厦门市人民政府	2021.3
陈青松	男	厦门市文明市民标兵	新圩镇人民政府	中共厦门市委、厦门市人民政府	2021.4
蔡清江	男	厦门市文明市民标兵	新圩镇新圩社区	中共厦门市委、厦门市人民政府	2021.4
陈丽娟	女	厦门市机关编制信息工作先进个人	厦门市翔安区委组织部	中共厦门市委机构编制委员会办公室	2021.5
李辉煌	男	厦门市优秀党务工作者	翔安区财政审核中心	中共厦门市委	2021.6
陈柳毅	男	厦门市优秀党务工作者	厦门市公路局翔安分局	中共厦门市委交通运输工作委员会	2021.6
蔡福林	男	厦门市优秀党务工作者	厦门市翔安区人民政府凤翔街道办事处	中共厦门市委	2021.6
杨金坂	男	厦门市优秀共产党员	内厝镇霞美村	中共厦门市委	2021.6
黄希呆	男	厦门市优秀共产党员	新圩镇后埔村	中共厦门市委	2021.6
周玉敏	女	厦门市优秀共产党员	厦门海洋职业技术学院	中共厦门市委	2021.6
罗娟娟	女	厦门市优秀共产党员	厦门海洋职业技术学院	中共厦门市委	2021.6
戴爱珍	女	厦门市优秀共产党员	区检察院	中共厦门市委	2021.8
张金田	男	厦门市优秀党务工作者	东园社区	中共厦门市委	2021.6
朱燕婷	女	厦门市优秀党务工作者	新圩镇人民政府	中共厦门市委	2021.6
陈　鸿	男	厦门市优秀党务工作者	厦门海洋职业技术学院	中共厦门市委	2021.6
林扬武	男	厦门市优秀党务工作者	厦门海洋职业技术学院	中共厦门市委	2021.6
郭垂财	男	厦门市政法工作先进个人	中共翔安区委政法委员会	中共厦门市委、厦门市人民政府	2021.8
彭发展	男	厦门市教育工作先进个人	翔安区教育局	中共厦门市委、厦门市人民政府	2021.9
张玉琪	女	抗击新冠肺炎疫情最美逆行者	厦门市第五医院	莆田市人民政府	2021.9
吴南回	男	厦门市扫黑除恶专项斗争先进工作者	厦门市翔安区人民法院	厦门市扫黑除恶专项斗争领导小组	2021.9
吴鹏展	男	厦门市扫黑除恶专项斗争先进工作者	厦门市翔安区人民法院	厦门市扫黑除恶专项斗争领导小组	2021.9

续表 13

姓名	性别	荣誉称号	工作单位	授奖单位	授予时间
李江河	男	厦门市扫黑除恶专项斗争先进个人	厦门市翔安区人民政府凤翔街道办事处	厦门市扫黑除恶专项斗争领导小组	2021.9
黄海泳	男	厦门市扫黑除恶专项斗争先进个人	新圩镇人民政府	厦门市扫黑除恶专项斗争领导小组	2021.9
余翰艳	女	厦门市优秀教师	厦门海洋职业技术学院	中共厦门市委、厦门市人民政府	2021.9
吴德伟	男	集体二等功	厦门市翔安投资集团有限公司	中共厦门市委、厦门市人民政府	2021.11
叶成林	男	集体二等功	甘肃华翔雾宿山农业发展有限公司	中共厦门市委、厦门市人民政府	2021.11
李进镭	男	集体二等功	厦门市翔振工贸有限公司	中共厦门市委、厦门市人民政府	2021.11
吴　丹	女	集体二等功	厦门市第五医院	中共厦门市委、厦门市人民政府	2021.11
吴德伟	男	集体二等功	厦门市翔安投资集团有限公司	中共厦门市委、厦门市人民政府	2021.11
叶成林	男	集体二等功	甘肃华翔雾宿山农业发展有限公司	中共厦门市委、厦门市人民政府	2021.11
李进镭	男	集体二等功	厦门市翔振工贸有限公司	中共厦门市委、厦门市人民政府	2021.11
黄继义	男	厦门经济特区建设 40 周年先进模范人物	厦门市第五医院	中共厦门市委、厦门市人民政府	2021.12
黄继义	男	厦门市人大工作先进个人	厦门市第五医院	中共厦门市委	2021.12
张素萍	女	厦门市人大工作先进个人	翔安区人大常委会办公室	中共厦门市委	2021.12
柯　力	男	厦门市政法工作先进个人	厦门市翔安区人民法院	厦门市人民政府	2021.12
陈清顿	男	厦门市政法工作先进个人	厦门市公安局新店派出所	中共厦门市委	2021.12
陈朝晖	男	厦门市政法工作先进个人	厦门市公安局新圩派出所	中共厦门市委	2021.12
张志炜	男	厦门市政法工作先进个人	厦门市公安局大嶝派出所	中共厦门市委	2021.12
黄献涵	男	厦门市政法工作先进个人	厦门市公安局翔安分局交警大队	中共厦门市委	2021.12
邱华军	男	厦门市政法工作先进个人	区检察院	中共厦门市委、厦门市人民政府	2021.12
郭　珍	女	厦门市政法工作先进个人	厦门市翔安区司法局	中共厦门市委、厦门市人民政府	2021.12
陈军总	男	厦门市人大工作先进个人	新圩镇人民政府	中共厦门市委	2021.12
陈昌萍	男	厦门市第十一批拔尖人才	厦门海洋职业技术学院	中共厦门市委组织部	2021.12

附录

工作报告

政府工作报告

——2021 年 12 月 26 日在厦门市翔安区第五届人民代表大会第一次会议上

翔安区人民政府代区长　李　毅

各位代表：

现在，我代表区人民政府向大会报告工作，请予审议，并请各位政协委员和其他列席人员提出意见。

一、2021 年及过去五年工作回顾

2021 年是中国共产党成立 100 周年、厦门经济特区建设 40 周年。一年来，我们坚持以习近平新时代中国特色社会主义思想为指导，深入学习贯彻党的十九大和十九届历次全会精神，认真贯彻落实习近平总书记来闽考察和对福建、厦门工作重要讲话重要指示批示精神，在市委、市政府和区委的坚强领导下，统筹疫[1]情防控和经济社会发展，扎实做好“六稳”“六保”工作，顺利实现了“十四五”良好开局。

全年预计（下同）地区生产总值增长 9%，规上工业增加值增长 8%，固定资产投资增长 12%，财政总收入增长 17.1%，区级财政收入增长 17.5%，全体居民人均可支配收入增长 13.1%，地区生产总值等主要经济指标增幅居全市前列。一年来，我们重点开展了以下工作：

（一）万众一心、众志成城，疫情防控有力有效

慎终如始推动防控常态化。始终紧绷疫情防控这根弦，压实“四方责任”、落实“四早要求”[2]，坚持人物环境同防，创新“片长制”“邻长制”[3]等举措，快严实细抓好“外防输入、内防反弹”工作，全闭环排查管控境外及中高风险地区人员，全覆盖落实重点人群常态化核酸检测，全流程监测进口冷链食品，全海域严查海上船舶，全方位开展疫苗接种，疫苗接种率全市第一，连续 664 天实现本区病例“零新增”、防疫人员“零感染”、关键节点“零反弹”。

硬核举措打赢疫情阻击战。面对突如其来的本土疫情，第一时间启动应急响应，迅速构建扁平高效的应急指挥体系；第一时间落实交通管制和社会面管控，4 个离厦检查点、32 条对外海陆通道严格封闭管制，128 个村（居）、36 个小区落实闭环管理；第一时间开展核酸检测、流调溯源、隔离管控等工作，五轮全员核酸检测 335 万份样本全部阴性，1222 名密接次密接者和 3587 名异地隔离人员全部管控到位，成为全市唯一“零病例”的区，获国务院专家组的高度肯定。

勠力同心奋战抗疫第一线。在这场没有硝烟的战役中，孙春兰副总理等中央、省、市领导亲临翔安检查指导，坚定我们战胜疫情的强大信心；广大医务人员、村（居）工作者、志愿者义无反顾、向险而行，是翔安的最美“逆行者”；全体党员干部职工冲锋在前、各级代表委员投身一线、社会各界人士纷纷支援，尤其是 58 万翔安人民同舟共济，共同守护翔安这一片净土，充分展现了翔安人民的文明素养和爱护

家园的责任担当。

（二）坚定信心、砥砺奋进，经济发展彰显活力

实体经济稳健发展。南京高光等33个项目开竣工，天马六代设备安装，中航锂电提前投产，平板显示、集成电路等主导产业产值增长8.3%，工业对经济贡献率保持60%。中交一公局等38家建筑业龙头企业落地，建筑业产值突破400亿元。奥特莱斯项目竣工，新增2家市级总部企业、24家大宗商品贸易公司，社会消费品零售总额增长8.3%，限上批发零售业销售额增长60%、总量达1400亿元。百利龙程等14个现代农业项目落户，16家农业龙头企业产值增长70%。

创新动能加速集聚。科研技术全国领先的生物制品省创新实验室落地建设，厦大嘉庚创新实验室、南方海洋研究中心投入运营，新增7家省级以上企业技术中心。全社会研发投入25亿元、全市第二，专利授权量增长7%，每万人有效发明拥有量全市第二。新增“三高”企业〔4〕58家，高技术产业增加值增长15.8%。与中国技术交易所等建立人才培育战略合作，打造产学研人才发展生态圈，引育高层次人才84人，柔性引才1136人。

项目攻坚成效显著。新开工133个亿元以上项目，122个省市重点项目完成投资736亿元，建安投资377亿元，均排名全市第一，“五个一批”〔5〕综合考评两次获省政府通报奖励，固定资产投资强度达2亿元/天、位列全省各县（区）首位。实施项目建设攻坚行动，祥福一路等“断头路”成功打通，55万平方米阳塘整村搬迁全面完成，37万平方米东界片区整村搬迁进入扫尾，7.5万平方米琼头局部搬迁实现突破，全年土地交地1.04万亩、房屋拆除112万平方米，重大片区土地征收和交地量占全市一半。

（三）聚焦重心、强势推进，城乡格局加快拓展

新城建设如火如荼。航空新城取得重大进展，新机场工可、用海等关键前期手续获批，太古维修基地、厦航启动区等产业项目落地；东部体育会展新城全面铺开，新体育中心、新会展中心主体框架成型，商务办公、酒店及配套设施加快建设；环东海域新城加快推进，海洋高新产业园选址落地，文化艺术中心等东山片区公建群加快前期；同翔高新城有序建设，新能源新材料等新兴产业加速集聚，市政配套日臻完善。“四座新城”完成投资713亿元，成为厦门发展的重要增长极。

乡村振兴亮点凸显。加快建设10个市级示范村和2条乡村振兴动线〔6〕、总投资2.9亿元。打造“翔安旅图”新品牌，推出“红、蓝、绿”三大主题〔7〕八条旅游路线，全年接待游客371万人次。深化农村人居环境整治，完成农房整治1558栋，农村生活污水治理实现320个自然村全覆盖，全市农村生活污水治理提升、生活垃圾分类现场会在翔安召开，污水治理及垃圾分类“翔安模式”〔8〕获生态环境部高度肯定。实施47个“党建富民强村”项目，全区所有村（居）全部实现集体收入10万元以上。

城区功能品质提升。基础设施更加完善，地铁4号线（除大嶝段）全线贯通，翔安大桥、东坑湾大桥轮廓初现；地铁3号线开通运营、累计客运量256万人次，新增优化公交线路23条、地铁接驳线10条。城市建管更加精细，全面推行“街长制”，整治市容环卫问题21万个，拆除“两违”建筑226万平方米；新增园林绿地110公顷，建成下潭尾湿地公园等6个项目。社区治理更加高效，稳步完成新店、马巷行政区划析置和区镇村三级换届工作，全面推行“近邻”党建〔9〕。

（四）倾力倾心、探索创新，改革开放不断深化

营商环境更加优化。深化“放管服”改革，全省唯一的区级相对集中行政许可权改革成效显现，首批283项审批服务事项实行“一枚印章管审批”；开辟i厦门“翔安智慧办”模块，17项事项实现“秒批秒办”。大力保护市场主体，出台“春节留厦8条”“助企纾困10条”等扶持政策，为企业减免税费1.6亿元、协助融资12.3亿元，兑现财政补助3.8亿元。新增商事主体5000家、增长50%。营商环境考评位居全市前列。

招商引资精准发力。新增入库项目1639个、落地1432个，引进北京国寿等12个高能级项目，民企招商实绩全市第一、央企招商实绩全市第二。基金招商成效显著，落地春华美元等头部基金，以5亿元财政资金撬动130亿元社会资本，资金撬动率达26倍，首批带动返投项目16个、实缴资金7亿元。设立区属国企融资平台，积极争取地方专项债，全年筹措各类资金超百亿元，与国家开发银行签订总投资超700亿元的金融合作协议。

对外交流持续拓展。深化对台交流交往，新引进苏澳文维等一批台资企业，设立“台胞审批专窗”，建立全市首支台胞志愿者服务队，疫情期间在翔台胞台企积极参与、同心抗疫，被央视等媒体多次播报。主动融入国内国际双循环和闽西南协同发展区建设，合同利用外资15.3亿元，推进建设46个省内帮扶项目。与宁夏彭阳县开展新一轮东西部协作，扎实完成产业合作、消费帮扶、劳务输转等任务。

（五）紧贴民心、增进福祉，民生事业全面进步

生态建设再上台阶。狠抓以扬尘为重点的大气污染防治，$PM_{2.5}$ 下降 36%，空气质量优良率 99.7%。深化“河（湖）长制”，创新“三水”联治[10]模式，新建 30 公里污水管道，完成 27 平方公里正本清源改造，建区以来监测断面平均水质首次实现 100% 达标。实施“湾（滩）长制”，推动入海排口常态化治理，近岸海域水质优良率 100%。严格落实耕地保护制度，依法整治农村乱占耕地建房 224 宗。全面推行“林长制”。成功磋商全市首例涉刑生态环境损害赔偿案件。

公共服务扩容提质。新建 15 所中小学幼儿园、新增学位 1.4 万个，开办双十中学初中部、实验小学翔安校区等“跨岛名校”，招录高层次教育人才和教师 214 名；落实“双减”政策[11]，中小学课后延时服务全覆盖。引进市第一医院临床医学研究院，建成市第五医院医技科教综合楼，市第五医院在全国三级公立医院绩效考核中排名全市第四、岛外第一。对外开放 8 处文体设施，修缮 10 处文物、20 处烈士纪念设施；原创作品《送枪》在“华东六省一市现代地方小戏大赛”上全省唯一获得金奖。

民生托底走深走实。全年民生支出 61.5 亿元、占全区财政支出的 73%。出台“转产就业帮扶 12 条”，新增就业 2.1 万人、被征地人员参保 2618 人。深化“爱心厦门”建设，新建 6 所农村幸福院、2 家省市级婴幼儿照护服务试点单位，为低保、特困等困难群众发放补助 8000 万元，免费为 1500 多名老人提供配送餐。健全农村宅基地和村民住宅建设管理机制，审批宅基地申请 1545 宗。全市最大安置房阳塘安居小区竣工验收，新店保障房地铁社区二期、林前综合体等建成交付。

平安建设持续深化。深入开展安全隐患大排查大整治和安全生产专项整治三年行动，生产安全事故及死亡人数实现“双下降”。坚持主动创稳，侦破 2 个涉恶犯罪团伙，严打 11 起海上偷私渡行为；全方位筑牢禁毒防线，破获 25 起毒品案件，缉毒执法成效居全市前列；调解矛盾纠纷 2500 起、涉案金额 3.4 亿元，“平安三率”排名全市首位、全省前列。食品药品安全形势平稳，双拥共建、退役军人工作扎实推进。同时，民族宗教、外事侨务、档案方志、国防动员、人防海防、粮食安全、气象工作等取得新进展，工会、妇女儿童、青年、老龄、残疾人、红十字、慈善事业等实现新进步。

（六）不忘初心、牢记使命，自身建设持续增强

政治建设坚决有力。坚持把党的政治建设摆在首位，深化区政府常务会“第一议题”制度，第一时间学习宣传贯彻党的十九届六中全会精神，深入学习贯彻习近平总书记重要讲话重要指示批示精神，进一步增强“四个意识”、坚定“四个自信”、做到“两个维护”。扎实开展党史学习教育、“再学习、再调研、再落实”活动，高质量办好 320 个“我为群众办实事”项目。

行政效能持续提升。落实行政复议体制、镇街综合执法、零基预算等改革，“谁执法谁普法”动态智能管理模式全省唯一入围第六届“法治政府奖”。推行“项目工作法”“一线工作法”“典型引路法”，马上就办、雷厉风行的优良作风成为政府系统干部的鲜明特质。全区各项工作被央视等新闻媒体播报 30 余次，26 家单位和 29 名人员获省级以上荣誉表彰。

廉政建设扎实推进。严格落实中央八项规定及其实施细则精神和意识形态工作责任制，扎实做好省委巡视反馈问题整改，持续整治形式主义、官僚主义，一般性支出压减 12%，区政府发文、会议数量持续下降。主动接受人大法律监督、工作监督和政协民主监督，办结各级人大议案建议 161 件、政协提案 186 件，办理满意率 100%。政务信息公开 2856 条。

各位代表！2021 年各项目标任务的顺利完成，为区四届政府的五年任期画上圆满句号。过去五年，是我们深入践行创新发展、综合实力加速跃升的五年，地区生产总值跨越 4 个百亿台阶、规模总量实现翻番；规上工业产值达 1700 亿元，年均增长 9.6%、全市第一；第三产业规模增长 2.4 倍、占地区生产总值比重提高 9 个百分点；2020 年首次入围全国工业百强区和百强新城区，2018～2020 年市对区绩效评估实现“三连冠”。过去五年，是我们深入推动协调发展、城乡面貌深刻变化的五年，累计固定资产投资 3100 亿元、超过前 13 年的总和；“四座新城”高歌猛进，城镇化率从 60% 提升至 70%；乡村振兴亮点纷呈，马塘村入选新中国 70 周年“富强之路”十大典型村庄；基础设施不断完善，“地铁时代”正式开启，“海绵城市和地下综合管廊”双试点通过国家验收，日供水、供电、供气、污水处理能力分别增长 52%、55%、96%、220%。过去五年，是我们深入实施绿色发展、生态环境显著改善的五年，累计投入 16.5 亿元用于生态文明建设，举全区之力破解沿海沙场、机砖厂、石材马赛克厂等“环境顽疾”，全面完成 5 万亩海域养殖退养，高分通过全省农村人居环境整治三年行动考核；黑臭水体全面消除，小光山矿山地质环境治理恢复义务案例被自然资源部评为优秀典型，污染防治攻坚战取得阶段性胜利。过去五年，是我们深入促进开放发展、区域活力持续彰显的五年，累计实际利用外资 73 亿元，新落地天马六代、中航锂电、ABB 工业中心等一批百亿级产业项目；探索形成重点项目联合攻坚、普惠性教育集团等一批首创性改革举

措，改革创新考核连续三年全市第一，营商环境考评2018、2020年排名全市首位；助力甘肃永靖、漳州云霄提前一年脱贫摘帽。过去五年，是我们深入坚持共享发展、群众获得感真切提升的五年，持续将七成以上财政支出投向民生领域、累计超260亿元；居民人均可支配收入增长1.5万元、年均增幅全市第一；累计转移就业农村富余劳动力1.8万人次；新增学位4.8万个、占全市四分之一，示范性幼儿园占比从3%提高至55%，义务教育管理标准化学校从4%提高至90%；新增病床位609张、养老床位171张，三级公立医院实现“零”的突破；建成保障性住房2.5万套；连续三届获评省级文明城区；扫黑除恶战果累累，社会保持安定稳定。

各位代表！面对世界百年未有之大变局，我们共同应对国际贸易摩擦等重大挑战、经受新冠肺炎疫情等重大考验、完成金砖会晤保障等重大任务，生动书写了贯彻“跨岛发展”战略的翔安篇章。这一组组攀升的数据、一项项丰硕的成果来之不易，离不开市委、市政府和区委的正确领导，离不开历届政府打下的坚实基础，离不开各位代表、委员和社会各界的关心支持，离不开全区人民的团结一心、拼搏奋斗。在此，我代表区人民政府，向全区人民，向全体人大代表、政协委员，向各民主党派、工商联、各人民团体、无党派人士、离退休老同志，向驻区各单位、部队官兵和公安民警，向关心支持翔安发展的台港澳同胞、海外侨胞和社会各界人士，表示衷心感谢和崇高敬意！

同时，我们也清醒看到全区经济社会发展还有不少问题，疫情形势和外部环境更趋严峻复杂，经济下行压力仍然较大；产城人融合度不高，基础设施、商业配套、公共服务等与群众期盼仍有差距；基层治理不够精细，统筹发展和安全任重道远；形式主义、官僚主义仍不同程度存在，政府自身建设还需加强。对此，我们将坚持问题导向，采取有力措施，认真加以解决。

二、今后五年工作展望和2022年工作计划

各位代表！在翔安迎来18周岁“成人礼”之际，区第五次党代会科学提出了未来五年的奋斗目标和发展路径。我们要准确把握方向，紧抓机遇、狠抓落实，努力推动各项事业再上新台阶。

今后五年工作的指导思想是：高举习近平新时代中国特色社会主义思想伟大旗帜，全面贯彻党的基本理论、基本路线、基本方略，深入学习贯彻习近平总书记来闽考察和对福建、厦门工作重要讲话重要指示批示精神，增强“四个意识”、坚定“四个自信”、做到“两个维护”，紧紧围绕统筹推进“五位一体”总体布局〔12〕和协调推进“四个全面”战略布局〔13〕，坚持稳中求进工作总基调，立足新发展阶段，完整、准确、全面贯彻新发展理念，积极服务和深度融入新发展格局，全方位推进高质量发展超越，为把厦门建设得更加美丽、更加富裕、更加平安、更加繁荣贡献翔安力量！

今后五年发展的奋斗目标是：紧盯“十四五”发展规划和2035年远景目标，奋力建设创新翔安、繁荣翔安、生态翔安、活力翔安、幸福翔安，勇当厦门更高水平建设高素质高颜值现代化国际化城市的“新发展极”。具体战略任务是：

——推动产业高质量发展实现新跃升，建设生机勃发的创新翔安。加快构建“5+6+N”现代产业体系〔14〕，创新能力大幅提升，产业新动能和竞争力显著增强，经济潜力充分发挥。力争到2025年，地区生产总值年均增速全市最高，规上工业增加值和总产值规模全市最大。

——推动新型城镇化进程实现新跃升，建设产城融合的繁荣翔安。以高于岛内的标准加快建设基础设施、民生事业，城市发展骨架形成，“四座新城”初具规模，地铁4号线、第二、三东通道陆续投用，城区综合承载能力和功能品质明显提升。力争到2025年，城镇化率达75%，实现较高程度的产城人融合。

——推动社会治理现代化实现新跃升，建设山清水秀的生态翔安。绿色低碳发展水平显著提高，绿色生活方式深入人心，生态环境污染有效防治，城乡环境更加宜居。力争到2025年，区域生态环境保持优良，建成国家生态文明建设示范区，让绿水青山成为翔安发展的永续优势。

——推动区域综合竞争力实现新跃升，建设开放包容的活力翔安。改革开放纵深推进，自贸试验区、空港综合保税区等多区叠加，新机场建成通航，亚洲杯足球赛顺利举办，对台融合发展迈出新步伐，高端发展要素不断集聚，区域竞争力显著提升。力争到2025年，营商环境达到国际一流水平，成为国内国际双循环的重要通道和枢纽节点。

——推动人民高品质生活实现新跃升，建设和谐安康的幸福翔安。居民收入稳步提高，乡村振兴战略取得重大成果，多层次社会保障体系更加完善，城乡公共服务均衡优质发展，城区文明风尚显著提高，群众获得感成色更足、幸福感更可持续、安全感更有保障。力争到2025年，居民人均可支配收入突破5.5万元，人类发展指数〔15〕达到中等发达国家水平，加快迈进共同富裕。

各位代表！2022年是党的二十大召开之年，是全

面建设社会主义现代化国家和实施“十四五”规划的关键一年，也是翔安发展“滚石上山、攻坚克难”的关键期，做好各项工作意义重大。我们要深入贯彻落实党的十九届六中全会和中央经济工作会议精神，切实将思想和行动统一到党中央和省、市、区委的决策部署上，坚持稳字当头、稳中求进，全力把省、市、区党代会制定的“规划图”转化成“施工图”，锚定目标、创造机遇，接力奋进、决战决胜，实现新一届政府的良好开局，以优异成绩迎接党的二十大召开。

综合各方面因素，2022 年经济社会发展的主要预期目标是：地区生产总值增长 8.5% 左右，规上工业增加值增长 9%，固定资产投资增长 10%，财政总收入增长 6.2%，区级财政收入增长 8.5%，居民收入保持稳定增长。为实现上述目标，我们要重点做好以下五方面工作：

（一）聚焦实体经济，为建设创新翔安提供强劲动能

提升主导产业能级。围绕重点产业补链强链，推动天马 N 项目等新超百亿项目落地建设，保障天马六代、隆利科技建成投产，支持冠捷科技、电气硝子增资扩产，着力打造国际一流新型显示产业示范区和东南沿海集成电路产业核心区。加快发展新能源新材料、智能制造及工业互联网，支持中航锂电达产扩产、尽快突破百亿规模，推动科华恒盛、延江新材料加快建设，引导制造业企业智能化转型、中小企业“上云上平台”，着力打造闽西南高端制造业新基地。支持建筑业企业生根发展，推广评定分离改革、工程总承包模式，促进建筑业高质量发展。

壮大第三产业规模。加快发展总部经济、商务金融、文旅会展等现代服务业，推动博德宝、九龙酒店等总部企业、高星级酒店落地，支持刘五店码头改造提升。积极与春华资本、国信证券等头部金融机构开展合作，围绕生物医药等重点领域组建新产业子基金，力争产业引导基金管理规模达 200 亿元以上。培育打造新兴商圈、特色商圈，推动奥特莱斯开业运营、汽车城品牌集聚，建设跨境电商基地、直播基地，挖掘平台消费、夜间消费等新型消费潜力。完善文旅产业规划，推进香山乡苑等建设，积极策划高水平文体展会活动，促进文旅融合创新发展。

培育创新产业集群。配合推进厦门科学城建设，加快建设生物制品省创新实验室等重大创新平台，探索建设厦漳泉科技成果转移转化先导区，打造全国科研成果转化高地。加强与央企、省企和市头部国企合作，建设“专精特新”园区，借助外力外脑促进高新产业集聚提升。实施数字经济园区提升行动，建设数字经济产业园三期，大力发展健康大数据、人工智能、物联网等数字产业，提升数字经济规模。加快发展海洋经济、临空经济，推进海洋高新产业园、临空产业园建设，推动太古维修基地、厦航启动区开工、东航区域总部落地，提升欧厝对台渔业基地功能。

（二）聚焦城乡统筹，为建设繁荣翔安开拓发展格局

重大片区攻坚提速。加快小嶝垦区征收、大小嶝 9.8 平方公里造地，推动新机场航站区主体工程动建，力争航空新城完成投资 200 亿元。完成东界片区、刘五店二期搬迁，确保新体育中心、新会展中心场馆完工，推进周边形象改善、配套完善，保障亚洲杯测试赛举办，力争东部体育会展新城完成投资 170 亿元。推进整村搬迁，加快滨海浪漫线三期、新浦嘉园建设，促进东山片区公建群及商业地块开工，力争环东海域新城完成投资 170 亿元。启动中航锂电三期、天马 N 项目征收，加快内垵大道等市政配套建设，力争同翔高新城完成投资 180 亿元。

产城融合深化提升。加快南部新城中心区建设，积极推动大型城市商业综合体落地，促进 CBD 功能提升，建设休闲步道、中心公园；加快旧城区、老镇区提升，完成马巷片区排水系统、自来水管网改造；围绕工业园区服务保障，探索建设完整产业社区，加快完善新圩置街道功能配套。推动翔安大桥、溪东路建成通车，启动新 324 国道提升改造，全力打通一批重要节点的“断头路”；加快地铁 4 号线、轨道机场站预留工程建设，完善“P+R”停车场[16]等地铁接驳配套，新增优化公交线路 11 条、地铁接驳线 2 条，争取地铁 5 号线开展可研。

乡村振兴全面提质。在建设 22 个省市示范村和 4 条动线基础上，结合“一村一品”、农村人居环境整治提升、乡村文明治理等，深化打造 10 个典型示范村，争创省级乡村振兴重点特色镇。推进乡村建设行动，持续补齐农村基础设施短板，全面完成农村生活污水治理提升，打造污水治理全国“样板”。稳步推进宅基地制度等改革，争取城乡空间规划调整、乡村振兴要素保障等支持，力促一批农村发展用地项目实质落地。严格落实粮食安全行政首长责任制。扎实做好东西部协作和对口支援工作。

（三）聚焦宜居环境，为建设生态翔安夯实治理基础

提升生态治理水平。深入实施蓝天工程，强化大气污染精准防治，推动空气质量稳步提升。深入实施碧水工程，推进流域水环境系统治理，建成大嶝、内田、下潭尾污水处理厂，完成 65 平方公里正本清源改造，推动流域水质稳定达标、劣Ⅴ类水体全面消除。深入实施碧海工程，深化“排口长制”“湾（滩）长制”，创建海洋生态环境综合管理示范点。深入实施净土工程，建设东部垃圾焚烧厂三期，打造无废城区。开展中央生态环保督察反馈问题整改“回头看”。加快创建国家生态文明建设示范区。

提升城市建管水平。常态化推进文明城区创建。重点提升打造一批公园广场、道路景观绿化，实施香山景区绿化补植提升，规划建设香山—滨海浪漫线健康步道。创建新圩省级集镇环境整治样板。推动信息技术与城市管理深度融合，建设智慧城管、智慧市政等平台，打造一批城市精细化管理样板街区。深化城乡环卫一体化体制，建设朱坑市政环卫基地，提升“一把扫把扫到底”管养成效。坚持对农村乱占耕地建房等违法用地行为“零容忍”，坚决遏制新增“两违”，牢牢守住耕地红线。

提升低碳发展水平。科学制定区域碳达峰碳中和行动方案，推动减污降碳协同增效，促进经济社会发展绿色转型。强化能耗“双控”[17]制度，严格“两高”项目[18]准入，大力发展绿色产业。加大清洁能源供给，建设白云飞生态园集中供热、屋顶分布式光伏开发项目。推广绿色交通、绿色建筑、清洁生产，开展低碳城区、低碳园区、低碳社区试点建设，加强生活垃圾分类、源头减量和资源化利用，倡导绿色低碳生活方式。

（四）聚焦改革开放，为建设活力翔安争创竞争优势

打造招商引资新洼地。强化产业链精准招商，围绕平板显示面板材料、集成电路 IC 设计、新能源整机应用等薄弱环节，着力引进一批补链强链项目；大力开展联合招商、基金招商、中介招商，积极引进一批优质央企、民企、外企，推动实际利用内资稳步增长、实际利用外资总额翻番。优化招商体制机制，建设专业招商队伍，增强招商服务“粘性”，力促项目早落地建设、早到资入统、早投产达产。加快拓展招商空间，推进九溪西片区、鸿渐工业区二期等成片综合开发，积极盘活低效闲置土地资源，拓展新增 5000 亩工业用地。

打造营商环境新标杆。对标国家发改委评价体系，加快补齐人才引留难、企业办事难等短板，确保营商环境考评位居前列。深化“放管服”改革，优化“不见面”审批，完善“一三五”[19]改革模式，打造相对集中行政许可权改革示范区；推动更多事项纳入“秒批秒办”“免申即享”。支持民营经济和中小微企业发展，健全常态化挂钩帮扶机制，加强“滴灌式”“直达式”精准服务，培育更多生根型企业、“三高”企业和专精特新“小巨人”[20]。完善要素市场化配置体制机制，有序推动土地收储出让，建设人力资源服务产业园，深化国企国资、投融资体制改革。

打造开放交流新平台。持续在“通、惠、情”上下功夫，推动翔台优势产业融合发展，支持在翔台企发展壮大；启用台胞服务中心，建设台青就业创业基地，持续办好两地文化交流活动；推进望嶝变、大嶝岛 LNG 气化站建设。探索更高水平对外开放，争取自贸试验区扩区、空港综合保税区建设，开展大嶝岛自由港建设可行性研究。主动参与闽西南协同发展，保障城际铁路 R1 线建设。加快建设质量强区，鼓励外贸企业创立内销品牌，推动更多本土产品走向国内外。

（五）聚焦人民向往，为建设幸福翔安补齐民生短板

民生服务向“优质均衡”迈进。健全落实“民生双 15 条”体系。强化就业优先，探索创新农渔民灵活就业模式，拓展高校毕业生等重点群体就业渠道。加强困难群众基本生活保障，更大发挥民生保险兜底作用。对接“名校跨岛”“名师出岛”战略，新建 2 所高中和 32 所中小学幼儿园，开办 11 所学校，争创全国学前教育普及普惠区；推动北京十一学校等一批名校落地；深化校地、产教融合发展，支持筹建海洋职业大学。深化医药卫生体制改革，推动市第五医院争创“三甲”、翔安医院提升做强，新建区妇幼保健院新院。健全养老服务和婴幼儿照护服务体系。持续完善城乡文体设施。推动洋唐保障房三期、浯家公寓等建成交付。

风险防范向“源头管控”迈进。科学精准抓好常态化疫情防控，健全人物环境同防体系，完善平急指挥转化、“三公（工）”流调[21]、核酸检测、社区防控等机制，严格隔离场所、医院院感规范管理，加快推进疫苗接种，加强疾控和卫生应急队伍建设。健全食品药品安全监管体系。深入开展安全生产专项整治三年行动，深化城镇燃气、道路交通等重点领域隐患排查治理和硬件设施提升，坚决防范遏制重特大事故。扎实做好防汛抗旱、森林防灭火工作，提升应急处置救援能力。深化平安翔安建设，完善社会治安防控体系，全面开展全民反诈，常态化推进扫黑除恶，强化毒品综合治理，争创全国禁毒示范城市。

基层治理向“善治共治”迈进。创新基层治理体制，有序推行村（居）专兼职人员规范整合、全日制坐班制度，完善基层网格化管理体系，逐步改善社区工作者、网格员待遇，提升“大数据 + 网格化”治理水平；健全社区共建共治共享机制，推动“近邻”党

建全覆盖，提升“近邻”党建引领基层治理成效。坚持和发展新时代“枫桥经验”[22]，完善社会矛盾多元预防调处机制，建设一站式多元解纷体系，引导社会调解力量发挥更大作用，主动从源头上化解信访矛盾纠纷。加强国防教育、国防动员和后备力量建设，完善退役军人服务保障体系，争创省级双拥模范区。

三、强化政府自身建设，提升政府治理效能

各位代表！新一届市委对我们提出了“厦门未来看翔安，翔安的责任最重，要不自满、不懈怠”的工作要求，我们要牢记使命担当，增强时不我待、只争朝夕的紧迫感，以奋斗的姿态、赶考的状态自我加压，不断提高政府治理效能，努力建设让党放心、人民满意的政府。

以更高站位加强政治建设。深化拓展党史学习教育，深入学习贯彻党的十九届六中全会精神，深刻领会贯彻习近平总书记来闽考察和对福建、厦门工作重要讲话重要指示批示精神，始终牢记“两个确立”、坚决做到“两个维护”。大力弘扬伟大建党精神，加强政府系统党的建设，严守政治纪律和政治规矩，扎实做好意识形态工作，不断提高政治判断力、政治领悟力、政治执行力，坚决推动党中央和省、市、区委决策部署落地落实。

以更高水平加强法治建设。深入践行习近平法治思想，一体推进法治城市、法治政府、法治社会建设。严格落实行政执法“三项制度”[23]，坚持依法统计、依法治统，全面开展“八五”普法，营造自觉守法、遇事找法、解决问题靠法的法治环境。严格执行区人大及其常委会的决议、决定，自觉接受人大法律监督、工作监督和政协民主监督，高质量办好人大议案、建议及政协提案。主动接受社会监督，推动政务信息公开规范化、制度化。

以更高标准加强效能建设。始终牢记政府前面的“人民”二字，竭尽全力解决群众“急难愁盼”问题。增强“今天再晚也是早、明天再早也是晚”的效率意识，发扬“跨越发展、争创一流、比学赶超、奋勇争先”的拼搏精神，创造性地开展工作，做到说干就干、干就干成、干就干好。深化改革创新容错免责、重点工作晾晒考核、“双一线”[24]干部工作等机制，提振精气神、激发新担当。

以更高要求加强廉政建设。坚决扛牢全面从严治党主体责任，深化省委巡视反馈问题整改。坚持严惩腐败和严密制度、严格要求、严肃教育紧密结合，更好发挥审计监督作用，不断提高不敢腐、不想腐、不能腐的综合功效。严格落实中央八项规定及其实施细则精神，坚决查处形式主义、官僚主义，持续为基层松绑减负。坚持政府过紧日子思想，严控非急需非刚性支出，促进财政资金使用提质增效。

各位代表！星光不负赶路人，历史属于奋斗者。让我们更加紧密地团结在以习近平同志为核心的党中央周围，在市委、市政府和区委的坚强领导下，争先进位当先锋、争分夺秒加油干、争创优势立标杆，全方位推进高质量发展超越，在新的赶考路上努力创造无愧于时代、无愧于人民、无愧于历史的新业绩！

附件 1

政府工作报告名词注解

1.“六稳”“六保”：“六稳”指稳就业、稳金融、稳外贸、稳外资、稳投资、稳预期；“六保”指保居民就业、保基本民生、保市场主体、保粮食能源安全、保产业链供应链稳定、保基层运转。

2.“四方责任”“四早要求”：“四方责任”指属地、部门、单位、个人责任；“四早要求”指早发现、早报告、早隔离、早治疗。

3.“片长制”“邻长制”：指贯彻落实疫情防控网格化管理体系，区级领导对全区防疫工作挂钩包片，镇（街）、村（居）干部对各村（居）、各小区挂钩负责。

4.“三高”企业：指具备“高技术、高成长、高附加值”特征，有较强创新能力、市场竞争力、抗风险能力和良好发展前景的优质企业。

5.“五个一批”：指谋划一批、签约一批、开工一批、投产一批、增资一批。

6.10 个市级示范村和 2 条乡村振兴动线：指香山街道茂林社区、东园社区，内厝镇莲塘村、琼坑村、后田村、后垵村，新圩镇古宅村、云头村、乌山村、凤路村等 10 个示范村和“莲塘—锄山”“面前埔—古宅”2 条动线。

7.“红、蓝、绿”三大主题：“红”指红色记忆主题路线，“蓝”指蓝色滨海主题路线，“绿”指绿色田园主题路线。

8. 污水治理及垃圾分类的“翔安模式”：污水治理模式指“四化并举、两率并重”模式，即项目策划做到集成化、项目建设坚持标准化、运行管养对标专业化、治理模式探索一体化；以源头污水收集率为先、以出水水质达标率为本。垃圾分类模式指新圩镇生活垃圾智能化上门收集和庄家宝合作社厨余、绿化、农业垃圾就地协同资源化利用模式。

9.“近邻”党建：指传承弘扬习近平总书记在福建工作期间大力倡导的“远亲不如近邻”理念，建立党

组织引领下的社会协同、群众参与的社会治理共同体。

10.“三水”联治：指微水“星级”分治、污水“三环”共治、中水“回用”返治。

11.“双减”政策：指进一步减轻义务教育阶段学生作业负担和校外培训负担。

12.“五位一体”总体布局：指经济建设、政治建设、文化建设、社会建设、生态文明建设全面推进的总体布局。

13.“四个全面”战略布局：指全面建设社会主义现代化国家、全面深化改革、全面依法治国、全面从严治党的战略布局。

14.“5+6+N”现代产业体系：“5”指五大产业发展平台，即厦门科学城、厦门海洋高新产业园、同翔高新城、东部体育会展新城、翔安航空新城；“6”指六大主导产业链群，即电子信息、临空产业、新能源新材料、海洋高新、生物医药与健康、文旅会展；“N”指若干未来产业和新经济产业。

15.人类发展指数：指联合国开发设计署以预期寿命、教育水准和生活质量三项基础变量，按照一定计算方法得出的综合指标，以衡量各国家和地区的经济社会发展水平和人类发展状况。

16.“P+R”停车场：指ParkandRide，即换乘停车场。

17.能耗“双控”：指能源消耗总量和强度双控制。

18.“两高”项目：指高耗能、高排放项目。

19.“一三五”：“一个集中”指通过机构改革、窗口整合、人员精简，把碎片化审批集中起来；“三个分离”指审查与监管分离、行政审查与技术审查分离、各环节责任人员分离内控；“五项机制”指审管协同机制、信息共享机制、工作协调机制、要事会商机制、监督考核机制。

20.专精特新“小巨人”：指专精特新中小企业中的佼佼者，是专注于细分市场、创新能力强、市场占有率高、掌握核心关键技术、质量效益优的排头兵企业。

21.“三公（工）”流调：指公卫、工信、公安部门混合整编、合成作战的流行病学调查溯源机制。

22.新时代“枫桥经验”：指在开展社会治理中坚持党建引领，坚持人民主体，坚持自治、法治、德治“三治融合”，坚持人防、物防、技防、心防“四防并举”，坚持共建共享。

23.行政执法“三项制度”：指行政执法公示制度、行政执法全过程记录制度、重大执法决定法制审核制度。

24.“双一线”：指“干部到一线去，提拔从一线来”的用人导向。

中共翔安区委　翔安区人民政府
关于2021年工作情况的报告

市委、市政府：

根据有关要求，现将翔安区2021年工作情况汇报如下：

2021年，翔安区坚持以习近平新时代中国特色社会主义思想为指导，全面贯彻党的十九大和十九届历次全会精神，一体学习贯彻习近平总书记来闽考察重要讲话精神、“七一”重要讲话精神、致厦门经济特区建设40周年贺信重要精神，在省委、市委坚强领导下，统筹推进常态化疫情防控和经济社会发展，全区疫情防控有力有效，完成了年度目标任务，实现了“十四五”稳健起步。地区生产总值增长7.3%，规上工业增加值增长6.2%，固定资产投资增长13.7%，区级财政收入增长18.5%，全体居民人均可支配收入增长13.1%，区级财政收入、固定资产投资、地区生产总值等主要经济指标增幅居全市前列。

一、坚持以习近平新时代中国特色社会主义思想举旗定向、培根铸魂。健全完善学习贯彻习近平新时代中国特色社会主义思想长效机制，筑牢坚定捍卫“两个确立”、坚决做到“两个维护”的思想根基。

一是深入贯彻落实习近平总书记重要讲话重要指示精神。召开区委四届十七次全会，聚焦“一个篇章”总目标、“四个更大”重要要求和“四项重点任务”，引导各级党组织和广大党员干部为谱写全面建设社会主义现代化国家福建篇章贡献厦门力量彰显翔安担当。组织开展“习近平总书记致厦门经济特区建设40周年贺信重要精神”大学习大讨论，区委主要领导带头撰写心得体会、调研报告，激励全区上下牢记嘱托、感恩奋进。扎实开展“再学习、再调研、再落实”活动，梳理目标任务、建账立项、强化督办、跟踪问效，推动习近平总书记重要讲话重要指示精神落地生根。**二是深入学习贯彻党的十九届六中全会精神。**第一时间传达学习会议精神，先后召开区委常委会（扩大）会议、理论学习中心组学习会专题研讨。区委主要领导带头为区委党校中青年干部培训班上专题党课，引导党员干部就贯彻全会精神、提出“翔安十问”、回答时代之问深入思考。组建区委宣讲团，分赴镇（街）、村（居）等基层一线宣讲近百场次。**三是扎实开展党史学习教育。**坚持明理增信、崇德力行，聚焦“四史”，制定“1+9”工作方案，组建2个巡回指导组。成立76支宣讲队伍，开展千余场次宣讲活动，受众突破15万人次。**四是胜利召开区第五次党代会。**深入学习领会习近平总书记对福建、对厦门工作重要讲话重要指示精神，明确了“推动实现‘五个新跃升’、奋力建设‘五个翔安’”的奋斗目标。选举产生中共翔安区第五届委员会领导班子，号召全区各级党组织和广大党员干部牢记嘱托、感恩奋进。**五是牢牢掌握意识形态工作领导权。**进一步健全意识形态工作组织架构，区委理论学习中心组组织23次专题学习。管好用好意识形态阵地，针对疫情防控等重大事项制定专项舆情处置预案。围绕建党100周年、十九届六中全会等主题精心组织宣传报道。

二、突出创新引领、产业强区，经济发展再上新台阶。深入实施创新驱动发展战略，加快构建现代产业体系，强化高质量发展产业支撑。

一是强化创新驱动。积极融入厦门国家自主创新示范区、厦门科学城、金砖国家创新基地建设，全省唯一的海洋高新产业园区落地翔安，厦大嘉庚创新实验室投入运营。支持龙头企业加大研发投入，大力打造产学研人才发展生态圈，兑现“双百”扶持资金1218.24万元。**二是强壮产业链群。**引进南京高光、隆利科技等13个项目，中创新航、冠捷科技等32家龙头企业达产扩产，新增入库企业38家。加速培育新产业链群，引进太古飞机工程项目、厦航工业临空产业园。**三是强力招商引资。**建立“1+1+N”招商工作机制，区领导带队赴上海、深圳等地上门招商7次，累计签约项目31个。大力实施“引强入翔”，与国家开发银行开展开发性金融合作，与象屿集团等实力国企签署全面战略合作协议。拓展校友招商、以商引商等方式，落地华润集团等12个高能级项目，央企招商、民企招商实绩全市数一数二。基金招商成效显著，5 亿元财政资金撬动社会资本 130 亿元，带动 16 个项目返投、实缴资本 7 亿元。

三、坚持项目带动、拓展格局，新城建设步伐提速。纵深落实“跨岛发展”战略，全力拓展新城格局、完善城区功能、提升城区形象，加快推进以人为核心的新型城镇化。

一是加速崛起“四座新城”。厦门翔安新机场全面开工，厦门航空产业启动区、太古翔安维修基地等 2 个重要产业项目完成土地出让；新会展中心、新体育中心初具雏形，白海豚游泳馆、凤凰体育馆完成主体结构封顶；下潭尾湿地公园二期基本完工，浪漫线三期澳头段、东山片区文化艺术中心等项目前期提速推进；同翔高新城市政基础配套日臻完善，新兴产业加快集聚。新店地铁社区二期竣工验收，阳塘安居小区、会展嘉园、新浦嘉园完成“安转商”。**二是加力推进重点项目。**调整优化重大片区开发建设领导小组架构，122 个省市重大重点项目完成投资 736 亿元，完成年度计划的 136%。聚力攻坚省市重大片区、重点项目和久拖未决项目，全年完成交地 10406.3 亩、拆除 112.3 万平方米，省市重点项目土地房屋征收工作综合考评全市第二。新增“五个一批”项目 135 个，总投资约 1000 亿元，新增开工项目数位列全市第一，综合考评两次进入全省前十。**三是加快提升城区配套。**福厦高铁（翔安段）南清隧道全线贯通，翔安大桥进入桥面铺装施工阶段，东坑湾大桥轮廓初现。地铁 4 号线除大嶝段外全线贯通，地铁 3 号线开通运营。首创奥特莱斯主体完成，数字经济产业园配套升级，商圈人气商气不断集聚。

四、坚持深化改革、扩大开放，发展活力有效迸发。蹄疾步稳推进重点领域和关键环节改革，积极探索创新有效管用的机制措施，推动更深层次改革、更高水平开放。

一是持续深化改革创新。坚定不移用好改革“关键一招”，有力破解一批发展、民生和基层治理难题。其中，集成改革成果“三水”联治模式获央媒点赞，“谁执法谁普法”动态智能管理模式被纳入全省“八五”普法规划、并入围第六届“法治政府奖”。高效顺利完成新店、马巷析置六个街道工作，进一步加快城市化转型，提升社会精细化、精准化管理水平。**二是持续优化营商环境。**完善区领导挂钩联系重点企业制度，实地走访“三高”企业 622 家次。应对疫情出台“春节留厦 8 条”“助企纾困 10 条”等扶持政策，帮助企业减免税费 1.6 亿元，兑现财政补助 3.8 亿元。深化“放管服”改革，圆满完成全省唯一区级相对集中行政许可权改革试点工作。**三是持续拓展对外交流。**加强与“海丝”沿线国家和地区互动交流，积极融入闽西南区域协同发展区建设，建立重点台资企业挂钩联系走访机制，开设行政审批“台胞专窗”，建立涉台诉非联动工作机制，翔台文化、宗亲等各领域交流合作取得新成效。推动与临夏彭阳县新一轮东西部协作走深走实。

五、坚持以民为本、增进福祉，生活品质不断提高。聚焦群众“急难愁盼”问题，精准发力补短板，不断实现人民对美好生活的向往。

一是统筹施策稳就业促增收。创新转产就业集中区、片区招聘、项目制培训等帮扶举措，持续拓宽被征地农民和海域退养渔民等重点群众转产就业渠道，推动困难群体实现就业 2513 人、就业率 95.88%。**二是用心用情补短板强配套。**扎实推进教育“补短扩容”项目，建成翔城小学等 18 个项目、新增学位 15150 个，高水平开办实验小学、双十中学翔安校区等 7 所学校。支持市第五医院做大做强，筹划翔安区妇幼保健院新院，与市第一医院签订全面战略合作协议，市第五医院在三级医院评估中全市第四、岛外第一。**三是千方百计保基本兜底线。**16 至 59 周岁城乡居民养老保险参保基本实现全覆盖，发放被征地人员基本养老保险参保补助 5126.97 万元。困难群体救助保障力度不断加大，累计发放各类救助资金 8047.9 万元。建成“爱心飞翔”实践交流基地，高效运营“爱心飞翔”云平台。**四是多措并举强“三农”助振兴。**着力打造以文化振兴为抓手的黄厝模式和以产业振兴为抓手的马塘模式，加快发展壮大现代农业和特色优势产业。持续推进农村人居环境整治，完成农房“平改坡”183 栋、裸房整治 1558 栋。推进 10 个乡村振兴试点示范村和 2 条乡村振兴动线创建工作，沿线村庄风貌全面提升。

六、坚持共治共享、创新治理，社会大局和谐稳定。强化底线思维，统筹发展与安全，提升社会治理效能，确保环境绿色生态、人民安居乐业、社会和谐安定。

一是打好疫情防控“阻击战”。慎终如始做好“外防输入、内防反弹”各项工作，实现全年本土病例“零新增”、防疫人员“零感染”、关键节点“零反弹”。特别是面对“9·12”本土疫情，快、严、实、细抓好各项防控措施，5 轮全员核酸检测结果全部阴性，改造 3 个定点公寓异地隔离场所，实现“零感染”，安全暖心做好 1222 名密接次密接者和 3587 名隔离人员服务保障。深入推进“无疫小区”“无忧驿站”创建，成为全市唯一“零病例”的行政区。全区“快速反应、靠前指挥、严防死守，织密疫情防控网”的做法，获得国务院联防联控机制专家组高度肯定。**二是打好文明素养“提升战”。**完善新时代文明实践“135”运行机制，实现文明实践中心（所、站）建设全覆盖。开展文明创建宣传月、洁净家园行动月、文明行为督导月三项行动，推行区级领导挂钩包片、133 名处科级干部挂钩包点督导等机制，全力创建全国文明典范城市，荣获“2018—2020 年度省级文明城区”，2021 年度考评成绩全省第五，为历史最好成绩。**三是打好生态治理“保卫战”。**严格落实“河长制”，深入实施“湾（滩）长制”，巩固海域退养成果，近岸海域水质优良率 100%、三大流域水质达标率 100%，实现历史性突破。扎实推进市政排水管网正本清源改造，创新农村生活污水治理“四化并举、两率并重”模式，成为全市“样板”，获生态环境部高度肯定。**四是打好维护稳定“持久战”。**坚持主动创稳，聚焦征地拆迁、宅基地、商办类地产等涉稳重点领域，强化动态信息摸排、重点人员管控、风险隐患治理，圆满完成建党 100 周年、十九届六中全会等重大活动期间维稳任务。加强社会治安综合治理，常态化开展扫黑除恶专项斗争，深入开展第一批政法队伍教育整顿，持续巩固提升整顿成果。扎实推进安全生产专项整治三年行动集中攻坚，安全生产事故和死亡人数呈现“双下降”态势。

七、坚持党建引领、从严治党，发展合力广泛汇聚。坚持和加强党的全面领导，为全方位推进高质量发展超越汇聚各方力量。

一是强化民主法治建设。支持和保障区人大、区政协依法行使职权；召开区五届人大一次会议和政协五届一次会议，圆满完成区人大、政协换届工作。支持各民主党派履行职能，团结党外知识分子、新社会阶层和新经济人士，做好民族、宗教、侨务、外事和双拥工作。深化法治政府建设，推动“八五”普法工作。**二是强化基层组织建设。**坚持“近邻”党建引领基层治理，新成立 39 个小区党支部，打造美地雅登小区等“近邻”党建典型点。结合行政区划调整，全区划分 550 个网格单元，启动新增招聘社区专职工作者，基层治理体系更加完善。圆满完成 120 个村（社区）“两委”换届选举，实现主干 100%“一肩挑”等目标任务。**三是强化干部队伍建设。**深化“双一线”工作机制，抽调 116 名干部到镇（街）、疫情防控指挥部、重大片区指挥部等一线常驻锻炼。举办区管处科级干部进修班、中青年干部培训班、镇（街）新提任领导干部培训班和新任村（社区）主干乡村振兴专题培训班，强化干部教育培训。组织开展“看招商、看工地，比进步、比贡献”活动，增强“今天再晚也是早、明天再早也是晚”的效率意识，激发党员干部“滚石上山、攻坚克难”的斗志。**四是强化党风廉政建设。**纵深推进全面从严治党，强化各级管党治党主体责任，扎实做好省委巡视和市委涉粮问题专项巡察反馈问题整改。加强换届风气监督，开展 37 个重难点及软弱涣散村（社区）换届作风纪律专项巡察，营造风清气正氛围。坚决纠正“四风”，严查违反中央八项规定精神 45 起。坚决惩治腐败，立案 62 件 64 人，已作党纪政务处分 39 人次。

回顾一年来的工作，取得的这些成绩，得益于市委、市政府的坚强领导，得益于全区上下的共同努力。成绩令人鼓舞，问题理应正视。我们深刻认识到，翔安经济社会发展还存在一些问题和短板：产业结构不够优化，特别是第三产业基础较为薄弱；产城人融合度不高，优质生活配套与群众期盼还有差距；就业增收、教育医疗等民生短板还比较突出等。对于这些问题和短板，我们将高度重视，采取有力有效措施抓紧解决，以大学习大讨论为契机，勇立潮头、勇毅前行，为厦门努力率先实现社会主义现代化贡献翔安更大力量！

专此报告！

统计资料

表 14　　2021 年翔安区社会经济主要指标一览表

	单位	2021 年	同比增幅（%）
一、人口情况			
户籍总人口	人	407139	3.1
年平均户籍人口	人	400974	3.7
常住人口	万人	61.0	4.8
出生率	‰	8.82	—
死亡率	‰	3.58	—
自然生长率	‰	5.24	—
城镇化率	%	70.5	—
二、个体工商户			
个体工商户	户	40937	5.1
三、经济总量指标			
地区生产总值（当年价）	万元	7817893	7.3
第一产业	万元	96867	5.1
第二产业	万元	5338888	5.1
第三产业	万元	2382138	12.7
人均生产总值（按常住人口计算）	元	131227	8.1
四、工业			
规模以上工业总产值	亿元	1699.56	—
# 三资企业	亿元	806.92	—
# 轻工业	亿元	274.28	—
重工业	亿元	1258.14	—
# 大中型企业	亿元	715.47	—
规模以上工业企业用电量	亿千瓦时	34.73	8.3
五、农业			
农林牧渔业总产值（当年价）	万元	217694.42	0.8
农业	万元	98488.75	12.9
林业	万元	266.69	8.2
牧业	万元	55336.78	–15.7
渔业	万元	16102.20	4.0
农林牧渔服务业产值	万元	47500.00	0.4
农业机械总动力	千瓦	186073.68	2.2

续表 14

	单位	2021 年	同比增幅（%）
六、固定资产投资			
固定资产投资总额（不含农户）	亿元	770.81	13.7
# 投资项目	亿元	542.65	—
# 房地产开发投资	亿元	228.16	—
七、商业			
社会消费品零售总额	万元	129.82	7.7
八、对外经济			
利用外资签批项目数	个	94	42.4
合同外资金额	万美元	149045	73.3
外商实际投资	万美元	7195	-78.3
九、财政			
财政总收入	万元	934589	15.9
# 地方级财政收入	万元	266145	18.5
财政支出	万元	590780	18.6
十、教育			
1. 各级学校专任教师数	人	7648	—
普通高等学校	人	2293	—
中等职业学校	人	36	5.9
普通中学	人	1286	42.6
小学	人	2011	11.7
幼儿园	人	1583	9.7
特殊教育学校	人	20	17.6
技工学校	人	372	—
成人学校	人	47	370.0
2. 各级学校在校学生	人	142577	—
普通高等学校	人	40828	—
中等职业学校	人	1905	21.4
普通中学	人	18867	41.0
小学	人	46337	14.1
幼儿园	人	26241	8.2
特殊教育学校	人	118	21.6
技工学校	人	7866	—
成人学校	人	415	16.9
十一、卫生、福利			
医院和卫生院数	个	278	5.7
病床位数	张	2095	7.0

续表 14

	单位	2021 年	同比增幅（%）
卫生技术人员	人	3403	–1.8
#执业医师	人	1230	–6.1
十二、人民生活			
全体居民人均可支配收入	元	40062	10.1
其中：城镇居民人均可支配收入	元	47730	8.9
农村居民人均可支配收入	元	27045	11.7
十三、安全生产			
1. 事故起数	起	12	–33.3
2. 死亡人数	人	12	–28.6
3. 受伤人数	人	3	–57.1
4. 经济损失	万元	650	–31.6

表 15　　2021 年翔安区地区生产总值一览表

	绝对值（万元）	比上年增长（%）(按可比价)	比重（%）
地区生产总值	7817893	7.3	100.0
第一产业	96867	5.1	1.2
第二产业	5338888	5.1	68.3
工业	4458588	5.7	83.5
建筑业	882253	2.2	16.5
第三产业	2382138	12.7	30.5
交通仓储、邮政业	147494	9.6	6.2
批发和零售业	661918	29.5	27.8
住宿和餐饮业	57773	5.9	2.4
金融保险业	321595	7.0	13.5
房地产业	400975	8.2	16.8
其他服务业	762916	6.6	32.0

注：数据来源于厦门市统计年鉴（2021）。

文献选辑

关于促进劳动力和人才社会性流动体制机制改革的若干措施

为深入学习贯彻习近平新时代中国特色社会主义思想，促进劳动力和人才社会性流动体制机制改革，构建合理、公正、畅通、有序的社会性流动格局，根据上级文件精神，结合我区实际，提出以下措施。

一、实施就业优先政策，夯实社会性流动根基

（一）推动高质量发展，促进流动经济良性循环。落实率先实现全方位推进高质量发展超越要求，着力打造“4+5+N”现代产业发展体系，打造美丽翔安。高标准规划建设体育和会展场馆、区域性总部、高品质社区、超星级酒店，着力打造全球会展、体育之都。探索筹建科技密集型产业群，提供更高质量的流动机会。［责任单位：区发改局、工信局、人社局、建设与交通局、农业农村局、商务局、文旅局，各镇（街））

（二）实施就业优先政策，创业创新带动就业。持续推动“四新行动”，推进就业困难群体实名制，落实毕业生实名信息协同核查机制，实现信息共享，加强就业援助，帮扶就业特别困难人员。通过举办创业就业系列活动，促进就业增收。延伸创业服务链，多措并举扶持被征地农民及海域退养渔民就业，举办实用技术、职业技能培训，促进就业。［责任单位：区人社局、工信局、财政局、农业农村局、团区委、妇联、残联，各镇（街）］

二、推动区域协调可持续，促进流动均衡发展

（三）强化山海联动，全面拓展要素流动空间。按照“主动对接、深度融合，环湾延伸、同城发展”的思路，深化山海合作对接，在项目推进、社会资源共享、基础设施互联互通、生态环保共治等方面加强协作，共同打造更多精品工程。通过区域协同联动，促进资源要素合理配置。［责任单位：区发改局、教育局、工信局、建设与交通局、生态环境局、人社局］

（四）聚焦“四座新城”建设，促进岛外大发展。加快航空新城、东部体育会展新城、同翔高新城、环东海域新城“四座新城”建设，积极完善公共服务、商业服务、商务办公、创新创业功能，推进产城人深度融合，促进人口均衡发展。引导人口合理集聚，优化人口结构和空间布局。［责任单位：区发改局、工信局、农业农村局，各镇（街）、各片区指挥部）

（五）深化两岸人力资源合作，着力打造两岸融合发展示范区。发挥对台区位优势，加大台湾人才引进力度，鼓励台湾居民来翔就业创业，按规定同等享受我市居民就业创业优惠政策。鼓励用人单位、人才中介组织开展推介招聘，加强与台湾各地青创会等青年社团的交流合作，不断完善工作机制，携手共建第一家园。［责任单位：区委组织部、台港澳办，区税务局、教育局、财政局、人社局、卫健局、国资办，团区委，各镇（街）］

三、优化创新创业创造空间布局，激发社会性流动活力

（六）支持拓展产研合作。依托环东海域新城、东部体育会展新城、同翔高新城以及航空新城和火炬（翔安）产业区等园区，鼓励天马微、联芯、ABB 等龙头骨干企业建设一批众创空间、科技企业孵化器、小微企业创新创业示范基地等创业孵化载体，鼓励企业科研人员到高校、科研院所兼职。［责任单位：区工信局、教育局、人社局，各镇（街）］

（七）加快推进平台建设。大力培育科技型中小微企业，重点抓好厦大科技园、微电子育成暨产业基地等平台建设，推进建设哈工大研究院、生物制品技术省实验室等高水平创新载体，推进与厦大翔安校区战略合作。［责任单位：区工信局、发改局、教育局、卫健局，各镇（街）］

（八）提升优化服务环境。深化商事制度集成化改革，压缩企业开办时间，实现一日办结。依法放宽准营限制和市场准入，推动更多服务事项“一网通办”。搭建企业和相关机构有效沟通平台，及时向企业宣传各项惠企政策，并做好兑现。区、镇（街）、村（居）所有依申请事项均进驻省网上办事大厅，同源发布办事指南等各类审批服务信息，为群众提供综合在线预约、在线申报、在线缴费、在线查询等一体化的线上服务。［责任单位：区行政审批局、市场监管局、发改局、商务局、金融办，各镇（街）］

四、完善基本公共服务机制，提升流动保障水平

（九）深化户籍制度改革，促进区域流动。统筹完善落户政策，积极推动非户籍人口在城市落户，有序实现外来人口市民化。健全完善流动人口登记制度，镇（街）有效引导设立技能落户集体户，持续推动居住证办理服务工作。围绕“让新翔安人能在翔安稳定就业”目标，积极争取户籍政策支持。[责任单位：区发改局、公安分局、税务局、人社局，各镇（街））

（十）健全基本公共服务体系，满足流动需求。推进基本公共服务均等化，稳妥有序推进常住人口享有与户籍人口同等的教育、就业创业、社会保险、医疗卫生、公共租赁住房等基本公共服务。完善便民服务机制，推行政务服务网点下沉和窗口前移，实现便民服务代办点100%覆盖村居。健全常住人口积分入学、户籍人口就近入学的教育资源配置机制，统筹区级公共租赁住房房源，合理优化批次租赁方案，重点保障辖区从事城市公共服务领域、特殊艰苦岗位和本区重点发展产业的职工。[责任单位：区发改局、教育局、人社局、建设与交通局、卫健局、行政审批局，各镇（街）]

五、深化用人制度改革，营造人才流动发展好生态

（十一）推动人才跨所有制双向流动。事业单位面向社会招考工作人员时，符合条件的退役士兵、服务基层项目毕业生等可按规定享受加分政策，并提供相应岗位用于安置退役士兵、军人随军随调家属。大力开展外地院校学生来翔体验活动，每年暑假邀请外地高校组织优秀学生代表到辖区参加“暑期夏令营”，并协调到翔安重点优质企业参观见学、社会实践。深化拓展政校合作，与辖区高校签署校地合作框架协议，争取在高校挂牌设点，双方设立“引才工作站”。优化国有企事业单位面向社会选人用人机制，深入推行国有企业分级分类公开招聘。[责任单位：区委组织部、区委编办、区人社局、退役军人局、国资办、团区委、区属国企，各镇（街）]

（十二）增强基层流动动力。支持农村基层事业单位引进急需紧缺专业人才，对在公开招聘中符合岗位资格条件的报名人数与岗位拟聘人数的比例不足3：1的岗位，可降低比例开考。加快对原有毕业生优惠政策修订提升，进一步提高在毕业生生活补贴、住房保障、租房补贴、技能人才补贴等现有政策方面发放标准，全面降低门槛，扩大政策的覆盖面。[责任单位：区委组织部、区建设与交通局、人社局，团区委，各镇（街）]

六、发展人力资源市场，完善人员流动服务

（十三）促进人力资源服务业高质量发展。指导成立厦门市翔安区人力资源协会，研究完善促进人力资源服务业政策措施，服务有用工需求的企业做到供需无缝对接。探索建立厦门市翔安区人力资源服务产业园，吸引更多高资质、高水平、高信誉品牌机构落地服务。贯彻实施《人力资源市场暂行条例》，推动新业态经济用工形式的多元化，发挥市场在人才流动中的主渠道作用，实现劳动力资源的市场化配置。[责任单位：区人社局、各镇（街）]

（十四）推进档案服务信息化便利化。加强流动人员人事档案基本公共服务，流动人员人事档案按规定存放在公共就业服务机构、公共人才服务机构等档案管理服务机构。充分利用科技手段和大数据功能，加快档案管理服务信息化建设，逐步实现档案转递线上申请、异地通办。研究制定各类民生档案服务促进劳动力和人才社会性流动的具体举措，提升流动人员人事档案服务水平。[责任单位：区人社局、档案局]

七、完善评价激励机制，增强流动动力

（十五）拓宽基层岗位设置，优化职业空间。按上级部署，优化教育、科技、医疗、农技等事业单位中高级专业技术岗位设置比例，畅通职业发展通道。推进人才政策创新，优化提升群英领翔“1+N”人才政策配套体系，畅通人才引进“绿色通道”，探索与国际规则接轨的高层次人才招聘、薪酬、考核、科研管理、社会保障等制度。[责任单位：区委组织部、区教育局、工信局、人社局、农业农村局、卫健局，各镇（街）]

（十六）推进差异评价，激励职业发展。探索“定向评价、定向使用”的职称评聘制度。按照规定落实职称评聘制度，做好非公企业专业技术人员职称评定工作。鼓励企业建立健全“首席技师”“金牌技师”“名师带徒”等制度，试行高技能领军人才年薪制和股权期权激励，按上级部署建立技能人才聘期制和积分晋级制度，督促区属国有企业完善薪酬考核制度。[责任单位：区人社局、教育局、工信局、国资办，区总工会、工商联]

（十七）促进成果转化，提高人才效益。完善国企人才激励制度。加大对关键岗位和有突出贡献人才的薪酬激励力度，对在实施创新驱动、产业转型升级、服务国家战略和推动辖区经济社会发展等方面作出突出贡献的，给予专项奖励；加快推进区属国企监

事会人员的配备，建立完善监事会考核机制和监事的薪酬制度。鼓励和引导企业建立与职业技能等级相挂钩的工资收入分配制度。[责任单位：区委组织部、工信局、财政局、人社局、国资办、区属国企]

（十八）关爱基层人才成长进步，汇聚正能量。贯彻实施农村教师能力提升工程，名师工作室研修人员选拔、职称评聘政策向乡村教师倾斜，定期帮扶农村学校教研组，提升农村教师的师资水平。组织开展图书馆业务、基层文化工作者、非遗传承人群研修等专题培训，夯实基层文化工作者业务能力。广泛发动基层工会开展职工技术比赛，积极参加省百万职工“五小创新”大赛，通过技能比赛，对表现突出的人员进行表扬、奖励。严格按照省、市推荐评选办法，增加基层单位、一线岗位、技能人才评先评优比例。[责任单位：区委组织部、区教育局、财政局、人社局、卫健局、文旅局，总工会]

八、加强各类人才培养，拓宽人员上升通道

（十九）优化教育卫生人才培养体系。充分发挥现有各类名师的示范、引领、辐射作用，进一步优化教师队伍结构，通过公开招聘、校园招聘和高层次教育人才专项招聘，加大教师补充力度，重点补充紧缺学科教师和骨干教师，提高教师专业素养，带动教科研水平，提升全区教育教学工作。加快推进紧缺卫生专业岗位人员招聘工作，进一步补充放射、超声科等单人科室力量。发挥第五医院规培基地的作用，鼓励基层医疗卫生机构参加全科医生规范化培训。发挥区域医疗联合体作用，提升基层医生医疗技术水平。[责任单位：区委编办、区教育局、卫健局、人社局]

（二十）健全以需求为导向的技能人才培养机制。进一步深入实施高技能人才振兴计划。持续开展区拔尖人才、重点产业人才、农村实用人才、非物质文化遗产传承人等认定工作，发挥行业人才领军、示范带动作用。以翔安文教区为载体，积极发挥厦大、海洋、南洋、华天等院校资源优势，完善产业集群与技术技能人才培养动态调整机制。[责任单位：区人社局、教育局、工信局、财政局、农业农村局、文旅局、国资办]

（二十一）完善以岗位价值为导向的人才激励机制。打造“一站式”人才服务模式，为创新创业人才安家落户、科技研发、经费支持、医疗保障、子女入学等提供周到便捷的优质服务。深化国有企业工资决定机制和企业负责人薪酬制度改革，推动实施股权和分红激励、员工持股等多种形式的激励措施，实现短期激励和中长期激励有机结合。[责任单位：区委组织部、区教育局、人社局、工信局、财政局、国资办]

九、推进教育优先发展，保障起点公平

（二十二）推进城乡义务教育一体化发展。大力实施补短扩容项目建设，支持双十中学翔安校区、科技中学翔安校区、实验小学翔安校区等市属学校在翔办学并辐射带动我区中小学，提升教育教学质量。科学编制教育发展规划，推动学前教育优质普惠、义务教育优质均衡、高中教育特色多样化发展，深化小片区“1+1+N”共同体管理模式，打造厦门东部教育新高地。[责任单位：区教育局]

（二十三）关爱困难群体教育。建立健全学前教育到高等教育各学段资助工作的政策体系，推动家庭经济困难学生精准资助工作，实现在翔就读学前教育到高中教育各学段经济困难家庭学生和翔安籍低保低收入经济困难家庭大学生资助全覆盖。推进东西部协作，推动优质学校结对，支持建档贫困家庭学生到辖区接受优质中职教育。[责任单位：区教育局、人社局，各镇（街）]

十、强化社会救助保障，扶持困难群众流动

（二十四）推进城乡低保统筹发展，提高困难群众流动能力。进一步完善社会救助体系，健全统筹衔接、分层分类的困难群众基本生活保障制度。完善低保对象认定方法，落实延保渐退机制，提升救助水平，低保定期复核认定其家庭经济状况已达到退保条件的，根据困难程度自认定次月起延续保障6～12个月。健全低保与就业联动机制，鼓励引导有劳动能力的低保对象积极就业，在核算低保对象家庭收入时，已实现就业的，可按其就业收入或当地最低工资标准的30%扣减就业成本，残疾人按最低工资标准的50%或者就业收入的30%扣减就业成本。[责任单位：区民政局]

（二十五）关爱农村留守妇女儿童，减少流动后顾之忧。构建政府主导、社会协同、公众参与的农村留守妇女的关爱服务体系，将符合条件的农村留守妇女家庭纳入最低生活保障、临时救助、残疾人“两项补贴”等范围，做到应保尽保。健全农村留守儿童和困境儿童关爱服务体系，构建并完善临时救助保障机制、强制报告机制、应急处置机制、评估帮扶机制、监护干预机制。[责任单位：区民政局、妇联]

全区各级、各部门要加强统筹协调，发挥各职能部门作用，全面落实主体责任，推进各项措施有效落实。各级要全面加强人力资源社会保障队伍建设，切实保障劳动力和人才合法流动权益，营造重视人才、尊重人才、培养人才的良好氛围。

（厦翔委办发〔2021〕13号文转发）

翔安区高层次人才公寓管理暂行办法（2021版）

第一章　总则

第一条　为建立健全人才住房保障制度，进一步优化人才发展环境，根据《中共翔安区委、翔安区人民政府关于实施“群英领翔”人才引进和培育计划的意见》（厦翔委〔2013〕56号）等文件精神，结合我区实际，制定本办法。

第二条　翔安区人才公寓（以下简称人才公寓）由翔安区委、区政府主办，是专项用于人才来我区创业就业初期生活配套的公共租赁房。

第三条　人才公寓申请工作，按照自下而上、层层把关原则，由用人单位、行业主管部门审核资格条件后，报区委人才工作领导小组研究审定。日常配租管理由区委人才办牵头行业主管部门和人才公寓运营公司组织实施。

第二章　申请条件

第四条　本办法所称适用对象为在翔安区工作且所在单位工商注册地与税收归属地均在翔安区的人才，且应同时具备以下条件：

1．具备以下资格之一：（1）入选区“群英领翔”人才计划、市“海纳百川”、“双百人才”计划或市级以上更高层次人才计划、人才工程、人才项目的人才，区级及以上拔尖人才；（2）区属机关企事业单位引进的全国高等院校和各类研究机构毕业的博士研究生，或具备副高及以上职称的学科带头人、科室主任、副主任或全日制普通教育本科学历且具有正高职称的人才或具有全日制普通教育硕士学位且具有副高职称的人才；（3）区属企业的中高端管理人员、技术骨干，且工资薪金税收不低于7000元/年；（4）本区青年骨干人才，即本区上一年度评为纳税大户企业或高层次人才创业项目企业的，具有全日制普通教育硕士研究生学历或中级（含）以上职称或高级工（含）以上职业资格且本企业工作满3年的人才，年龄不超过35岁。（5）经区招商办审核认定，符合我区重点招商项目（正式落地投产）的企业高管。

2．人才本人及其配偶、未成年子女须在厦无自有住房，且未享受政府相关住房优惠政策或已享受政府相关住房优惠政策但未满3年拟放弃享受的。

3．人才应当与翔安辖区内用人单位签订1年以上（含1年）的劳动合同且在厦缴交社保（柔性引进人才或“双百”创业类人才除外）。

4．原则上同一单位相同周期内最多入住人数不超过5人。

第三章　申请审核程序

第五条　申请。申请人通过用人单位提出申请，并提供以下相关材料：

1．人才公寓申请表；

2．人才资格证明文件；

3．用人单位录用或聘用的劳动合同及社保缴交证明；

4．个人所得税证明；

5．本人及其配偶、未成年人子女、其他随同入住人员在厦无自有住房情况证明；

6．申请人身份证复印件；

7．随同申请入住的人员身份证明。

第六条　初审。用人单位对申请人的资格和申请材料进行初审后，向行业主管部门提交材料。行业主管部门对申请人材料进行审查，符合申请条件的，提交区委人才办。

第七条　审定。区委人才办汇总申请材料，定期提交区委人才工作领导小组会研究审定。审定的享受人才公寓的人选名单在区政府网站公示3天。

第八条　签订合同。公示无异议后，由区委人才办通知人才公寓运营公司与人才签订租赁合同，并将房屋交付人才使用。

第四章　续租和退租申请审核程序

第九条　续租申请审核程序：

1．申请。续租申请人通过用人单位提出申请，并提供以下相关材料：

①人才公寓申请表；

②人才资格证明文件；

③用人单位录用或聘用的劳动合同及社保缴交证明；

④个人所得税证明；

⑤本人及其配偶、未成年人子女、其他随同入住人员在厦无自有住房情况证明；

⑥申请人身份证复印件；

⑦随同申请入住的人员身份证明。

2．审核。对于符合条件续租人才公寓的，经主管部门初审并由区委人才办复审确认后，纳入新一年度续租。

3．签订合同。由区行业主管部门通知人才公寓运营公司与人才签订续租租赁合同。

第十条 退租程序：

1．申请。个人提出退租申请，交区行业主管部门；

2．初审。区行业主管部门受理后，签署意见（加盖公章），提交区委人才办；

3．审核。区委人才办审核后，由区行业主管部门通知人才公寓运营公司办理退租手续。

第五章 租赁管理

第十一条 房屋类型如下：

1．单层两房型：供单身人才或携配偶及子女居住的人才申请使用；

2．单层三房型：供携配偶及子女等直系亲属居住的人才，或入选市级及以上人才计划的人才及创业团队成员申请使用，实际申请与入住人员应不少于 3 人；

3．根据房源情况提供的其他房型。

第十二条 入住期限如下：

人才公寓入住周转期限最长为 3 年，如已享受市、区相关人才租房补贴或相关住房优惠政策，应扣除已享受住房优惠政策的时间。租赁合同一年一签，若续租或退租需提前一个月办理手续。

第十三条 租房形式如下：

1．人才公寓原则上以人才申请时间先后为序安排挑选房源，租满为止；同一时间申请的，如房源不足，采取抽签方式确认先后。

2．人才与人才公寓运营公司签订租赁合同，并按规定自行交纳房屋租金、水电费、水电费公摊、物业服务费、垃圾处理费、日常专项维修资金等费用，接受人才公寓运营公司及物业服务公司的管理。人才公寓运营公司和物业服务公司负责对人才公寓的使用情况进行监督管理，发现违规使用行为的，及时纠正，按照租赁合同约定追究违约责任，并视情况通报区委人才办和有关单位。

3．人才凭租赁合同和房屋租金票据（不含水电费、水电费公摊、物业服务费、垃圾处理费、日常专项维修资金等费用）向行业主管部门报销房屋租金费用，半年一报。行业主管部门与人才公寓运营公司对人才实际租金缴纳情况核对无误后，应及时将租金补助拨付人才个人。

第十四条 如有下列情形之一的，用人单位和人才本人应主动向人才公寓运营公司和行业主管部门报告，人才公寓运营公司和行业主管部门应在 15 天内报告区委人才办，由区委人才办收回其人才公寓：

1．人才离开符合申请条件企业的；

2．入住人才公寓周转时间满 3 年的；

3．人才本人或其配偶、未成年子女在厦门已购买住房或由政府解决人才住房、公共租赁房及各类保障房的；

4．私自将人才公寓转租的；

5．连续两个月以上未实际居住的；

6．需要停止居住的其他情况。

第六章 房屋来源与保障资金

第十五条 人才公寓的房源、资金，按下列方式进行：

1．区委人才办牵头人才公寓运营公司，统筹安排专门的固定房源，积极为人才提供住房保障；

2．人才公寓租金费用（不含水电费、水电费公摊、物业服务费、垃圾处理费、日常专项维修资金等费用）由行业主管部门纳入本部门年度预算。

3．人才入住人才公寓产生的房屋租金费用由人才个人先行缴纳，再由行业主管部门定期全额补助租金给人才个人。

第七章 其他事项

第十六条 不完全具备本办法第四条规定，但能力、业绩特别突出，经区行业主管部门推荐，区委人才工作领导小组研究审定，可享受人才公寓优惠政策。

第十七条 人才在翔安区工作期间受到党纪政务处分或者触犯法律的，用人单位应主动向行业主管部门报告，行业主管部门应及时报告区委人才办，由区委人才办视其情节轻重，研究决定是否取消其人才公寓入住资格。

第十八条 申请单位和申请人对申请材料的真实性负责，若有欺诈、隐瞒行为，一经查实，即取消入住和补助资格，并追究相关人员的法律责任。

第八章 附则

第十九条 本办法的具体解释工作由区委人才办承担。

第二十条 本办法自发布之日起实施，《中共翔安区委办公室、翔安区人民政府办公室关于印发〈翔安区高层次人才公寓管理暂行办法〉的通知》（厦翔委办〔2017〕83 号）同时废止。

（厦翔委办发〔2021〕19 号文转发）

要闻存目

表 16　　2021 年翔安区政府重要文件目录一览表

文件名称	文号	发文时间
关于印发翔安区政府信息管理动态调整制度、重大行政决策公众参与制度、政务信息公开解读回应制度、基层政务公开与村（居）务公开协同发展制度的通知	厦翔政〔2021〕6 号	1 月 28 日
关于印发翔安区国民经济和社会发展第十四个五年规划和二〇三五年远景目标纲要的通知	厦翔政〔2021〕39 号	4 月 9 日
关于印发翔安区 2021 年地质灾害防治方案的通知	厦翔政〔2021〕40 号	4 月 16 日
关于印发厦门市翔安区生态文明建设示范区规划的通知	厦翔政〔2021〕74 号	6 月 29 日
关于印发翔安区景区和非景区景点安全管理专项整治实施方案的通知	厦翔政〔2021〕97 号	9 月 15 日
关于公布翔安区第二批一般湿地名录的通知	厦翔政〔2021〕136 号	12 月 21 日
关于印发积极应对新冠肺炎疫情影响助力企业纾困减负若干措施的通知	厦翔政规〔2021〕1 号	10 月 6 日

报刊选辑

市级以上新闻媒体报道题录

《人民日报》

2月22日　致富铆足劲，幸福日子长

《人民日报》(海外版)

1月20日　澳头：从古渡头到创意侨村（我的侨乡·我的家）
8月12日　厦门翔安多措并举推进乡村振兴
9月9日　台青曾钧毅和他的“甜蜜事业”(台青追梦大陆)

《光明日报》

2月5日　高标准推进文旅深度融合
2月5日　民俗文化留根　渔港渔歌飘扬
4月21日　山海协作结出黄金果
6月11日　厦门：听少年讲红色故事
7月12日　办教育紧扣老百姓的操心事、烦心事、揪心事
8月8日　厦门：高质量推进乡村振兴
8月15日　一座座村镇的特色文化正百花齐放
11月8日　近邻一家亲　治理一条心

《经济日服》

6月29日　扑下身子为家长学生解难题

《健康报》

8月4日　厦门翔安：数字健康产业成为新增长点

《中国改革报》

11月30日　创新动态智能管理　探索精准普法路径

《中国商报》

5月11日　潮起金海　万象更新
6月24日　厦门翔安：深入开展“我为群众办实事”实践活动
6月25日　迈入地铁时代：发展迎来新机遇　新区奔向新未来
8月24日　厦门市翔安区加快富美乡村建设　全力助推乡村振兴
9月8日　产业聚集的“高地”　投资兴业的“热土”
10月29日　厦门：探寻海洋文化发展“新渡口”

新华社客户端

8月5日　厦门岛外首辆流动疫苗接种车开进翔安
8月7日　厦门翔安区志愿者：挥洒青春热血　共筑“抗疫长城”
8月9日　厦门翔安：十条硬核举措，筑牢防疫屏障
8月20日　15.4%！厦门翔安区发布“年中成绩单”，GDP增速排名全市第二
9月9日　厦门翔安：三份“邀请函”诚意满满！投洽会签约20个项目、投资额517.8亿元！
12月17日　厦门翔安区：集中整治　路面“脱胎换骨”
12月27日　厦门翔安：跑出发展加速度　勇当发展增长极

《人民日报》客户端

8月5日　微镜头：福建厦门翔安区各行各业主动出征战疫一线
9月21日　快、严、实！厦门翔安区织密疫情“防护网”
12月14日　厦门翔安：农渔民转产　“家门口”就业

人民网

8月5日　厦门翔安首辆流动疫苗接种车开进工厂
8月25日　厦门市翔安区扎实做好安全生产各项工作
8月26日　厦门翔安区举行渔港码头疫情防控实战演练　筑牢海上防线
8月26日　厦门翔安：火龙果熟了　民宿红了
9月6日　厦门市翔安区创新体制机制　提升水环境治理效率和水平

9 月 9 日　517.8 亿元！第二十一届投洽会厦门翔安区完成 20 个项目签约
9 月 21 日　厦门翔安区：疫情期间守牢海上安全防线
9 月 21 日　中暑了，嗓子哑了……“为了高效推进核酸检测，这不算什么！”
9 月 30 日　厦门市翔安区全面开展近邻党建引领“无疫小区”创建活动
10 月 4 日　厦门市翔安区用心用情打赢疫情防控歼灭战
10 月 4 日　厦门市翔安区消防救援大队：防疫防火两手抓　奋战防疫一线
10 月 5 日　厦门翔安区异地封控点专班组全力为隔离观察人员提供保障
10 月 5 日　厦门市翔安区全力保障辖区疫情防控工作和企业生产发展两不误
10 月 5 日　厦门市翔安区香山街道纵深推进近邻党建　摸索创新三个“1+”工作法
10 月 5 日　厦门市翔安区凤翔街道三个小区入选首批示范“无疫小区”
10 月 7 日　厦门市翔安区三个异地封控点专班组为隔离人员提供“家”服务
10 月 21 日　十八年跨越发展，厦门翔安正青春！
10 月 25 日　厦门市翔安区创新探索“三水”联治模式　有效改善流域水环境
11 月 1 日　厦门一镇一村获评“全国乡村治理示范”
11 月 12 日　国家开发银行厦门市分行与翔安区人民政府签订《“十四五”开发性金融合作备忘录》
12 月 3 日　今年 1—10 月厦门翔安区累计招商 1449 个新项目　总投资 1599.64 亿元

《福建日报》

1 月 12 日　厦门海关支持翔安胡萝卜农户丰产丰收
1 月 12 日　中国移动（福建厦门）数据中心竣工
1 月 14 日　村居“大员”提劲　基层群众叫好
1 月 14 日　保驾护航　助力“两高两化”城市建设
1 月 20 日　厦门打造【五中心一基地】
1 月 20 日　织密监督大网严防疫情“回潮”
1 月 27 日　厦门火炬高新区：创新驱动逆势开新局
1 月 28 日　产业引领　高质量发展增添功能
1 月 28 日　这是一座“幸福之城”
1 月 29 日　江涛：一位“停”不下来的警察
2 月 7 日　紧绷纪律之弦　厚植廉洁之魂
2 月 25 日　房前屋后　种的不是青菜是文化
2 月 25 日　守护平安翔安　服务高质量发展
3 月 7 日　厦门　新旧动能加速转换
3 月 25 日　向海而生百年路　奋楫争先立潮头
3 月 25 日　保护海洋生物　鹭岛走前头
3 月 25 日　消防铁军　守护城市安全
3 月 25 日　福建省第三十九届爱鸟周在厦门启动
4 月 7 日　踏着红色印记　迈上红色新征途
4 月 22 日　跨海大桥・海底隧道・地铁
4 月 22 日　把论文写在大地上
4 月 28 日　曾经的“瘦马塘”　如今的“第一村”
5 月 8 日　项目招大引强　产业后劲倍增
5 月 11 日　厦门市制造业实训基地开建
5 月 20 日　打造国际会展名城　推动产业融合发展
5 月 20 日　“人民卫士”是这样炼成的
6 月 8 日　在炮火中淬炼成钢
6 月 8 日　航空城将从这里崛起
6 月 8 日　一次叩问初心的踏访
6 月 8 日　“炮弹就在战壕旁炸响”
7 月 1 日　翔安：立根铸魂　红色传承
7 月 1 日　开局起步　凝心聚力
7 月 1 日　奋斗百年路起航新征程　福建日报推出百年路
7 月 7 日　厦门黄厝村　盘活资源促绿色发展
7 月 7 日　厦门发布 10 条红色旅游线路
7 月 8 日　全维度管控抒写美丽乡村规划建设厦门新篇
7 月 15 日　精准解决学生和家长之难
7 月 15 日　凝心聚力学党史　奋发有为开新篇
7 月 20 日　一颗火龙果　火了一个村
8 月 12 日　抗疫战场上的“最美翔安身影”
8 月 25 日　光荣榜
8 月 30 日　厦门：抢占海洋碳汇制高点
9 月 9 日　严小辉：从地铁工程师到科技特派员
9 月 9 日　筑梦翔安：谋求全方位高质量发展超越
9 月 10 日　直击翔安核酸检测现场！有序，有爱，有速度！
9 月 16 日　与时间赛跑！来看，翔安战“疫”十二时辰！
9 月 22 日　发扬连续奋战精神　突破重点迎难而上
9 月 23 日　着力抓整改抓督导抓宣传抓落实　进一步提升疫情防控整体水平
9 月 28 日　一鼓作气　奋力攻坚　夺取疫情防控的最后胜利
9 月 30 日　福建人民好样的，一个周期就搞定了“德尔塔毒株”
9 月 30 日　亲历疫情防控中的翔安实践

10 月 14 日　接续实施“跨岛发展”战略　凝心聚力建设“五个翔安”
10 月 19 日　天马显示科技第 6 代柔性 AMOLED 项目核心设备高效通关
10 月 21 日　都市现代农业生机盎然
11 月 2 日　“引强入翔”聚活力　深耕发展赢未来
11 月 5 日　用科学标尺给百姓“好口碑”画上刻度
11 月 9 日　厦门举办金砖国家企业知识产权提升培训班
11 月 15 日　图片新闻（厦门新体育中心）
11 月 18 日　环保“天眼”守护蓝天碧水
11 月 27 日　加快建设“五个翔安”担起厦门“新发展极”
11 月 27 日　首创“三水联治”模式有效改善流域水环境
12 月 3 日　脏臭垃圾投放点　变身环保“小木屋”
12 月 6 日　为乡村振兴提供人才和智力支撑
12 月 16 日　新饭碗・新生活・新希望
12 月 16 日　打响扬尘治理攻坚战
12 月 17 日　厦门创新创业园加速打造一流孵化平台
12 月 28 日　图片新闻（厦门新体育中心项目凤凰体育馆屋盖钢结构吊装完成）
12 月 30 日　厦门海洋职业技术学院：“扬帆远航”显成效　海洋特色育人才
12 月 30 日　象屿集团：改革拓荒牛　时代弄潮儿

《海峡都市报》

1 月 20 日　厦门地铁 3 号线今年开通运营
2 月 5 日　送上过年“安全指南”
3 月 16 日　利用不雅视频敲诈当事人被刑拘
3 月 16 日　内急男进菜地起贼心
3 月 31 日　厦门将新添一处网红打卡点
4 月 15 日　厦门这俩司机栽了（限载 49 吨的水泥车　竟装了 86 吨货）
5 月 3 日　建设者奋战新体育中心
5 月 14 日　厦门新会展中心 II 标段主体结构开工
5 月 18 日　厦大教授“暧昧”女大学生　被除名后竟起诉单位
5 月 26 日　“4・12 翔安交通事故”一案双查
5 月 26 日　举行防汛防台风应急演练
5 月 27 日　翔安行政审批局　发出首张许可证
6 月 21 日　五旬男子攀岩坠落　民警加好友锁定位置
7 月 1 日　学习百年党史　追寻翔安红色记忆
7 月 6 日　翔安澳头海防文化馆落成
7 月 9 日　打造产学研人才发展生态圈
7 月 12 日　管理员监守自盗
7 月 14 日　厦门销毁易制毒化学品 243 公斤
8 月 4 日　厦门翔安一工地挖出旧炮弹
8 月 6 日　厦门一男子被骗 6 万余元
8 月 27 日　民警将计就计　骗子反被“套路”
9 月 2 日　厦门 8 名勇士　获省见义勇为表彰
9 月 28 日　厦门已基本阻断社区传播链条
10 月 26 日　凌晨爬上高压电塔

报刊集萃

澳头：从古渡头到创意侨村

100多年前，一艘艘木帆船穿梭往来，一派繁荣。抗战期间，日军狂轰滥炸，满目疮痍。今天，古老渔村绽放勃勃生机，“闽南美丽海港侨村”风华正茂。

这是位于福建厦门翔安区新店镇的澳头，襟山带海，与厦门、金门两岛隔海相望。据不完全统计，澳头社区拥有海内外乡亲1万多人，分布在14个国家和地区。

古老与时尚在这里碰撞、交汇。古渡、古树、妈祖、宗祠的身影随处可见，碉堡、炮台等遗迹唤起遥远的历史记忆，至今一个建制班的女民兵观察哨所仍然忠实履行着自己的职责。每到周末，从厦门本岛过海来吃海鲜的宾客络绎不绝，各具特色的文艺展馆更给人带来了十足的惊喜。

历史与现代在这里交汇

澳头曾是闽南有名的古渡口。“蒸汽轮船普及之前，这里的人们习惯于‘走北船’到北方，‘走南船’下南洋。那时候到新加坡最快也要二十几天。从1821年第一个驶往南洋的澳头人算起，如今散布在海外的澳头人远多于村里现有人口。”坐在自家百年古厝改建的闽侨文史馆小院里，文史馆创始人、澳头华侨联谊会会长蒋永泰娓娓道来，“古渡头的辉煌热闹早就随着时代的发展远去了。抗战期间，日军在这里狂轰滥炸，村里的建筑塌了一半。那时，很多人逃去了南洋。最苦的时候我们根本吃不到米饭，只能吃地瓜，几十种吃法真是吃到怕。要发展，必须走出去。”

逃离这个小渔村，曾经是很多村民的选择。蒋永泰也是其中之一。不过，离家数十载后，他回到了家乡。推动蒋永泰回到家乡的是一股潮流，一股让古老渔村精彩蝶变的潮流。

2013年，“美丽厦门共同缔造”战略实施。2014年，澳头开启“美丽乡村”示范改造，采用中国传统园林设计手法，融入“三海一侨”文化，打造“闽南美丽海港侨村”。2016年以来，深入挖掘和拓展“三海一侨·文创澳头”内涵，依托新增的文艺空间举办跨界艺术展览，将文创发展和特色传统文化相结合，打造属于自己的文化名片。

根据蒋永泰介绍，所谓“三海”指的是：“海港文化”，利用别具特色的古厝建设一座海港文化展示馆，宣扬澳头人通过海洋走向海外的艰辛历程；“海防文化”，与民兵哨所联手共建“海防战地文化园”，培育爱国主义教育基地；“海鲜文化”，利用古厝民宅和集体发展用地，建设海鲜美食一条街。

“近年来，澳头渔港艺术小镇从最初的‘三海一侨’发展战略演绎出海洋文旅和海洋高科的新发展思路，着重发展‘美食、美术、美声’。目前，已有厦门爱乐乐团、南音、小螺号、北欧艺术中心等多家艺术机构和艺术家入驻。这就像吹拂古老渔港小镇的文化春风。”蒋永泰说。

回忆与梦想在这里起航

“我这家店已经做了38年。刚开始，我就是给打渔归来的渔民煮点心，常常深夜两三点被敲门声叫醒。”澳头街边一家海鲜馆，朴素的招牌“洪宣传663”让新来者有些摸不着头脑，殊不知，这就是老顾客最爱的澳头第一家海鲜馆。老板娘洪宣传说：“刚开始只我这家，店名都没有。十几年后才出现了第二家海鲜馆。常来的顾客就给我的店起了个代号663，我家电话的后三位。”

近年来，周末过海到澳头吃海鲜已经成为很多厦门本岛人的新习惯，越来越多装修更有特色的海鲜馆出现了。

“苏氏小宗”，闽南燕尾式百年古厝，精致雕花墙饰。古树下，石磨石墩石门，处处透着古朴。不经意间抬头，又发现飞檐背后，通透的玻璃阳光房反射着耀眼的光。古朴与时尚，完美地嵌合在一起。院门外，墙上是大大的“大厝宅”招牌。

这里，曾经是苏亮谣小时候居住和玩耍的地方。长大后，他外出打工，在酒店当大厨。古厝则渐渐荒废，成为邻居养牛的牛棚。10年前，在乡愁的牵引下，他回到澳头创立了“大厝宅”海鲜馆。

苏亮谣说，“客人在享用美食的同时，还可以欣赏室内的艺术品和室外的百年闽南燕尾式建筑。很多客人特意跑过来，在院子里坐一坐，点几个菜，喝喝小酒。在这里，把生活节奏放慢一点，很享受。”

东西方艺术在这里交融

苏遥，澳头村人，1980年考上福建工艺美术学校。1996年，他回到澳头。苏遥将自家牛棚变成了“会客厅”：一张老旧桌子，几个老式板凳，墙上挂满各式老工具，角落里摆放着旧农具。他还将自家的院子变成了陈列自己作品的艺术大院。

“从宋代起，澳头就有商船驶向南洋，载满瓷器运送到世界各地。有一次在海边，我随手捡起了一个瓷片，翻过来看到一个福字，当时给我的触动很大。”于是，苏遥潜心钻研，用家乡海边的瓷片和古船的木板作为核心元素，创作出了极具辨识度的“木语瓷言”。

蓝兰，来自北欧的艺术策展人，2016年入驻澳头。“我在这里做的第一个展是在‘蒋氏小宗’古厝里的当代北欧艺术展，效果棒极了。”蓝兰和她的先生——瑞典籍华裔艺术家王彤，一直致力于促进北欧与中国的文化艺术交流。机缘巧合，他们来到澳头，并在政府资助下于次年成立北欧当代艺术中心。

“我的定位是在保证专业性和学术性的基础上，尽量把展览策划得接地气又有互动性。我们展览中会使用很多大家平时都很熟悉的材料，比如破旧的渔网、废弃的窗框等，拉近和当地人的距离。”蓝兰粗略统计了一下，“我们每年会有4场大展，平时还会有讲座、沙龙等活动。从2016年至今，已经有110多位北欧艺术家来到澳头。”

4年来，蓝兰见证了澳头艺术气息的渐浓渐厚。“最直观的感受就是村民的气质都不同了。第一场展览的时候，他们有打着球进展厅的，有吃着看展下饭的。现在，在展厅里大声嚷嚷的一定不是本地人，本地人会帮忙维持秩序。”蓝兰说。

[《人民日报》(海外版)2021年1月20日]

一座座村镇的特色文化正百花齐放

莲塘湖畔的风，把随处可见的“宋江阵”的旗帜扬了起来。

在厦门市翔安区莲塘社区，以“宋江阵”命名的文化广场上，五年级学生洪宇彤身披红装、手举三角旗，小“英雄”时而棍棒相击、喝声四起，时而火速走位、转化阵型……别看她才12岁，早在5岁时就开始学习太极拳、太极剑、太极棍等，如今已是翔安区武术、“宋江阵”暑期公益培训班的“红人”。

在远近闻名的“宋江村”，无论是年逾古稀的老人，还是童稚未脱的少儿，“身怀绝技”的比比皆是。

翔安是闽南武阵头的发源地之一，翔安“宋江阵”距今已有五百多年的历史。这种融合武术、阵式表演于一体的独特民间表演形式如今能够成功留下来，并“走出去”，不得不提翔安区武术协会会长林良萩，孩子们都管他叫“师爷”，老人们亲切地称他为“良萩”。

林良萩将传播乡土文化作为一生的事业。为了保护这一历史文化遗产，十年前，他就配合翔安区委宣传部开始重组翔安“宋江阵”队伍，成立翔安区“宋江阵”文化研究会，先后多次带领翔安特色“宋江阵”队伍赴台交流。

如今，翔安每年都举办暑期公益培训班和闽台宋江阵民俗文化节，激发民间艺人传承优秀传统文化的自信，提升翔安“宋江阵”文化品牌，推动两岸“宋江阵”非物质文化遗产的深入交流，增进海峡两岸乡亲情谊。

林良萩说，他想把翔安的“宋江阵”从海峡两岸的舞台推向全世界，让中华文化的这一瑰宝永远地闪耀下去。

“一枝独放不是春，百花齐放春满园”，用这句话形容翔安的文化艺术成果最合适不过。

近年来，翔安区大力实施“一镇多品”“一镇一节”文化发展战略，根植翔安特色乡土文化，打造翔安文化新品牌。除了名扬两岸的“宋江阵”，新圩汉子拍胸舞、嫂子合唱团和孩子竖笛、大嶝百人腰鼓、新店镇农民画、马巷镇南音……这些村居特色文化品牌在翔安区的大力扶持下，也如雨后春笋般涌现出来。在《闽南文化生态保护实验区》“非遗”保护名录中，厦门市9个非遗项目中，翔安就占5个（南音、宋江阵、拍胸舞、送王船、闽南童谣）。

每年的春节、中秋、重阳节等重大节庆日，村居文化队自导自演、自娱自乐、比赛竞技已成为广大群众一项自觉、自愿的文化交流活动，极大地丰富了群众精神文化生活。

傍晚的夕阳，又一次为澳头的怀远湖和与之连通的厦门东海域披上了一件金色的外衣。两百年前中国第一艘直通新加坡的货船出发的这个古渡口，正用独特的“国际视角”，张望自己的未来。

澳头原本是个偏僻渔村，经过多年的打造，如今蜕变成为集海洋文化、华侨文化、海鲜文化于一体的澳头海洋经济发展示范区，成为翔安文化新地标，厦门“烫金的城市名片”，越来越多的中外艺术家相聚澳头，这里闪耀着中西艺术火花。

澳头通过北欧当代艺术中心这一窗口，陆续开展了许多与欧洲国家的艺术文化交流活动，围绕原创、包容、用心的理念，搭建起一座不同文化之间相互学习和借鉴的交流平台。德国女艺术家加布里都惊叹于“袖珍渔村”的艺术氛围，克罗地亚艺术家乔瑟夫·阿嘿尔更是被这里的风土人情所吸引，长期居住在澳头成为新“澳头人”。

蓝兰，来自北欧的艺术策展人，2016 年入住澳头。“我在这里做的第一个展是在‘蒋氏小宗’古厝里的当代北欧艺术展，效果棒极了。”蓝兰和她的先生——瑞典籍华裔艺术家王彤，一直致力于促进北欧与中国的文化艺术交流。机缘巧合，他们来到澳头，并在政府资助下于次年成立北欧当代艺术中心。

从 2016 年至今，已经有 110 多位北欧艺术家来到澳头。如今的澳头已经成为全球艺术家的聚合地，小镇向世界闪耀出文化光芒。

（《光明日报》马跃华　2021 年 08 月 15 日）

翔安：立根铸魂　红色传承

《福建日报》记者　陈挺

GDP 增速连续三年领跑全市，市对区绩效评估总分连续三年全市第一；2020 年，首次入围全国百强新城区、全国工业百强区，GDP 等 4 项指标增幅全市第一，11 项对标全省指标全部达标；固投增幅达 20.7%，总额创下 700 亿元历史新高……

回首过去，我们豪情满怀。近年来，翔安区社会、经济始终保持稳中向好、跨越发展的积极发展态势。以党史学习教育为指引，翔安区聚焦主责主业，夯实基层党建，着重强功能补短板，以高质量党建引领高质量发展。

展望未来，我们信心倍增。作为厦门东部发展主战场，翔安区发力重大项目建设，聚力推进医疗、教育、交通、就业等多个“为民办实事”项目，以高标准建设带动高质量发展，一座高素质、高颜值、现代化、国际化的新城区正日益呈现在眼前。

学党史　强党建
坚守初心难忘

一百年征程浩荡，五十载初心如磐，一枚小小的纪念章，闪耀着共产党人的精神荣光。6 月 11 日，“英雄三岛”精神主题馆，翔安区委常委、组织部部长温普华为老党员代表颁发了“光荣在党 50 年”纪念章。

从第一次面对党旗宣誓到半个多世纪后，芳华易逝，初心如磐。老党员纷纷表示，要继续发挥光和热，争做红色基因的“传播者”、服务为民的“贴心人”、发展建设的“助力员”，助力翔安高质量发展超越。

提振“想为”的精气神，提高“善为”的本领，提升“敢为”的冲劲和“乐为”的境界，今年以来，翔安区广泛开展多种形式的党史学习教育，并把学习教育融入到项目一线实践中——

立根铸魂，坚持用科学理论武装头脑，《习近平谈治国理政》第三卷、党史、新中国史、改革开放史、社会主义发展史等，党员干部常放身旁，必学、必读、必测；区委理论中心组全年 17 次组织专题学习研讨，带动全区各党委（党工委、党组）完成集体学习、专题研讨等 370 多场次。

抓牢培训，开展“万名党员大培训”，制定全区年度党员学习培训计划，细化到月；聘请老党员模范、先进典型作为讲师，共享精品课程；依托厦门城市党建学院、乡村党校等，对基层党组织书记、党务干部全覆盖轮训一遍。

红色传承，大力弘扬“英雄三岛”精神、马塘精神，打造党员党性教育综合体，内厝镇“鸿渐驿站”、新店街道“党建富民强村”示范点等多个党群阵地相继投用。以“两重温两重访”为主题，引导党员干部牢记初心使命。

以学党史来武装头脑，以党建引领来推动工作开展，实践证明这是行之有效的发展捷径：

大嶝街道，以国贸金门湾小区省级示范点建设为重点，打造近邻党建品牌——“金邻里·对门亲·心港湾”，构建由小区党支部、业委会、物业管理处组成的“三位一体”治理架构，化解矛盾纠纷60余起，有力解决了小区停车难、文化活动开展难等问题。

“1152”工作机制，更是翔安区党建工作的经典体现。村务决策、村务公开在阳光下运行，村务监督、便民服务和激励保障建章立制、系统有序高效运转，规范的村居工作运行机制、成型的“1+N”制度体系，让乡村治理能力得到提升，确保组织体系“最后一公里”畅通到底。

悟思想　优机制

强化使命自觉

参观完新落成的“英雄三岛”精神主题纪念馆，翔安区委办一位工作人员表示，“艰苦奋斗、甘于奉献、不怕牺牲”的“英雄三岛”精神，在任何年代都不会过时，相反，随着岁月流转，这种精神作为宝贵的财富历久弥新，会长存在一代又一代厦门人的心里，继承发扬在新时期新城建设、经济发展等事业发展进程中。

事实上，当前翔安广大党员干部群众始终保持“走路像跑”的姿态，敢于拼抢，奋勇争先，在岛外大发展的洪流中勇担硬核支撑，不正是“英雄三岛”精神很好传承的真实写照？

征途漫漫，惟有奋斗。翔安是厦门当前岛外大发展的主战场、主阵地，广大党员干部以时不我待、只争朝夕的使命感、紧迫感、责任感跳起摸高、争先进位，以“主力军”“领头羊”的使命自觉和担当主动投身、积极创造，摸索新城建设经验，翔安的集体智慧勃发。

党旗在哪里飘扬，力量就在哪里集结。该区出台《关于促进基层党组织和党员干部在重点项目一线发挥作用的意见》，大大激励广大干部干事创业的热情，在各种急难险重任务面前，“我是党员我先上”成为最响亮的呼声，一面面党旗筑起硬核堡垒。该区坚持强化“凭实绩用干部”导向，深入实施“双一线”干部工作机制。提拔晋升189名科级干部，其中一线干部占比超75%，3名表现突出的事业单位干部调任转任公务员。

织密疫情防控网。全省优秀共产党员、翔安区司法局三级调研员陈鸿兴作为转运组负责人，带领58名转运工作人员，于2020年3月18日进驻厦门高崎机场至今，365个日夜全力奋战在疫情防控转运一线，不舍昼夜、不辞辛劳，严谨细致、一丝不苟，实现转运工作“零差错”。该区创新“片长制”“邻长制”，新店街道与厦大附属翔安医院、厦大医学院共同组建全市首个新冠疫苗接种临时院地联合党支部，全力以赴做好接种点现场管理、便民服务、医疗急救保障和突发事件处置等工作，全面推进疫苗接种，截至6月22日，率先在全市完成第一针13.6万剂接种任务，第二针已完成接种13.25万剂次。

重点项目征拆第一线，东部体育会展新城、环东海域新城暨现代服务业基地，2个片区分指挥部设立联合党委，23个项目成立临时党支部，“项目指挥部+联合党组织”党建模式成为重点项目征拆攻坚利器，创下了30天100%拆除新体育中心核心区域内158栋房屋，100%签约刘五店、桂园两村655栋房屋等一系列征拆奇迹，“翔安速度”得到广泛认可。

红色引擎安在文明创建快车上。全区180个机关事业单位和国企基层党组织结合“百联千户”结对共建，深入挂钩村居开展文明创建。

积极推进人才强区战略。累计引育市级“双百计划”人才36人，引育高层次教育人才124人，高层次卫生人才35人，评选区拔尖人才60人，民俗文化人才30人，农村实用人才39人。

关爱服务延伸到最末端。全区159个机关企事业单位和12个非公领域基层党组织、287名处级以上领导干部参与爱心结对，深入“爱心屋”、爱心驿站开展精准帮扶，调整优化全区86个机关企事业单位与120个村居结对共建，帮助村居解决实际问题720余个。

“基层党组织能力强不强，重大任务是试金石，更是磨刀石。”区委组织部负责人说，“翔安区深入贯彻落实习近平总书记来闽考察重要讲话精神，认真落实新时代党的建设总要求和新时代党的组织路线，以完善上下贯通、执行有力的组织体系为重点，坚持抓学习固根基、抓基层打基础、抓创新出亮点，把各领域基层党组织建设成为坚强战斗堡垒，让党旗高高飘扬在基层一线，以优异成绩迎接建党100周年。”

担使命　开新局

蓄积全新动能

从“瘦马塘”到全国闻名的全省首个百亿元村，马塘村创造的奇迹，镌刻在厦门经济特区发展的历史丰碑上。

“艰苦奋斗、拼搏创新”，马塘精神，作为新时代厦门的五种精神之一，正日益焕发出新的时代内涵，成为厦门跨岛发展战略中翔安区谋求高质量发展超越不可或缺的力量源泉。

这种艰苦奋斗的精神，在翔安区统筹抓好疫情防控和经济社会发展中展露无遗。在全市率先探索由区领导挂钩村（居）一线的疫情防控“片长制”，所有区领导“直插基层、直扑问题”，确保各项防控措施落地落实；深化群防群治，创新推出农村地区“邻长制”，聚焦“四重一新”人员排查管理，实行群众举报奖励机制，广泛发动群众监督监管，推动基层形成自我防控的良好氛围。

凝聚共识，坚定信心。真正把党史学习和红色传承的力量转化为奋发有为、干事创业的强大动力，伴随着“十三五”的收官、“十四五”的开局，这样的路径越发清晰。

6 月 12 日，厦门新体育中心凤凰体育馆训练馆成功完成主体结构封顶，较原计划提前了 18 天；

6 月 14 日，翔安大桥首节钢箱梁在上海振华重工南通基地正式滚装上船，启运来厦，这标志着厦门第二东通道翔安大桥海中区桥梁的上部结构施工，取得重大进展。

近年来，翔安区坚定不移接续实施跨岛发展战略，持续高效推进重大项目建设，在新城建设、产业发展、招商引资三大领域闯出一片新天地，让发展成果更多更好地惠及广大人民群众。

在做好产业布局规划的同时，按照市委、市政府部署，翔安区高度重视基础设施建设，突出抓好重要进出通道，加强片区与周边路网无缝衔接，完善供水、供电、供气等配套，不断夯实新城建设基础；高度重视产城人融合的核心问题，以及国际一流营商环境的营造，规划建设招商引资同步发力、同步推进，主动对接引进一批与片区功能定位相匹配的高能级项目，积蓄产业发展澎湃新动能。

天马 6 代、中航锂电、新体育中心、翔安新机场、机场高速公路、滨海旅游浪漫线三期，一个个重大项目捷报频传，一项项重磅招商引进，背后是晴天雨天不分昼夜的苦干巧干，是广大干部披星戴月、挂图作战，积极奔走在工地、社区一线忙碌的背影。

聚焦主责主业，夯实基层党建，发挥基层组织的战斗堡垒作用，提升核心竞争力，翔安区以高质量党建引领高质量发展的未来。

（《福建日报》陈挺　2021 年 7 月 1 日）

以初心谋篇、以责任作答、以实干开局

——加快建设“五个翔安”担起厦门“新发展极”

入围全国“双百强”区，GDP 增速连续三年全市第一、市对区绩效评估实现“三连冠”，高技术产业增加值占规上工业增加值一半以上……作为厦门市最年轻的行政区——翔安区，因应“跨岛发展”战略而设，已成为厦门市发展速度最快、动能后劲最足、开发强度最大、潜力空间最广的区。

党的十九届六中全会强调，必须实现创新成为第一动力、协调成为内生特点、绿色成为普遍形态、开放成为必由之路、共享成为根本目的的高质量发展。

建区 18 年成绩亮眼的翔安没有因循守旧故步自封，坚定不移地把全方位推进高质量发展超越作为鲜明主题和目标指向。11 月 20 日，翔安区委党校中青年干部培训班专题党课上，围绕制约和影响翔安建设发展的全局性重大问题、全区性短板问题，翔安区委书记黄鹤麟以《回答时代之问　走好新赶考路　勇当厦门“两高两化”建设“新发展极”》为题，从“翔安之责”切入，抛出“翔安十问”，掀起了统一思想认识、加快推动发展的“头脑风暴”——贯彻落实十九届六中全会精神、市第十三次党代会各项工作部署，黄鹤麟表示：“要坚定接过全方位推进高质量发展超越的接力棒，弘扬‘英雄三岛精神’‘马塘精神’，保持不自满、不懈怠的状态，树牢决战决胜的信心，铆足滚石上山、攻坚克难的劲头，奋力建设‘五个翔安’，勇当厦门‘两高两化’建设‘新发展极’。”

直面“翔安十问”，以初心谋篇、以责任作答、以实干开局，翔安区将努力当好厦门跨岛发展的“主阵地、主战场、主力军”，当好福建改革开放的重要窗口和门户枢纽，当好两岸融合发展的“桥头堡”，助力厦门更高水平建设高素质高颜值现代化国际化城市，为谱写全面建设社会主义现代化国家福建新篇章

作出翔安贡献。

奋力建设生态翔安——

让环境山清水秀让发展绿色低碳

漫步在环东海域下潭尾湿地公园，85 万公顷红树林在大片淡水海水交汇处迎风而立，郁郁葱葱的绿意扑面而来。明年初，公园将正式开放，届时市民、游客不仅能欣赏到独特的红树林群落，还能一览生物多样性修复成效。

谁能想到，这里曾是一个遍布废旧养殖设施和建筑废弃物的垃圾堆场，十余年间，通过大规模生态整治，开始向全省最大人工重构红树林公园“华丽转身”。从退养清淤到湿地再造，昔日岸滩淤积、水质恶化的下潭尾海域，形成了独有的潮间带生态系统，成为蓝色海湾上的城市绿肺。

初冬时节，寒流挡不住人们奔涌到澳头渔港小镇的热情，以“蓝色梦想”为主题的海洋文化主题艺术展在这里的厦门北欧当代艺术中心如期举行。

澳头的生态环境得天独厚，这里是最美水鸟紫水鸡、白海豚等珍稀物种的栖息地，湾海相融，滨海沙滩岸线与优美的自然景观交相辉映，在近年来启动美丽乡村建设后，古老的渡口、古朴怀旧的闽南古厝和宗祠交相辉映，独特的三海一侨文化的植入，让古老的小镇一跃成为最美休闲乡村、福建省金牌旅游村。

为让城乡环境变得“更加美丽”，近年来，翔安区高标准推进农村雨污分流，着力建设山清水秀的生态翔安，空气质量优良率连续两年高于 99.5%，近岸海域水质全面提升至一类标准，湿地面积数据实现翻倍，力争到 2025 年建成国家生态文明建设示范区。

从自然资源禀赋较差的“风头水尾”之地，到“水清天蓝海碧”的美丽城区，翔安区山青水绿的生态新画卷正徐徐展开。黄鹤麟表示，翔安将充分借鉴筼筜湖治理的生态文明实践经验，在高效防污治污上拿出“硬招实招”，在践行绿色低碳上彰显“翔安担当”，努力打造农村生活污水治理“全国样板”，更好地满足群众对良好生态的更高要求和美好期待。

聚力建设创新翔安——

创新引领赋能产业提级升档

行走翔安大地，到处是热火朝天的建设景象。日前，位于同翔高新城翔安片区的省市重点项目天马显示科技第 6 代柔性 AMOLED 施工现场，一批批生产线设备正通过起重机吊入厂房内，这意味着这一生产曲面屏、折叠屏的“超级工厂”进入投产准备阶段，预计明年一季度可实现整条生产线的产品点亮，推动厦门平板显示产业实现代际升级。

厦门市第十三次党代会报告提出，要增强实体经济的韧性和活力，翔安区正通过强龙头、补链条、聚集群，以优质项目促进产业转型升级，助力产业链、价值链向高端迈进，打造创新翔安。

建设创新翔安，关键是增强产业核心竞争力。区委书记黄鹤麟说，翔安将在现有产业结构基础上，着眼布局现代高端产业集群，制定招商图谱，创新基金招商、中介招商、以商引商等新模式，持续“引强入翔”，特别是引进更多龙头企业和“专精特新”企业，进一步强链补链延链，全力打造“5+6+N”现代产业体系。

具体操作上，一手抓牢主导产业升级，保障天马六代、中航锂电二期等项目加快投产，推动平板显示、半导体和集成电路、机械装备、新能源新材料等高端制造业产值迈上千亿元台阶；另一手抓紧提速发展新兴产业，依托厦门海洋高新产业园等平台，提升数字经济产业园运地质效，大力发展海洋经济、临空产业、数字经济及文旅会展等新兴产业和现代高端服务业。

倾力建设繁荣翔安——

加快新城崛起加速产城融合

刘五店沿海边，厦门新体育中心钢结构屋盖在烈日下银光闪闪，执行总经理罗晓滨说，“工程正在日夜施工加速推进，仅钢结构屋盖总体用钢量就达 3 万吨左右，预计在 12 月 30 日前全部完成”。新体育中心是建设中的东部体育会展新城核心建筑之一，2023 年亚洲杯足球赛将在这里进行。

厦门市第十三次党代会提出，“加快形成岛湾一体、区域协同发展格局”，航空新城、东部体育会展新城、同翔高新城翔安片区、环东海域新城翔安片区，翔安大地上四座新城目前都在加速开发建设。

航空新城，未来航空交通枢纽，交通便利、产业现代、服务一流的城市新引擎；同翔高新城，厦门产业跨岛发展的重要载体，翔安区正主动做好服务保障，助力集成电路、平板显示等高新技术产业在这里汇聚；环东海域新城翔安片区，滨海新城生态宜居，一批优质学校、医院、商贸等公共配套正逐渐完善，向湾发展。

繁荣翔安，以重大片区建设作为纵深推进“跨岛发展”的重要抓手，成为支撑市区两级“两高两化”建设的增长极。以城聚人、以人促产、以产兴城，一个产城人融合发展、宜居宜业、活力迸发的东部新城区正加速崛起。

着力建设活力翔安——

打通双循环通道推进高水平开放

笔者日前在翔安大桥 A4 标段项目现场看到，300

多名工人分散在桥梁上部结构的各个作业点，正在进行箱梁顶板钢筋绑扎等工作。

翔安大桥 A4 标段全长 2729 米，起点位于肖厝南路以东，终点连接原有的刘五店互通，全线以高架桥的形式建设。该标段总工程师余文冠说，“桥梁上部结构现阶段已经施工完成 81%。预计于今年年底完成所有的桥梁上部结构施工，明年将转入桥面附属及沥青混凝土路面的施工”。

作为连接本岛与翔安区的翔安大桥，是厦门市进出岛交通网络规划中重要的跨海通道之一，建成后将极大缓解翔安隧道的通行压力，更好地促进翔安与本岛的融合发展；滨海东大道是新机场配套服务区东西方向的第一条主干道，也是厦漳泉大交通体系中的重要一环，目前也在加速建设，预计 2022 年完工。

翔安区位优势得天独厚，以翔安大桥、滨海东大道为代表，翔安区立体化交通网络正加速打造，配合福厦高铁、第三东通道、城际铁路 R1 线等重大交通设施建设，主动参与闽西南区域协同发展、自由港特征经济特区建设大局，对接厦门自贸试验区扩区至翔安，打造闽西南链接“海丝”沿线国家和地区的重要窗口，活力翔安的未来新发展格局清晰可见。

全力建设幸福翔安——

发展更有“温度”幸福更有“质感”

翔安区面前埔村，村民叶利益正在和工友一起收割菠菜，准备运往附近的庄家宝蔬菜专业合作社，原先他在自家地里种菜，收入并不高。两年前，他把田地租给了庄家宝蔬菜专业合作社，自己则到合作社打工，收入更加稳定，生活过得富足起来。

面前埔村的蔬菜种植远近闻名，过去主要以小农户种植为主，为了提高农业集约化水平，村里成立了包含庄家宝在内的 9 家农民专业合作社，帮助村民拓宽农产品产销平台，村里还积极盘活百亩村集体用地，重点发展乡村旅游。村委会主任郭金用说，现在村民人均（年）收入 3 万元左右，比前几年增加了 50%。

面前埔村的变化，是翔安区全面推进乡村振兴工作的缩影，近年来，随着多个试点示范村和乡村振兴动线完成，推动农村一二三产业融合发展，乡村振兴取得显著成效。

大力推进教育“补短扩容”工程，不断优化翔安教育资源供给，今秋，翔城中学、厦门实验小学翔安校区等多所新学校相继开学；进一步提升医疗保障水平，厦门大学附属翔安医院建成运营，市第五医院持续提升发展；增进民生福祉，扩大就业范畴，翔安多措并举帮助被征地农民和海域退养渔民等重点群体实现就业，加快提高群众收入水平，群众的获得感、幸福感、安全感不断增强。

践行以人民为中心的发展思想，贯彻市第十三次党代会提出的坚定不移推动共同富裕，全力解决人民群众“急难愁盼”问题，不断促进增长增收、提升民生福祉。幸福翔安，让人民生活更高品质、让翔安发展更有成色。

（《福建日报》陈挺　林瑞声　2021 年 11 月 27 日）

厦门翔安：跑出发展加速度　勇当发展增长极

昨日，厦门市翔安区第五届人民代表大会第一次会议开幕。

翔安区人民政府代区长李毅代表区人民政府向大会报告工作，回顾2021年全年工作及过去五年的经济社会发展成就，随即亮明了2022年的工作计划，提出了未来五年的工作展望、思路及目标——新时期、新征程，嘹亮的号角已经吹响。

作为岛外大发展的主阵地、主引擎、主力军，翔安以当仁不让的拼搏与担当，在科学精准抓好常态化疫情防控的同时，加速推动“产城人”融合发展，成为厦门经济总量和发展速度的两个“增长极”。

作为因应“跨岛发展”战略而设立的新区，翔安区刚刚度过18岁的“成人礼”。在连年快速发展的过程中，翔安区收获了一组组攀升的数据、一项项丰硕的成果，也成为全市“跨岛发展”的主阵地与主力军，生动书写了翔安篇章。

未来五年，翔安将坚持稳中求进工作总基调，立足新发展阶段，完整、准确、全面贯彻新发展理念，积极服务和深度融入新发展格局，勇立潮头、勇毅前行，为厦门努力率先实现社会主义现代化贡献翔安力量。

【回眸2021】

疫情防控有成效　硬核打赢阻击战　抓细抓实常态化

此前疫情突然来袭，翔安交出了这样的成绩单：五轮全员核酸检测335万份样本全部阴性，1222名密接次密接者和3587名异地隔离人员全部管控到位，成为全市唯一“零病例”的区，获国务院专家组高度肯定。

成效背后，是翔安一系列的硬核举措：第一时间启动应急响应，迅速构建扁平高效的应急指挥体系；第一时间落实交通管制和社会面管控，4个离厦检查点、32条对外海陆通道严格封闭管制，128个村（居）、36个小区落实闭环管理；第一时间开展核酸检测、流调溯源、隔离管控等工作，勠力同心奋战抗疫第一线——58万翔安人民同舟共济，共同守护翔安这一片净土。

危急时刻的快速动员能力，源自平时工作积累。在常态化疫情防控过程中，翔安交出的另一份成绩单也同样亮眼：疫苗接种率全市第一，连续664天实现本区病例“零新增”、防疫人员“零感染”、关键节点“零反弹”。

一直以来，翔安始终紧绷疫情防控这根弦，压实“四方责任”、落实“四早要求”，坚持人物环境同防，创新“片长制”“邻长制”等举措，快严实细抓好“外防输入、内防反弹”工作，全闭环排查管控中高风险地区及境外人员，全覆盖落实重点人群常态化核酸检测，全流程监测进口冷链食品，全海域严查海上船舶，全方位开展疫苗接种。

经济发展显活力实体经济快速增长　项目攻坚落实有力

过去这一年，在翔安的实体经济领域发生了这些大事，各行业发展都驶入“快车道”：

南京高光等33个项目开竣工，天马六代进入设备安装阶段，中航锂电提前投产——平板显示、集成电路等主导产业产值增长8.3%，工业对经济贡献率保持60%；社会消费品零售总额增长8.3%，限上批发零售业销售额增长60%、总量达1400亿元；百利龙程等14个现代农业项目落户，16家农业龙头企业产值增长70%。

翔安清楚，创新是经济社会发展的不竭动力，越来越多的创新动能，集聚到了厦门东部的这片土地上：科研技术全国领先的生物制品省创新实验室落地建设，新增7家省级以上企业技术中心；新增“三高”企业58家，高技术产业增加值增长15.8%。

翔安有一个数据引外界关注：固定资产投资强度目前已达2亿元/天、位列全省各县（区）首位。这背后，是项目攻坚的一系列显著成效：新开工133个亿元以上项目，122个省市重点项目完成投资736亿元，建安投资377亿元，均排名全市第一；2021年全年土地交地1.04万亩、房屋拆除112万平方米，重大片区土地征收和交地量占全市一半。

在一段时间内仔细观察翔安的发展变化，就可以深切感受到“日新月异”这个词语的真正含义。

截至目前，辖区内“四座新城”共完成投资713亿元，成为厦门发展的重要增长极。航空新城中，新机场工可、用海等关键前期手续获批，太古维修基地、厦航启动区等产业项目落地；东部体育会展新城全面铺开，新体育中心、新会展中心主体框架成型；环东海域新城内，海洋高新产业园选址落地，文化艺术中心等东山片区公建群加快前期工作；在同翔高新城，新能源新材料等新兴产业加速集聚，市政配套日臻完善。

现有城区的功能品质也得到了大幅提升。地铁3号线开通运营、累计客运量256万人次；翔安大桥、东坑湾大桥轮廓初现——这些都将大大改变翔安辖区内的交通格局，为居民出行提供更多选择。此外，城市建管也更加精细，全面推行“街长制”和“近邻”党建，稳步完成新店、马巷行政区划析置和区镇村三级换届工作。

乡村振兴也是亮点频现。农村生活污水治理实现320个自然村全覆盖，全市农村生活污水治理提升、生活垃圾分类现场会在翔安召开，污水治理及垃圾分类“翔安模式”还获国家生态环境部高度肯定。此外，还打造“翔安旅图”新品牌，深化农村人居环境整治，实施47个“党建富民强村”项目，全区所有村（居）全部实现集体收入10万元以上。

探索创新大踏步改革开放深化　营商环境优越

在翔安，已经有首批283项审批服务事项实行“一枚印章管审批”，而在开辟的i厦门“翔安智慧办”模块上，也已有17项事项实现“秒批秒办”——这是全省唯一区级相对集中行政许可权改革所取得的成效，也是翔安在探索创新上迈出的一大步。另外，还设立“台胞审批专窗”，建立全市首支台胞志愿者服务队。同时，翔安今年还出台“春节留厦8条”“助企纾困10条”等扶持政策，为企业新增减免税费1.6亿元、协助融资12.3亿元，兑现财政补助3.8亿元——总营商环境考评位居全市前列。

好的营商环境，配合靶向精准的招商引资，成效显著。2021年全年新增入库项目1639个、落地1432个，引进北京国寿等12个高能级项目，民企招商实绩全市第一、央企招商实绩全市第二。

民生工作有温度　生态建设再上台阶　公共服务扩容提质

2021年，翔安建区以来监测断面平均水质首次实现100%达标，这标志着翔安的生态建设再上一个新台阶。在这背后，深化“河（湖）长制”、创新“三水”联治模式功不可没。

民众最关注的教育、医疗与文化，是公共服务的重点。翔安2021年新增学位1.4万个，开办双十中学初中部、实验小学翔安校区等“跨岛名校”；医疗上，引进市第一医院临床医学研究院，建成市第五医院医技科教综合楼，市第五医院在全国三级公立医院绩效考核中排名全市第四、岛外第一。

如何保障居民的基本生活，也是翔安关注的重点。全年民生支出61.5亿元、占全区财政支出的73%——出台“转产就业帮扶12条”，新增就业2.1万人、被征地人员参保2618人；深化“爱心厦门”建设，新建6所农村幸福院、2家省市级婴幼儿照护服务试点单位，为低保特困等困难群众发放补助8000万元，免费为1500多名老人提供配送餐。

平安建设是辖区居民幸福感与获得感的基础所在。翔安深入开展安全隐患大排查大整治和安全生产专项整治三年行动，生产安全事故及死亡人数实现“双下降”；“平安三率”排名全市首位、全省前列。

队伍建设有力度扎实为群众办实事　持续提升行政效能

今年以来，翔安区扎实开展党史学习教育、“再学习、再调研、再落实”活动，推动高质量办好320个“我为群众办实事”项目。

同步推进的，是行政效能的持续提升。落实行政复议体制、镇街综合执法、零基预算等改革，“谁执法谁普法”动态智能管理模式全省唯一入围第六届“法治政府奖”。推行“项目工作法”“一线工作法”“典型引路法”，马上就办、雷厉风行的优良作风成为政府系统干部的鲜明特质。

廉政建设也扎实推进。严格落实中央八项规定及其实施细则精神和意识形态工作责任制，持续整治形式主义、官僚主义；主动接受人大法律监督、工作监督和政协民主监督，办结各级人大议案建议161件、政协提案186件，办理满意率100%。

【展望2022】

聚焦实体经济
为建设创新翔安提供强劲动能

提升主导产业能级。围绕重点产业补链强链，着力打造国际一流新型显示产业示范区和东南沿海集成电路产业核心区，着力打造闽西南高端制造业新基地。

壮大第三产业规模。加快发展总部经济、商务金融、文旅会展等现代服务业；培育打造新兴商圈、特色商圈，建设跨境电商基地、直播基地，挖掘平台消费、夜间消费等新型消费潜力；完善文旅产业规划，促进文旅融合创新发展。

培育创新产业集群。探索建设厦漳泉科技成果转移转化先导区；实施数字经济园区提升行动，建设数字经济产业园三期，大力发展健康大数据、人工智能、物联网等数字产业，提升数字经济规模；加快发展海洋经济、临空经济。

聚焦城乡统筹
为建设繁荣翔安开拓发展格局

重大片区攻坚提速。推动新机场航站区主体工程动建，确保新体育中心、新会展中心场馆完工，加快滨海浪漫线三期、新浦嘉园建设，启动中航锂电三期、天马 N 项目征收，推进同翔高新城建设。

产城融合深化提升。加快南部新城中心区建设，促进 CBD 功能提升；加快旧城区、老镇区提升；围绕工业园区服务保障，探索建设完整产业社区。

乡村振兴全面提质。深化打造 10 个典型示范村，打造污水治理全国“样板”，力促一批农村发展用地项目实质落地。

聚焦宜居环境

为建设生态翔安夯实治理基础

提升生态治理水平。深入实施蓝天、碧水、碧海、净土等系列工程，加快创建国家生态文明建设示范区。

提升城市建管水平。常态化推进文明城区创建，重点提升打造一批公园广场、道路景观绿化；推动信息技术与城市管理深度融合，建设智慧城管、智慧市政等平台。

提升低碳发展水平。大力发展绿色产业，推广绿色交通、绿色建筑、清洁生产，开展低碳城区、低碳园区、低碳社区试点建设。

聚焦改革开放

为建设活力翔安争创竞争优势

打造招商引资新洼地。强化产业链精准招商，着力引进一批补链强链项目；优化招商体制机制，建设专业招商队伍，力促项目早落地建设、早投产达产。

打造营商环境新标杆。加快补齐人才引留难、企业办事难等短板，深化“放管服”改革，优化“不见面”审批，完善“一三五”改革模式，打造相对集中行政许可权改革示范区；完善要素市场化配置体制机制。

打造开放交流新平台。持续在“通、惠、情”上下功夫，推动翔台优势产业融合发展，支持在翔台企发展壮大，持续办好两地文化交流活动；主动参与闽西南协同发展，保障城际铁路建设。

聚焦人民向往

为建设幸福翔安补齐民生短板

民生服务向“优质均衡”迈进。探索创新农渔民灵活就业模式，拓展高校毕业生等重点群体就业渠道；争创全国学前教育普及普惠区；深化医药卫生体制改革，健全养老服务和婴幼儿照护服务体系；持续完善城乡文体设施。

风险防范向“源头管控”迈进。科学精准抓好常态化疫情防控；健全食品药品安全监管体系；深入开展安全生产专项整治三年行动；深化平安翔安建设。

基层治理向“善治共治”迈进。创新基层治理体制，完善基层网格化管理体系；健全社区共建共治共享机制。

今后五年战略任务

推动产业高质量发展实现新跃升，建设生机勃发的创新翔安

推动新型城镇化进程实现新跃升，建设产城融合的繁荣翔安

推动社会治理现代化实现新跃升，建设山清水秀的生态翔安

推动区域综合竞争力实现新跃升，建设开放包容的活力翔安

推动人民高品质生活实现新跃升，建设和谐安康的幸福翔安

【亮彩数据】

2021 年

全年预计地区生产总值增长 9%，规上工业增加值增长 8%，固定资产投资增长 12%，财政总收入增长 17.1%，区级财政收入增长 17.5%，全体居民人均可支配收入增长 13.1%，地区生产总值等主要经济指标增幅居全市前列。

过去五年

2020 年首次入围全国工业百强区和百强新城区，2018—2020 年市对区绩效评估实现“三连冠”，改革创新考核连续三年全市第一，营商环境考评 2018 年、2020 年排名全市首位。

地区生产总值跨越 4 个百亿台阶、规模总量实现翻番；规上工业产值达 1700 亿元，年均增长 9.6%、全市第一；第三产业规模增长 2.4 倍、占地区生产总值比重提高 9 个百分点。

累计固定资产投资 3100 亿元，超过前 13 年的总和，城镇化率从 60% 提升至 70%。

累计投入 16.5 亿元用于生态文明建设，全面完成 5 万亩海域养殖退养，污染防治攻坚战取得阶段性胜利。

新落地天马六代、中航锂电、ABB 工业中心等一批百亿级产业项目。

持续将七成以上财政支出投向民生领域、累计超 260 亿元；居民人均可支配收入增长 1.5 万元，年均增幅全市第一。

（《厦门日报》邵凌丰　2021 年 12 月 27 日）

厦门：探寻海洋文化发展“新渡口”

北纬24°53′的深秋，风轻柔又和煦。厦门市翔安区东南隅的澳头渔港特色小镇，伴随着规律的潮汐，远逝的历史翻涌而至。恰是200年前，在澳头古渡口外，中国远渡南洋的第一艘帆船起航，来往船舷掠过波澜壮阔的海面，留下一条令后人无限遐想的海丝航线。

200年后，海岸旁的废弃建筑物被海浪重塑，与海蛎和藤壶同生共舞，这为中央美术学院研二学生东方旭带来了创作灵感，距离古渡口不远处的北欧当代艺术中心里，他正以此为元素创作一件关于“船”的抽象展品，以艺术形式展现与古渡口的跨时空对话……

滨海渡口，是陆地文明驶向海洋文明的起点，也是承载海洋文化历史内涵的特定物理空间。因海而兴的厦门正持续通过文化产业、研学旅游、科普教育等方式让海洋文化焕发生机与活力，探索打造海洋文化传播与发展的“新渡口”，擦亮海洋文化名片。

艺术为纽带
诠释海洋文化新思考

这个秋天，包括东方旭在内的7位青年艺术家陆续从北京来到澳头，抖落一身北方深秋的寒意，扎进南方潋滟的秋光里。

北欧当代艺术中心内，一扇普通的“窗”引发了陈敢恒的想象，他利用“窗”这个视觉通道来展现渔村变迁的影像，探讨历史与未来、空间内与外的关系。坐在一旁的王顺瑜从小就不习水性，对大海有着天然的敬畏之情，他表示，“这种敬畏与以前渔民出海前祈求妈祖保平安有着相通的含义。”王顺瑜想通过搜集式创作来探索海边社区与信仰之间的关系。这种来自海洋的神秘力量同样令王浔着迷，她将以“厦门的风”为主题，制作一个能呈现海风剧烈变化的多媒体装置。

无论是废弃建筑物还是一扇面朝大海的“窗”，无论是妈祖信仰还是匆匆而过的海风，从那些海边居民们习以为常的缝隙里，青年艺术家们挖掘出对海洋文化的深刻思考，雕琢出艺术精品。他们的作品将在11月24日开幕的“蓝色梦想2021·人类与海洋”国际艺术展中展出，而该艺术展也是今年厦门海洋周的配套活动。

海洋文化传播需要艺术作为媒介，“通过一系列的艺术创作，让大众参与其中，才能进一步认识海洋、关心海洋。”北欧当代艺术中心的负责人柯菁菁表示，今年是艺术中心与厦门市海洋发展局互动打出厦门海洋文化品牌的第二年，计划让大众一起来制作永恒的瓷板壁画。去年，在厦门海洋周期间用废弃CD制作的“迷路的鱼——银龙鱼”展品被安放在下潭尾湿地公园，社会反响较好。

当艺术家们与海洋文化在澳头如约而至，逐步形成了北欧当代艺术中心、超旷美术馆、容美术馆等诸多文化艺术空间。“以此产生集聚效应，打造海洋文旅与艺术产业相结合的澳头海洋经济发展示范区，进而带动渔民‘从海洋走向陆地’，实现转产的同时推动当地经济的发展。”澳头工作组招商运营部林志根表示。

澳头的无限风光是厦门市海洋发展局规划发展海洋特色文化休闲渔村的生动缩影，沙坡尾渔人码头、曾厝垵文创休闲渔村、五通凤头渔村特色小镇……将因地制宜开发海洋特色文化资源，建立起一个个连缀在海岸线上的海洋特色文化产业平台，助力海洋文化的传播。

研学为路径
当好海洋文化“摆渡人”

常年被海洋季风吹拂的厦门，自然袒露着与大海的亲密，在厦门，孩子亲近海洋、认识海洋有着比课本更近的距离。

近年来，厦门市海洋发展局运用得天独厚的优势创办研学联盟，梳理出十余条成熟的海洋研学线，开展海洋研学活动129场。以福建第一个专注于海洋科学传播的科普品牌“不懂实验室”为代表，团队至少制作了契合不同年龄阶段的4条研学旅游路线。“通过研学活动，在孩子们的心里埋下一粒大海的种子，这颗种子或许会成为他们在未来探索海洋之谜的契机。”品牌创始人林宏杰有着传播海洋文化的情怀与使命。

秉持着学术性与趣味性相统一、研与学相平衡的观点，团队将千篇一律的赶海活动升级成了有趣的“潮间带探索计划”，孩子们不仅认识到许多海洋生物、滩涂植被，而且也了解“潮间带”是涨潮和退潮之间海岸带的学术概念。研学活动让青少年在沉浸式体验中感受海洋文化的魅力，也助力厦门标准化研学路线的打造。

实际上，研学路线是海洋资源的利用与海洋文化内容制作和开发相结合的产物。林宏杰还有另一个身份——全国第一个海洋媒体实验室“70.8 海洋媒体实验室”的负责人。这是一个以厦门大学为基地，致力于推动海洋科学大众化传播的平台，目前，该平台累计推出科普短视频产品百余条，总粉丝数超过 70 万。林宏杰与深耕海洋的专家、学者交集笃深，同时他致力于将海洋领域的最新科研成果加入到研学资源里。

以此平台为依托，加速推进线下研学与线上科普双轮驱动。今年，该平台与厦门市海洋发展局、厦门市海洋国际合作中心联合推出的“海洋文化公开课”线上课程，邀请海洋文化学界的大咖担任主讲嘉宾，目前已经推出了 4 期课程。其中一期“华夏海洋生物的瑰丽传奇暨《海族列传》分享会”值得一提，而《海族列传》是海洋文化丛书系列中的一本，自 2016 年以来，厦门市海洋发展局陆续推出“厦门海洋文化丛书”，打造海洋文化精品，通过线上课程、书本等载体不断拓宽海洋文化传播覆盖面。

基地为载体

挖掘海洋文化主题新资源

从高空俯瞰，集美区环杏林湾水上骑行步道宛如一条鲜红色的飘带，延伸在湛蓝的海面上，在近步道入口的一侧，鲸探海洋科普研学基地独立其间。

迄今为止，鲸鱼是人类所了解到的体积最庞大的海洋生物。该基地取名“鲸探海洋”直观表达了对海洋的无限探索。在厦门市海洋与渔业发展专项资金的支持下，厦门蓝海行文化产业股份有限公司精心打造的基地今年 4 月刚刚建成开放，集科普、研学、IP 形象、运营为一体，坐拥一栋三层独栋研学科普楼和一栋研发楼。

记者步入外墙贴满文创 IP 的科普馆一楼，仿佛置身于蔚蓝的海洋，通过一些妙趣横生的交互式装置，让小朋友们在寓教于乐中了解到海洋生物、地质灾害、海洋环保等知识，融入到海丝历史、国防科技、科学家精神等文化氛围中。走到二楼，多个多功能实验教室配备了专业的实验器材，可以实现素质拓展和益智开发类项目。

以基地为载体，推动闽南文化与海洋文化的融合与传播。鲸探海洋科普研学基地的负责人许长春表示，“今年 4 月底，基地组织了新疆生产建设兵团的孩子来厦门看海，除了介绍福建的海洋生物外，也传播古田文化等红色文化，给孩子们留下了深刻的印象。”

然而，海洋科普任重道远，不能一蹴而就，需要有关方面不断拓宽海洋文化广度和深度。厦门市海洋发展局将策划一批科技馆、文创基地、科普研学基地项目，加强海洋意识教育载体建设。同时今年厦门海洋周将首次举办 2021 中华海洋文化厦门论坛，约 90 名专家学者将齐聚厦门，深挖海洋文化内涵，探讨中国海洋文明发展历程，共寻中国海洋强国的历史基因。

潮平两岸阔，风正一帆悬。海洋文化是人类与海洋互动的产物，在构建人类命运共同体的背景下，海洋文化重要性日益凸显。未来，以文化为潮荡起双桨，探寻海洋文化传播“新渡口”，乘风破浪再出发。

（《中国商报》钟瑜　2021 年 10 月 29 日）

迈入地铁时代：发展迎来新机遇　新区奔向新未来

——厦门翔安区依托轨道交通因地制宜为发展注入新动能

即将年满18岁的厦门翔安区正式迈入“地铁时代”。原本驾车通过海底隧道，从厦门岛内抵达翔安，大概需要10多分钟的时间，而从6月25日起搭乘“钢铁巨龙”过海，时间缩短了一半还多。便捷的轨道交通，将成为翔安交通网络的一个重要拓展，一方面与全市其他各行政区的交通联结更为便利，另一方面接驳线的延展也丰富了辖区居民的出行选择。

便捷的轨道交通，还将成为聚集人气、激发潜能的机遇，翔安正全力抓住机会，为全区高质量发展注入更强的动能。便捷的轨道交通，也将成为更多人走近翔安、认识翔安的新通道，全市最年轻行政区翻天覆地的变化尽收眼底。

交通新格局
4个地铁站点开放
10条接驳线覆盖全区

6月25日起，地铁3号线翔安段的蔡厝、后村、鼓锣、林前4个站点全面开放。为方便乘客接驳，翔安区范围内将新增10条地铁接驳线路，确保公交与地铁无缝衔接。据翔安区建设与交通局工作人员介绍，在前期谋划的过程中，接驳线路除了考虑到实际出行需要，还充分考虑了街道析置的实际情况，根据实际勘查情况研究路线方案，“确保了接驳线路能连接到辖区内七个街道及两个镇。”

值得一提的是，8条区内微循环公交线路方案也将在不久后开通运行，提升街道公交接驳服务水平，方便街道、社区之间串联办事，解决人民群众交通出行“最后一公里”问题。“无论是住在这里的居民还是来翔安游玩的市民，都可以方便快捷地找到公交线路。”工作人员说。

与此同时，公交硬件配套设施也在同步推进。今年以来，翔安区开工建设地铁3号线及翔安东路24座公交候车亭项目，目前已完成近半，其中配套地铁3号线开通站点的候车亭计划6月底建成，方便群众搭乘公交车。此外，为提高并完善乘车体验，翔安区完成了马巷公交枢纽站提升改造工程及海翔工贸城公交场站2个项目，建设完成“马塘山—大帽山”乡村振兴动线沿线公交候车亭（19座）提升改造工程。

为了让更多的辖区居民能够直观感受地铁带来的红利、选择公共交通方式绿色出行，翔安区还开展了地铁3号线优惠活动——主题为“魅力翔安　绿色出行”的活动，免费赠送地铁3号线开通纪念卡（e通卡）5500张以及地铁3号线体验券100万张，每场宣传活动都受到了居民的好评。在凤翔街道的现场活动中，居民老李通过答题领到了“业翔民安”限量纪念e通卡，还领到了两张体验券。“等开通那天我和老婆一起坐地铁进岛去看看孩子，以后往卡里充值，我们来来回回就更方便了。”老李说。

产业新力量
营商环境再加码
产业发展新机遇

地铁带来的交通便利，不只是为居民创造了更好的出行条件，也为翔安区的营商环境带来重大利好。从10条接驳线路的站点来看，其中几条线路都途经翔安数字经济产业园。近年来，翔安区以其作为前沿产业发展的一个重要载体，以健康医疗大数据为核心，相继引进人工智能、智能制造、大数据应用、集成电路、软件技术、精准医疗，物联网、云计算、虚拟现实等数字经济产业及认定为高科技和成长性较好的战略性新兴产业。

其中，医疗大数据和人工智能领域的“独角兽”企业——零氪科技就选择在翔安区设立零氪科技南中国总部；全市第一家全科目连锁化的第三方医学检验中心厦门华银医学检验实验室此前不久刚刚获批医疗机构执业许可，在数字经济产业园核心组团“健康翔安智谷”正式落地运营；厦门大学附属第一医院临床医学研究院也在今年4月底正式落户翔安数字经济产业园……“基础高级化、链群现代化”的产业集群正在加速形成，进一步构建全区高质量现代产业体系。

而一个最新的消息是，在地铁蔡厝站附近，未来将有一个全新的产业基地建成——翔安数字经济产业园核心组团“健康翔安智谷”，未来计划在蔡厝片区打造翔安国际医疗创新示范基地，引进健康服务国际诊疗中心、海峡两岸医疗创新平台等。

显然，地铁的开通让外界对翔安有了更大的期待，而翔安自身也在持续通过大力发展和引进高技术、高成长、高附加值的“三高”企业，深入实施千亿产业链群培育工程。翔安区以平板显示、半导体和集成电路、软件和信息服务、计算机与通信设备四大产业为主攻方向，围绕产业强链、补链、延链，把发挥优势、补齐短板作为产业发展重点，目前全区拥有相关产业企业近1000家，规上企业近100家，已经建立了以平板显示、半导体和集成电路为代表的主导产业链，集聚形成产值千亿的产业集群。

文旅新线路

打卡网红旅游点

更近更方便

市民许女士说，“地铁通了她要去马巷看看，先坐地铁到林前再转726路到马巷公交枢纽站。”她告诉记者，以前坐公交至少要一个半小时，现在时间缩短了，出行更方便了。

事实上，这也是不少市民的想法。翔安此前已有不少网红景点名声在外——香山、鼬山、大帽山群山跌宕，让人能零距离感受乡野田园气息；漫长的海岸线上有下潭尾湿地公园，还有澳头小镇，来了就能与海相拥……很多市民都认为，尽管景点很棒，也有公交线路能抵达，但路上花费的时间太长，想去第二次的动力就小了很多。

地铁打消了很多市民奔波的顾虑，一条更畅通的渠道正准备迎接更多游客和市民的到来，而翔安区也正在着力对景点进行改造，全力提升旅游体验。翔安区深入实施乡村振兴战略，在这片充满希望的田野上，翔安区明确要打造“宜居宜业宜游”的新型乡村，努力让“近者悦、远者来”。

可以搜寻海的味道：澳头渔港小镇里可以参观雕塑展、海洋馆，还可以游览澳头怀远湖，再深入一些，北欧艺术中心艺术展、澳头村史馆、三笔文化馆也都写满了海洋给翔安留下的印记；向西去，还有下潭尾滨海湿地公园，4.2公里长的亲海木栈道可以与海洋来个亲密接触……

可以感受乡村野趣：新圩面前埔七彩田园里可以采摘有机蔬菜，制作植物画；大帽山的三角梅园是目前全市面积最大、品种最多的三角梅园；香山的花海不容错过，而山下的大宅火龙果种植基地也是好去处；大帽山境则是全市乡村振兴的标杆之作……

生活新愿景

更高的生活品质

更美的片区未来

一条地铁的开通，带来的是人气、商机和更多的机遇。

以蔡厝社区为例，该区周边商业设施目前还不够完善，主要与周边洋塘居住区、新店中心区共享配套，周边的休闲康体配套也多分布在邻近片区内。不过，在2020年11月公布的《厦门翔安蔡厝编制单元控制性详细规划（草案）》中，未来翔安蔡厝片区定位以居住为主导功能，适度发展医疗康养、商业商务和生态休闲服务等，规划人口规模10万人。

厦门地铁3号线通车后，蔡厝站点的开放，使得蔡厝附近片区有了全新的定位——有了地铁的联通，凭借片区与翔安新机场、东部体育会展中心适中的距离以及去往岛内的便利性，蔡厝片区会迎来新的发展机遇：除大量居住用地及相关配套外，蔡厝片区还将设置生鲜超市、电商物流等商业设施，同时新增公交场站和停车换乘设施，满足片区换乘需求；而根据此前规划，地铁蔡厝站北侧还将规划建设九溪口公园，未来将成为翔安南部新城和空港新城重量级的生态配套。

蔡厝只是一个缩影，翔安区范围内，航空新城、东部体育会展新城、同翔高新产业新城、环东海域新城等“四座新城”正在快速崛起，而配套设施越来越完备的翔安南部新城也因为地铁的开通吸引了更多人的关注。翔安区积极以地铁开通为契机，完善规划、全力开发，努力实现“以优美的生态环境吸引人，以优质的公共服务留住人”，高标准打造东部市级中心乃至闽南都市群中心。

（《中国商报》胡德锌　2021年6月25日）

说 明

（1）本索引采用主题分析索引法，按主题词首字的汉语拼音字母顺序排列，类目标题用红色黑体字标明；（2）索引后面的数字表示内容所在的页码，a、b、c 分别表示在该页的左、中、右位置；（3）表格除了标明页码外，还用括号注明“表”；（4）为简便起见，主题词中涉及本区的组织机构、会议和活动等，一般均省略“翔安”二字；（5）特载、大事记、附录不做索引。

G

H